Das Buch

«Es gibt keine Frage unseres Daseins, die sich nicht durch das Bewußtsein der ständigen Gegenwart des Todes ändern würde.» Eugen Drewermanns Meditationen zu dem zentralen Menschheitsthema Tod zeigen auf eindringliche Weise, wie die Menschen bereits Jahrhunderte vor Christus bis in die heutige Zeit den vielfältigen Masken ihrer Sterblichkeit Sinn verliehen haben: einen Sinn, der sich zwischen Leid und Absurdität einerseits und Auferstehungsglaube andererseits bewegt. Dabei macht Drewermann auf beeindruckende Weise bekannte und wiederzuentdeckende Zeugnisse aus der abendländischen Kultur füreinander fruchtbar. Der erste von vier Teilen des Buches beschäftigt sich mit «Pest und Tod» auf den Spuren antiker Geschichtsschreiber über Bocaccio bis Camus; der zweite Teil bietet eine «Dostojewskische Meditation», was nicht weniger ist als die Deutung seiner großen Romane in Hinblick auf Absurdität und Auferstehungsglaube; im dritten Teil entfaltet Drewermann die altägyptischen Vorstellungen vom «Leben aus dem Tod»; im vierten Teil leitet er zum Johannesevangelium (20/21) über und spürt hier dem religionsgeschichtlichen Niederschlag dieser Vorstellungen nach.

Der Autor

Eugen Drewermann, geboren 1940 in Bergkamen bei Dortmund, studierte Philosophie, Theologie und Psychologie und habilitierte sich in katholischer Theologie. 1991 Predigtverbot und Suspension vom Priesteramt. Er ist heute als Privatdozent, Schriftsteller und Therapeut tätig. Zahlreiche Veröffentlichungen, darunter ‹Kleriker› (1989), ‹Worum es eigentlich geht› (1992) und Grimmsche Märcheninterpretationen.

Eugen Drewermann:
«Ich steige hinab in die Barke der Sonne»
Alt-Ägyptische Meditationen zu Tod und Auferstehung
in bezug auf Joh 20/21

Mit 8 farbigen Abbildungen

Deutscher
Taschenbuch
Verlag

dtv

Von Eugen Drewermann
sind im Deutschen Taschenbuch Verlag erschienen:
Kleriker (30010)
Tiefenpsychologie und Exegese 1 (30376)
Tiefenpsychologie und Exegese 2 (30377)
Worum es eigentlich geht (30404)
Lieb Schwesterlein, laß mich herein (35050)
Rapunzel, Rapunzel, laß dein Haar herunter (35056)

Ungekürzte Ausgabe
November 1994
Deutscher Taschenbuch Verlag GmbH & Co. KG, München

ISBN 3-530-16901-3
Umschlaggestaltung: Dieter Brumshagen
Umschlagfoto Vorderseite: Image Bank
Satz: LibroSatz, Kriftel
Druck und Bindung: C. H. Beck'sche Buchdruckerei, Nördlingen
Printed in Germany · ISBN 3-423-30437-5

... Des Todes rührendes Bild steht
Nicht als Schrecken dem Weisen und nicht als Ende dem Frommen.
Jenen drängt er ins Leben zurück und lehret ihn handeln;
Diesen stärkt er zu künftigem Heil in Trübsal die Hoffnung;
Beiden wird zum Leben der Tod ...
Zeige man doch dem Jüngling des edel reifenden Alters
Wert, und dem Alter die Jugend, daß beide des ewigen Kreises
Sich erfreuen und so sich Leben im Leben vollende.

J. W. von Goethe, in: Hermann und Dorothea

Manchmal stehen wir auf
Stehen wir zur Auferstehung auf
Mitten am Tage
Mit unserem lebendigen Haar
Mit unserer atmenden Haut.
...
Geordnet in geheimnisvolle Ordnung
Vorweggenommen in ein Haus aus Licht.

M. L. Kaschnitz, Auferstehung (Auszug), aus:
Dein Schweigen, meine Stimme,

Inhalt

«Ich glaube an die fundamentale Wahrheit aller großen Religionen der Welt. Ich glaube, daß sie alle gottgegeben sind, und ich glaube, daß jede von ihnen notwendig war für das Volk, dem sie geoffenbart wurde.
Und ich glaube, wenn jeder von uns die heiligen Schriften der verschiedenen Glaubensbekenntnisse mit den Augen der Anhänger dieser Bekenntnisse lesen könnte, so würden wir feststellen, daß alle diese Schriften ein und dieselbe Wurzel haben und einander stützen.»

Mahatma Gandhi
(in: R. Attenborough: Ausgewählte Texte, übers. v. R. u. H. Soellner, Goldmann, S. 81.)

Vorwort

Drei Weisen des Lebens, drei Weisen des Sterbens

Kein Thema ist der Religion des Christentums so wichtig wie die Frage nach Tod und Auferstehung. «Ist aber Christus nicht auferweckt worden, so ist euer Glaube nichtig» (1 Kor 15,17)[1]. Dieser Satz des heiligen Paulus darf als der Kern christlicher Überzeugung überhaupt gelten. Dem eigenen Anspruch nach betrifft er das Dasein eines jeden Menschen; er stellt die enge, scheinbar so überschaubare Welt der irdischen Existenz fundamental in Frage; er versucht eine Hoffnung zu formulieren jenseits des Sichtbaren. Doch gerade deshalb darf man die Grundüberzeugung des Christentums nicht isoliert verstehen, so als sei der Glaube an die Auferstehung plötzlich, gleich einem Meteor, in der Person des Christus vom Himmel gefallen, als ein Ereignis von außen, statt eines Lichtglanzes von innen[2]. Paulus selbst, als er (Apg 23,6) vor dem Hohen Rat für seine Lehre zur Rechenschaft gezogen wird, beruft sich zu seiner Verteidigung auf die einmütige Überzeugung der trotz aller Widersprüche ihm nahestehenden *Pharisäer*[3]; was er zu sagen hat, setzt *ihren* Glauben an die «Auferstehung der Toten» bereits voraus; und genau so argumentiert er gegenüber denjenigen, die in der Gemeinde zu Korinth sagen, daß es eine Auferstehung von den Toten nicht gebe (1 Kor 15,12), mit der spätjüdischen, griechisch beeinflußten Lehre von der Auferweckung von den Toten selbst; es ist dieser Glaube, der ihm zeigt, daß auch Christus von den Toten auferweckt wurde, und es ist im Grunde sogar altägyptischer Sprachgebrauch, wenn Paulus den Auferstandenen als «Erstling der Entschlafenen» bezeichnet (1 Kor 15,20; vgl. Apg 26,33)[4]. Die Hoffnung auf Auferstehung selbst ist m. a. W. kein christliches Sondergut, sondern sie darf als menschheitlich gelten: sie ist vermutlich ebenso alt wie die bittere Entdeckung, daß wir sterben müssen[5].

Von der Erfahrung des Todes bzw. von der unausweichlichen Einsicht in die prinzipielle Vorläufigkeit unseres Lebens muß daher als erstes die Rede sein, um zu verstehen, wer wir selber sind inmitten der Welt und worauf wir für unser Dasein hoffen. Was sind wir Menschen angesichts der Allmacht des Todes? Oder auch umgekehrt: was ist der Tod, wenn er jederzeit als bedrohende bzw. je nach den Umständen auch als befreiende Möglichkeit neben uns steht, als Schlund oder Schlupfloch, als Grab oder Gnade, je nachdem, wo wir halten? Eines steht fest: nur Menschen, die vermessen genug sind, irgend etwas auf Erden zu lieben, erscheint der Tod als Problem. Nur die sich Anklammernden können etwas verlieren; nur denen die Welt eine Ahnung von Glück schenkte, kennen die Trauer, sterben zu müssen; nur die aus Sehnsucht Enttäuschten mögen am Ende den Tod förmlich suchen; doch gerade sie verlangen im Grunde nur richtig zu leben. Dies aber scheint der Kern aller Fragen: Wann leben wir wirklich?

Der *Wunsch, diese Welt zu verlassen*, ist ergreifender niemals geäußert worden als in einer der ältesten Dichtungen der Menschheit: in dem altägyptischen *«Gespräch eines Lebensmüden mit seiner Seele»*[6]: «Zu wem soll ich heute reden?» heißt es dort. «Die Kameraden sind schlecht, die Freunde von heute haben keine Liebe. Zu wem soll ich heute reden? Die Herzen sind habgierig, ein jeder raubt die Habe seines Nächsten. Der Sanfte geht zugrunde, der Freche hat Zutritt zu jedermann. Zu wem soll ich heute reden? Wer zufrieden aussieht, ist ein schlechter Kerl, das Gute liegt ja überall am Boden ... Der Bösewicht ist zum Vertrauten geworden, der Kamerad, mit dem man lebte, ist zum Feind geworden ... Man denkt nicht mehr an das Gestern; jetzt tut man dem nichts Gutes an, der früher Gutes getan hat ... Die Gesichter sind nicht zu sehen; ein jeder senkt den Blick zu Boden vor seinem Genossen ... Es gibt keine Wahrhaftigen mehr, die Erde ist den Übeltätern überantwortet ... Zu wem soll ich heute reden? Das Unrecht schlägt das Land, es findet kein Ende.» Und dann, an *Shakespeares* «Sonett» erinnernd, *Tired with all these the restful death I cry*[7], folgen die berühmten, die ewig gültigen Worte aller Todessehnsucht und aller müd geweinten Lebensüberdrüssigkeit: «Der Tod steht mir heute vor Augen. Ein Kranker wird gesund, wenn man nach dem Unfall ins Freie geht. Der Tod steht mir heute vor Augen wie Myrrhenduft, wie wenn man unter einem Sonnensegel sitzt am windigen Tage. Der Tod steht mir heute vor Augen wie Lotosduft, wie wenn man am Ufer der Trunkenheit sitzt. Der Tod steht mir heute vor Augen wie das Aufhören des Regens, wie wenn ein Mann aus dem Feldzug nach Hause zurückkehrt. Der Tod steht mir heute vor Augen wie eine Himmelsentwölkung ... Der Tod steht mir heute vor Augen, wie wenn ein Mann sich sehnt, sein Haus wieder zu sehen, nachdem er viele Jahre in Gefangenschaft verbracht hat.»

Dabei hatte ursprünglich die eigene Seele diese Hoffnungen des «Lebensmüden» warnend zu durchkreuzen oder mindestens in Frage zu stellen versucht. «Das Jenseits», hatte der «Lebensmüde» als seine Erwartung geäußert, «ist die Stätte, wo man sich niederläßt, wo es das Herz hinzieht; die Heimat ist der Westen, zu dem man fährt ... Ich werde einen Schatten machen», versprach er seiner Seele, «du sollst es angenehm frisch haben, so daß du eine andere Seele, die es zu heiß hat, bemitleidest. Ich werde Wasser an der Wasserstelle trinken und den Schatten steigen lassen.» Doch gegen all diese Versprechungen hatte seine eigene Seele erklärt: «Wenn du an das Begräbnis erinnerst, so ist das leidig. Es bedeutet nur das Herauslocken von Tränen zum Beweinen des Menschen, es bedeutet das Wegholen des Menschen aus seinem Haus und das Verscharren in der Wüste. Niemals wirst du an die Oberwelt heraufsteigen, damit du das Sonnenlicht sehest. Die in Granit bauten und an Pyramiden bauten, schöne in schönster Arbeit, sobald die Bauherren zu Göttern geworden waren, sind ihre Opfertische leer wie die der Erschlafften, die auf dem Dammweg gestorben sind ohne einen Hinterbliebenen; das Wasser hat sich sein Teil genommen und die Sonnenglut das ihre, die Fische reden zu ihnen und der Uferrand. Darum höre auf mich ... Ergib dich dem Frohsinn und vergiß die Sorge.» Aber gerade dieser Trost durch das Naheliegende, durch das sinnlich Präsente, ist einem wirklich Verzweifelten absolut unzugänglich. Der «Lebensmüde» kann seinen Kummer nicht vergessen; das einzige, was er erreichen kann, scheint am Ende dieses bemerkenswerten Dialogs eine gewisse Gelassenheit zu sein, die er zusammen mit seiner Seele gegenüber dem Leben wie gegenüber dem Tod gefunden hat; seine Hoffnung auf ein *irdisches* Glück ist ihm zwar für immer zerstört, doch seine Hoffnung auf das Jenseits wächst: «Wahrhaftig, wer im Jenseits ist, wird ein lebender Gott sein ... Wer im Jenseits ist, der wird wahrhaftig im Sonnenschiff stehen und wird das Erlesenste daraus an die Tempel austeilen lassen. Wer im Jenseits ist, wird ein Weiser sein, der nicht gehindert werden wird, den Sonnengott anzurufen, sooft er sprechen will.»

So bliebe also im Kontrast zu dieser Welt der Ungerechtigkeit, der Habgier und der Aussichtslosigkeit einzig am Ufer jener anderen Welt zu hoffen auf die Gabe der Gerechtigkeit, auf die Weitherzigkeit des

Gebens und auf die Gnade, in das Licht der Weisheit eintreten zu dürfen?

In diese Welt der reinen Sonnenhelle einzutreten bildete in der Tat schon im Alten Ägypten eine Sehnsucht, wie sie mehr als 1500 Jahre später im antiken Griechenland der greise SOKRATES im Angesicht seines nahen Todes im Gefängnis gegenüber seinen Schülern bekundete[8]. Der Tod erscheint in dieser Sicht als das Tor am Eingang eines verlorenen Paradieses, als das Ende einer Welt der Plage und der Mühsal, als Anfang eines Zustands heiteren Friedens, innerer Gelassenheit und eines unveräußerlichen Glücks. – Die *erste* Weise, dem Tod zu begegnen.

Ganz anders indes, wenn der Tod uns entgegentritt, indem er brüsk und brutal in ein bereits bestehendes Feld von Harmonie einbricht und alles erschüttert, worin die Festigkeit unseres Daseins wurzelte. Einzig der Tod verfügt über die Kraft, Menschen auseinanderzureißen, die in ihrem ganzen Wesen wie geschaffen schienen, ein gemeinsames Glück zu begründen. Die schreckliche Entwertung der Liebe, der Schmerz über den grimmigen Spott, den der Tod gerade mit den Liebenden wie mutwillig treibt, der Aufschrei verzweifelter Klage und ohnmächtiger Wut, – auch *das* ist immer wieder in der Literatur der Menschheit geschildert worden, nirgendwo aber eindringlicher als in der mittelalterlichen Dichtung des JOHANN VON TEPL: *«Der Ackermann aus Böhmen.»* Ihm hat der Tod seine Frau, sein einzig Geliebtes, geraubt, und so versucht er, den Würger Tod vor dem Richterstuhl Gottes zu verklagen: «Grimmiger Tilger aller Leute, schändlicher Ächter aller Wesen, schrecklicher Mörder aller Menschen. Ihr Tod, Euch sei geflucht!» «Denn . . . Ihr habt meiner Wonnen lichte Sommerblume mir aus meines Herzens Augen jammervoll ausgejätet; Ihr habt mir meines Glückes Halt, meine auserwählte Turteltaube, arglistig entwendet; Ihr habt unwiederbringlich Raub an mir getan . . . Frisch und froh war ich vormals in jeder Stunde; kurz und lustsam war mir Tag und Nacht, in gleicher Weise freudenreich, wonnenreich alle beide; ein jegliches Jahr war mir ein gnadenreiches Jahr. Nun wird zu mir gesprochen: Kratz ab! Bei trüben Gedanken, auf dürrem Aste, finster und verdorben bleib und jammere ohne Unterlaß! Also treibt mich der Wind, ich schwimme dahin durch des wilden Meeres Flut, die Wogen haben Oberhand gewonnen, mein Anker haftet nirgends. Drum will ich ohne Ende schreien: Ihr Tod, Euch sei geflucht!»[9] Vergeblich, daß der Tod zu seiner Rechtfertigung auf das unerbittliche Gesetz hinweist, dem auch er selbst als Diener untersteht und demzufolge alles Leben auf der Erde nur ein kurzer Weg ist zwischen Schoß und Gruft[10]; denn so unabwendbar in der Ordnung der Natur, so unzumutbar ist der Tod den Menschen, die sich lieben. – Die *zweite* Weise dem Tod zu begegnen. Was aber ist die Folgerung daraus? Sie kann gewiß nicht lauten, weniger zu lieben[11]; – ein Leben ohne Liebe ist in sich selbst bereits der Tod. Wie aber riskieren wir die Verwundbarkeit der Liebe, wenn nichts im Leben uns so sicher ist, als daß wir sterben müssen?

Es gibt *eine dritte Art* der Erfahrung des Todes, die wesentlich geformt ist von der Hohlheit des Seins bzw. von der Leere des Daseins, und womöglich gerade in dieser Gestalt fürchten wir den Tod am meisten. Eigentümlicherweise hängen wir besonders intensiv an einem *langen* Leben gerade dann, wenn wir im Grunde noch niemals richtig zu leben vermocht haben, und am meisten möchten wir dem Tod entfliehen, wenn er nur kommt, die Bilanz eines ungelebten, liebeleeren und sinnlosen Daseins festzuschreiben. Diese gewiß modernste, in unserer Zeit wohl aktuellste Weise, den Tod zu erleben, beschreibt HUGO VON HOFMANNSTHAL in seiner Versdichtung *«Der Tor und der Tod»*. Am Fenster stehend, auf den Trubel der Stadt schauend, sinnt dort *Claudio* über das Weiche, Unfühlbare, Unwirkliche seines Daseins nach, das in allem Grübeln nie einen Grund und in allem Sinnieren nie einen Sinn fand. «Was weiß denn ich vom Menschenleben? / Bin freilich scheinbar drin gestanden, / Aber ich hab es höchstens verstanden, / Konnte mich nie darein verweben. / Hab mich niemals daran verloren. / Wo andre nehmen, andre geben, / Blieb ich beiseit, im Innern stummgeboren. / Ich hab von allen lieben Lippen / Den wahren Trank des Lebens nie gesogen, / Bin nie, von wahrem Schmerz durchschüttert, / Die Straße einsam, schluchzend, nie! gezogen. / Wenn ich von guten Gaben der Natur / Je eine Regung, einen Hauch erfuhr, / So nannte ihn mein überwacher Sinn, / unfähig des Vergessens, grell beim Namen. / Und wie dann tausende Vergleiche kamen, / War das Vertrauen, war das Glück dahin. / Und auch das Leid! zerfasert und zerfressen / Vom Denken abgeblaßt und ausgelaugt! / Wie wollte ich an meine Brust es pressen, / Wie hätt ich Wonne aus dem Schmerz gesaugt . . .»[12] «Ich hab mich so an Künstliches verloren, / Daß ich die Sonne sah aus toten Augen / Und nicht mehr hörte als durch tote Ohren: / Stets schleppte ich den rätselhaften Fluch, / Nie ganz bewußt, nie völlig unbewußt, / Mit kleinem Leid und schaler Lust / Mein Leben zu erleben wie ein Buch, / Das man zur Hälft noch nicht und halb nicht mehr begreift, /

Und hinter dem der Sinn erst nach Lebendigem schweift – / Und was mich quälte und was mich erfreute, / Mir war, als ob es nie sich selbst bedeute.»[13]

Als der Tod an *Claudio* herantritt, um sein buchstäblich bedeutungsloses Leben zu enden, klagt er auch ihm: «Wie abgerißne Wiesenblumen / Ein dunkles Wasser mit sich reißt, / So glitten mir die jungen Tage, / Und ich hab nie gewußt, daß das schon Leben heißt. / . . . Von Dämmerung verwirrt und wie verschüttet, / Verdrießlich und im Innersten zerrüttet, / Mit halbem Herzen, unterbundenen Sinnen / In jedem Ganzen rätselhaft gehemmt, / Fühlt ich mich niemals recht durchglutet innen, / Von großen Wellen nie so recht geschwemmt, / Bin nie auf meinem Weg dem Gott begegnet, / Mit dem man ringt, bis daß er einen segnet.»[14] Doch der Tod kann nicht darauf Rücksicht nehmen, ob jemand mit seinem Leben etwas anzufangen vermocht hat oder nicht; im Gegenteil, seine majestätische Antwort kann nur mit Nachdruck die ausnahmslose Gültigkeit seines Wirkens feststellen: «Was allen, ward auch dir gegeben, / Ein Erdenleben, irdisch es zu leben. / Im Innern quillt euch allen treu ein Geist, / Der diesem Chaos toter Sachen / Beziehung einzuhauchen heißt / Und euren Garten draus zu machen / Für Wirksamkeit, Beglückung und Verdruß. / Weh dir, wenn ich dir das erst sagen muß! / Man bindet und man wird gebunden, / Entfaltung wirken schwül und wilde Stunden, / In Schlaf geweint und müd geplagt, / Noch wollend, schwer von Sehnsucht, halbverzagt, / Tiefatmend und vom Drang des Lebens warm . . . / Doch alle *reif*, fallt ihr in meinen Arm.»[15]

So gälte es, wenigstens in der Nähe des Todes *richtig* leben zu lernen? In jedem Falle gibt es keine Frage unseres Daseins, die sich nicht durch das Bewußtsein der ständigen Gegenwart des Todes ändern würde. Zwischen Leid, Liebe und Langeweile, zwischen Müdigkeit, Mitgefühl und Müßiggang, zwischen Verzweiflung, Verlangen und Verlorenheit verbirgt sich die dreifache Maskierung, in welcher der Tod uns erscheinen kann. Wie ist es möglich, mit der immerwährenden Bedrohung des Todes menschlich zu leben und welch einen Beitrag vermag zur Beantwortung dieser Frage die Religion, insbesondere die christliche, zu leisten? Es gibt keine Hoffnung jenseits der Gräber, die nicht in der Tiefe des Abgrunds verwurzelt wäre; die mögliche Glaubwürdigkeit jeder religiösen Antwort auf die Infragestellung des Lebens hängt entscheidend daran, buchstäblich *die Gräber* zu öffnen, und nur wer den Mut hat, «hinabzusteigen in die Hölle», wie das frühchristliche

Bekenntnis es von dem Tode Jesu aussagt[16], wird über den «Himmel» derart zu sprechen vermögen, daß es ein ganzes Leben der Gefangenschaft des Todes zu entreißen imstande ist[17].
Es kommt mithin im folgenden darauf an, das Thema des Todes in aller Eindringlichkeit als etwas Menschheitliches, einen jeden einzelnen in seinem individuellen Sein Betreffendes zu schildern. Nirgendwo führen Leben und Tod ihren Kampf auf dem Terrain der Natur indessen unerbittlicher als in der Form des *massenweisen* Sterbens, in dem der Einzelne wie eine nichtige Zahl, wie eine Null in Serie, zum Überflüssigen, zum Nebensächlichen, zum Material entwertet wird. Am Beispiel *der Pest* im Abendland soll daher in einem ersten Abschnitt die Frage nach dem Tod, die Konfrontation mit der Unausweichlichkeit des Sterbens, vor Augen gestellt werden. Um das *Gefühl* von Leid und Grauen geht es dabei und um die Auslotung des Spielraums, der uns trotz allem vergönnt ist, uns selber treu zu bleiben, selbst im Angesicht der restlosen Vergänglichkeit von allem.
Am Rande des Abgrunds, reinweg *e negativo*, soll hernach eine DOSTOJEWSKIsche Meditation uns helfen, die Frage zu konkretisieren: was eigentlich die Natur mit uns macht inmitten der blinden Gesetzmäßigkeit ihrer millionenfachen Untergänge? Und wie halten wir stand – in Trotz und im Trost, in Wehmut und Demut? Wie gehen wir mit der scheinbaren Nutz- und Sinnlosigkeit aller noch so edlen Anstrengungen, Absichten, Bemühungen und Ideale um, die der Tod wie Kartenhäuser hinwegbläst? Und dann: welch eine Überzeugung soll uns motivieren, daß wir gewissermaßen gegen die Einrichtung der Natur als ganzer schon durch unser Dasein als Menschen zu protestieren wagen? Es war die These DOSTOJEWSKIS, die wir in einem zweiten Abschnitt referieren, daß wir Menschen uns nur zu leben vermögen, wenn dieses kleine, allzu eng gefaßte Dasein unserer irdischen Existenz sich in eine unendliche Perspektive hinein zu öffnen vermag. Der Glaube an die Unsterblichkeit der menschlichen Seele, der menschlichen Person, erschien dem russischen Dichter gewissermaßen als die einzig «gesunde», als die einzige sozusagen psychohygienisch zu verantwortende Auffassung des Lebens.
Gleichwohl verbleibt die Sicht DOSTOJEWSKIS, wie sich zeigen wird, gänzlich in dem Innenraum der Verzweiflung selbst. Sie stellt ein reines Argument der Angst gegen die Angst dar. Doch gibt es in den Erörterungen der absurden Existenzen DOSTOJEWSKIscher Romane durchaus nichts an Lebenslust und Glück, was aus dem Leben, aus der

Welt, die uns umgibt, selber so etwas wie Hoffnung und Zuversicht auf ein anderes Leben wecken könnte. Die Naturlosigkeit und Naturentbundenheit des DOSTOJEWSKIschen Welterlebens korrodiert und korrumpiert in gewissem Sinne die Glaubwürdigkeit seines Glaubens an Auferstehung. Deshalb scheint es ebenso berechtigt wie richtig, in einem dritten Abschnitt die Gedanken des russischen Dichters mit den Visionen und Bildern zu kontrastieren, die *im Alten Ägypten* dem Tod gegenüber in Anlehnung an die großen Szenarien der Natur zur Deutung des menschlichen Daseins entworfen wurden: der Aufgang und Untergang der Sonne, das Kommen und Gehen des Mondes, das Steigen und Fallen des Nils, die schweigende Poesie der Schönheit der Nacht und der Gesang der Paviane im Osten Alt-Kairos im Morgengrauen – all das waren den Alten Ägyptern Zeichen und Symbole, Bilder und Gleichnisse, Riten und Ratgeber einer konkreten, zauberischen Mystik der Unsterblichkeit. Vor allem der Gedanke der Wiedergeburt durch die lebenstiftende, ewige Macht einer göttlichen Liebe, die bis in die Gräber hinabsteigt, um den Tod zu besiegen, findet seine vielgestaltige Darstellung an den Wänden der altägyptischen Gräber. Es erscheint unmöglich, die Botschaft des Christentums von der Auferstehung auch nur annähernd zu verstehen, ohne diese Bilder der Unsterblichkeit in ihrer sinnlichen Schönheit und verlockenden Nähe zu Dichtung und Traum für sich selbst durchwandelt zu haben und durch sie selber verwandelt worden zu sein.

Erst dann öffnet sich der Weg, der aus den Gräbern hinausführt ins Leben. Es ist gerade das *Johannesevangelium*, das uns zeigen will, wir könnten mit dem eigentlichen Leben nicht erst nach dem Tod beginnen, sondern es sei hier und jetzt bereits möglich, die Angst vor dem Tode, die Seelenumdüsterung der Sterblichkeit, abzustreifen. «Wer an mich glaubt», sagt Jesus in Joh 11,25.26 am Grabe seines Freundes Lazarus, «wer an mich glaubt, wird leben, auch wenn er stirbt, und jeder, der lebt und an mich glaubt, wird in Ewigkeit nicht sterben.»[18] Eine solche Auferstehung aus dem Reich des Todes in dieses unser irdisches Leben hinein – *das* ist die eigentlich neue, die spezifisch christliche Möglichkeit, die uns, dem 4. Evangelium zufolge, Christus schenken wollte. Nur wer im Sinne des Johannes an der Person Jesu erlebt hat, daß der Mann aus Nazareth *Leben ist*, wird, wie Maria aus Magdala am Ostermorgen, fähig sein, an der Stätte des Grabes, in den Kammern des Todes, zwei Engel zu sehen, die ihre Traurigkeit trösten und ihr Leben wortwörtlich «umkehren», um dem lebenden Christus zu begegnen. *Es gibt keinen Tod mehr*. Und alle Mächte des Todes: die Enge der Angst, die Schatten der Schuld, die Trauer all der scheinbar widerlegten Träume von Treue und Wahrheit und Freiheit und Weite, wie sie am See von Gennesareth in dieser Weise zum ersten Male uns Menschen erschienen, werden überwunden sein in der Gewißheit eines Vertrauens, das schließlich die Frage nicht mehr zu stellen wagt: «Wer bist du», weil sie doch wußten: «Es ist der Herr» (Joh 21,12).

In vier Schritten also wollen wir in den vorliegenden Betrachtungen uns dem Geheimnis des Lebens, dem Gefühl der Unendlichkeit, dem Wissen um die «Auferstehung» von den «Toten» nähern, und jeden dieser Wege, aufeinander folgend, werden wir durchmessen müssen, um zu begreifen, was die Religion des Christentums uns über den Tod und über den Tod *hinaus* zu sagen vermag.

In einem ersten Schritt begegnen wir der Tödlichkeit der Kreatur, der Hilflosigkeit und Ohnmacht der Lebewesen gegenüber der grausigen Dramaturgie des Todes in Gestalt des Massenelends *der Pest*, die im Abstand von Jahrhunderten immer wieder das Abendland verheerte und zu Beschreibungen und Beschwörungen des Todes in allen möglichen Formen nötigte;

in einem zweiten Schritt gewinnen wir anhand der Werke DOSTOJEWSKIS Einblick in die Absurdität eines Lebens, das in den Kerker der Erde verbannt ist und das dennoch nicht aufhört, nach der Ewigkeit des Lebens Verlangen zu tragen;

in einem dritten Schritt tauchen wir entlang dem Vorbild der altägyptischen Religion hinab in die Wände der Welt; wir fahren ein in die Schächte und Gruben der Erde, die sich über uns schließen wie die Mauern eines Grabes und die doch in den Bildern der altägyptischen Religion zu uns reden in einer unendlichen Vielfalt des Lebens, sobald wir unsere irdische Existenz selber als Sinnbild und Gleichnis zu verstehen beginnen;

und so ermöglicht sich schließlich der vierte, vollendende Schritt, an dem wir – so Gott will – die Todesangst abschütteln, an dem wir uns lösen vom Starren in den Abgrund und die Kunst lernen, über diese Erde hinwegzugehen wie Christus selbst am Abend der Speisung der Fünftausend, als er durch den Sturm in der Nacht auf den Wogen des Meeres zu den Jüngern im Boot herüberkam, so daß sie, ihn aufnehmend, alsbald an dem «Land» waren, auf welches sie zuhielten (Joh 6,16-21)[19]. «In der Welt habt ihr Angst», sagt Jesus in den Abschiedsreden des 4. Evangeliums, «aber seid getrost, ich habe die Welt überwunden» (Joh 16,33)[20].

Wie man die Ostererzählungen des *Johannes* von diesem Wort her lesen bzw. auf diese Erfahrung hin auslegen kann, sei das Thema dieser Meditationen über Tod und Leben, über Verzweiflung und Hoffnung, über irdische Nichtigkeit und himmlische Zuversicht. Der Tod als eine ewige Hochzeit des Lichts, als ein Besteigen der Barke der Sonne, als ein ewiger Morgen, der niemals mehr endet, – *das* muß es heißen, «das Licht», das «ewige Leben» in sich zu haben (Joh 11,10).

I. Dramaturgie des Todes oder: Der Atem der Pest

Die grausame, oft grausige, nur selten gnädige, die ewig dunkle Majestät des Todes schwebt wie ein unheimlicher Dämon über dem Leben jedes Einzelnen, über dem Leben ganzer Völker, über dem Dasein alles Irdischen. *El condor pasa* – der Todesvogel fliegt vorüber. «Alles Zusammengefügte», formulierte der BUDDHA, «ist dazu bestimmt, sich wieder aufzulösen[1].» Dieselben Gesetze, nach denen Atome zu Molekülen, Moleküle zu Zellen, Zellen zu Organismen, Organismen zu Organen, Organe zu Körpern verschmelzen, definieren zugleich auch das Zeitmaß ihrer Auflösung. Bereits im Augenblick der Zeugung eines Lebewesens beginnt die Uhr des Todes abzulaufen[2], und meist, noch ehe sie ihr Ziel erreicht, bringt ein beliebiger Zufall, wie von außen kommend, sie zum Stehen. Ein weniges genügt: Ein Blutgerinnsel. Eine Öllache. Ein Stolpern auf der Treppe. Eine Herzrhythmusstörung. Viele Millionen von Krankheitskeimen vermag der menschliche Körper abzuwehren[3], gegen das Programm des Todes in seinem eigenen Innern ist er machtlos. Dieses Programm ist er selber. Die angemessenste Haltung gegenüber dem Tod scheint der Gehorsam: mit der Stummheit der Tiere zu gehen, wenn er uns ruft.

Es gibt Krankheitserreger, die offenbar noch zu jung sind, als daß der menschliche Organismus sich auf sie bereits hätte einstellen können. Läßt man sie frei, sind sie der Inbegriff tödlichen Grauens. ARNOLD BÖCKLIN, als er im Jahre 1898 die Hilflosigkeit des Menschen gegenüber dem Massenelend des Todes malen wollte, portraitierte *die Pest*[4] (s. Tafel 1): als ein dunkles, fledermausartiges Ungeheuer, dessen Flügel den Himmel verfinstern, während sein gefleckter Schweif wie ein Straßenbesen über die hingestreckten Leiber seiner Opfer dahinfährt; seinen Nüstern entsteigt ein schwefeliger Qualm, vor dessen Hintergrund sich die Gestalt des schwarzgekleideten Todes nur um so markanter und makabrer abzeichnet; sensenschwingend sitzt der schwarze Tod rittlings auf diesem Kerub des Schreckens, den Kopf zum Himmel erhoben, als folge er einem unhörbaren Befehl, der ihn, auf unheimliche Weise gehorsam auch er, zu dem trostlosen Triumph seiner vorzeitigen Ernte nötige. Seine menschlichen Opfer würdigt er keines Blickes; sie liegen, übereinander geworfen, am Boden, gleich, ob im weißen Gewand der Reinheit, gleich, ob im flammenden Kleid der Begierde, – gleich sind sie alle in dieser mystischen Hochzeit des Todes. Dahin gesunken lehnen die Leiber der Menschen an den Fassaden ihrer Häuser; es gibt kein Entrinnen inmitten der Flucht, die jeder für sich geflohen zu sein scheint, – im Fluchtpunkt des Bildes selbst, am Ende der Straße, reckt schon ein anderes ebensolches Ungeheuer sein Haupt, und selbst mitten auf dem Weg scheinen andere dieser Untiere den etwa noch Flüchtenden nachzustellen. Der Tod, mit anderen Worten, ist überall. Die ganze Welt ist Tod im Atemhauch der Pest.

Und doch, auch die Pest ist nur *eine* Erscheinungsform der dunklen Majestät des Todes. Er selbst, das ahnt man, ist der Herr von tausend Boten, Trägertieren, Werkzeugen und Handlangern. Für seine Allmacht gibt es keine Grenze. Sein wahres Antlitz freilich, wie A. Böcklin es gemalt hat, ist immer das gleiche: mit blicklosen Augenhöhlen, die Backenknochen von gelbgrüner Haut überspannt, der Mund in unerbittlicher Stummheit geschlossen, die Lippen zusammengepreßt, jede Antwort verweigernd.

Die Pest und der Tod – das ist ein Lieblingsthema der abendländischen Literaturgeschichte geworden, seit der griechische Historiker Thukydides das Auftreten der Seuche in seiner *«Geschichte des Peloponnesischen Krieges»*[5] so beeindruckend geschildert hat: «Gleich mit Sommers Beginn (sc. im Jahre 430 v. Chr., d. V.) fielen die Peloponnesier . . . in Attika ein . . ., als in Athen zum ersten Male die Seuche ausbrach. Es hieß, sie habe schon vorher mancherorts eingeschlagen, bei Lemnos und anderwärts, doch von nirgends wurde eine solche Pest, ein solches Hinsterben der Menschen berichtet. Nicht nur die Ärzte waren mit ihrer Behandlung zunächst machtlos gegen die unbekannte Krankheit, ja, da sie am meisten damit zu tun hatten, starben sie auch am ehesten selbst, aber auch jede andere menschliche Kunst versagte: alle Bittgänge zu den Tempeln, Weissagungen und was sie dergleichen anwandten, half alles nichts, und schließlich ließen sie davon ab und ergaben sich in ihr Unglück.»

Zur Kenntnis für spätere Generationen, sollte die Seuche je wiederkehren, beschreibt Thukydides mit akribischer Genauigkeit die Merkmale der schrecklichen Epidemie: die Hitze im Kopf, die Entzündung der Augen, den übelriechenden Atem, den Husten- und Brechreiz, den schmerzhaften Stuhlgang, die Bildung der Blasen und Geschwüre, das unerträgliche Hitzegefühl, den unstillbaren Durst, den wässerigen Durchfall, die rasende Unruhe und Schlaflosigkeit, das Abfaulen der Extremitäten, der Augen, der Schamteile . . ., und dann fährt er fort: «Das Allerärgste an dem Übel war die Mutlosigkeit, sobald sich einer krank fühlte . . ., und dann, daß sie bei der Pflege einer am anderen sich ansteckten und wie die Schafe hinsanken; daher kam hauptsächlich das große Sterben. Wenn sie nämlich in der Angst einander mieden, so verdarben sie in der Einsamkeit, und manches Haus wurde leer, da keiner zu pflegen kam; gingen sie aber hin, so holten sie sich den Tod, gerade die, die Charakter zeigen wollten – diese hätten sich geschämt, sich zu schonen, und besuchten ihre Freunde; wurden doch schließlich sogar die Verwandten stumpf gegen den Jammer der Verscheidenden, vor der Übergewalt des Leides.»[6] «Zu all dieser Not kam noch als größte Drangsal das Zusammenziehen von den Feldern in die Stadt, zumal für die Neuangekommenen. Denn ohne Häuser, in stickigen Hütten wohnend in der Reife des Jahres, erlagen sie der Seuche ohne jede Ordnung: die Leichen lagen übereinander, sterbend wälzten sie sich auf den Straßen und halbtot um alle Brunnen, lechzend nach Wasser. Die Heiligtümer, in denen sie sich eingerichtet hatten, lagen voller Leichen der darin an geweihtem Ort Gestorbenen; denn die Menschen, völlig überwältigt vom Leid und ratlos, was aus ihnen werden sollte, wurden gleichgültig gegen Heiliges und Erlaubtes ohne Unterschied. Alle Bräuche verwirrten sich, die sie sonst bei der Bestattung beobachteten; jeder begrub, wie er konnte. . . . Überhaupt kam in der Stadt die Sittenlosigkeit erst mit der Seuche richtig auf. Denn mancher wagte jetzt leichter seinem Gelüst zu folgen, das er bisher unterdrückte, da man in so enger Kehr die Reichen, plötzlich Sterbenden, tauschen sah mit den früher Besitzlosen, die miteins deren Gut zu eigen hatten, so daß sie sich im Recht fühlten, rasch jedem Genuß zu frönen und zu schwelgen, da Leib und Geld ja gleicherweise nur für den einen Tag seien. Sich vorauszuquälen um ein erwähltes Ziel war keiner mehr willig bei der Ungewißheit, ob man nicht, ehe man's erreiche, umgekommen sei; aber alle Lust im Augenblick und was, gleichviel woher, dafür Gewinn versprach, das hieß nun ehrenvoll und brauchbar. Da war keine Schranke mehr, nicht Götterfurcht, nicht Menschengesetz; für jenes kamen sie zum Schluß, es sei gleich, fromm zu sein oder nicht, nachdem sie alle ohne Unterschied hinsterben sahen, und für seine Vergehen dachte keiner den Prozeß noch zu erleben und die entsprechende Strafe zu zahlen; viel schwerer hänge die über ihnen, zu der sie bereits verurteilt seien, und bevor die auf sie niederfalle, sei es nur recht, vom Leben noch etwas zu genießen.»[7]

In der Tat: nichts scheint so zynisch alle Anstrengungen des Menschen um Würde und Wert zunichte zu machen wie die schnöde Gleichgültigkeit und blindwütige Gleichmacherei des Todes, vor allem in der ungeschminktesten seiner Schreckgestalten: in dem entpersönlichenden, massenweisen Sterben einer Seuche, die wahllos, unterschiedslos, als stünde die Natur selbst im Kriege mit dem Ungeziefer Mensch, hinwegrafft, was sich ihr irgend in den Weg stellt. In der Zeit der attischen Pest lernten die Menschen zum ersten Male die Bitterkeit jener Enttäuschung, deren Schmerz bis zum Herzen vordringt: daß es ein gerechtes Walten der Götter auf Erden nicht gibt, und den nie mehr verstummenden Zweifel, ob denn Götter überhaupt sind. Mindestens so viel stand fest: «Die Götter achten nicht auf die Menschenwelt, sonst würden sie nicht über das größte der menschlichen Güter wegsehn, die Gerechtigkeit.»[8] Doch wenn Gerechtigkeit und Glaube irrige Gebilde der menschlichen Gedanken sind, wie der griechische Philosoph THRASYMACHOS lehrte, woran sollen Menschen sich dann halten, und stellt es unter solchen Umständen nicht sogar einen Akt logischer Konsequenz dar, nach dem Vorbild der Tiere auf den animalischen Genuß des flüchtigen Augenblicks sich zurückzuziehen?

Als unter Kaiser DECIUS im Jahre 250 n. Chr. von Äthiopien aus erneut die Pest das dichtbevölkerte, für die Ausbreitung einer epidemischen Krankheit nahezu ideale Ägypten hinaufzog, um dann während dreizehn langer Jahre fast alle Provinzen des römischen Weltreiches heimzusuchen, nahmen auch damals viele ihre Zuflucht zu den alten Göttern. In ihrer Angst schlossen sie sich dichter zusammen und lenkten den gemeinsamen Zorn, den das Leid ihnen aufzwang, ersatzweise auf die Minderheitengruppe der in den Augen der Heiden ähnlich rasch wie die Seuche selbst sich ausbreitenden Christen, welche im Sinne der alten Religion frech und atheistisch genug schienen, die Götter zu leugnen und dem Kaiser den Eid zu verweigern.

Es ist, als reagierten wir Menschen in Momenten der Not stets nach dem Vorbild der Tiere, die im Augenblick der Gefahr enger aneinanderrücken und strenger als sonst darauf achten, daß die Ordnung des Zusammenlebens, insbesondere die gehorsame Unterwerfung unter die Weisung des ranghöchsten Tieres, prompt und exakt eingehalten wird[9]. Immer fördert der Faktor der Angst die psychische Regression

und die Flucht zurück in den Mutterschoß des Kollektivs, bis hin zu der düsteren Magie, die Außenseiter der Gesellschaft, die Rand- und Abständigen der Gruppe, als scheinbar Schuldige dem blutgierigen Raubtier Tod als freiwilliges Sühnopfer in den Rachen zu werfen: im ganzen Römischen Reich machte man Jagd auf die Christen[10], – sie hatten die Götter beleidigt. Man verbreitete Angst, um der Ausbreitung der Todesangst aller Einhalt zu tun, man bekämpfte den Horror des Natürlichen durch den Terror des menschlichen Zusammenlebens; man handelte wie die pestkranken Tiere in der Fabel JEAN DE LA FONTAINES[11], die den Schwächsten opfern als sei er der Schuldige.
Es spricht für die frühen Christen, wie *sie* auf diese Herausforderung reagierten! *«Über die Sterblichkeit»* lautet die Schrift, die inmitten der verödeten Straßen Carthagos im Jahre 252 n. Chr. CYPRIAN an die verängstigte Bevölkerung richtet: «Das ist also der Unterschied», sagt der nordafrikanische Bischof, «zwischen uns und den anderen, die Gott nicht kennen, daß jene im Unglück klagen und murren, während uns das Unglück von der wahren Tugend und dem wahren Glauben nicht abbringt, sondern im Leiden erprobt.»[12] «Daß jetzt beständiger Durchfall die Körperkräfte verzehrt, daß das tief im Inneren lodernde Feuer immer weiter wütet und den wunden Schlund ergreift, daß fortwährendes Erbrechen die Eingeweide erschüttert, daß die Augen durch den Blutandrang sich entzünden, daß manchen die Füße oder irgendwelche anderen Körperteile von zerstörender Fäulnis ergriffen und abgefressen werden, daß infolge der schweren Schädigung des Körpers durch die eintretende Ermattung der Gang gelähmt, das Gehör abgestumpft oder die Sehkraft getrübt wird, all das dient nur dazu, den Glauben zu erweisen ... Welche Erhabenheit verrät es, inmitten der Vernichtung des Menschengeschlechts aufrecht zu stehen, anstatt mit denen am Boden zu liegen, die keine Hoffnung auf Gott haben! Beglückwünschen dürfen wir uns vielmehr und es als Geschenk der Zeit begrüßen, wenn wir durch das Erdulden von Leiden auf dem Wege Christi zu Christus eilen.»[13]
Ähnlich schreibt DIONYSIUS, der Bischof von Alexandrien, in seinem Osterfestbrief des Jahres 251: «Den Nichtchristen dürfte die gegenwärtige Lage nicht als Festzeit erscheinen. Indessen ist es für sie weder diese noch irgendeine andere Zeit ... Jetzt ist alles voll Klagen. Alle trauern, und Wehegeschrei hallt wider in der Stadt wegen der Menge der Toten und derer, die noch täglich sterben ... Es brach die gegenwärtige Krankheit aus. Für die Heiden ist sie ein Unglück, das alle

Schrecken und jede Drangsal übertrifft ... Für uns jedoch ist sie kein solches Unglück, für uns bedeutet sie vielmehr Erziehung und Prüfung gleich den früheren Drangsalen ... Da die meisten unserer Brüder in übermäßiger Liebe und Freundlichkeit sich selbst nicht schonten und füreinander eintraten, furchtlos sich der Kranken annahmen, sie sorgfältig pflegten und ihnen in Christus dienten, starben sie gleich diesen freudigst dahin, angesteckt vom Leide anderer, die Krankheit der Mitmenschen sich zuziehend, freiwillig ihre Schmerzen aufnehmend. Viele mußten sogar, nachdem sie die Kranken gepflegt und wiederhergestellt hatten, selber sterben, den Tod, der jenen bestimmt war, auf sich selber übertragend. ... Auf solche Weise schieden aus dem Leben die Tüchtigsten unserer Brüder, Priester, Diakonen und Laien. Sie genießen so hohe Ehre, daß ihr Sterben, das durch ihre große Frömmigkeit und ihren starken Glauben veranlaßt ward, in keiner Weise hinter dem Tode der Märtyrer zurücksteht. Wenn sie die Leiber der Heiligen auf ihre Arme und ihren Schoß genommen, ihnen die Augen zugedrückt und den Mund geschlossen, sie auf die Schulter geladen und unter herzlichen Umarmungen nach Waschung und Bekleidung bestattet hatten, erfuhren sie kurz darauf dieselben Dienstleistungen, wobei die Überlebenden stets an die Stelle derer traten, die vorausgegangen. Ganz anders war es bei den Heiden. Sie stießen die, welche anfingen krank zu werden, von sich, flohen vor ihren Teuersten, warfen sie halbtot auf die Straße und ließen die toten unbeerdigt im Schmutze liegen. So suchten sie der Auslieferung an den Tod und der Gemeinschaft mit ihm zu entgehen ...[14]

Indes, wenn dies für christlich gelten darf, im Sterben dem Freund, im Tod dem Geliebten nahe zu bleiben, und wenn als heidnisch die Allmacht der Angst und die Wollust der Verzweiflung bezeichnet werden muß, so gab es gewiß schon damals «Christen» und Martyrer auch unter den Griechen in den Tagen des THUKYDIDES[15], und es gab dort ebenso gewiß auch «Heiden», wie offensichtlich aller Orten und zu allen Zeiten unter den Menschen. Ja, es scheint, als sei im Sinne der frühen Kirche gerade die Stellung gegenüber dem Tode entscheidend dafür gewesen, welch einen Wert das Leben eines Menschen besaß; wie «christlich» jemand in Wirklichkeit war, entschied sich daran, inwieweit er sich frei gemacht hatte von der Angst vor dem Sterben, und wieviel er somit, bewußt oder unbewußt, von der Eigenart *Jesu* in sich aufgenommen hatte, der den Tod überwand, indem er das Leben auf Gott hin öffnete[16]. Wie leben wir *richtig*, wenn der Tod neben uns auf der gleichen Matte hockt[17], mal eine Armeslänge fern, mal eine Handspanne noch, doch stets gegenwärtig? Es ist möglich, um ein möglichst langes Leben zu *kämpfen*, sich sorgsam zu schützen und gegen alle Eventualitäten abzuschirmen. Aber je stärker die Angst vor dem Tode wird, desto hypochondrischer müßten wir das Leben selber bekämpfen, sollten wir bei dieser Einstellung bleiben.

Was wird sein? – Wir wissen es nicht. Und selbst wenn wir es wüßten, was wäre gewonnen?

«Dieses Leben», meinte der römische Stoiker SENECA, «gleicht einer Seefahrt nach Syrakus[18]: du siehst das Schiff unter geblähtem Segel ablegen vom Hafen, ruhig gleitet sein Bug durch die Wogen; über dich hin ziehen auf ewigen Bahnen die Sterne; du erblickst ferne Länder mit ihren Schätzen und Schönheiten, dich geleitet der ewig wehende Wind, dich umspielt das malerische Leuchten der Sonne im Glanz ihres Aufgangs am Morgen und in der Wehmut ihres Untergangs am Abend; und so geht es hin, viele Tage und Jahre, bis daß du einläufst in *Syrakus*. Wußtest du nicht, daß der Herrscher dort ein schlimmer Tyrann ist, der die Menschen nach seiner Willkür wie Willenlose schindet und schändet, als die gequälten Opfer seiner Launen? – drang nicht die Kunde von ihm, die alle Welt kennt, längst auch zu dir? Du aber schifftest dich ein und zahltest das Fährgeld, hinüber zum Hafen deiner Bestimmung: nach *Syrakus*! – Ich habe das Schiff nicht gewählt, sagst du? Ich wurde vielmehr schon an Bord geboren? – So trüge die Mutter die Schuld, daß sie dich trug, und betrogen wärst du, zu leben? Aber du würdest den Tod nicht bedauern, wär' dir das Leben nicht lieb. Und was betrauerst du also und was bedauerst du? Daß all die Herrlichkeiten vergehen, weil du selber vergänglich bist? Oder sollte es besser dich gar nicht geben? Und weil es ein Ende gibt, gar keinen Anfang? Oder wäre es besser für dich, für immer auf See zu verweilen, als endlich zu landen – in *Syrakus*?»

Irgendwo in der Steppe grast eine Herde Gnus und Gazellen –, ein friedliches Bild, das die Angst nicht kennt, und doch lauert abseits im Dickicht der Gepard sprungbereit auf seine Beute. Die Tiere betrachten ihn wohl aus der Ferne, doch beachten sie ihn nicht; die Fluchtdistanz ist noch zu groß. Freilich, sie darf nicht so groß sein, daß ein Beutegreifer mit seiner Schnelligkeit sie nicht unterlaufen könnte – nicht umsonst ist der Gepard das schnellste aller Landraubtiere. Es ist im Einzelfall ein bloßer Zufall, welches Tier aus der Herde er zu seinem Opfer bestimmt – eines steht etwas abseits von den anderen, ein anderes äst von ihm abgewandt, ohne ihn sehen zu können, ein drittes scheint etwas ungelenk – Winzigkeiten dieser Art entscheiden über Leben und Tod eines Tieres. Einmal gewählt, beginnt schon die Jagd: Jetzt setzt die ganze Herde wie gehetzt sich in Bewegung! Von irgendwoher ist das Fluchtsignal gekommen, und jedes der Tiere stürzt wie selbstvergessen in die Flucht der anderen hinein, in allem wie sie, ein ununterscheidbarer Teil des Ganzen, bis auf dieses eine durch ein Nichts von allen anderen unendlich getrennte Tier, das der Gepard nicht aus den Augen läßt. Dieses eine muß er, ohne sich ablenken zu lassen, bis zur Erschöpfung jagen. Dann warten schon die Geier *oben*, die Schakale und Hyänen *unten* auf die Restmahlzeit, und wieder zieht die Herde der Gnus und Gazellen über die Weiten der Steppe dahin, in ewigem Gleichmaß, dem Tode enthoben[19]. Im Leben der Tiere ist der Tod nur ein Überfall, ein *Moment* im Kommen und Gehen, im Rhythmus der Welt. Nur für uns Menschen ist der Gepard allgegenwärtig, nur wir finden niemals mehr zurück zu der Geborgenheit der tierischen Instinkte, nur wir fühlen dann uns erst sicher, wenn wir jeden Busch und jeden Strauch nach möglichen Gefahren abgesucht und abgesichert haben[20]. Wir leben *ständig* mit dem Tod. Doch heißt das *Leben*, stets nur gegen den Tod anzuleben?

Es scheint schwer, den «christlichen» Stoizismus des Seneca oder das stoische Christentum des Bischofs Dionysios von Alexandrien zu leben. Die Geschichte selbst beweist es. Soeben hatten die Christen des Mittelalters das Römische Reich von neuem begründet und seine Macht über den Westen Europas geworfen, da kehrte im ersten Drittel des 14. Jh.'s die Pest als *der Schwarze Tod* mit verheerender Stärke von Osten zurück, und es waren jetzt die Christen, die über *die Juden* herfielen wie seinerzeit die Römer über die Christen[21]; jetzt waren sie es, die ihren Gott bestürmten wie einen grausamen Richter, den es mit Opfern und Kasteiungen gnädig zu stimmen gälte; und in der Tat erschien die Seuche selbst wie eine verdiente Strafe oder, besser, wie eine logische Folge der sozialen Mißwirtschaft und Ungerechtigkeit vor allem auf dem Lande. «Es gab genug Gründe für eine Landwirtschaftskrise; ausgelöst wurde sie offenbar durch die Mißernten der Jahre 1315-1317, in denen viele Bauern Hungers starben. In einigen Teilen Europas versuchten die Grundherren, das Absinken der Erträge durch neue Fronden und erhöhte Naturalabgaben aufzuhalten. In Flandern führte 1332 die versuchte Wiedereinführung der Leibeigenschaft zu einem wütenden Bauernaufstand; der Graf von Flandern und der König von Frankreich unterdrückten ihn mit noch größerer Wut. In Norditalien wollten die in den Städten lebenden Grundherren zu ihren eigenen und der Städte Gunsten den Bauern der umliegenden Dörfer zusätzliche Lasten auferlegen. In Frankreich litten die Bauern im Hundertjährigen Krieg bittere Not infolge der Einfälle der Engländer und der Raubzüge der Söldnerscharen. Sie erhoben sich ... 1358; ihr Aufstand wurde mit einer Brutalität niedergeschlagen, der gegenüber alle Gewalttaten der Bauern verblaßten. Nach Berichten der Chronisten sind dabei zwanzigtausend Bauern ums Leben gekommen. – Dazu kamen die Verheerungen, die der Schwarze Tod anrichtete. Auf den Handelswegen aus dem Osten eingeschleppt und von Ratten und Flöhen verbreitet, überfiel er die Länder Osteuropas zwischen 1348-1350 und kehrte in der zweiten Jahrhunderthälfte in Abständen wieder. Der ersten Heimsuchung fiel ein erheblicher Teil – vielleicht ein Drittel – der Bevölkerung zum Opfer. Daß kerngesunde Menschen von der Seuche in wenigen Stunden hinweggerafft wurden, löste Panik und Wahnerscheinungen aus. Juden wurden in Massen niedergemetzelt, weil sie, um die Pest zu verbreiten, Brunnen vergiftet haben sollten. Scharen halbnackter Geißler zogen durch die Städte und Dörfer Deutschlands und anderer Länder, um in irrer Selbstzüchtigung Buße zu tun. Die Zahl der Todesfälle war so groß, daß aus dem Bevölkerungsüberschuß vielfach Knappheit an Arbeitskräften wurde. In mehreren Ländern folgten Versuche der Grundherren, die Bauern von neuem zu versklaven oder halbvergessene Frondienste und Abgaben wieder einzuführen; mancherorts – so in England und Dänemark – antworteten die Bauern mit Aufständen. Die Ideen des Rittertums förderten eine gewisse Selbsteinkehr: so manchem Adligen wurde die Tiefe der Kluft und der Interessengegensätze zwischen Adel und Bauerntum bewußt. – In dieser Perspektive erscheint das Schicksal des europäischen Bauern im 14. Jahrhundert als ununterbrochene Abfolge von wirtschaftlichen Nöten, Seuchen, Kriegen und verschärfter Ausbeutung.»[22]

Aber es erscheint nicht *nur* in dieser Perspektive. Die den Schwarzen Tod überlebten, gingen aus der Katastrophe freier und mutiger, forschungsbegieriger und vorurteilsloser hervor, unabhängiger von dem Gott der auf erhabenen Traditionen thronenden Theologen und seiner Vasallen: der in Gottes Gnadentum großgewordenen Kaiser, Bischöfe und Beamten. Aus den Händlern und Handwerkern der Städte, aus den Entdeckern, Forschern und Fürsten bereitete sich in der Folgezeit

jener Menschenschlag vor, der an der Wende zur Neuzeit, am Ende des Mittelalters[23], die Wiedergeburt der (heidnischen!) Antike, die Renaissance, ausrufen sollte. Bereits im 14. Jh. betraten Leute dieser Art die Bühne der Geschichte. Nicht die Stoa, nicht SENECA, wohl aber EPIKUR beantwortete ihnen die Frage nach dem Tod.
Fragten sie überhaupt nach dem Tod?
EPIKUR, der von den Christen so viel geschmähte, so wenig verstandene Weise des dritten vorchristlichen Jahrhunderts, wollte die Menschen gleichermaßen von der Götterfurcht wie von der Menschendienerei befreien; angstfrei könnten die Menschen es lernen, ihr eigenes Maß zu finden und sich darin wohl zu fühlen[24]. Für Menschen, die intensiv und befriedigend lebten, so meinte EPIKUR, existiere der Tod nicht, und zur Verführung der sich klug Dünkenden kleidete er diese seine *existentielle* Erfahrung in das Kostüm einer *logischen* Schlußfolgerung. «Bin ich, ist der Tod nicht. Ist der Tod, so bin ich nicht. Also geht er mich nichts an.»[25] Natürlich ist das Nichts des Todes keine logische Verneinung, und man widerlegt es nicht durch das Denken, allenfalls durch das Leben. Doch eben das ist jetzt die Frage: Wie lebt man angesichts des Todes, vis-à-vis der Seuche, so, daß man den Tod vergißt? Daß man das Glück *genießt*, zu *sein*? Daß man die Liebe täglich übt und sich nicht durch die Trauer der Erinnerung mehr noch als nötig betrübt?
GIOVANNI BOCCACCIOS epikureische Antwort auf die Pest des Jahres 1348 in Florenz war *«Das Dekameron»*, ein Zehntagewerk der Liebe, eine Neuschaffung der Welt aus der Glut einer Leidenschaft, die dem Tod eine lange Nase zu drehen sucht, indem sie aus der Amoral der Angst die stärksten Kräfte einer vorbehaltlosen Bejahung des Lebens gewinnt, gewidmet den «reizenden Frauen . . ., wie empfindsam die Natur euch erschuf», zum Trost von «trüben Gedanken», als «Hilfe und Zuflucht der Liebenden».[26]
Wie THUKYDIDES, wie CYPRIAN, wie DIONYSIOS schildert auch BOCCACCIO den Schrecken und das Gefühl vollendeter Hilflosigkeit gegenüber der Geißel der Pest. «Sie begann nicht wie im Orient damit, daß allen Opfern als ein Zeichen des unausbleiblichen Todes das Blut aus der Nase rann, sondern kündigte sich hier bei Männern und Frauen gleicherweise in der Leistengegend oder unter den Achseln mit gewissen Schwellungen an, die – bei einigen mehr, bei anderen weniger – bis zur Größe eines Apfels oder eines Eis anwuchsen und vom Volk ‹Pestbeulen› genannt wurden. Von diesen beiden Körperteilen aus

begannen die todbringenden Pestbeulen in Kürze auf alle anderen überzugreifen und sich auszubreiten. Später zeigte die Krankheit veränderte Anzeichen, es erschienen schwarze und schwarzblaue Flecke, die sich bei vielen Menschen an den Armen, auf den Rippen und an verschiedenen anderen Körperteilen zeigten und bei manchen größer und spärlich, bei anderen dagegen kleiner und zahlreich auftraten. Und wie anfänglich nur die Pestbeule das unfehlbare Anzeichen des sicheren Todes gewesen war und es auch weiterhin blieb, so waren es nunmehr auch die kleinen Flecke für jeden, den sie befielen.» «Die Auswirkung dieser Seuche war verheerend, da sie schon durch den Umgang mit einem Kranken auf die Gesunden übersprang wie das Feuer auf trockene oder fettige Dinge, die ihm zu nahe gebracht werden. Noch schlimmer war, daß sie sich nicht allein durch Gespräche oder Umgang mit Kranken auf Gesunde übertrug oder die Ursache eines gemeinsamen Todes wurde, sondern daß schon durch die bloße Berührung von Kleidungsstücken und Gebrauchsgegenständen, die ein Kranker benutzt oder angerührt hatte, diese entsetzliche Seuche den Berührenden zu ergreifen schien.» «Während dieser Zeit des Elends und der Trauer war die ehrwürdige Macht der göttlichen und menschlichen Gesetze in unserer Vaterstadt fast völlig gebrochen und aufgelöst, da ihre Hüter und Vollstrecker gleich den übrigen Menschen entweder tot oder krank oder von ihren Untergebenen im Stich gelassen waren, so daß keiner seinen Dienst mehr versehen konnte und es jedem freistand, zu tun und zu lassen, was ihm gefiel.»[27] «Lassen wir es noch hingehen, daß ein Bürger den anderen floh, daß kein Nachbar sich um den Nachbarn kümmerte und Verwandte einander selten, nie oder nur von ferne sahen. Doch der Schrecken dieser Heimsuchung hatte die Herzen der Menschen mit solcher Gewalt verstört, daß auch der Bruder den Bruder verließ, der Onkel den Neffen, die Schwester den Bruder und nicht selten auch die Frau ihren Mann. Das Schrecklichste, ganz und gar Unfaßliche aber war, daß Väter und Mütter sich weigerten, ihre Kinder zu besuchen und zu pflegen, als wären es nicht die eigenen.»[28]

Boccaccio ist entsetzt über die Sittenlosigkeit im Gefolge der Pest, über den Zusammenbruch aller Menschlichkeit unter dem Beben der Angst; doch was ließe sich anderes erwarten? In Augenblicken der Angst klammert ein Kind sich an seine Mutter, drängen Menschen zusammen und formieren nach dem Vorbild der Gnus in der Steppe gemeinsam eine Phalanx des Widerstands gegen die Gefahr. Wie aber, wenn wir Menschen entdecken müssen, was kein Tier zu sehen vermag: daß nicht nur die Fallen des Todes allerorten im Unterholz lauern, sondern, weit schlimmer, daß sich bevorzugt der Tod in dem Leib der Geliebten versteckt: erstickend ihre Umarmung, ansteckend ihre Gewänder, vergiftend ihr eigener Atem? Wenn das pflichtbewußte Mitleid der Spitäler und der Siechenanstalten die Flammen der Pest nur noch weiter entfacht, als wären die Leiber der Menschen wie hölzerne Scheite, die der Glut ihres Feuers nur weitere Nahrung anböten? Wenn wirklich nur die Quarantäne, die Isolation, der Sperrgraben *zwischen* den Menschen den einzigen Schutz gegen den Funkenflug dieses Steppenbrandes der Seuche bildet? Widerlegt dann nicht die Natur selbst die instinktiven Grundlagen jeder Moral, indem sie nichts als ein ätzendes Höhnen für das Ächzen und Stöhnen der Leiden erübrigt? Ja, scheint es nicht, als suche sie in ihrer anonymen Gleichgültigkeit

---

Tafel 1: Arnold Böcklin, Die Pest, 1898, Gottfried Keller-Stiftung, Kunstmuseum Basel. (Zu S. 21-22)

Tafel 2: Die Pilgerfahrt nach Abydos, aus dem Grab des Sen-nefer, Bürgermeisters von Theben, Foto J. L. Bovot et M. Kurz, Fondation Kodak France. Die Beischriften besagen, daß der Priester gerade im Begriff steht, «ein königliches Reinigungsopfer darzubringen für den Osiris, (den verstorbenen und zum Gott gewordenen) Bürgermeister Sen-nefer». Die Beischrift unter dem Baldachin kennzeichnet den «Verstorbenen, den Bürgermeister von Theben, Sen-nefer» als «bewahrheitet an Worten» und nennt «die Herrin des Hauses» (die rechtmäßige Gattin) «Merit» (die Geliebte). Dahinter werden die Opfergaben aufgezählt: «Tausend Brote, tausend Bierkrüge und tausend (Stück) von jeder reinen und schönen Sache». Die «Reinigung» hatte im Zusammenhang mit der Überwindung des Todes die gleiche Funktion wie die christliche Taufe. (Zu S. 129-130)

Tafel 3: Merit hält ihrem verstorbenen Gemahl Sen-nefer die Leinentücher der Brautnacht entgegen, Foto J. L. Bovot et M. Kurz, Fondation Kodak France. Sen-nefer atmet den Duft einer Lotosblüte, die im Zusammenhang mit dem Sonnenaufgang ein Symbol der Unsterblichkeit ist. Die Unzerstörbarkeit einer Liebe, die Gräber öffnet und überwindet, steht unter dem Schutz des *Uzat*-Auges, das die Rückkehr des nächtlichen Mondes verkörpert. Zwischen den beiden *Uzat*-Augen findet sich das *Schen*-Zeichen, dessen Kreisform die ewige Wiederkehr andeutet, die Endlosigkeit der Zeit; *Schen-wer* ist der große Urozean, der die Erde umgibt, woran die drei Wasserlinien erinnern; dazwischen bedeutet die Hieroglyphe einer Tasse als Drei-Konsonanten-Zeichen für *wešech* soviel wie «Weite». Es ist die Unendlichkeit des Himmels selbst, die sich in dieser Darstellung schützend über die Liebenden breitet. (Zu S. 144-145)

gerade das Kostbarste wieder rückgängig zu machen, das sie selbst in Jahrmillionen hervorgebracht hat: die ihrer selbst bewußte Individualität einer menschlichen Person? Für die Natur existieren wir offenbar nur auf dem Boden einer dünnwandigen Eisschicht, und sobald sie zerbricht, regieren wieder die Lebensgesetze der Viren und Bazillen; nach ihrem Vorbild jedenfalls reagieren die Menschen im Angesicht des Todes – sozial gesehen, wie Einzeller, die in ihrer angstgeprägten parasitären Psychologie das biologische Parasitentum ihrer einzelligen Widersacher kopieren.

Mit ergreifenden Worten beschreibt BOCCACCIO die schnöde Beliebigkeit, die gefühlverrohende Wahllosigkeit, zu welcher die Menschen durch das *massenweise* Elend sich genötigt sehen. «Um die Armen und wohl auch um einen großen Teil des Mittelstandes war es noch schlimmer bestellt. Von Hoffnung und Not in ihren Häusern zurückgehalten, erkrankten diese inmitten ihrer Nachbarschaft täglich zu Tausenden und starben fast alle rettungslos, da ihnen weder Pflege noch irgendwelche Hilfe zuteil ward. Tag und Nacht verendeten Menschen auf offener Straße, und viele, die in ihren Häusern umkamen, taten, wenn nicht anders, erst mit dem Gestank ihrer verwesenden Körper ihren Nachbarn kund, daß sie tot waren. Von solchen und anderen, die überall dahingerafft wurden, war die Stadt mit Leichen übersät. Daher kam es häufig zu einer Art Selbsthilfe unter den Nachbarn, die, ebensosehr aus Angst, an der Verwesung der Toten Schaden zu nehmen, als aus Mitleid mit den Verbliebenen, mit Hilfe irgendwelcher Träger – falls solche aufzufinden waren – die Körper der Verstorbenen aus den Häusern schleppten und sie vor den Türen niederlegten, wo hauptsächlich in den Morgenstunden jeder, der vorbeigegangen wäre, die unzähligen Leichen hätte liegen sehen können. Hernach wurden Bahren bestellt, und wenn keine zu haben waren, legte man die Leichen einfach auf irgendwelche Bretter ... Diese Toten wurden weder mit Tränen noch mit Kerzen oder anständigem Geleit geehrt; nein, es war vielmehr so weit gekommen, daß man sich um sterbende Menschen nicht mehr bekümmerte als heutigentags um eine verreckte Ziege.»
«Bei der Unzahl der Leichen, die Tag für Tag, ja Stunde für Stunde zu allen Kirchen gebracht wurden, reichte der geweihte Boden nicht aus für die Begräbnisse, und da man nach altem Brauch möglichst jedem einen Platz zugestehen wollte, hob man, als alles belegt war, rings um die Kirchhöfe große Gruben aus, in die man die unverhofft angekommenen Leichen wie Ware in den Schiffen, Schicht auf Schicht, nur mit

wenig Sand bedeckt, zu Hunderten verstaute, bis schließlich die Gruben bis an den Rand gefüllt waren.»[29]
In dieser Zeit haltloser Verzweiflung und schamloser Verwirrung beschließt eine Gruppe von sieben vornehmen Frauen gemeinsam mit drei befreundeten jungen Männern, müde des ewigen «die und die sind tot» oder «die und die liegen im Sterben», sich mit ihrer Dienerschaft auf einen Landsitz unweit von Florenz zurückzuziehen – in einen Garten EPIKURS[30], in ein paradiesisches Idyll. «Dort hören wir die Vögel singen, sehen das Grün der Hügel und Ebenen und die wie ein Meer wogenden Getreidefelder. Dort gibt es hunderterlei Bäume, und der freie klare Himmel, selbst wenn er voller Zorn ist, verleugnet seine ewige Schönheit niemals, die soviel reizvoller zu schauen ist als die verödeten Mauern unserer Stadt.»[31]
So wäre es also möglich, inmitten einer aus den Fugen geratenen Welt das Vertrauen in die Schönheit des Himmels und in die Lieblichkeit der Erde nicht preiszugeben oder, wenn nötig, sogar zurückzugewinnen? Genau das beschreibt BOCCACCIO. Er entwirft, Jahrhunderte vor der Entdeckung der «Geschichten aus 1001 Nacht» im Abendland[32], in erstaunlicher Ähnlichkeit zu den persischen Miniaturen des NIZAMI[33], einen bunten Reigen dionysischer Gesänge gegen den Tod, er beschwört den bacchantischen Taumel gegen den Schwindel der Angst, er entwirft ein Kaleidoskop der Erotik gegen die Erosion der Verzweiflung, er setzt die Anziehungskraft zwischen Mann und Frau gegen den ermüdenden Zweikampf von Leben und Tod, und er windet einen Kranz von Novellen gegen die Kränze der Gruben und Gräber. Während die Pest alle Ordnungen der mittelalterlichen Wertehierarchie zersprengt, greift BOCCACCIO diese Herausforderung auf und malt uns die Unschuld der Liebe mit einer Selbstverständlichkeit und Kühnheit, wie sie vorher und nachher nie wieder gelebt noch gelehrt wurde. Die Liebe ist für BOCCACCIO die eigentliche Energie des Lebens, die Seele des Kosmos, die Urtatsache und Wahrheit, durch welche alle anderen Inhalte und Institutionen von Sitte und Sittlichkeit allererst ihren Sinn erlangen.
An dieser Stelle trennen sich Welten, treten Mittelalter und Neuzeit auseinander, beginnt der Geist der Moderne. Auch der Repräsentant mittelalterlicher Dichtung schlechthin, DANTE ALLIGHIERI, glaubte an die erlösende Macht der Liebe, und auch er war im Geiste bereit, dem Rufe *Beatrices* zu folgen durch die Hölle und das Purgatorium bis hinauf in den Himmel[34] – ein uraltes Mythenmotiv: von *Inanna, Anat*

und *Isis*, die ihren Geliebten: *Tamuz*, *Baal* und *Osiris*, oder von *Orpheus* und *Demeter*, die ihrer Geliebten und Tochter: *Eurydike* und *Persephone*, in die Unterwelt nachgehen[35].

Doch so ergreifend diese Erzählungen menschheitlicher Sehnsucht nach einem ewigen Glück der Liebe auch sind, so gelten sie doch stets einer anderen, *überirdischen* Welt, wofern sie nicht einfach das ewige Kommen und Gehen von Fruchtbarkeit und Dürre, von Sommer und Winter, von Aussaat und Ernte, der Verschmelzung und Trennung von Sonne und Mond verkörpern und versinnbilden. BOCCACCIO hingegen liebte seine *Fiametta*, der er 1343 bereits den Prosaroman *«L'elegia di Madonna Fiametta»* gewidmet hatte[36], mit einer durchaus *irdischen* Liebe. Für ihn erhob die Liebe nicht die Seele auf den Flügeln von Trauer und Sehnsucht zum Himmel, für ihn war sie selber der Himmel auf Erden, ein Paradies des Glücks, unbedroht von Schuld und Angst, bewohnt von Witz und Spiel, von burlesker Ausgelassenheit und frivolem Scherz, voller Kabalen und Possen, ein Dokument der geheimen Überlegenheit des weiblichen Geschlechtes in den Angelegenheiten der Herzen, an denen sich die wirklichen Fragen des Lebens entscheiden, eine Manifestation der Heuchelei der heiligen Stände, ein Stück Aufklärung, wie es erst wieder THOMAS MANN im *«Tod in Venedig»* gelungen ist[37], als er die «Pest» zum Symbol einer faulig gewordenen, zum Leben im Nagen verurteilten, in die Abwasserkanäle zurückgedrängten (homosexuellen) Liebe erklärte, deren Ausdünstungen in sich selbst wie Verwesung und Tod sind. Genau so, nur viel freudiger, viel souveräner BOCCACCIO: ihm wird die Pest zum Sinnbild eines allseitig bedrohten und unheilvollen Lebens, das dennoch seine Ordnung wiederfinden könnte durch die Rückkehr zur Natur, zur einfachen Natürlichkeit des Herzens, zu jener Einfachheit, die es wagt, die Liebe selber heilig zu sprechen und nicht länger zu heiligen, was sie unterdrückt und zerstört.

Mehr als 200 Jahre später noch, im Jahre 1573, «erschien in Florenz eine neue Auflage des *Dekameron* mit folgender Überschrift: ‹Das *Dekameron* von M. Giovanni Boccaccio, dem Florentiner Bürger, durchgesehen in Rom und verbessert nach dem Befehl des heiligen Tridentinischen Konzils.›» Man hatte diese wohl größte Dichtung von der Macht der Liebe über den Tod einfachhin auf den Index der verbotenen Bücher gesetzt, und erst nach «mühsamen Verhandlungen mit der päpstlichen Kurie und nach dreijähriger Arbeit einer Florentiner Deputation» kam schließlich «die neue, ‹entgiftete› Ausgabe des

Dekameron heraus, in der die Mönche und Kleriker in Kaufleute, Zauberer und Soldaten, die Nonnen in ledige Mädchen verwandelt worden waren.[38] Die Irrungen und Wirrungen der Liebe sollten nicht länger in den Mauern der Kirche geduldet werden, sie wurden buchstäblich vor die Tore der «Seelenburg»[39] auf die Straße gekehrt. Nur: welch eine Kraft besitzt noch eine Religion gegen den Tod, die sich des Vertrauens in die heilende, ordnende und besänftigende Gewalt der Liebe begibt? Nein, moralisch gesehen, erweist sich BOCCACCIOS Unschuld gegenüber den Verleumdern und Sklavenhaltern der Liebe als unendlich überlegen.

Dennoch, das muß man zugeben, *bleibt* die ewige Frage, die der Tod an das Leben stellt, und sie richtet sich weniger an BOCCACCIOS Verklärung der irdischen Liebe als an unser Vermögen, einander gewissermaßen gegen den Tod an zu lieben – gegen die *«Pest»* nicht als psychische Chiffre der Seele nur, sondern als metaphysische Chiffre des Daseins: *was lernen wir durch die Liebe*, wenn wir an ihr festhalten gerade angesichts des jederzeit lauernden Todes?

An dieser Stelle verbleibt der sinnenfrohe, charmante BOCCACCIO in der Tat noch sehr im Vordergründigen, und man muß die Tendenz seiner Weltsicht *wesentlich* setzen, um sie allererst als entscheidend begreifen zu können. Alles, was BOCCACCIO sagen wollte vom Mut zum Leben und vom Wagemut zur Liebe, verbleibt durchaus noch in der Unreflektiertheit und Zufälligkeit des Ästhetischen; der Tod indessen verlangt, daß wir *Antwort* geben, daß wir *denken*, was wir fühlen, daß wir rechtfertigen, was wir sind. Es ist schwer vorstellbar, wie wir die poetisch verklärte Welt BOCCACCIOS verteidigen könnten gegen den Einbruch der Wirklichkeit, – wie wir, begnadet gewissermaßen mit Wiener G'müt, an der Tafel des Lebens Platz nehmen könnten, und der Tod stünde hinter uns wie im Drama des *«Jedermann»*[40], und wir speisten in Ruhe, falteten artig die Serviette zusammen, wischten uns den Mund und bedankten uns bei dem Gastgeber für das reich gedeckte Mahl, ehe man uns hinwegführt ins Land der Schatten. Ähnelt unser Leben nicht weit eher der Henkersmahlzeit des *Damokles*[41], daß gerade die *Ungewißheit*, wann endlich das Schwert herabfällt, uns jeglichen Genuß vergällt und vergiftet – selbst den Genuß der Zartheit und der Zärtlichkeit der Liebe?

Über die Jahrhunderte hinweg geht das Bemühen der Dichter, der Philosophen, der Menschen aller Zeiten, auf die Rätselfrage des Todes Antwort zu geben, und immer wieder dient das Szenarium der *Pest* als

Kondensat aller Infragestellungen der menschlichen Existenz. Nach dem Vorbild des Berichtes von Daniel Defoe über *«Die Pest von London»*[42], eines Meisterwerkes journalistischer Geschichtsschreibung, nahm sich vor allem E. A. Poe in seiner Geschichte von der *«Maske des Roten Todes»*[43] in der Manier romantischer Magie des Themas an. Seine literarische Miniatur nimmt sich aus wie eine späte *Widerlegung* des epikureischen: «Der Tod geht mich nichts an.» Wenn er doch *mitten im Leben* auftritt, der Tod, kostümiert mit den Kleidern des Scherzes, maskiert mit dem Mummenschanz des Schmerzes, stets bereit, den bitteren Ernst der Larve der Pest hervorzukehren, wieso geht er uns dann nichts an?

Fürst Prospero («der Glückliche») hält in E. A. Poes Novelle ein Bankett, ein Maskenfest der Lust, um den Roten Tod, der mitleidlos in den Vorstädten wütet, an gesicherter Stätte zu verspotten. Schrecklich wie stets ist das Auftreten des Todes im Gewande der Pest. In Poes unnachahmlicher Diktion: «Der ‹Rote Tod› hatt' lang das Land verheert. Nicht eine Pestilenz je war so voll Verderben, so scheußlich graus gewesen. Blut war ihr Avatara und Sigill – die Rotglut und der Horror Bluts. Schneidende Pein trat ein und jäher Schwindel – und dann, aus allen Poren überflutend, Blutfluß, mit Tods Zersetzung. Scharlachene Flecken auf dem Leib und auf besonders dem Gesicht des Opfers warn der Plage Bann, der es von Hülfe und von Mitgefühl der Nebenmenschen ausschloß. Und erster Anfall, Fortgang und das Ende der Seuche warn dann das Werk kaum einer halben Stunde.»[44] Da geschieht es, daß mitten in das Gelage eine Gestalt tritt, die auf das furchtbarste der Erscheinung des Pesttodes gleich sieht, und alle werden von Grauen erfaßt! «Selbst für den, der auf immer verloren, dem Leben und Tod gleicherweise für Scherz gelten, gibt es Dinge, mit denen kein Scherz mehr sich treiben läßt. Tatsächlich schien die ganze Gesellschaft nun zufiefst zu empfinden, daß in Verkleidung und Betragen des Fremden weder Witz noch Schicklichkeit zu finden war. Die Gestalt war hoch und hager und war von Kopf bis Fuß in die Laken des Grabs gehüllt. Die Maske, welche das Gesicht verbarg, war in allen Zügen so ähnlich einem starren Leichenantlitz nachgebildet, daß auch die gründlichste Prüfung hätte Schwierigkeiten haben müssen, den Betrug zu entdecken. Und doch hätte all dies bei den tollen Schwelgern in der Runde wohl noch Duldung gefunden, wenn nicht gar Beifall. Doch der Vermummte war so weit gegangen, die Urgestalt des Roten Todes anzunehmen. Seine Gewandung war von *Blut* bespritzt – und seine breite Stirn, mit allen Zügen des Gesichts, sprenkelte der scharlachene Schrecken.»[45] Noch gilt allen die Gestalt dieses grausigen Gespenstes für einen widerwärtigen Witz, noch stabilisiert sich der ästhetische Trost gegen die unanständige Präsenz des Todes, als man in der makabren Maskerade dieses wüsten Eindringlings die unverhüllte Wirklichkeit selbst entdecken muß. «Nun ward die Gegenwart des Roten Todes erkannt. Wie in der Nacht ein Dieb war er gekommen. Und einer nach dem anderen sanken die Gäste nieder, hin in den blutbetauten Hallen ihres Schwelggelages, und starb ein jeglicher in seines Falls Verzweiflungshaltung. Und in der ebenholznen Uhr verlosch das Leben mit dem des letzten dieser Fröhlichen. Und die Flammen der Dreifüße verglommen. Und Finsternis und Verfall kam, und der Rote Tod hielt grenzenlose Herrschaft über allem.»[46]

Soll das also das letzte Wort über die Sterblichkeit des Menschen sein – der Tod als eine gespenstische Farce auf das Leben und alles Leid im Leben nur das verhüllte Vorspiel für die trostlose Lächerlichkeit von allem? Stellt man sich nur auf die Seite der Endlichkeit des Daseins, so gibt es in der Tat nicht einmal einen Grund zur Klage, und wir müßten es uns gefallen lassen, zu vergehen wie alles Vergängliche. Warum nur *können* wir das nicht? Warum *lernen* wir nicht aus dem Wissen der ständigen Nähe des Todes eine stetige Weisheit, entsprechend den Worten des *Psalms* 39,5 ff.: «Lehre mich, Herr, das Maß meiner Tage, daß ich erkenne, wie vergänglich ich bin. Sieh, nur eine Handbreit hast du meine Tage gemacht, und meine Lebenszeit ist wie ein Nichts vor dir. Ja, ein Hauch nur ist alles, was Mensch heißt. Nur wie ein Schatten geht der Mensch einher, macht Lärm um ein Nichts, häuft auf und weiß nicht, wer's einsammeln wird . . . Sieh ab von mir, daß ich einmal noch aufblinke, eh ich dahinfahre und nicht mehr bin.» Wir *können* diese Weisheit nicht lernen gerade infolge jener Kraft, die zuinnerst die Seele der Welt ist, wie BOCCACCIO meinte, wir können es nicht gerade infolge der Liebe. Sie macht uns *rebellisch* gegen die Ordnung der Welt, sie reißt uns heraus aus dem Einerlei des Todes, sie sondert uns ab vom Getriebe der Gesetze der Natur. Denn sie ist die Macht, die *den einzelnen Menschen* als unendlich wichtig entdeckt; sie versammelt auf einen einzigen Menschen das Glück der ganzen Erde und des ganzen Himmels; sie tut mithin gerade das Gegenteil dessen, was der Tod uns aufzuzwingen sucht: sie beendet die Gleichgültigkeit und Beliebigkeit des Daseins, sie setzt einen einzelnen, zufälligen Menschen als absolut *nicht*-gleichgültig, als *nicht* beliebig, als unbedingt wesentlich und notwendig[47]. Die Liebe ist notwendig ein metaphysischer Protest gegen das Kreislaufeinerlei von Tod und Leben in dem simplen Einmaleins der Natur. Erst durch die Existenz des Einzelnen wird der Tod zum Skandal; erst durch das Bewußtsein der Individualität ist die Natur in einen unüberbrückbaren Gegensatz zu sich selbst getreten[48].

Man kann wohl nicht sagen, die Existenz des Einzelnen bilde das Ziel oder den Abschluß all der Bemühungen der Evolution um die Entfaltung des Lebens. Gleichwohl läßt sich zeigen, daß innerhalb der Entwicklung der Arten die Tendenz zur Individualisierung aller Lebensvorgänge in gerader Linie zunimmt. Es ist vor allem der Faktor des *Lernens*, der die Überlebenschancen einer Art im Kampf ums Dasein wesentlich verbessert[49]. Je tiefer man den Stammbaum des Lebens hinabsteigt, desto ausschließlicher findet man die Anpassungsleistung der tierischen Organismen an ihre Umwelt dem Erbmaterial und damit dem zufälligen Spiel von Mutation und Selektion übertragen[50]. Auf der untersten Stufe des Lebens arbeitet die Natur noch mit ungeheueren Zahlen der Hervorbringung und Vernichtung. Obwohl es für potentiell unsterblich gilt, besitzt doch ein einzelliges Lebewesen in seiner individuellen Erscheinung nur den Wert und die Funktion eines Übergangs – es lebt buchstäblich als es selber nur in seinen Nachkommen. Wesentlich verbessert wird die Anpassungsleistung des Erbguts durch die «Erfindung» der geschlechtlichen Vermehrung, die der Natur so wichtig ist, daß sie diese Strategie der Fortpflanzung bei Pflanzen wie Tieren unabhängig voneinander mit dem größten Phantasiereichtum ausgeprägt hat[51]. Durch die Verschmelzung homologer Chromosome miteinander erhöht sich die Wahrscheinlichkeit ganz erheblich, günstige Merkmale des Erbmaterials miteinander zu kombinieren und damit zugleich die Evolutionsgeschwindigkeit wesentlich zu erhöhen[52]. Der Preis dieser Differenzierung von Körperzellen und Geschlechtszellen allerdings ist der Tod. Erst jetzt hat das individuelle Leben wirklich begonnen, und mit ihm die Sexualität, und mit dieser die Sterblichkeit.

In der ganzen Folgezeit der Höherentwicklung der Arten sieht es so aus, als beabsichtige die Natur durch den ständigen Zuwachs an *individuellem Leben* sich selbst in ihrem größtmöglichen Gegensatz hervorzubringen. Immer komplizierter wird ihr Aufwand bei der Ausstattung der Körperzellen, immer reichhaltiger differenzieren sich die Sinneswahrnehmungen, immer breiter gestaltet sich die Fülle der Erbkoordinationen, mittels deren ein Einzelwesen imstande ist, sich in einer spezifischen Umgebung zurechtzufinden; und je ausgeprägter die Möglichkeiten sind, die sich in einem einzelnen Lebewesen realisiert finden, desto kostbarer und schutzbedürftiger wird natürlich dieses selbst.

Die Fische, die Lurche und die Reptilien bringen zwar Junge zur Welt, doch sie nehmen von ihnen keinerlei Notiz, allenfalls daß sie in ihnen ein zusätzliches Nahrungsangebot erblicken. Erst nach den Sauriern vor 70 Millionen Jahren beginnt ein eigentliches Brutpflegeverhalten, wie wir es heute noch bei den Vögeln antreffen[53]; der entscheidende Schritt aber zur psychischen Individualisierung des Lebens wird von den *Warmblütlern* vollzogen: die Warmblütigkeit schützt die empfindlichen Nervenzellen und erlaubt den Aufbau und Ausbau der Strukturen des Zwischenhirns[54], – der Horizont der Wahrnehmung erweitert sich gewaltig und damit auch die Lernfähigkeit der einzelnen Individuen; und das wiederum wird zu der Voraussetzung, von der aus die *Säugetiere* in einzelnen Arten äußerst erfolgreiche Formen von Paarbindung, Brutpflege und sozialem Lernen herausbilden; mit all dem aber wächst wie selbstverständlich der Wert, der dem *individuellen Leben* zukommt[55].

Bereits Schimpansenmütter können tagelang den Leib eines verstorbenen Kindes mit sich herumtragen, hoffend gegen alle Erfahrung, daß das Tote nicht tot sei[56]. Die Ausdrucksbewegungen der Brutpflege vor allem finden Eingang in das *Balzspiel* der Elterntiere, und es scheint, als habe die Liebe zu den Kindern gleichzeitig eine neue Form auch der Gattenliebe mit sich gebracht, indem sie die Sexualität fortan auf das engste verschmolz mit den Motiven einer behutsam beschützenden Zärtlichkeit[57]: noch heute im Vorspiel der Liebenden, gleich, ob beim Küssen, beim Kosen oder beim Nennen der tausend Namen der Liebe, behandeln die Liebenden sich wechselseitig phasenweise stets wie die Mutter ein Kind bzw. wie ein Vater seine Tochter: immer ist der/die Geliebte das Kleine, das Männlein, das Baby. Immer spielen Verliebte Eltern und Kind miteinander, so als sei zur Liebe nur zugelassen, wer seinem Partner durch sein Verhalten verspricht, im gegebenen Augenblick auch als Vater und Mutter sich zu bewähren.

Entscheidend ist, daß auf diese Weise im Rahmen *biologischer* Überlebensstrategien, in einer Art «Zuchtwahl nach Geschmack», die Liebenswürdigkeit zur Überlebensbedingung wird, so daß zunehmend Wesen entstehen, die psychologisch durchaus nicht nur in ihren Nachfolgern weiterleben wollen, sondern die selber spüren müssen, gewollt und geliebt, erwünscht und berechtigt zu sein, um überhaupt leben zu wollen. Für diese Wesen ist die Liebe keine vorübergehende Zugabe zum Leben, für sie bildet die Liebe gewissermaßen die unbedingte Voraussetzung ihrer Existenz, und umgekehrt bedeutet einander zu lieben für sie immer mehr, sich in den Augen des anderen als wesentlich und notwendig betrachten zu dürfen. Für Wesen dieser Art ist die Liebe der entscheidende Ort, um von einer Angst befreit zu werden, die kein Tier kennt und die einzig uns Menschen zu eigen ist: nichts ist schrecklicher für uns, als das Empfinden haben zu müssen, buchstäblich *überflüssig* auf der Welt zu sein; nur in der Liebe geben wir einander die Bestätigung, gerade in unserer scheinbar so zufälligen Existenz als einzelne bedeutsam und wichtig zu sein. Dem gesamten Weltall mögen wir gleichgültig, unwesentlich und völlig nebensächlich scheinen; im Leben eines Menschen, der uns liebt, sind wir unbedingt wesentlich und unverzichtbar. Nur durch die Liebe gewinnen wir Menschen den Mut, als Individuen zu existieren; doch gerade dadurch fallen wir aus der Ordnung der Natur heraus; gerade dadurch wird uns der Tod zu einer unerträglichen Zumutung[58].

Es war der algerische Schriftsteller ALBERT CAMUS, der diesem Grundgefühl den stärksten Ausdruck verliehen hat, indem er in seinem Roman *«Die Pest»* noch einmal den Schrecken der *Seuche* als Chiffre der Absurdität der menschlichen Existenz insgesamt interpretierte.

Minutiös schildert CAMUS, wie die Pest, als die Behörden sich endlich entschließen, ihre Tatsache öffentlich bekanntzugeben, als erstes Verbannung und Absperrung über die Bewohner von Oran bringt. «Der Gegenwart überdrüssig, der Vergangenheit feind und ohne Zukunft, so glichen wir wahrhaftig denen, welche die Gerechtigkeit oder der Haß der Menschen hinter Gitterstäbe zwingt.»[59] In dieser Situation der erstorbenen Gefühle und der absichtlichen Abstumpfung jeglicher Hoffnung tritt Pater *Paneloux* auf, um während einer Gebetswoche mit der Sprachgewalt alttestamentlicher Propheten die Pest als eine Strafe Gottes zu deuten: «Meine Brüder, ihr seid im Unglück, meine Brüder, ihr habt es verdient.»[60] Mit diesen Worten beginnt Pater *Paneloux* seine Predigt, und er fährt mit Blick auf die Tradition der Bibel selber fort: «Das erstemal erscheint diese Geißel in der Geschichte, um die Feinde Gottes zu strafen. Pharao widersetzt sich den Absichten des Ewigen und die Pest zwingt ihn in die Knie. Seit allem Anfang der Geschichte wirft die Geißel Gottes die Hochmütigen und die Verblendeten zu seinen Füßen nieder. Bedenkt das und fallt auf die Knie.» «Wenn euch heute die Pest anschaut, so deshalb, weil der Augenblick des Nachdenkens gekommen ist. Die Gerechten brauchen sich nicht davor zu fürchten, aber die Bösen haben Ursache zu zittern. In der unermeßlichen Scheuer des Weltalls wird der unerbittliche Dreschflegel das menschliche Korn dreschen, bis die Spreu vom Weizen geschieden ist. Es wird mehr Spreu geben als Weizen, mehr Berufene als Auserwählte, und dieses Unglück ist nicht von Gott gewollt. Zu lange hat diese Welt sich mit dem Bösen vertragen, zu lange hat sie sich auf das göttliche Erbarmen verlassen. Man mußte nur bereuen, dann war alles erlaubt. Und jeder war seiner Reue sicher. Wenn es darauf ankam, würde man sie gewiß empfinden. Bis dahin war es am einfachsten, wenn man sich gehen ließ, das göttliche Erbarmen würde schon für das Übrige sorgen. Nun, das konnte nicht so weitergehen. Gott hat so lange sein Antlitz des Mitleids den Menschen dieser Stadt zugekehrt; jetzt hat er, des Wartens müde, enttäuscht in seiner ewigen Hoffnung, seinen Blick abgewandt. Des göttlichen Lichtes beraubt sind wir jetzt für lange Zeit in die Finsternis der Pest gestürzt.»[61] «In der Goldenen Legende steht, daß zur Zeit des Königs Humbert die Lombardei von einer so heftigen Pest verwüstet wurde, daß es kaum genug Lebende gab, um die Toten zu bestatten; und diese Pest wütete hauptsächlich in Rom und in Pavia, und ein guter Engel erschien sichtbarlich und gab dem bösen Engel, der einen Jagdspieß trug, Anweisungen und befahl ihm, an die Häuser zu schlagen, und so manchen Schlag ein Haus erhielt, so manchen Toten trug man hinaus.» «Liebe Brüder, . . . heute wird die gleiche tödliche Jagd in unseren Straßen gejagt. Schaut ihn, diesen Pestengel, schön wie Luzifer und strahlend wie das Böse selber. Er steht über euren Dächern, seine Rechte hält den roten Spieß erhoben und mit der Linken deutet er auf eines eurer Häuser. Vielleicht reckt er den Finger in diesem Augenblick gegen eure Tür, der Spieß erdröhnt auf dem Holz; in dem Augenblick tritt die Pest bei euch ein, setzt sich in euer Zimmer und wartet auf eure Rückkehr. Da sitzt sie, aufmerksam und geduldig, so sicher wie die Ordnung der Welt. Keine Macht der Welt und, merkt es wohl, nicht einmal die eitle Wissenschaft der Menschen kann verhüten, daß ihr die Hand ergreift, die sie euch hinhält. Und auf der blutigen Tenne des Schmerzes gedroschen, werdet ihr zur Spreu geworfen.» «. . . ein roter Spieß zeigt euch den Weg des Heils und stößt euch darauf. Hier, liebe Brüder, wird endlich das göttliche Erbarmen offenbar, das in jedes Ding das Gute und das Böse legt, den Zorn und das Mitleid, die Pest und das Heil. Sogar die

Geißel, die euch martert, erhebt euch noch und zeigt euch den Weg.»[62]

In dieser «Predigt» reflektiert und portraitiert CAMUS den äußersten Versuch des tradierten Christentums, mit dem Grauen der Pest zurecht zu kommen und mit erheblichem rhetorischem Aufwand ein im Grunde mittelalterliches bzw. alttestamentliches Denkmuster zur Deutung der großen Tragödien des menschlichen Lebens wiederzubeleben. Die Natur selbst erscheint in christlicher Sicht wie ein Dämon aus animistischer Vorzeit, wie ein Würgeengel, schillernd zwischen Michael und Satan. *Paneloux* bemerkt nicht, wie simpel diese Deutungsmuster von Gut und Böse sind, die er in einer typischen Mischung aus Ignoranz und Arroganz auf die Natur projiziert, um die Weltordnung nach biblischem Vorbild zu dem verlängerten Arm eines in Lohn und Strafe moralisch handelnden Gottes zu erklären. Innerhalb eines derartigen Weltbildes sind die Menschen allzumal schuldig, und es ist jetzt nur noch die Frage, durch welche Art von Katastrophe diese ihre Schuld, zu existieren, manifest wird; im Zweifelsfalle ist es niemals Gott, der sich in Frage stellen ließe, es ist von vornherein der Mensch, der sich der höhnischen Gewalt des Todes zu beugen hat – als reumütig um Gnade nachsuchend, aber bei wem? Was, so muß man sich fragen, soll die Theologenauskunft von der Langmut und Geduld Gottes, wenn sie dazu herhalten soll, dem Grauen der Pest das Ansehen einer gerechten Strafe zu verleihen? Läßt sich ein langmütiger und geduldiger Gott zu solcherlei Massakern hinreißen, und handelt er derartig ungerecht, pauschal und «großflächig» dreinschlagend, nach der Logik des «Dreschflegels»? Angesichts des *massenhaften* Sterbens während der Pest ist es nicht Gott, der den Menschen in Frage stellt, es ist weit eher der Mensch, dem die Idee eines gütigen Gottes fragwürdig wird angesichts einer ungütigen Natur, angesichts der Karikatur eines solchen allmächtigen und allwissenden Gottes[63].

Wie katastrophal die Ansicht *Paneloux'* durch die Ungeheuerlichkeit menschlichen Sterbens sich selbst widerlegt, demonstriert CAMUS in seinem Roman an dem Sterben eines vierjährigen Kindes. Dieses Kind hat gewiß nichts getan, was irgendein Gott im Himmel strafen müßte; aber gerade an seinem kleinen Körper erprobt die Pest unter den Augen des behandelnden Arztes ihre grausame Stärke. «Der Arzt *(Dr. Rieux)* umklammerte mit aller Kraft die Querstange des Bettes, in dem das Kind stöhnte. Er wandte keinen Blick von dem kleinen Kranken; er wurde plötzlich steif, biß wieder die Zähne aufeinander und bog sich

leicht in der Hüfte, während er langsam Arme und Beine ausbreitete. Vom kleinen Körper, der nackt unter der Militärdecke lag, stieg ein Geruch nach Wolle und saurem Schweiß auf. Das Kind entspannte sich ein wenig, zog Arme und Beine wieder zurück und schien schneller zu atmen, blieb aber immer noch blind und stumm.» «Da ja die Seuche seit Monaten wütete und ihre Opfer nicht auswählte, hatten sie schon Kinder sterben sehen, aber noch nie Minute auf Minute ihr Leiden verfolgt, wie sie es jetzt seit dem Morgen taten. Und wohlverstanden war ihnen der Schmerz, den diese Unschuldigen erdulden mußten, nie als etwas anderes erschienen, als was er in Wahrheit war, nämlich eine empörende Schmach. Aber bisher hatten sie sich wenigstens gewissermaßen nur abstrakt empört, weil sie noch nie so lange dem Todeskampf eines Unschuldigen unmittelbar zugeschaut hatten. – Eben zog sich das Kind mit einem Stöhnen wieder zusammen, als wäre es in den Magen gebissen worden. Während langer Sekunden blieb es so gekrümmt, von Schauern und krampfartigem Zittern geschüttelt, wie wenn sein zarter Leib von dem wütenden Pestwind geknickt würde und unter dem feurigen Atem des Fiebers zerbreche. Wenn der Sturm vorüber war, entspannte es sich ein wenig, das Fieber schien sich zurückzuziehen und es schwer atmend auf einem feuchten und vergifteten Ufer liegen zu lassen, wo die Ruhe schon dem Tode glich. Als die glühende Flut das Kind zum dritten Mal erreichte und es ein wenig emporhob, kauerte es sich zusammen, kroch voll Entsetzen vor der sengenden Flamme tiefer ins Bett hinein, bewegte den Kopf wie irrsinnig und warf die Decke von sich. Dicke Tränen drangen unter den entzündeten Lidern hervor und rollten über das bleifarbene Gesicht; als der Anfall vorüber war, nahm das erschöpfte Kind mit seinen verkrampften, knochigen Armen und Beinen, die in achtundvierzig Stunden vollständig abgemagert waren, im zerwühlten Bett die groteske Stellung eines Gekreuzigten ein.»[64]
Die Leiden der Pest, weit davon entfernt, das Werk eines liebenden Gottes zu sein, wirken für CAMUS viel eher als Travestie und Persiflage des christlichen Crucifixus. «Wenn man . . . das Elend und den Schmerz sieht, welche die Pest bringt», meint *Dr. Rieux* an anderer Stelle, «muß man wahnsinnig, blind oder feige sein, um sich mit ihr abzufinden.»[65] «Wenn er an einen allmächtigen Gott glaubte, würde er aufhören, die Menschen zu heilen, und diese Sorge ihm überlassen . . ., und er, Rieux, glaube wenigstens in dieser Beziehung auf dem Wege zur Wahrheit zu sein, indem er gegen die Schöpfung, so wie sie sei,

ankämpfe.»[66] Die Ordnung der Natur selbst widerlegt offenbar die Idee einer ewigen Liebe, die sich in der Tatsache und in der Einrichtung der Schöpfung selbst manifestieren würde. Was aber wird dann aus der Liebe des Menschen zum Menschen, die doch den Grund für diese metaphysische Revolte der menschlichen Existenz gegen die ganze Welteinrichtung abgibt? Ist es möglich, sich selbst zu bewahren in der Liebe zum Menschen, wenn das menschliche Dasein gerade aufgrund dieser Liebe, dieser absoluten Wertschätzung einzelner Menschen, *absurd* wird? «Die Pest», schreibt CAMUS selbst in der Rolle des Berichterstatters seines Romans, die Pest «hatte die Werturteile abgeschafft.»[67] Die ganze Stadt in ihrer Verzweiflung, ja in ihrer Gewöhnung an die Verzweiflung glich «einem Wartesaal». «Jene, die einen Beruf hatten, übten ihn aus gleich wie die Pest den ihren: peinlich genau und unauffällig. Alle waren bescheiden . . . Ohne Gedächtnis und ohne Hoffnung richteten sie sich in der Gegenwart ein. In Wahrheit wurde ihnen alles zur Gegenwart. Man muß es wohl aussprechen: die Pest hatte alle der Fähigkeit zur Liebe und sogar zur Freundschaft beraubt. Denn die Liebe verlangt ein wenig Zukunft, und für uns gab es nichts mehr als Augenblicke.»[68]
Das genau ist die entscheidende Frage, die über unser ganzes Leben: seinen Sinn, seine Kraft und seine mögliche Erfüllung entscheidet: wieviel Zukunft hat die Liebe? – Niemand hat diese Frage tiefer gestellt und bewegender gestaltet als der stets gegenwärtige, stets unsichtbare Gesprächspartner ALBERT CAMUS', als der russische Dichter FJODOR MICHAILOWITSCH DOSTOJEWSKI. Mit seinem Werk müssen wir uns in einem zweiten Schritt beschäftigen.

II. Eine Dostojewskische Meditation oder: Lazarus komm heraus! (Joh 11,43)

Es gibt nur zwei wesentliche Fragen, um die das Denken DOSTOJEWSKIS kreist: die Armut und der Tod, oder, was bei ihm dasselbe ist: die Macht der Sanftmut und die Hoffnung auf Unsterblichkeit. Dieser Mann, dem Psychoanalytiker die Phantasie eines Massenmörders bescheinigt haben[1], hat immer wieder mit den tiefsten Infragestellungen der menschlichen Existenz gerungen, und seine Darstellungskraft ist auch heute noch nach 100 Jahren tiefgreifender Veränderungen und der fast vollständigen Widerlegung all seiner politischen Ziele gerade in seinem Heimatland Rußland auf magische Weise imstande, das Interieur eines Lesezimmers mit den Schatten und Phantasmagorien seiner Romangestalten auf unheimliche Weise zu beleben. Es ist, als führte der russische Dichter seinen Leser, gleich einem Photographen, in eine Dunkelkammer, um die Negativbilder menschlichen Lebens so lange in das Fixierbad seiner analytischen Laugen zu halten, bis die wahren Konturen seiner menschlichen Vorbilder sich aus ihren Schemen herausentwickelt haben und der farbige Reichtum ihres schillernden Erlebens sichtbar wird. Die Dialoge des duldenden *Hiob* in Form unendlicher Gespräche, während deren Dauer die Zeit stillzustehen scheint – alles läuft ab in wenigen Stunden eines ganzen Romans![2] – das sind die Werke DOSTOJEWSKIS, Ereignisse des Herzens, längst ehe sie als Handlungen nach außen treten, telepathische Kommunikationen einer hüllenlosen Hellsichtigkeit[3], die des Abgrunds der Verzweiflung zu bedürfen scheinen, um sich selbst in ihrer Tiefe auszuleuchten, körperlose Innenansichten der Seele, bei denen alles: die Kleidung eines Menschen, die Möbel seiner Wohnung, der Tonfall seiner Stimme, der Satzbau seiner Sprache, die Verhaltenheit und das Verhalten seines Auftretens zu einem Symbol und Zeichen des inneren Wesens gerät, eine Welt ohne Zufälle, ganz und gar entworfen und gewoben durch die Schicksalsmacht der eigenen Psyche. Niemand vor ihm und niemand nach ihm hat so wie dieser Dichter im zaristischen Rußland des 19. Jh.'s, Jahrzehnte vor der Psychoanalyse und ein halbes

Jahrhundert vor der Existenzphilosophie, die Leiden und Leidenschaften des menschlichen Herzens in einer so schonungslosen Offenheit und schmerzhaften Sensibilität bloßgelegt. Es *soll* im Werk dieses Genies des Verstehens keine Not, keine Erniedrigung, keine Form von Verlorenheit geben, die nicht in seinen Gestalten ihre menschliche Einfühlbarkeit und also in gewissem Sinne ihre Berechtigung erhalten könnte.

Eben deswegen ist die Wirkung DOSTOJEWSKIscher Romane bereits im Vorfeld unserer Überlegungen in strengem Sinn «christlich» zu nennen. Wer menschliches Leiden, seelisches wie soziales, im eigenen oder fremden Leben nicht selber hautnah erfahren hat, der wird, gewissermaßen zu seinem Selbsterhalt, sich gegen die Weltsicht des russischen Dichters als zu niederdrückend, zu pessimistisch, zu fatalistisch zur Wehr setzen. All die wohlmeinenden und überaus nützlichen Mitglieder der Gesellschaft, wie z. B. der Herr Obergeheimrat *Afanasiewitsch* in *«Schuld und Sühne»*, werden allenfalls versuchen, auf das offenbare Elend in einer charakteristischen Mischung aus karikativem Mitleid und vorwurfsvoller Akuratheit zu «reagieren»[4], doch das Ergebnis ihrer Interventionen wird immer dasselbe sein: *sie* werden am Ende stets dastehen als die standhaften und standfesten, als die grundgütigen und grundgültigen Charaktere; doch ein so haltloser Trinker wie der herabgekommene Titularrat *Marmeladow* z. B. kann ihnen gegenüber, gerührt vor Dankbarkeit, stets nur mit der Stirn den Staub berühren, ist doch dieser Herr *Afanasiewitsch* wirklich wie Wachs vor den Augen Gottes. «Hier», spricht er, «gebe ich dir eine Arbeit auf der Schreibstube und damit eine Gelegenheit, noch einmal neu zu beginnen.» *Marmeladow* indessen, dieses in seinen eigenen Augen geborene Vieh[5], wird schnurstracks hingehen und wenige Augenblicke später schon alles vertrinken; er wird, berauscht daliegend, seine eigene Frau *Katharina Iwanowna*, eine gebildete Person aus gutem Hause, schließlich sogar zwingen, ihre sechzehnjährige Tochter *Sonja* auf die Straße zu schicken. «Warum soll man es hüten, ein solches Kleinod», wird sie sagen, und dann, am Abend wird sie am Fußende des Bettlagers ihrer Tochter sitzen und weinen, die ganze Nacht über weinen. *Marmeladow* aber wird nicht nur die Schuhe seiner Tochter versetzen, denn das wäre unter seinen Umständen sozusagen noch in der Ordnung der Dinge, er wird sogar ihre Strümpfe verkaufen, um ein paar Kopeken zum Vertrinken in die Hand zu bekommen. Wenn jemand arm ist, philosophiert er, berauscht in der Wirtschaft sitzend, so behält er doch wenig-

stens noch ein gewisses Gefühl für seine eigene Würde; im Elend aber beginnt er, seine eigene Schande förmlich zu lieben[6], ja, von einem bestimmten Punkt der Erniedrigung an sehnt er sich geradewegs danach, schon nicht mehr nur mit dem Stock, sondern mit dem Besen aus der menschlichen Gesellschaft hinausgejagt zu werden – weil es mehr weh tut. Weiß denn irgend jemand von den Menschen mit den gußeisernen Begriffen[7], was es heißt, leben zu müssen, wenn es keine Aussicht mehr gibt? «Aussichtslos», erklärt er dem jungen Studenten *Rodion Raskolnikow*, «das ist, wenn man genau weiß, daß bei allem, was man tut, nichts herauskommen wird.» Doch es wird gerade der Maßstab der Gutheit all der richtigen und wichtigen Leute der guten Gesellschaft sein, der als Prügel oder Besenstiel die Gebückten und Unterdrückten aus der Gemeinschaft der Menschen entfernen wird.
Schon indem DOSTOJEWSKI diese Entwurzelten und Gescheiterten *als Menschen* mit menschlichen Gefühlen schildert und eben nicht als Monstren mit dem Antlitz des Viehes, breitet er einen lindernden Trost der Beruhigung über all die Opfer des Lebens: seine Darstellungsweise lindert die Scham, sie geht den verschlungenen Details der Verlorenheit nach, es so zu sehen richtet das schon Zerbrochene wieder auf. Freilich stellt es deshalb auch die gewöhnliche Ordnung in Frage. DOSTOJEWSKIS Sicht verwandelt das ganze menschliche Dasein in einen einzigen Schrei nach Erlösung, in ein unendliches Verlangen nach Vergebung. «Was würde passieren», sinniert *Marmeladow*, «wenn meine Frau Katharina Iwanowna mir einmal vergeben würde.» Doch warum soll man so einem vergeben? Sie wird, selber völlig verzweifelt, ihn an den Haaren ziehen und hilflos auf ihn einschlagen: «Wo kommst du her, du Unmensch, gib mir das Geld, wo hast du das Geld . . .»[8] Und sie wird ganz recht haben, und es wird doch nichts ändern.
Niemand, selbst unter den Dichtern Rußlands, hat so tief nachempfunden, was es heißt, wenn Jesus im Neuen Testament seine ständigen Gegner, die hochanständigen und gottgefälligen Pharisäer, Schriftgelehrte und Hohenpriester, fast wie entschuldigend bittet, doch zu verstehen, was er als seine eigentliche Aufgabe begreift: dem verlorenen, dem hundertsten Schaf der Herde nachzugehen und es in seiner Angst für wichtiger zu nehmen als die 99 anderen[9], die sich scheinbar überhaupt nicht weiter zu ändern brauchen. Dieses hundertste Tier aber, das sich in der Steppe verlaufen hat, liegt einfach kläglich blökend da, ein williges Opfer der Beutegreifer; geht ihm der Hirte nicht nach, so ist es buchstäblich verloren. Doch das entscheidende ist, daß

Jesus uns Menschen allsamt so sah: als verlorene und verlaufene Schafe, die von selber durchaus nicht nach Hause finden können.
Ist diese Weltsicht nun aber nicht doch eine maßlose Übertreibung? Sollen wir uns denn wirklich alle für Kranke, Elende und Zerbrochene halten? Rebelliert dagegen nicht der gesunde Menschenverstand? Es ist in der Tat die Frage, die unser ganzes Leben bestimmt.
Vielleicht wissen wirklich nur diejenigen, die ganz buchstäblich nichts mehr zu verlieren haben, wie bedingungslos wir Menschen darauf angewiesen sind, von Grund auf angenommen zu sein und das Gefühl haben zu dürfen, berechtigt auf der Welt zu sein; solche Menschen aber hoffen unausweichlich auf ein Stück vom Himmel, auf eine Form von Menschlichkeit, die beinah jeden Menschen überfordert. DOSTOJEWSKIS *Marmeladow* beispielsweise, wie übrigens viele Alkoholiker in fortgeschrittenem Stadium[10], erträumt sich in seinem Rausch die Ankunft des Reiches Gottes, und er stellt es sich vor als ein Erbarmen, das grenzenlos überfließt auch und gerade auf die Erbärmlichsten unter den Menschen. «Wenn der Richter auf seinem Throne Platz nehmen wird», so spricht er ekstatisch lallend, «um all die Menschen zu richten, so wird er zu den Guten und Gerechten sagen: ‹Kommt her und tretet ein in die Hallen meiner Freude.› Doch wenn er sie alle gerichtet haben wird, dann wird er auch die Huren, die Trinker, die Sünder berufen. ‹Kommt her auch ihr›, wird er sagen. Dann werden die Gerechten und die Guten sagen: ‹Warum Herr, berufst du auch sie?› Und dann wird er, der Allwissende, sagen: ‹Darum, ihr Guten, darum, ihr Gerechten, berufe ich sie, weil niemand von all denen jemals hat glauben können, daß er dessen würdig sei.› Dann werden wir alles verstehen. Dann werden alle alles verstehen! Herr, Dein Reich komme.»[11]
Marmeladows Traum ist die Rauschvision eines völlig Verzweifelten. Doch ist sie nur das?
Es waren eben diese Trauernden und Weinenden, die Jesus nahe bei Gott sah[12], und einzig ihnen sicherte er die Vergebung des Himmels zu. Allein sie waren elend genug, um die Maskeraden der Lüge nicht mehr zu brauchen; allein sie waren gebeugt genug, um nicht mehr großtun zu müssen; allein sie waren erschöpft und müde genug, um einfach müßig zu sein, ohne Pläne und Zweck und ohne den Terror bedeutsamer Ziele. Warum lernen wir die Wahrheit unseres Lebens immer nur durch Leiden kennen? – Damit ist man im Grunde schon bei dem zweiten großen Thema DOSTOJEWSKIS: der Frage nach dem Tode.
An sich, sollte man meinen, könnte doch gerade das Elend der mensch-

lichen Existenz uns miteinander verbinden und verbrüdern. So jedenfalls war es der Traum ALBERT CAMUS': wir Menschen vermöchten wenigstens im Angesicht des Todes uns miteinander zu solidarisieren, um gemeinsam *den Tod*, den gemeinsamen Feind aller, tapfer und entschlossen zu bekämpfen[13], wir vermöchten die Absurdität des Daseins durch eine Form menschlicher Gemeinsamkeit in ihre Schranken zu weisen, und wenn wir auch immer wieder im Kampf mit dem Tod unterliegen sollten und selbst im Moment eines flüchtigen Sieges, wie Doktor *Rieux* in der *«Pest»*, nur allzu gut wüßten, daß bald schon der Tod in anderer Gestalt erneut auf uns zukommen wird[14], so bliebe doch der gemeinsame Widerstand gegen alles, was tötet, ein Zeichen unserer Menschlichkeit. F. M. DOSTOJEWSKI war es, der gegenüber dieser äußersten noch verbliebenen Zuversicht des modernen Existentialismus in grausamer Klarheit analysiert hat, warum diese Hoffnung stets trügt: sie rechnet nicht mit dem Schmerz der Betroffenen, mit der Verzweiflung der am eigenen Leibe Leidenden, sie ist zu sehr eine Rechnung von außen – ein Arztideal, nicht der Standpunkt des Kranken.

In seinem Roman *«Der Idiot»* hat DOSTOJEWSKI in dem «Testament» des lungenkranken Studenten *Ippolit* diese Zerstörung aller subjektiven Hoffnungen, diesen verzweifelten Zusammenbruch der individuellen Existenz nach Art eines biographischen Experiments auf Leben und Tod beschrieben. Auch *Ippolit* protestiert gegen die Ordnung der Welt, aber im Grunde protestiert er in niemandes Namen, er stirbt buchstäblich nur *seinen* Tod. «Ich», spricht er, «wollte etwas schaffen, ich hatte das Recht dazu . . . Oh, was ich alles wollte! Ich will jetzt nichts, ich will nichts wollen, ich habe mir das Wort gegeben, nichts mehr zu wollen, man soll ohne mich weiter nach der Wahrheit suchen! Ja, die Natur ist boshaft! Warum schafft sie die vollkommensten Wesen, um sie dann nur auszulachen? . . . Ich wollte zum Glück aller Menschen leben, um die Wahrheit zu entdecken und zu verkünden . . . und was ist daraus geworden? Gar nichts! . . . Ich habe nicht einmal verstanden, irgendeine Erinnerung zurückzulassen! Keinen Laut, keine Spur, keine Tat, ich habe keine einzige Überzeugung verbreitet.»[15] Es gibt für einen Menschen wie *Ippolit* also nicht einmal den «philosophischen» Trost von einem Weiterleben im Geiste, von einer Weiterexistenz in den Gedanken nachfolgender Generationen; im Gegenteil quält ihn die enttäuschende Einsicht, in Wahrheit völlig überflüssig existiert zu haben, und der Tod ist für ihn lediglich der Stempel

und die Unterschrift unter diesem Attest seiner kompletten Sinnlosigkeit.
Eigentlich nur, um dem Lauf des Schicksals in einem Rest von Eigenmächtigkeit und Selbstbestimmung zuvorzukommen, hat *Ippolit* daher beschlossen, mit einer Taschenpistole seinem verlorenen Dasein ein Ende zu setzen, wobei er im Falle seines Ablebens sein Skelett der medizinischen Akademie zu wissenschaftlichen Zwecken zu überlassen gedenkt. In dem Glauben, eine Frist von nur noch zwei, höchstens drei Wochen Lebenszeit zu haben, fühlt er sich gewissermaßen exemt gegenüber allen Gesetzen und Gerichten. «Ich mußte», erklärt er z. B., «erst neulich über folgenden Gedanken lachen: nehmen wir an, es fiele mir plötzlich ein, irgendwen zu ermorden, auch wenn es zehn Menschen auf einmal wären, oder sonstwas zu begehen, was auf dieser Welt für ganz furchtbar gilt: in welcher Verlegenheit wäre dann wohl das Gericht . . .? Ich würde dann in ihrem Spital von Komfort umgeben, in einem warmen Zimmer und in der Behandlung eines aufmerksamen Arztes vielleicht unter viel behaglicheren Umständen als zu Hause sterben. Ich begreife nicht, warum Menschen in einer Lage gleich der meinigen nicht derselbe Gedanke, wenn auch nur als Scherz kommt? . . . Wißt, daß es in dem Bewußtsein der eigenen Nichtigkeit und Schwäche einen solchen Gipfel der Schande gibt, daß der Mensch schon nicht mehr weiterzugehen vermag und in seiner eigenen Schande ein ungeheures Vergnügen zu finden beginnt.»[16]
Angesichts einer solchen, ins Zynische sich steigernden Verzweiflung, stellt sich die Frage, ob nicht *die Religion* einen gewissen Rückhalt gegenüber dem Eindruck der völligen Sinnlosigkeit des Todes geben könnte. Könnte sie nicht wenigstens jenen unerträglichen existentiellen Sarkasmus zügeln, der inmitten eines tödlichen Schicksals das Töten selbst als einen funebren Triumph, als einen verzweifelten Jux erscheinen läßt, indem er jeden denkbaren Wert und Inhalt im Untergrund einer wie immer gearteten Moralität ins vorhinein desavouiert? Die Antwort, die Dostojewski gibt, kann nur lauten: Nein, auch die Religion vermag zunächst an dem Gefühl der Nichtigkeit des Daseins nichts zu ändern. Im Gegenteil, auch ihre Tröstungen ersterben unter dem Eindruck jener radikalen Vereinzelung und Einsamkeit, die wir gemeinhin «Sterben» nennen, und auch dafür kann die Gestalt *Ippolits* als Paradigma dienen. «Die Religion!», ruft er aus. «Ich gebe die Möglichkeit eines ewigen Lebens zu und habe sie vielleicht immer zugegeben. Nehmen wir an, daß das Bewußtsein einer höheren Macht

geweckt wurde und daß es sich die Welt angeschaut und ‹ich bin!› gesagt hat, nehmen wir auch an, daß diese höhere Macht ihm zu verschwinden vorschreibt, weil das aus irgendeinem Grund, für den wir keine Erklärung finden, notwendig ist, ich gebe das alles zu, dann drängt sich aber wieder die ewige Frage auf: wozu ist dabei meine Demut notwendig? Warum kann man mich denn nicht einfach auffressen, ohne mir ein Lob auf das, was mich frißt, abzuverlangen? Wird dort denn wirklich jemand darüber beleidigt sein, daß ich nicht zwei Wochen warten will? Ich glaube nicht daran, und es ist viel richtiger, anzunehmen, daß mein nichtiges Leben, das Leben eines Atoms, einfach zur Aufrechterhaltung der allgemeinen Harmonie des Ganzen, irgendeines Plus oder Minus und irgendeines Kontrastes wegen benötigt wird, ebenso wie es täglich verlangt wird, daß Millionen von Wesen ihr Leben opfern, da die ganze übrige Welt ohne deren Tod nicht bestehen kann (wenn man auch bemerken muß, daß dieser Gedanke an und für sich nicht sehr edelmütig ist). Geben wir das aber zu! Ich bin damit einverstanden, daß es ganz unmöglich war, die Welt anders, das heißt ohne ununterbrochenes gegenseitiges Verschlingen, einzurichten; ich will sogar bekennen, daß ich von dieser Einrichtung nichts verstehe; dafür weiß ich aber folgendes bestimmt: wenn man mich mein Sein schon einmal erkennen ließ, was geht es mich dann an, daß die Welt fehlerhaft erschaffen ist und nicht anders bestehen kann? Wer wird denn über mich zu Gericht sitzen und aus welchem Grunde? Man kann sagen, was man will, das alles ist ganz unmöglich und ungerecht. – Und dabei vermochte ich mir selbst, trotz meines Wunsches, niemals vorzustellen, daß es kein ewiges Leben und keine Vorsehung gibt. Es ist wohl am wahrscheinlichsten, daß das alles existiert, daß wir aber vom ewigen Leben und seinen Gesetzen nichts verstehen. Wenn das jedoch so schwer und sogar unmöglich zu ergründen ist, kann denn dann angenommen werden, daß ich dafür, weil ich das Unfaßbare nicht zu erfassen vermag, zur Verantwortung gezogen werde? Die alle . . . sagen zwar, daß gerade hier Gehorsam am Platz sei und daß man, ohne zu kritisieren, aus Wohlerzogenheit allein gehorchen soll; ich würde für meine Sanftmut im Jenseits bestimmt belohnt werden. Wir erniedrigen die Vorsehung zu sehr, indem wir ihr aus Ärger, sie nicht fassen zu können, unsere Begriffe zuschreiben. Ich wiederhole aber, daß, wenn etwas unmöglich verstanden werden kann, der Mensch das, was er nicht zu verstehen vermag, auch schwerlich verantworten muß. Wenn es aber so ist, wie sollte ich dann deswegen, weil ich den wahren Willen und die Gesetze der Vorsehung nicht verstehen konnte, verdammt werden? Nein, wir wollen die Religion lieber beiseite lassen ... Wenn es in meiner Macht stünde, nicht geboren zu werden, hätte ich das Leben unter solchen lächerlichen Bedingungen sicher nicht angenommen. Ich habe aber noch die Möglichkeit zu sterben.»[17]

Kann es also sein, daß am Ende trotz oder jenseits aller religiösen Ausdeutungen der menschlichen Existenz das Leben gegenüber dem Tod nur noch den *freiwilligen* Tod durch *eigene* Hand als ein letztes Zeichen der Eigenmächtigkeit und Selbständigkeit zu setzen vermag? Und wenn schon alles Leben nichts weiter sein soll als ein Vorlaufen und Hinauslaufen auf den Tod[18], als ein Teil des Fressens und Gefressenwerdens, ist es ein fühlender, nachdenklicher Mensch sich dann nicht selber geradewegs *schuldig*, die Todesangst zu überwinden und diesen Protest des Todes zu wagen *gegen* den Tod?

Diese Frage hat DOSTOJEWSKI in keinem seiner Werke verlassen. Sie ist der Stoff, aus dem er immer neue Heldengestalten des Absurden schnitzt: *Kririllow* in den *«Dämonen»* z. B., der sich das Leben nimmt, um durch seinen pädagogischen Selbstmord die Menschen zu lehren, den Tod nicht länger mehr zu fürchten[19], oder *Krafft* im *«Jüngling»*, der in seinem Leben keinen Sinn mehr sieht, weil gewisse phrenologische Studien angeblich unzweideutig bewiesen haben, daß das russische Volk schon rein biologisch dazu bestimmt ist, in der Geschichte nur einen zweiten Platz einzunehmen[20]. In jedem Falle dieser extremen Portraits des Absurden dient die Einrichtung der Natur selbst entweder als Projektionsfläche oder als Ursache für die vielzähligen und vielfältigen Gefühle von Minderwertigkeit, Selbsthaß und Verachtung, die in gewissem Sinne allen DOSTOJEWSKIschen Romanfiguren eigentümlich sind. Es liegt diesem Analytiker der Seelen offenbar daran, die psychische Problematik aus dem Bereich des subjektiven Erlebens zu lösen und sie ins Objektive, ins gewissermaßen Metaphysische zu transponieren. *Wesentlich* werden DOSTOJEWSKIsche Menschen wie *Raskolnikow, Kirillow, Krafft* oder *Ippolit* von *Gedanken*, nicht von Menschen verfolgt, und selbst das soziale Elend, in dem sie sich oft genug vorfinden, ist zumeist nur die Haut ihres Unglücks, das dem Nervengeflecht ihrer Seele entstammt. Aus ihren *Gedanken* entstammen ihr Gefühle der Verzweiflung, ihre Alpträume der Angst, bis daß diese wiederum den Gedanken das Thema immer neuer Reflexionsketten geistiger Gefangenschaft vorgeben.

So schildert *Ippolit*, um dessen Existenz die Todesfurcht sich wie ein Schraubstock gelegt hat, an einer berühmten Stelle des *«Idioten»* einen «hübschen» Traum, wie er ihn in bitterer Ironie bezeichnet: In seinem Zimmer, das heller und höher eingerichtet ist als sein eigenes, befand sich ein skorpionartiges Ungeheuer, etwa zwanzig Zentimeter lang, mit einer braunen Schale, beim Kopf zwei Finger dick, «dann allmählich dünner werdend, so daß das Schwanzende nur noch einen Millimeter dick war»; an der Unterseite des Kopfes traten zwei zehn Zentimeter lange Pfoten heraus, «so daß das ganze Tier von oben gesehen die Gestalt eines Dreizacks hatte»; zwei kurze braune Fühler saßen am Kopf und Schwanz auf sowie an den beiden Pfoten. Voller Entsetzen mußte *Ippolit* mitansehen, wie dieses Untier mit großer Behendigkeit unter den Schrank, unter die Kommode, ja sogar unter den Sessel kroch, auf dem der selber saß. «Ich wagte nicht, mich ins Bett zu legen, damit es mir nicht unter das Kissen kröche. Meine Mutter und einer ihrer Bekannten traten ins Zimmer. Sie versuchten das Tier zu fangen, waren aber ruhiger als ich und fürchteten sich nicht einmal . . . Plötzlich kroch das Reptil wieder heraus; es bewegte sich diesmal, was noch wiederwärtiger war, in sehr langsamen Windungen, als hätte es irgendeine besondere Absicht, quer durch das Zimmer zur Tür hin. Jetzt öffnete meine Mutter die Tür und rief unseren Hund Norma herein», der wie versteinert, in mystischem Entsetzen, vor dem Reptil stehen blieb, dann zögernd zurückwich, voll Furcht, böse dreinblickend. «Plötzlich fletschte der Hund seine furchtbaren Zähne, öffnete seinen ungeheueren roten Rachen . . . und packte das Reptil entschlossen mit den Zähnen. Das Tier machte einen gewaltigen Ruck, um ihm zu entschlüpfen, doch der Hund fing es noch einmal im Fluge auf und packte es mit seinem ganzen Gebiß zweimal in der Luft.» Dennoch gelang es dem Reptil, den Hund in die Zunge zu beißen, so daß dieser winselnd und heulend seinen Rachen öffnete, in welchem das zerbissene Tier, einen weißen Saft absondernd, sich noch zwischen den Zähnen bewegte[21].

Betrachtet man diesen Alptraum *Ippolits psychoanalytisch*, so fällt vor allem die *phallische* Symbolik des 20 cm langen braun verschalten «Ungeheuers» mit seinen mal raschen, mal langsamen Bewegungen auf[22], wohingegen der Hund «Norma», den die Mutter hereinläßt, mit seinem roten Maul offenbar ein vaginales Bild darstellt[23]; das «Gefressenwerden» nebst der Absonderung der weißen Flüssigkeit besitzt ebenso unzweifelhaft eine *koitale* Bedeutung[24]; der ganze Traum also stellt in seinen Horrorvisionen eine grauenhafte Kastrationsphantasie dar, wie sie heute, 100 Jahre nach SIGMUND FREUD, in der Weltliteratur in dieser Form wohl kaum noch vorstellbar ist[25]. Um so wichtiger ist indessen, was DOSTOJEWSKI mit der Symbolik dieses Traumes, ihm selber unbewußt, eigentlich mitteilt. In psychoanalytischer Betrachtung bestätigt dieser Traum eine Ansicht, die sich auch sonst bei der Lektüre seiner Werke aufdrängen mag, daß nämlich die Angst vor dem Tode immer und wesentlich auch eine Angst vor der Liebe darstellt[26], selbst wenn in der äußeren Realität, wie im Falle *Ippolits*, die Notwendigkeit des Sterbens bereits auch physisch herangerückt scheint. Wie sehr wir den Tod fürchten, hängt offensichtlich sehr stark davon ab, wieviel wir uns in unserem Leben an Liebesfähigkeit zutrauen und an Liebesglück erleben, und so verstehen wir, daß der tiefere, unbewußte Untergrund für die Todesangst des noch jugendlichen *Ippolit* in einer abgründigen Angst vor der Frau, vor dem anderen Geschlecht, vor der Verschmelzung der Liebe besteht; umgekehrt zeugt es für das außerordentliche psychologische Geschick und Genie DOSTOJEWSKIS, daß er ganz deutlich sieht, wie sehr *Ippolit* mit seiner düsteren Inszenierung des Todes im Grunde um eben *die* Liebe bittet und bettelt, die er auf der anderen Seite fürchtet und flieht, mehr als den Tod selbst. Der gleiche Mensch, der aus lauter Angst zur Liebe nicht kommt, sucht in Wahrheit, sein liebloses Ausscheiden aus dem Leben vor Augen, verzweifelt nach einem Menschen, der ihn an die Hand nimmt und festhält; und es stellt sich also erneut die Frage: wieviel Kraft besitzen wir, einander gegen den Tod an zu lieben?

Gleichwohl versteht man die DOSTOJEWSKIsche Traumsequenz erst dann in ihrer ganzen Tragweite, wenn man die Angst vor dem skorpionartigen Reptil und dem Hund zusätzlich zu der psychoanalytischen Deutung im Sinne der *Daseinsanalyse*[27] als ein sozusagen metaphysisches Grauen gegenüber einer Welt interpretiert, in welcher das Fressen und Gefressenwerden, das *Ippolit* bis zum Erbrechen anwidert, zu den unerbittlichen und unabänderlichen Naturtatsachen zählt; es ist, so gesehen, die *Mutter* Natur selbst, die vor lauter Entsetzen das menschliche Dasein seiner Fruchtbarkeit, seiner «phallischen Potenz», seiner Liebesfähigkeit beraubt und ihm stattdessen eine fundamentale Angst vor sich selbst bzw. einen grundlegenden Ekel vor den lauernden Möglichkeiten der eigenen Vitalität und Kreativität aufzwingt. Ja, wir verstehen in dieser Sicht allererst, was sich bei einer *subjektalen* Betrachtung von *Ippolits* Traum nahelegt und was man an dem faktischen Verhalten der DOSTOJEWSKIschen Romanfigur auf Schritt und Tritt beobachten kann: den *inneren* Gegensatz bzw. den vollendeten Widerspruch zwischen «Reptil» und «Hund», zwischen «Männlichem» und «Weiblichem», zwischen Aggression und Depression, zwischen narzißtischer Selbstbehauptung und masochistischem Selbsthaß[28].

Immer in den Mythen der Völker ist das Erleben der Sexualität auf eigentümliche Weise mit der Erfahrung des Todes verbunden, ist doch die Sterblichkeit selbst, wie die Biologie bereits zeigt, eine Folge der Geschlechtlichkeit, und wiederum ist die Geschlechtlichkeit nur sinnvoll, wenn es den Tod gibt[29]. Die Angst vor dem Sterben kann jedoch dazu führen, die Liebe selber ganz zu meiden, so als wäre sie selber der Tod, ja, es erscheint der Partner der Liebe, insbesondere die Gestalt der Frau am Ende selbst wie ein alles verschlingender, wolfsartiger Abgrund[30].

Spätestens von diesem Augenblick an ist es nicht mehr unterscheidbar, inwieweit wir es bei dem Alptraumbild *Ippolits* mit Lebensangst oder mit Todesfurcht zu tun haben und was hier im einzelnen als Sexualangst, als Angst vor der Frau oder als ein buchstäblich ontologisches Entsetzen gegenüber dem Dasein selber zu betrachten ist. In jedem Falle geht fortan ein unsichtbarer Riß durch alle Dinge und *trennt*: zwischen Mann und Frau, zwischen Geist und Körper, zwischen Moral und Trieb, zwischen Bewußtsein und Natur, und alles, was ist, scheint von jetzt an infiziert mit dem verderblichen Pesthauch der Angst, die den Tod schon herüberweht, längst ehe er selbst noch, seiner eigenen Witterung folgend, sich endgültig einstellt. Irgendeine unhörbare Explosion, eine unsichtbare Erschütterung, hat Menschen von der Art *Ippolits* aus dem Schoß der Natur herausgeschleudert, und nun sind sie getrennt von sich selbst, getrennt von der Wärme der Erde, unwiderruflich Ausgestoßene aus dem Fortgang der Welt. In ihrem Erleben wartet förmlich alles wie zwangsläufig auf den Protest der Verweigerung, mit dem der Mensch als ein geistiges Wesen dem ewigen Massaker von Hund und Reptil, von Sein und Bewußtsein, den Streik erklärt und offen heraus ihm die Mitwirkung verweigert. Diese ewigen Zigeuner und Landstreicher des Daseins möchten ihre Ruhe, einfach ihre Ruhe haben, und statt immerfort den Tod zu fliehen, fliehen sie am Ende in den Tod hinein, damit endlich die Angst *vor* dem Tode ein Ende finde *im* Tode.

Im *Tagebuch eines Schriftstellers* hat F. M. DOSTOJEWSKI im Oktober 1876, wie zum Kommentar derartiger Gedanken und Gefühle, die

Betrachtungen eines Selbstmörders aufgezeichnet, der *aus Langeweile* sich das Leben zu nehmen beschließt[31]. Es handelt sich um eines der charakteristischen gedanklichen Experimente des russischen Schriftstellers, mit denen er in einer existentiellen Konsequenz von scheinbar unwiderleglicher Logik herauszufinden sucht, ob denn ein denkender Mensch es überhaupt aushält, in einer Welt zu leben, die das Dasein der Menschen, wie um sich einen Jux zu machen, in die groteske Prozession einer Herde von Schlachtschafen verwandelt, deren nicht endender Marsch in den Tod sich einzig der Stumpfheit der Sinne, der Gedankenträgheit des Kopfes bzw. der Phantasielosigkeit des Herzens zu verdanken scheint. DOSTOJEWSKIS Selbstmörder aus Überzeugung ist natürlich ein überaus reflektierter Charakter, und so taugt in den Augen dieses leidenschaftlichen Erforschers aller Facetten menschlicher Verzweiflung gerade *seine* Gestalt vorzüglich dazu, ein bestimmtes Postulat der Humanität, mithin eine unumstößliche Bedingung der menschlichen Existenz oder, anders gesagt, eine unerläßliche Voraussetzung irdischen Glücks zu formulieren. Es geht DOSTOJEWSKI zentral um eine endgültige Abrechnung mit dem sozusagen «wissenschaftlichen» Weltbild, wonach es zum Leben genügt, sich an die gegebenen Tatsachen zu halten und dabei die Vernunft soweit zu disziplinieren, daß sie imstande ist, logisch bis Drei zu zählen.
«Ich», erklärt jener Selbstmörder aus Langeweile, «bin mit Erkenntnisfähigkeit geschaffen und habe diese Natur *erkannt*: Welches Recht hatte sie, mich ohne meinen Wunsch und Willen erkenntnisfähig zu erschaffen? Erkennend, folglich leidend, ich aber will nicht leiden – denn warum sollte ich einwilligen zu leiden? Die Natur spricht zu mir durch meine Erkenntnis von irgendeiner Harmonie des Ganzen. Die menschliche Erkenntnis hat aus dieser Verkündigung unzählige Religionen gemacht. Sie sagt mir, daß ich – obschon ich genau weiß, daß ich an der ‹Harmonie des Ganzen› nicht mitwirken kann und auch niemals mitwirken werde, ja überhaupt nicht begreifen werde, was sie denn nun eigentlich ist und bedeutet –, sagt mir, daß ich mich aber dennoch dieser Verkündigung unterwerfen, mich bescheiden, das Leid im Hinblick auf die Harmonie des Ganzen auf mich nehmen und zu leben einwilligen soll. Wenn man dagegen selbst und bewußt wählen könnte, so würde ich doch selbstverständlich lieber nur in dem kurzen Augenblick, den mein Leben währt, das heißt, solange *ich* existiere, glücklich sein wollen, da doch das Ganze und seine Harmonie mich absolut nichts angehen, sobald ich aufhöre zu sein . . . Da wäre es doch

besser, ich wäre wie alle Tiere erschaffen, das heißt als lebendes Geschöpf, jedoch ohne vernunftmäßige Erkenntnis; – gerade meine Erkenntnis ist ja nicht Harmonie, sondern ist Disharmonie, denn ich bin mit ihr unglücklich. Man betrachte nur einmal daraufhin die Menschen: wer ist denn glücklich in der Welt und was für Leute sind es, die *widerspruchslos* leben? – Gerade diejenigen, die den Tieren gleichen, die infolge der geringen Entwicklung ihres Bewußtseins dem Tier am nächsten stehen. Die sind gern einverstanden mit dem Leben, aber gerade unter der Bedingung, wie Tiere zu leben, nämlich fürs Essen, Trinken, Schlafen, Nesterbauen und Kinder-in-die-Welt-Setzen. Essen, Trinken und Schlafen nach Menschenart heißt im allgemeinen erwerben und rauben, ein Nest einrichten aber schon vorwiegend rauben. Man wird vielleicht einwenden, daß man sein Nest auch auf vernünftigen, wissenschaftlich einwandfreien sozialen Prinzipien aufbauen könne und durchaus nicht zu rauben brauche, wie es bisher der Fall war. Möglich, aber ich frage: Wozu? ... Darauf vermag mir natürlich niemand eine Antwort zu geben. Alles, was man mir darauf wohl antworten könnte, wäre: ‹um sich Genuß zu verschaffen›. Ja, wenn ich eine Blume oder eine Kuh wäre, dann gäbe es für mich vielleicht auch einen Genuß. Indem ich mir aber, wie jetzt, unaufhörlich Fragen vorlege, kann ich nicht glücklich sein, nicht einmal im höchsten und *unmittelbarsten* Glück der Liebe zum Nächsten und der Liebe der Menschheit zu mir, denn ich weiß, daß morgen schon dies alles nicht mehr sein wird, sowohl ich wie dieses ganze Glück und die ganze Liebe und die ganze Menschheit, – daß wir uns in ein Nichts verwandeln werden oder wieder in das anfängliche Chaos ...
... wenn ich allein sterben, und wenn dafür die Menschheit an meiner Statt ewig weiterleben würde, dann wäre ich vielleicht immerhin getröstet. Aber unser Planet ist doch nicht ewig, und die Lebensdauer der ganzen Menschheit ist im Verhältnis zur Ewigkeit genau solch ein Augenblick wie mein Einzelleben. Und wie vernünftig, wie herrlich, wie gerecht und heilig die Menschheit auf Erden sich auch immer einrichtete – es wird morgen doch alles dieselbe Null sein. Und wenn das auch alles da aus irgendeinem Grunde notwendig ist, infolge irgendwelcher allmächtiger, ewiger und toter Naturgesetze, so ist doch ... in diesen Gedanken eine gewisse allertiefste Nichtachtung der Menschheit enthalten, die für mich tief beleidigend und um so unerträglicher ist, als es hier keinen Schuldigen gibt. – Und schließlich, wenn man dieses Märchen von der endlich einmal nach vernünftigen

und wissenschaftlichen Grundsätzen eingerichteten Menschheit auf Erden als möglich annimmt und an seine dereinstige Verwirklichung glaubt, so ist doch schon der bloße Gedanke, daß die Natur infolge irgendwelcher ihrer trägen Gesetze es nötig hatte, den Menschen Jahrtausende lang zu quälen, bevor sie ihn zu diesem Glück brachte, unerträglich und empörend. Jetzt füge man noch hinzu, daß dieselbe Natur, die dem Menschen endlich einmal ein Glück gewährt, all das morgen schon aus irgendeinem Grunde in eine Null verwandeln muß, ungeachtet aller Leiden, mit denen die Menschheit für dieses Glück gezahlt hat, und ohne mir und meiner Erkenntnis das zu verbergen, wie sie es einer Kuh verbirgt, – so kommt einem unwillkürlich ein überaus komischer, aber auch unerträglich trauriger Gedanke: ‹Nun, wie aber, wenn der Mensch nur so als ein unverschämter Versuch in die Welt gesetzt worden ist, nur um zu sehen, ob sich ein solches Geschöpf auf der Erde wird einleben können oder nicht?› Das Traurige dieses Gedankens besteht hauptsächlich darin, daß es . . . keinen Schuldigen gibt, . . . denn es ist alles infolge toter Naturgesetze entstanden . . . Ergo . . . da die Natur mir nicht nur nicht das Recht abspricht, von ihr Rechenschaft zu fordern, sondern mir sogar überhaupt nicht antwortet . . ., da ich mich überzeugt habe, daß die Natur mir zum Beantworten meiner Fragen *mich selber* bestimmt hat . . . und mir auf meine Fragen durch meine eigene Erkenntnis antwortet . . ., da ich schließlich bei einer solchen Einrichtung die Rolle sowohl des Klägers wie des Beklagten, des Richters wie des Angeklagten gleichzeitig auf mich nehme, diese Komödie aber . . . für erniedrigend halte, so verurteile ich . . . diese Natur, die mich so rücksichtslos und unverschämt zum Leiden erschaffen hat, zugleich mit mir zur Vernichtung . . . Da ich aber die Natur nicht vernichten kann, so vernichte ich mich allein, einzig weil es mich langweilt, eine Tyrannei zu ertragen, bei der es keinen Schuldigen gibt.»

Schwerlich gibt es in der Literaturgeschichte Europas ein Beispiel, das so eindringlich, wie dieses Bekenntnis eines Selbstmörders aus Langeweile, die Einsamkeit des Menschen inmitten der ihn umgebenden Natur vor Augen stellt; vor allem aber ist es ein negatives Plädoyer für *die Unabdingbarkeit des Glaubens an die Unsterblichkeit* des Menschen und eine radikale Bankrotterklärung an jede Art von materialistischer Sinndeutung der menschlichen Existenz, wie der Fortgang seines Essays zeigt.

Kaum war DOSTOJEWSKIS «Todesurteil» erschienen, da nahm in der Wochenschrift *«Die Unterhaltung»* ein Herr *Enpe* auf folgende Weise zu

Dostojewskis Beitrag Stellung[32]: «Wozu hat man ... die Betrachtungen ... gebracht? Ich verstehe absolut nicht, wozu. Diese Betrachtungen, wenn man das Fieberdelirium eines halbverrückten Menschen überhaupt so nennen darf, sind längst bekannt; ... und deshalb stellt das Erscheinen dieses Artikels *in unserer Zeit* im Tagebuch eines solchen Schriftstellers wie F. M. Dostojewski einen lächerlichen und erbarmungswürdigen Anachronismus dar. Wir leben jetzt in einem Zeitalter *gußeiserner Begriffe*, im Zeitalter positiver Ansichten, im Zeitalter, das eine Fahne hochhält, auf der geschrieben steht: ‹Leben um jeden Preis!› Natürlich gibt es auch hier, wie in allem und überall, auch Ausnahmen, es gibt Selbstmorde *mit Betrachtungen und ohne Betrachtungen*, nur daß diesem billigen Heldentum heutzutage niemand mehr Beachtung schenkt ... Es hat eine Zeit gegeben, wo der Selbstmord, namentlich einer *mit Betrachtungen*, auf die Stufe der höchsten ‹Erkenntnis› erhoben wurde ..., aber diese *faule* Zeit ist jetzt vorbei ... Jeder Selbstmörder, der mit solchen Betrachtungen, wie sie im ‹Tagebuch› des Herrn Dostojewski abgedruckt sind, in den Tod geht, verdient doch wohl nicht das geringste Mitleid; das ist ein roher Egoist, eitel und das schädlichste Glied einer menschlichen Gesellschaft ... Oh, diese Falstaffs des Lebens! Diese Ritter auf Stelzen.»
Durch Rezensionen dieser Art sah Dostojewski gleich in der nächsten Nummer seines *«Tagebuches»* sich zu einer geharnischten Antwort genötigt, in der er seine eigentlichen Absichten offen heraus darlegte[33]: sein Artikel, erklärte er, habe «der Notwendigkeit und Unentbehrlichkeit der Überzeugung von der Unsterblichkeit der Menschenseele» gegolten, und die «Schlußfolgerung» der dargelegten Gedanken könne nur lauten, «daß das Dasein des Menschen ohne Glauben an seine Seele und ihre Unsterblichkeit unnatürlich, undenkbar und unerträglich sei». Dabei wird vor allem deutlich, daß Dostojewski – im Unterschied etwa zu Herrn *Enpe* – als ein innerlich Betroffener schreibt, der seine Erwägungen keinesfalls für «anachronistisch», sondern weit eher für prophetisch hält. «Für mich persönlich», sagt er, «besteht ... einer der größten Befürchtungen für unsere Zukunft ... in der Tatsache, daß ... in einem großen, allzu großen Teil der russischen Intelligenz sich vollständiger Nichtglaube an die eigene Seele und ihre Unsterblichkeit zu verbreiten scheint ... in einem gewissen Indifferentismus zu der höchsten Idee des menschlichen Daseins ... überhaupt zu allem, was Leben heißt.» «Mein Selbstmörder nun ist ein leidenschaftlicher Verfechter seiner Idee ... Er leidet, er quält sich

tatsächlich ... Vor ihm stehen unabwendbar die höchsten, die ersten Fragen: Wozu soll der Mensch noch leben, wenn er bereits erkannt hat, daß tierisch zu leben für einen Menschen widerlich, unnatürlich und unzureichend ist? ... Gerade diese Klarheit ist es, die ihn umbringt. Wo liegt nun der Fehler, worin hat er sich geirrt? Der Fehler ... liegt einzig in dem Verlust des Glaubens an die Unsterblichkeit. – Doch er sucht ja selbst glühend ... die Versöhnung. Er wollte sie in der Liebe zur Menschheit finden. Wenn nicht ich, so könnte doch die Menschheit glücklich sein und irgendeinmal die Harmonie erreichen ... Aber die unwiderlegbare Überzeugung, daß das Leben der ganzen Menschheit im Grunde genau solch ein Augenblick ist wie sein eigenes, und daß schon am nächsten Tage nach dem Eintritt der ‹Harmonie› die Menschheit sich genau so wie er in ein Nichts auflösen werde ... – dieser Gedanke bringt ihn um die letzte Versöhnungsmöglichkeit ... Er fühlt sich stellvertretend für die ganze Menschheit gekränkt, und dem Gesetz der Reflexion der Ideen zufolge, tötet das in ihm diese seine Liebe zur Menschheit. So geschieht es in Familien, die vor dem Hungertode stehen, daß die Eltern ihre Kinder, diese von ihnen am meisten geliebten Wesen, zu hassen anfangen, wenn die Qual dieser Kinder zu unerträglich wird, eben wegen der *Unerträglichkeit* ihrer Qualen. Ja, ich behaupte sogar, daß die Erkenntnis ihrer vollkommenen Machtlosigkeit, ihrer Unfähigkeit, der leidenden Menschheit zu helfen, ihre Schmerzen, wenn auch nur ein wenig, zu lindern, während sie doch gleichzeitig von ihren Leiden überzeugt sind, *im Herzen der Menschen die Liebe zur Menschheit in Haß gegen die Menschheit verwandeln kann.* Die Herren der ‹gußeisernen Begriffe› werden das natürlich nicht glauben und natürlich auch gar nicht verstehen: für sie ist die Liebe zur Menschheit und deren Glück etwas Wohlfeiles ... Doch ich ... behaupte ..., daß die Liebe zur Menschheit sogar vollkommen undenkbar, unverständlich und unmöglich ist ohne den Glauben an die Unsterblichkeit der Menschenseele. Diejenigen aber, die dem Menschen den Glauben an seine Unsterblichkeit nehmen und diesen Glauben durch die ‹Liebe zur Menschheit› ... ersetzen wollen, die, sage ich, legen Hand an sich selbst; denn anstatt der Liebe zur Menschheit pflanzen sie in das Herz dessen, der den Glauben verloren hat, nur den Keim des Menschen-Hasses gegen die Menschheit.» Daraus folgerte für DOSTOJEWSKI, daß die Überzeugung von der Unsterblichkeit, schon weil sie für das Menschenleben so unentbehrlich ist, gewissermaßen den normalen Zustand der Menschheit darstellt. «Wenn dem aber so ist, dann muß diese Unsterblichkeit der Menschenseele *zweifellos auch vorhanden sein.*»[34]

Für Dostojewski gründet sich nach diesen Worten aller Lebenssinn, ja, die Fähigkeit, überhaupt leben zu wollen, allein auf den Glauben an ein ewiges Leben; zumindest glaubt er, daß ganz gewiß die Nachdenklichen unter den Menschen sich unausweichlich vor diese Alternative von Verzweiflung und Unsterblichkeit gestellt sehen. Dennoch ist er sich natürlich darüber im klaren, daß Erwägungen dieser Art, so folgerichtig sie im Sinne der formalen Logik auch entwickelt werden mögen, ihre Evidenz einzig und allein einem gewissen Empfinden für den Wert des Einzellebens verdanken. Und das ist nun die entscheidende Schwäche oder Stärke des Dostojewskischen Gedankengangs: nur wer den absoluten Wert der Person eines einzelnen Menschen wirklich begreift, dem kann der Tod zu einer äußersten Herausforderung werden, nur der kann an der Vergänglichkeit des Lebens so sehr leiden, daß er der Unsterblichkeit bedarf, um überhaupt leben zu wollen. Wie aber lehrt man die Menschen des heraufziehenden Massenzeitalters, die Bewohner der ausgeklügelten Großstädte, die Kinder «zufälliger» Eltern[35], den Wert und die Größe ihres individuellen Lebens zu begreifen? Deutlich sieht Dostojewski eine Generation von Menschen heraufziehen, denen das Gefühl für ihr eigenes Ich wie abhanden gekommen scheint; Menschen aber, deren Lebensgefühl darin besteht, gewissermaßen nichts weiter zu sein als Blätter am Baum, als ein Spielzeug im Herbstwind, erleben in sich selbst so wenig an Einheitlichkeit und Konsequenz, daß für sie der bloße Gedanke an eine wie immer geartete Kontinuität des Lebens, die den Tod überdauern würde, etwas durchaus Groteskes an sich trägt. Ihnen ist das eigene Leben Tag für Tag so weitgehend gestohlen und entfremdet, daß der Tod sie wie etwas Selbstverständliches ereilt, wie eine letzte Manifestation der ganz normalen Willkür des Schicksals sozusagen. Von daher konzentriert sich alles auf die Frage, wie es denn möglich ist, daß die Person eines Menschen einen eigenen Personkern entwickelt, stark genug, dem Sog der Verschmelzung mit der Umgebung standzuhalten, ein eigenes Ich mit einem eigenen Selbstbewußtsein auszuprägen und der individuellen Existenz eine schier unendliche Bedeutung und folglich auch eine unendliche Dauer beizumessen.

Es sind zwei Antworten, die Dostojewski darauf gibt und die sich wechselseitig bedingen und ergänzen. Sie lauten: wage zu lieben, und: wage, dich lieben zu lassen.

In dem Roman *«Die Brüder Karamasoff»*, der am stärksten das «Glaubensbekenntnis» DOSTOJEWSKIS widerspiegelt, kommt eines Tages zu dem greisen Mönch *Sosima* «eine empfindsame Weltdame»[36], deren hauptsächliches Leiden in dem *Unglauben* besteht, in dem Unglauben nicht an Gott, wohl aber daran, wie sie gesteht, «daß ... dieser Gedanke an das zukünftige Leben jenseits des Grabes mich bis zum Leiden erregt, bis zum Entsetzen und Schrecken ... Und ich weiß ja nicht, an wen ich mich wenden soll.» «Sehen Sie: ich schließe die Augen und denke: wenn alle gläubig sind, woher ist dann das gekommen? Heute aber behauptet man, das alles sei ursprünglich aus Angst entstanden vor den furchtbaren Erscheinungen der Natur, und dies alles gäbe es nicht. Nun, was denn? denke ich. Ich habe das ganze Leben geglaubt – ich werde sterben, und plötzlich ist da gar nichts. Und ‹es wird nur die Klette wachsen auf dem Grabe›, wie ich bei einem Schriftsteller gelesen habe. Das ist furchtbar! Wodurch, wodurch kann ich nur den Glauben wiedererlangen? Im übrigen glaubte ich bloß, als ich ein kleines Kind war. Rein mechanisch, ohne an irgend etwas zu denken ... Wodurch aber, wodurch soll man dies beweisen? Ich bin jetzt gekommen, vor ihnen niederzufallen und Sie darum zu flehen ... Oh, das ist mein Unglück! Ich stehe da und sehe ringsumher, daß es allen gleichgültig ist, oder fast allen, niemand kümmert sich jetzt darum, ich aber kann dies allein nicht ertragen, das ist tödlich, tödlich!»
Wie antwortet man auf eine solche Frage bei einem Menschen, der offensichtlich zutiefst weiß, daß es bei dieser Frage in seinem Leben um alles geht, und der sich dennoch, schon aus lauter Abhängigkeit von der Meinung anderer, durchaus nicht selbst entscheiden kann? «... beweisen kann man hier gar nichts», meint der greise *Sosima*, «sich überzeugen lassen hingegen, das kann man wohl.» Aber wodurch? «Durch den Versuch werktätiger Liebe», rät er der seelisch völlig Entwurzelten. «Seien Sie bestrebt, Ihre Nächsten zu lieben, tätig und unentwegt. In dem Maße, als Sie Fortschritte machen werden in der Liebe, werden Sie sich auch überzeugen sowohl vom Dasein Gottes wie von der Unsterblichkeit Ihrer Seele. Wenn Sie aber zu völliger Aufopferung Ihrer selbst hingelangen werden in der Liebe zum Nächsten, dann werden Sie schon unbedingt glauben, und kein Zweifel wird mehr Ihre Seele beschleichen können.»

Soll das also heißen, man könne einfach zu dem Glauben der Kindertage zurückkehren, wenn man nur recht wolle? Gewiß nicht. Wohl aber geht es offenbar darum, etwas zu tun, das unbezweifelbar in sich selber sinnvoll ist und schon dadurch dem eigenen Leben ein gewisses Gefühl für die Berechtigung, ja, für die Wichtigkeit der persönlichen Existenz zurückgibt. Entscheidend jedoch ist es dabei, Beziehungen aufzubauen zwischen Ich und Du, zwischen zwei konkreten Personen, nicht zwischen einem abstrakt lebenden Ich und einem ausgedachten Allgemeinen.

Schon bei der Lektüre der «Beichte» *Ippolits* oder des Manifests jenes «Selbstmörders aus Langeweile» mußte auffallen, daß beide Persönlichkeiten sich jeweils nur für die Menschheit im allgemeinen interessierten und daß sie bei all ihren Klagen und Beschwerden über das Los der Menschheit im ganzen niemals von der Beziehung zu einer einzelnen Person sprachen; ja, wenn jener gräßliche Traum *Ippolits* wirklich im Sinne einer horrenden Kastrationsphantasie zu verstehen ist, so scheint es fast, als wenn diese Protagonisten des Absurden vor allem aus Angst vor dem anderen Geschlecht, aus Angst vor der Frau, von jeder persönlichen, individuell gebundenen Form der Liebe abgedrängt und in die Höhen der Abstraktion hinaufgetrieben worden seien. Aus dem Gebirge ihrer Einsamkeit herab tönt zwar ein Gesang von Erhabenheit und tragischer Größe, etwa wenn sie die Verlorenheit des Menschengeschlechtes als ganzen inmitten einer blinden und blindwütigen Natur beklagen, aber so sehr DOSTOJEWSKI auch diese Gestalten des Unglücks gegenüber den «gußeisernen» Charakteren unter seinen Rezensenten verteidigt – tatsächlich sind sie allemal in ihrem Leiden menschlich ungleich größer als jene unleidliche Leidfreiheit der Spießer! –, so weiß er doch nur allzu gut um die geheime Egozentrik und Angstflucht seiner Tragöden des Absurden.

In exzessiver Weise läßt er deshalb jene vornehme Dame vor dem greisen *Sosima* Klage führen über ihre nur geträumte Form einer universellen Menschheitsliebe[37]: «Sehen Sie», spricht sie, «ich liebe die Menschheit so, daß, glauben Sie mir, ich manchmal davon träume, alles von mir zu werfen ... und barmherzige Schwester zu werden. Ich schließe die Augen, sinne und träume, und in solchen Augenblicken fühle ich in mir eine unüberwindliche Kraft! Keine Wunden, keine eiternden Risse könnten mich schrecken ...? Ja, könnte ich aber lange aushalten in einem solchen Leben ... Das ist gerade die Hauptfrage ... Und stellen Sie sich vor, ich habe mit Zittern und Bangen dies schon entschieden: Wenn irgend etwas ist, was meine tätige Liebe zur Menschheit auf der Stelle erkalten lassen könnte, so ist das eben einzig und allein Undankbarkeit. Mit einem Wort: ich bin eine Arbeiterin um

Lohn, ich verlange sogar meinen Lohn auf der Stelle, das heißt Lob und Rückzahlung auf meine Liebe mit Liebe. Anderenfalls bin ich niemanden zu lieben imstande!» Es ist eine Selbstanalyse, welcher der Greis vollkommen zustimmt, indem er das Bekenntnis eines philanthropischen Arztes zitiert, der von sich gleichermaßen erklärte: «Ich . . . liebe die Menschheit, ich wundere mich aber über mich selber: je mehr ich die Menschheit im allgemeinen liebe, um so weniger liebe ich die Menschen im besonderen, das heißt im einzelnen, als einzelne Persönlichkeiten . . . Ich . . . werde den Menschen feind, sobald sie mir nur ein ganz klein wenig nahekommen. Dafür hat es sich immer so zugetragen, daß, je mehr ich die Menschen im einzelnen haßte, um so flammender meine Liebe ward zur Menschheit im allgemeinen!»

Was aber ist dann zu tun? Alles hängt offenbar daran, gerade das kleine, alltägliche, das scheinbar so verächtliche Leben für wichtig genug zu nehmen, um alle Energie daran zu hängen. Mag auch das Essen, Schmutzen und Nesterbauen etwas sein, das Menschen und Tieren gemeinsam ist, so ist es doch keineswegs sicher und es zeugt womöglich nur von einem Hochmut aus Angst vor den «verschlingenden» «Niederungen» des Daseins, all diese Verrichtungen schlechterdings nur als würdelos, nichtig und gemein zu betrachten. Für einen Menschen jedenfalls, der beispielsweise einem Kranken beim Essen und beim «Schmutzen» hilft, erscheinen die Betrachtungen jenes Selbstmörders aus Langeweile wie der Zynismus eines Mannes, der gar nicht weiß, worüber er spricht, und der sich nur deshalb beklagt, daß die Natur die Menschen verachte, weil es keinen einzigen unter ihnen gibt, den er selber zu lieben vermöchte. Am Ende projiziert er nur seine eigene Menschenverachtung in die Natur hinein und legt ihr als Sadismus aus, was er selber an Lebensverneinung in sich trägt. Doch wenn es so steht: kann es dann nicht überhaupt sein, daß all die scheinbar so logischen Erwägungen über das metaphysische Schicksal des Menschen zunächst als verdrängte *Gefühle* behandelt werden müssen, ehe man sie aufzulösen vermag[38]?

Vor allem scheint es das Gefühl des *Ekels* vor sich selber zu sein, das ebenso die hochherzigsten wie die verzweiflungsvollsten Attitüden der Daseinseinstellung hervorzubringen vermag. «Erschrecken Sie niemals über Ihren eigenen Kleinmut auf dem Wege zur Liebe», warnt deshalb der Mönch *Sosima* die vornehme Dame und mahnt sie nachdrücklich, *Geduld* zu haben. «Die Liebe in der Vorstellung dürstet nach der raschen Tat eines, der schnell befriedigt sein will, und dürstet danach, daß alle auf sie hinblicken sollen. Dabei kommt sie tatsächlich dahin, daß man sogar das Leben hingibt, wenn man nur nicht so lange zu warten braucht, die Tat sich vielmehr möglichst rasch vollzieht, wie auf der Szene, und alle zuschauen und loben. Die werktätige Liebe hingegen – das ist Arbeit und Durchführen . . .»[39]

Schon wegen ihrer Bereitschaft, nichts als zu geringfügig anzusehen, und schon infolge ihrer Fähigkeit zu dem langen Atem einer zähen Geduld besitzt diese «werktätige Liebe», wie *Sosima* sie nennt, die Gabe, das Leben inmitten seiner Begrenztheit und Vergänglichkeit als etwas sehen zu lehren, das wie von selber die Evidenz der Unsterblichkeit an sich trägt. Verzweifeln kann man gewissermaßen nur für sich selber; unmöglich ist es jedoch, das Leben eines Menschen, den man wirklich liebt, für sinnlos zu finden. Und mag es auch sein, daß seine irdische Existenz nichts als Qual und Leid für ihn bereit hält, so wird doch schon infolge der Liebe zu ihm der Glaube an die Unsterblichkeit nur um so klarer.

Es ist indessen nicht allein die scheinbare Geringfügigkeit des *fremden* Lebens, es ist auch nicht primär das Schicksal der menschlichen Gattung als ganzer im Gang der Natur, es ist vor allem und wesentlich das Gefühl der *eigenen* Nichtigkeit und Erbärmlichkeit, die sich grell und mitleidlos in den anderen und in das andere von Mensch und Welt hineinverlagert und jedes Verlangen nach ewigem Leben im Keime zerstört.

Tiefer als die Antworten, die DOSTOJEWSKI in den *«Brüdern Karamasoff»* gibt, reicht deshalb sein Ringen und Suchen um Sinn und Wert des Daseins in der Zentralgestalt seines frühen Romans *«Schuld und Sühne»*: in der Person des jungen Studenten *Rodion Raskolnikow*, der einen Doppelmord an zwei alten, alleinstehenden Frauen verübt, nur um sich zu beweisen, daß er keine «Laus» ist. «Die Geschichte ist die», gesteht er der ebenso im Elend lebenden, aber bedingungslos an Gott glaubenden Dirne *Sonja*: «ich legte mir einmal die Frage vor, wenn zum Beispiel Napoleon in meiner Lage gewesen wäre, und um seine Laufbahn zu eröffnen, hätte er weder Toulon noch Ägypten . . . gehabt, sondern statt aller dieser schönen . . . Dinge hätte es da ganz . . . einfach nur irgendeine lächerliche alte Schraube gegeben, eine Registratorswitwe, die er hätte umbringen müssen, um aus ihrem Kasten Geld zu nehmen – wegen seiner Laufbahn nämlich, verstehst du? – Also hätte er sich wohl dazu entschlossen . . .? . . . ich kann dir sagen, ich habe mich furchtbar lange mit diesem ‹Problem› abgeschunden, so daß ich mich ordentlich schämte, als ich schließlich wie durch eine plötzliche Eingebung dahinterkam, daß er sich nicht nur nicht besonnen hätte, sondern daß es ihm sogar nie in den Kopf gekommen wäre, daß dies etwa nicht monumental sein könnte ... Nun, und so ... so riß ich mich auch von meinen Bedenken los ... brachte sie um ... nach dem Beispiel einer Autorität.» «Ich hatte mich so verrannt in meine Verbitterung – ja, das ist der Ausdruck! – ... ich hatte mich in meinen Winkel verkrochen wie eine Spinne. Du bist ja selbst in meiner Hundehütte gewesen, hast es gesehen. Weißt du auch, Sonja, daß niedrige Decken und enge Zimmer die Seele und den Verstand einengen? Oh, wie ich diese Hundehütte gehaßt habe! Und trotzdem wollte ich nicht hinaus. Nun gerade nicht! Ganze Tage kam ich nicht vor die Tür, mochte nicht arbeiten, mochte nicht einmal essen, lag nur so da ... Siehst du, ich fragte mich damals immer: warum bin ich so dumm, daß, wenn andere Menschen dumm sind und ich ihre Dummheit durchaus überschaue, daß ich selbst dann nicht klüger sein will als sie ... Und jetzt weiß ich auch, Sonja, wer kräftig ist, stark an Verstand und Geist, der ist auch Herr über die anderen! Wer sich viel herausnimmt, der hat in ihren Augen recht. Wer der großen Menge ins Gesicht spuckt, den läßt sie als Gesetzgeber gelten, und wer sich mehr herausnimmt als alle anderen, der hat auch mehr recht als sie.» «Plötzlich stand es mir sonnenklar vor Augen: wieso hat bis heute noch niemand, der all diesen Irrtum der Welt mit ansieht, es gewagt oder wagt es nicht noch heute, ganz einfach den ganzen Kram beim Schwanz zu fassen ... Ich, ich wollte diesen Mut haben, und so beging ich den Mord.» «Verstehe mich recht, für mich kam es darauf an, zu wissen, und zwar möglichst schnell zu wissen, ob ich eine Laus bin wie alle anderen oder ein Mensch. Bringe ich es fertig, die Grenze zu überspringen oder nicht? Habe ich den Mut, mich zu bücken und zuzugreifen oder nicht? Bin ich eine zitternde Kreatur oder habe ich das Recht ...»[40]

In der Person *Raskolnikows* treibt DOSTOJEWSKI das masochistische *Prinzip* der Selbstverachtung so weit, daß in den Augen dieses Menschen aus dem *«Kellerloch»*[41] sich nur noch die Alternative von Selbstmord oder Mord stellt; und *Raskolnikow* wird zum Mörder, weil es ihm gewissermaßen schwerer fällt, eine alte Frau umzubringen als sich selber, weil es ihn mehr Überwindung kostet. In moralischem Sinne stellt seine Tat eine furchtbare Selbstbestrafung, eine einzige Selbstvergewaltigung dar. Wie zur eigenen Warnung sieht er unmittelbar vor seinem Gang zu der alten Pfandleiherin in einem furchtbaren Traum, wie eine kleine abgemagerte, rehbraune Bauernmähre vor einem völlig überladenen Kutschwagen zusammenbricht und von dem wütenden Fuhrmann brutal zusammengeschlagen wird, während er selbst, ein kleiner Junge noch, flehend seinen Vater um Hilfe für das Pferdchen bittet – vergeblich, denn ohne inne zu halten, zerschmettert der rasende Kutscher mit einer Brechstange das Rückgrat des Tieres[42]. Deutlicher als in diesem Traum kann *Raskolnikow* sich selber nicht sagen, daß er mit seinem Totschlag im Grunde sich selbst liquidiert und daß er vor allem den «kleinen Jungen» in sich mundtot machen muß[43]; doch er hat offenbar den Punkt längst überschritten, an dem er aus eigenen Kräften aus dem Grab seiner Selbstverachtung herausfinden könnte.

Die wohl wichtigste Erfahrung, die DOSTOJEWSKI mit seinem berühmten Kain-und-Abel-Roman vermittelt, liegt darin, daß ein Mensch jenseits von Eden niemals mehr dem Fluch seiner Stauberbärmlichkeit und todbedrohten Nichtigkeit entrinnen kann, es sei denn durch die bedingungslose Liebe eines anderen Menschen. Es ist das verborgene *Christusthema*, das diesen Roman zwischen Tod und Leben, zwischen tödlicher Selbstverachtung und allmählich reifendem Vertrauen durchzieht – die Frage des Untersuchungsrichters *Porfirij Petrowitsch* an den Mörder *Raskolnikow*: «Glauben Sie an die Auferweckung des Lazarus?»[44] Wie ist es möglich, einen Menschen, der wie lebendig tot ist, der sich selbst und allen anderen buchstäblich zum «Gestank» geworden ist, von den Mumienbinden seiner Gefangenschaft zu befreien und ihn ins Leben zurückzurufen?

In DOSTOJEWSKIS Roman gibt es nur *einen* Menschen, der das vermag, und es muß jemand sein, der so wie *Raskolnikow* selbst, die «Grenze überschritten» und sein «Leben vernichtet» hat: die Dirne *Sonja*. Schon indem er ihr die Motive und Gedanken seiner krankhaften Tat gesteht, wird ihm selber das Bizarre und Aberwitzige seiner Philosophie der Menschenläuse und der zwei Kategorien: der Starken und der Schwachen, immer deutlicher. Aber was kann *Sonja* selber tun? «Drei Wege liegen vor ihr», denkt *Raskolnikow*. «Entweder sie stürzt sich in den Kanal oder sie kommt ins Irrenhaus oder . . . oder sie wirft sich der eigentlichen Unzucht in die Arme, die den Verstand umnebelt und das Herz versteint.»[45] Doch *Sonja* beschreitet keine dieser drei Sackgassen zwischen Tod, Wahnsinn und moralischer Verwesung, und *Raskolnikow* spürt, daß sie wie jemand lebt, der gewissermaßen auf ein Wunder wartet, als sei sie längst bereits geistig gestört. «Du betest wohl sehr viel, Sonja?», fragt er, und als er, wie absichtlich beleidigend, hinzufügt: «Und was gibt Gott dir dafür?», flüstert *Sonja* rasch, mit niedergeschlagenen Augen: «Alles.»[46] *Das* ist ihr Geheimnis: die Geschichte von der Auferweckung des Lazarus: «Es lag aber einer krank mit Namen Lazarus, von Bethanien.» – Kaum beginnt Sonja, ihm vorzulesen, als ihr die Stimme versagt, sie zerreißt wie eine allzu stark gespannte Saite; trotzdem aber spürt *Raskolnikow*, daß sie auf seine Bitte hin gerade ihm diese Geschichte von der Auferweckung des Lazarus vortragen *will*: «Habe ich dir nicht gesagt, so du glauben würdest, du solltest die Herrlichkeit Gottes sehen? Da hoben sie den Stein ab, da der Verstorbene lag. Jesus aber . . . rief mit lauter Stimme: Lazarus, komm heraus! und der Verstorbene kam heraus . . .» «Sonja las diese Worte mit sehr lauter Stimme, ganz verzückt, schauernd und bebend, als sähe sie es mit ihren eigenen Augen – . . . ‹Gebunden mit Grabtüchern an Füßen und Händen und sein Angesicht verhüllt mit einem Schweißtuch. Jesus sprach zu ihnen: Löset ihn auf und lasset ihn gehen.›» «Weiter las sie nicht, und sie konnte auch nicht weiterlesen; sie schloß das Buch und stand mit einer hastigen Bewegung auf. ‹Das ist alles›, flüsterte sie stockend und herbe und stand regungslos da, halb abgewandt, und es sah aus, als schäme sie sich und wage Raskolnikow nicht anzusehen. Noch immer zitterte sie wie im Fieber. Das Lichtstümpfchen in dem verbogenen Leuchter war bereits ganz tief heruntergebrannt und leuchtete mit seinem trüben Schein in das elende Zimmer mit dem Mörder und der Dirne, die sich so seltsam zusammengefunden hatten, um das ewige Buch zu lesen.»[47]

Als *Sonja* diese Geschichte vorliest, bemerkt *Raskolnikow* selber, daß es sich hier um das *Sakrament* ihres Lebens, um die Vergebung aller Schuld im Leben dieser Dirne, handelt; und in der Tat, nirgendwo in der Weltliteratur gibt es ein Beispiel, das so eindringlich gegen ein Leben tödlicher Verzweiflung die Botschaft der Auferstehung setzt: als eine magische Hoffnung, als einen Lichtstrahl, der Gräber zu öffnen vermag, als eine Gewißheit, die über den Strom des Elends und der Tränen hinwegträgt an ein anderes Ufer. Es geschieht unter *Sonjas* leisen, bebenden Worten, daß die Gewichte der Welt sich auch im Leben *Raskolnikows* von neuem verteilen und Armut, Krankheit und Schuld ihre tödliche Macht über ihn verlieren; es geschieht, daß der Tod seine Finger löst, die er um *Raskolnikows* Seele und Herz gelegt hat, längst ehe er physisch nahe genug an ihn herangerückt ist; ja, es kommt dahin, daß der Leser spürt, was Jesus zu Martha am Grab ihres

Bruders gesagt hat: «jeder der lebt und an mich glaubt, wird in Ewigkeit nicht sterben.» (Joh 11,26)[48] Die Todesangst, das Vernichtungsgefühl, der ständige Ekel gegenüber der eigenen Erbärmlichkeit – nichts davon bleibt im Gegenüber eines Menschen, der unbedingt glaubt an die Öffnung der Gräber, an ein anderes Leben, an ein Jenseits der Verzweiflung.

Es gibt Erinnerungen, die unser ganzes Leben prägen und die am Ende darüber entscheiden, wieviel Vertrauen wir gegen den Tod und die Unzerstörbarkeit des Lebens zu setzen wissen; immer sind es Erinnerungen an die grundlose, unbegreifliche Liebe und Güte eines anderen Menschen. DOSTOJEWSKI kam eine solche sein ganzes Leben bestimmende Erinnerung während seines Aufenthaltes im sibirischen Strafgefangenenlager. Man feierte Ostern, d. h. es war der zweite Ostertag, er war 29 Jaher alt, seine Kameraden «feierten» die arbeitsfreie Zeit mit Saufen, Spielen, Streiten und Schimpfen, als ihm eine Begebenheit aus seiner Kindheit einfiel – ein trockener, sonniger Tag im August, als er, neunjährig, am Rand eines Birkenwaldes, in der Nähe eines Feldes, auf dem ein Bauer pflügt, entlang geht. Da plötzlich hört er den Ruf: «Ein Wolf kommt»; er schreit auf vor Schrecken und läuft auf den Bauern *Marei* zu. «Ein Wolf kommt», keucht er atemlos. Der Bauer aber beruhigt ihn: «Sieh mal an! Hast du dich aber erschreckt . . . Genug schon, Jungchen, nun laß gut sein . . . Christus ist mit dir.»[49]

Dieser Vorfall aus Kindertagen, scheinbar zusammenhanglos, meldete sich plötzlich in allen Einzelheiten und trat jetzt in DOSTOJEWSKIS Erinnerung hervor, gerade «als es nottat; ich erinnerte mich an das zärtliche, mütterliche Lächeln des armen leibeigenen Bauern, an das Bekreuzen mit seiner Hand . . . Und wie er vor Verwunderung den Kopf wiegte: ‹Sieh mal an! Du hast dich aber erschreckt, Jungchen!› Und besonders an seinen dicken erdbeschmutzten Finger erinnerte ich mich, mit dem er leise, wie mit schüchterner Zärtlichkeit, meine zuckenden Lippen berührte. Natürlich hätte auch jeder andere ein erschrockenes Kind beruhigt, aber hier bei dieser einsamen Begegnung geschah gleichsam noch etwas ganz Anderes . . . Die Begegnung geschah in der Einsamkeit, auf freiem Felde, und nur Gott allein hat vielleicht von oben zugesehen, mit wie tiefem und allwissendem Menschengefühl, mit wie spürsinniger, nahezu weiblicher Zärtlichkeit das Herz manch eines tierisch unwissenden leibeigenen russischen Bauern erfüllt sein kann.»[50]

Bei der Schilderung dieser Begebenheit hat man ganz deutlich das

Gefühl, als enthalte sie die Antwort auf den Alptraum eines ganzen Lebens, in den grauenhaften Visionen des todkranken *Ippolit* ebenso wie in den Fieberträumen jenes Selbstmörders aus Langeweile bzw. in den selbstquälerischen Gedankengängen des verzweifelten Mörders *Raskolnikow*. In den Traumbildern *Ippolits* erschien die Natur selbst wie eine giftige Spinne bzw. wie ein verschlingender Wolfsrachen, wie eine mann-weibliche Verklammerung von sadistischem Format; tatsächlich läßt sich in dem Werk DOSTOJEWSKIS unzweifelhaft feststellen, daß dieser große Kenner und Dichter menschlicher Seelenzustände gewisse leidenschaftliche Regungen von Aggressionen (und Sexualität) stets nur in aufgespaltener Form zu erleben vermochte[51] und ihre mögliche Roheit, ihre bestialische Wolfsnatur in sich selbst als ständige Gefahr empfunden hat, – er hat diese Angst eines Jungen vor dem Mörder *Raskolnikow*, er hat dieses Grauen *Ippolits* vor der Natur nie ganz überwunden. Doch diese Szene mit dem Bauern Marei ist wie ein mütterlich-väterliches Gegenbild zu der (kastrativen) *Wolfsphantasie* des verängstigten Kindes; sie bildet den Hintergrund eines Vertrauens, das DOSTOJEWSKI, so gebrochen auch immer, selbst in späteren Jahren die Angst vor dem Tod zu überwinden half und das ihn bestimmte, den Ekel und die Verachtung von Menschen durch den glühenden Wunsch nach Verstehen und Verzeihen zu ersetzen. «Als ich . . . von der Pritsche aufstand», schreibt er über diesen 2. Ostertag in Sibirien, «und um mich schaute, fühlte ich plötzlich, ich weiß es noch, daß ich diese Unglücklichen mit ganz anderem Blick betrachten konnte, und daß auf einmal wie durch ein Wunder jeder Haß und jede Wut aus meinem Herzen verschwunden waren. Ich ging und beobachtete aufmerksam die Gesichter, denen ich begegnete. Dieser Kerl mit dem rasierten Schädel und dem gebrandmarkten Gesicht, der betrunken mit heiserer Stimme sein Lied gröhlt, kann doch vielleicht auch so ein Marei sein; ich kann ihm ja nicht ins Herz sehen.»[52]

Ist es also doch möglich, am Ende alle Angst und allen Überdruß des Lebens umzuwandeln in Güte und Mitgefühl und also *jetzt schon* den Tod zu überwinden in ein ewiges Leben? Als seine Tochter AIMÉE DOSTOJEWSKI in ihrer Biographie den Tod ihres Vaters schildert, formt sich ihre Erinnerung an die Sterbestunde des russischen Dichters zu einer ergreifenden Legende, die in idealem Sinne freilich schon deshalb wahr sein muß, weil darin die beiden großen Themen DOSTOJEWSKIS noch einmal anklingen und jetzt eine unauflösbare Einheit bilden: Schuld und Vergebung, Angst und Vertrauen, Tod und Unsterblichkeit, Armut und Glück. Es war nach zwei Blutstürzen, am Ende einer unruhigen Nacht, da «wußte meine Mutter, daß seine Stunden gezählt seien. Auch mein Vater wußte es. Wie immer in den ernsten Fällen seines Lebens, griff er zum Evangelium. Er bat seine Frau, seine alte Bibel aus dem Zuchthause auf gut Glück zu öffnen und die ersten Zeilen zu lesen, die ihr in die Augen fallen würden. Ihre Tränen verbergend, las meine Mutter mit lauter Stimme: ‹Aber Johannes wehrete ihm und sprach: Ich bedarf wohl, daß ich von Dir getauft werde; und Du kommst zu mir? – Jesus aber antwortete, und sprach zu ihm: Halte mich nicht zurück; also gebühret es uns, alle Gerechtigkeit zu erfüllen.› Nachdem mein Vater diese Worte Jesu gehört hatte, dachte er einen Augenblick nach und sagte dann zu seiner Frau: ‹Hast Du es gehört? Halte mich nicht zurück! Meine Stunde ist gekommen, ich muß sterben!›»

Dostojewski verlangte dann nach einem Priester, beichtete und empfing das heilige Abendmahl. «Nachdem der Geistliche weggegangen war, ließ er uns in sein Zimmer kommen, nahm unsere kleinen Hände in die seine, bat meine Mutter, nochmals die Bibel aufzuschlagen und uns die Geschichte vom verlorenen Sohn vorzulesen. Er hörte der Vorlesung mit geschlossenen Augen und in Nachdenken versunken zu. ‹Meine Kinder, vergeßt nie, was Ihr eben gehört habt›, sagte er mit schwacher Stimme zu uns. ‹Habet unbedingtes Vertrauen auf Gott und verzweifelt niemals an seiner Verzeihung. Ich liebe Euch sehr, aber meine Liebe ist nichts neben der unendlichen Liebe Gottes für alle Menschen, die er geschaffen hat. Wenn es Euch sogar geschehen sollte, im Laufe Eures Lebens ein Verbrechen zu begehen, so verzweifelt doch niemals an Gott. Ihr seid seine Kinder; demütigt Euch vor ihm wie vor Eurem Vater, erfleht seine Verzeihung, und er wird sich über Eure Reue freuen, wie er sich über die Heimkehr des verlorenen Sohnes gefreut hat.›»

«Später geschah es wohl, daß ich der Todesstunde von Verwandten oder Freunden beiwohnte, aber keine war so leuchtend, wie die meines Vaters. Es war der wahrhaft christliche Tod, wie ihn die orthodoxe Kirche allen ihren Gläubigen wünscht – ein Tod ohne Schmerz und ohne Scham. Dostojewski hatte nur von der Schwäche gelitten; er hat das Bewußtsein erst im letzten Augenblick verloren. Er hat den Tod nahen sehen, ohne ihn zu fürchten. Er wußte, daß er sein Talent nicht vergraben hatte und daß er sein ganzes Leben ein guter Diener Gottes war. Er war bereit, furchtlos vor seinem Ewigen Vater zu erscheinen, in der Hoffnung, daß Gott zum Lohne für alles, was er gelitten, für alles, was er in diesem Leben erduldet hatte, ihm ein anderes großes Werk zu wirken, eine andere große Aufgabe zu erfüllen geben möge ...»[53]

Am Ende schreibt Aimée Dostojewski das wohl schönste Wort, das man von einem Menschen sagen kann, den man sehr, sehr geliebt hat und von dem man durch den Tod getrennt ist: «Er kehrte zurück und hat mich nicht mehr verlassen, in Augenblicken des Kummers, des Unglücks, hält er sich so nahe bei mir, daß ich glaube, ihn mit der Hand berühren zu können. Dank seiner lieben Gegenwart habe ich niemals in meinem Leben Angst gehabt.»[54]

III. Ägyptische Visionen oder: Die zwei Engel im Grabe (Joh 20,12)

«Wir werden uns wiedersehen» – so sagen in DOSTOJEWSKIS *«Brüder Karamasoff»* die Knaben am Grabe[1]. DOSTOJEWSKI selber lebte, so gut er konnte, diesen Glauben an die Ewigkeit. Aber es ist bei ihm ein Glaube, der anmutet wie ein Kerzenlicht, das mit seinem flackernden Schein huschende Schatten über die Kerkerwände des Lebens wirft: er markiert den äußersten (Stand)Punkt, an dem überhaupt menschliches Leben noch möglich ist; noch einen Schritt weiter, und alles erstürbe in Kälte und Nacht. Wohl zwingt in einer ungeheueren seelischen Konzentration der russische Dichter seine Leser, sich schutzlos den ewigen Fragen des Daseins zu stellen, und seine Gedankenexperimente verfolgen wesentlich den Zweck, den Glauben an die Unsterblichkeit als das eigentliche Elixier des Lebens zu erweisen und es gewissermaßen chemisch rein aus allen Mischungen und Verbindungen des Daseins herauszufiltern und zu -lösen. Gerade diese Reindarstellung der letzten Grundlagen des Lebens führt indessen notwendig zu einer gewissen Reduktion des wirklichen Lebens bzw. zu einer unerhörten Isolation von der Normalität. Das Leben des Alltags kreist keinesfalls, wie das Denken der DOSTOJEWSKIschen Helden, unablässig um die ewigen Fragen von Tod und Unsterblichkeit, von Verzweiflung und Erlösung, von Schuld und Vergebung. Ja, man versteht den russischen Dichter offensichtlich erst richtig, wenn man in ihm einen Arzt sieht, der mit seinem Glauben an die Unsterblichkeit uns ein Medikament an die Hand geben will, das in jedem Einzelfall richtig dosiert sein muß, um keinen Schaden zu stiften. Es gilt, aus der zaristischen Peter- und Pauls-Festung[2], aus dem *«Totenhaus»*[3] der Verbannung, aus dem *«Kellerloch»*[4] schließlich herauszutreten und *positiv* zu leben, was DOSTOJEWSKI im Konterfei des *Negativen* als unabdingbare Wahrheit zu erweisen suchte; man muß diese DOSTOJEWSKIschen Menschen vorsichtig bei der Hand nehmen, um sie mit ihren Entdeckungen des Abgrunds das Leben in den Tälern und Weiten der Welt noch einmal von vorne zu lehren: Wie gestaltet sich unser Dasein, wenn es den

Glauben an die Unsterblichkeit nicht mehr nur als das Gegengift zur Verzweiflung aus der Essenz der seelischen Krankheit selbst herausdestilliert, sondern wenn es die Hoffnung auf Ewigkeit selber als Mitgift des Glücks zu leben beginnt?

Jedem Leser der Romane DOSTOJEWSKIS wird auffallen, wie buchstäblich körperlos und naturfern dieser Meister der detaillierten Beschreibung aller möglichen Seelenzustände seine Helden auftreten läßt. Niemals weht in die enge Dachstube eines *Raskolnikow* der frische Hauch von Licht und Weite hinein[5]; niemals hören wir das Rauschen der *«Frühlingsfluten»*, wie IWAN TURGENJEW eine seiner Novellen benannt hat[6]; wir erfahren allenfalls, daß es «draußen» staubig und heiß, regnerisch und kotig oder kalt und unfreundlich ist. Ansonsten beginnt die Welt DOSTOJEWSKIS überhaupt erst bei der Kleidung der Menschen, bei der Physiognomie ihrer Gesichter, bei allem, was ihre Seele ausdrückt oder zurückwirft. Die DOSTOJEWSKIschen Gestalten, meinte zu Recht STEFAN ZWEIG, denken und denken; sie empfinden keine Müdigkeit, keinen Hunger, kein Verlangen; all ihre Erregung, ihre chronische Nervenanspannung, ihre wie fiebrige Raschheit und Überreiztheit entstammt ganz und gar ihren rastlos sich jagenden Gedankengefühlen[7]. Es gibt nirgendwo ein Aufblicken zu den Sternen, nirgendwo einen Flecken Natur, an dem man sich von den Menschen und ihren Krisen und Zusammenbrüchen zu erholen vermöchte[8]. Einzig im Munde der Pilger und Mönche ertönt in fast wehmütigem Kontrast etwas von dem Gesang der Schönheit und der Harmonie der Welt[9]. Da wahrhaftig hören wir die wunderbaren Mahnungen des greisen *Sosima*: «Fürchtet euch nicht vor der Sünde der Menschen, liebet den Nächsten auch in seiner Sünde ... Liebet die ganze Schöpfung Gottes, die ganze Welt und jedes Sandkörnchen auf Erden! Jedes Blättchen, jeden Lichtstrahl Gottes habe lieb. Liebet die Tiere, liebt die Pflanzen, liebet jedes Ding! Wenn du aber jedes Ding lieben wirst, dann wirst du auch das Geheimnis Gottes in den Dingen erfassen ... du wirst dann endlich schon die ganze Welt liebgewinnen in ihrer Einheit und mit einer Liebe, die das Weltall umfaßt! Liebet die Tiere! Ihnen gab Gott ein Ahnen des Gedankens und eine ungetrübte, harmlose Freude. Die trübet ihnen nicht, quält sie nicht und nehmet ihnen nicht die Lust am Dasein, stellt euch nicht dem Gedanken Gottes entgegen. Mensch, überhebe dich nicht über die Tiere: Sie sind ja sündlos, du aber, in aller deiner Herrlichkeit, bringst die Erde zum Eitern durch dein Erscheinen auf ihr ... o weh! fast ein jeder von uns.»[10] Es ist ganz deutlich die Sprache der Sehnsucht, die DOSTOJEWSKI in solchen Worten spricht, ein äußerster Gegensatz zu der Quälerei und Schinderei, der er in der Härte der äußeren und inneren Realität auf Schritt und Tritt begegnet, eine Welt, wie sie sein müßte, wenn das Reich Gottes seinen Einzug in die Herzen der Menschen halten sollte, ein Lebensgefühl, wie es entstehen würde, wenn in den Menschen selber sich Seele und Körper, Geist und Gefühl, Gedanke und Gemüt zu einer Einheit zusammenfänden und die menschliche Existenz zu ihrer ursprünglichen Harmonie mit den sie umgebenden Kreaturen und Lebewesen zurückgelangen könnte. Es ist aber kein Teil mehr der Dichtungen DOSTOJEWSKIS, zu schildern, wie ein solches mit sich versöhntes und zu sich selbst befreites Dasein sich außerhalb der Einsiedeleien und Klostermauern der Mönche im gewöhnlichen Alltag bewahren und bewähren könnte.

Ein entscheidender Gradmesser dafür, inwieweit ein solches Leben der Harmonie gelingen könnte oder bereits gelungen ist, liegt zweifellos in der spürbaren Gewißheit, daß die Natur, die uns umfängt, keinesfalls nur eine stumme, blinde, taube und geistlose Maschinerie ist, die uns mit eben derselben Gleichgültigkeit hervorbringt, wie sie uns wieder zurücknimmt, so daß man ihr den Gedanken an die Unsterblichkeit als Inhalt und Grund, aber auch als Beruhigung und Ziel jener metaphysischen Revolte gegenüberstellen müßte, die wir als Menschen wesentlich sind, sondern daß sie ganz im Gegenteil so etwas ist wie eine Brücke in die Unendlichkeit, wie ein Ufer am Gestade der Ewigkeit, wie ein Vorausbild und Abbild einer himmlischen Ordnung, die wir doch hier bereits ahnen, sobald wir die Dinge des Lebens symbolisch zu sehen beginnen: als Zeichen, Verweise und magische Chiffren, die auf geheimnisvolle Weise uns zeigen, wozu wir bestimmt sind. Die Welt *so* zu erleben, setzt freilich ein Weltbild voraus, das in strengem Sinne *mythisch* ist und das sich von daher genau am anderen Ende dessen befindet, was die wesentlich *geschichtlich* ausgerichtete Religion von Judentum und Christentum verkörpert.

Es gehört wesentlich zu dem Bemühen des *mythischen* Denkens, die Fremdheit des Menschen gegenüber der Natur durch das Mittel symbolischer Bilder zu überwinden, indem es die großen Szenarien der Natur als projektive Folien zur Sinndeutung des menschlichen Daseins aufruft. Diese Ebene mythischen Bilderns und Vorstellens ist am besten imstande zu zeigen, wie der tödliche Widerspruch zwischen den Gesetzen der Natur und den Gewißheiten der menschlichen Sehnsucht

versöhnt werden kann; unter den mythischen Religionsformen der Menschheit aber gibt es keine, welche die Frage von Tod und Unsterblichkeit so sehr in den Mittelpunkt all ihrer Lehren und Riten gestellt hätte wie die *altägyptische* Religion. Von ihr vor allem läßt sich daher eine Weltsicht erlernen, in der die Natur den Menschen nicht wie mutwillig in den Abgrund reißt, nur um ihr sinnlos grausames Spiel mit ihm zu treiben, sondern in dem sie in all ihren Abläufen dem angstvoll suchenden Menschen symbolisch versichert, daß der Tod niemals das Leben besiegt und daß aller Untergang nur den Anfang eines ewigen Aufgangs des Lichts darstellt. Ohne die altägyptische Religion müßten nicht nur viele Details auch der neutestamentlichen Auferstehungshoffnung unverständlich bleiben, es bliebe insbesondere die spätere Lehrentwicklung der christlichen Vorstellungen von der Unsterblichkeit der Seele, von dem persönlichen Gericht über Gut und Böse sowie von der ewigen Strafe und dem ewigen Lohn in Hölle und Himmel ohne den Hintergrund des Alten Ägyptens vollkommen undenkbar. Allerdings gilt es, um diese Verbindungen zu sehen und zu nutzen, die in das Äußere von Natur, Gesellschaft und Geschichte projizierten Bilder der altägyptischen Religion *innerlich* zu lesen, indem man sie als existentielle Chiffren und archetypische Bilder der Hoffnung versteht und in ihnen nicht lediglich irrige Ideologien subjektiv behaupteter Macht oder verwirrte Beschreibungen einer objektiv noch fast unbekannten Natur erblickt.
Nahezu alles, was wir von den Alten Ägyptern wissen, entstammt der Welt ihrer *Gräber*. Nicht die Geschichte der Zahlen und Fakten, einzig die Ordnung der Wahrheit im Hintergrund aller Erscheinungen galt ihnen als die eigentliche, als die wirkliche Welt, die von den Ereignissen in der Zeit wohl bestätigt, niemals aber widerlegt werden konnte. In diese andere, wahre Welt aber gelangt der Mensch allein durch den Tod.
Man hat von seiten der christlichen Theologie, um den eigenen Auferstehungsglauben als möglichst einzigartig und unvergleichlich zu erweisen, den Ägyptern immer wieder vorgehalten, daß sie nichts weiter gekannt hätten als ein Weiterleben nach dem Tode, das sie zudem mit primitiven, magischen Mitteln der Konservierung von Mumien und dem Aufsagen zeremonieller Formeln und Gebetsriten zu garantieren versucht hätten[11]; – wie anders sollte sich da die Auferweckung Jesu als «eschatologischer Machterweis» Gottes und als «unüberbietbare Heilszusage» in der «Bestätigung» des «gekreuzigten und erhöhten Herrn» darstellen lassen[12]! Doch es gilt allerorten der

ewig wahre Satz, den der buddhistische Kaiser ASHOKA bereits 400 Jahre vor Christus in seinem berühmten Toleranzedikt in die Felsen meißeln ließ: «Es ehrt seine Religion schlecht, wer sie dazu benutzt, die eines anderen herabzuwürdigen.»[13] Wer eine antike Religion diffamiert bzw. wer aus ihr lediglich das Präludium seines eigenen Glaubens heraushört, der wird mit demselben Exklusivitätsdenken und mit demselben Fanatismus auch die außerchristlichen Religionen der Gegenwart für «primitiv» halten müssen; der wird vor allen Dingen die religiösen, mythenbildenden Kräfte in den Tiefenschichten der menschlichen Psyche als prinzipiell «unchristlich» mißdeuten und verdrängen müssen.

Wohl ist es wahr, daß die Ägypter wie keine Religionsform vor ihnen und nach ihnen *die Frage des Todes* in den Mittelpunkt all ihres Denkens gestellt haben, indem sie in der unerschöpflichen Palette ihrer Riten auf jede nur denkbare Facette der Angst im Erleben des Todes zu antworten suchten; wahr auch ist unzweifelhaft, daß sie die Grabkammern ihrer verehrten Verstorbenen mit so realistischen Szenen des Alltagslebens ausstatteten, daß es im Widerschein dieser Totenkammern unschwer möglich ist, den Lebensalltag der Alten Ägypter in allen Details zu rekonstruieren. Doch statt im Glauben der Alten Ägypter von einem «Weiterleben» nach dem Tode zu sprechen, sollte man sich von ihnen viel eher zu jener *sakramentalen Verwandlung* im Augenblick des Todes wie magisch *ver*führen und *hin*führen lassen, die sie in ihren Mythen *er*gründeten und mit ihren Riten *be*gründeten. Man wird dann zum Zeugen einer Welt, in der alle Dinge doppelt, zwiegesichtig, gegensätzlich, unterschieden und doch eins, eindeutig, zweideutig und doch einhellig sind. Ja, sieht man genau hin, so haben alle Lebensäußerungen der ägyptischen Religion Teil an dem fundamentalen *Dualismus*[14], der alle Dinge durchzieht und von dem der Widerspruch von Leben und Tod gewissermaßen nur einen Sonderfall darstellt, und sie haben zugleich die Funktion, diese Doppelheit zwischen Erscheinung und Sein symbolisch zu *synthetisieren* in einem Akt, den man am besten als *Wiedergeburt aus dem Geiste*, als die Thronbesteigung eines wahrhaft königlichen Menschen, als den Sieg der Liebe über den Tod bezeichnen kann.

Zwiespältig eins ist alles, was der ägyptischen Religion und Kultur (in dieser Reihenfolge!) Gesicht und Gestalt verleiht. Ägypten selbst, so will es die Sage, entstand durch die Vereinigung der beiden Länder von Ober- und Unterägypten durch König *Narmer* zu Anfang des 3. Jahrtausends vor Christus[15]. Papyrus und Lotos, die Wahrzeichen für Unter- und Oberägypten, müssen daher von *Horus* und *Seth*, den Schutzgöttern beider Länder, zusammengebunden werden, ehe der König als *smꜣw tꜣwy*, als der Vereiniger beider Länder, auf dem Thron seiner Herrschaft Platz nehmen kann[16]. Zweigeteilt auch ist Fruchtland und Wüste, die Stätte des Lebens und die Stätte des Todes, der laute Ort der lärmend Lebenden, und das Gebiet, an dem die Göttin *Meret Seger* wohnt, die Göttin, «die das Schweigen liebt»[17]. Es gibt die Welt des Tages, und es gibt die Welt der Nacht, es gibt das Reich des Sonnengottes *Re*, und es gibt das Reich des Totengottes *Osiris*, es gibt die sich hinbreitende Sphäre des Erdgottes *Geb*, und es gibt die mondkühle Sphäre der Himmelsgöttin *Nut*. Doch all diese Sphären stehen nicht still, sie schwingen und kreisen in ewigem Gleichmaß, und die Zeit selbst ist daher zweifach: als ewige Rückkehr, als *nḥḥ*-Ewigkeit von Sonnenaufgang zu Sonnenaufgang, als ewige Kreisbahn des Horizonts, und als Pfeiler des *Osiris*, als *ḏt*-Ewigkeit, als Achse der Dauer, als Rückgrat des Kosmos[18]. Der Totengott selbst aber, der grüngesichtige *Osiris*, ist der den Hirtenstab haltende *ḥḳꜣ nḥḥ ḥnꜥ ḏt* – der Herrscher des ewigen Kreisens sowie der Herr der ewigen Dauer[19]. Mit anderen Worten: was wir für gewöhnlich Leben nennen und Tod, sind nur die zwei Seiten einer einzigen erfahrungsjenseitigen Wirklichkeit, die in beiden Weisen zur Erscheinung kommt, ohne jemals in einer einzigen vollständig aufzugehen.

So zwiegestaltig wie die Gesamtwirklichkeit, die sich selbst im Schwingen der Sphären erstellt und erhält, ermöglicht und verwirklicht, sind auch die Ordnung der Natur und die Ordnung der Menschen; auch sie bilden nur zwei komplementäre Kontraste ein und derselben in beiden Bereichen gültigen Ordnung der Welt, und eben: der Weltordnung Abbild zu sein galt dem Ägypter daher als Auftrag und Ertrag aller menschlichen Bemühungen. Diese Einheit im Gegensatz war für ihn so wesentlich, daß er selbst den Aufbau seiner Hymnen an die Sonne dementsprechend zweigeteilt ordnete[20]: «wie im Himmel, also auch auf Erden» – diese mythische Logik von Vorbild und Nachbild formte in den Augen des Ägypters alle Vorgänge am Himmel nach irdischer Anschauung, und er empfing vom Himmel zurück, was Geltung beanspruchte «auch» auf der Erde[21].

In gewissem Sinne lief daher die gesamte ägyptische Religion darauf hinaus, den Tod zu entwirklichen, indem sie ihm seinen Stellenwert inmitten einer umgreifenden Gesamtwirklichkeit zuwies. Der Tod wurde nicht «magisch» verleugnet; wohl aber wollten all die altägyptischen Glaubenssymbole den verängstigten Menschen erklären, daß es im Grunde den Tod gar nicht gibt. Grab ist nicht «Grab» auf ägyptisch; – *mꜥḥꜥt* – «Ort, wo man aufersteht» nannte man es[22]; man sagte nicht «Friedhof», man sprach von der *tꜣ ḏśr*, von dem «prachtvollen» oder «machtvollen Land»[23], wünschend und hoffend, daß, anders als hienieden, dieses Land ein Ort sein möge, da das Glück ungestört sei.

Was also geschieht «eigentlich» im Augenblick des Todes oder, anders gefragt, wie muß man, belehrt von den Bildern und Riten der altägyptischen Mysterien, den Tod betrachten, um seiner eigentlichen Wirklichkeit inne zu werden? Entsprechend der Zweigliedrigkeit des altägyptischen Denkens lassen sich auch hier zwei «Aspekte» einander gegenüberstellen, die sich beide gegenseitig bedingen und ergänzen: die symbolische Welt der Natur und die poetische, Symbole stiftende Welt des Menschen; beide sind eins, und beide bedürfen einander, um den Graben zu schließen, der zwischen der Naturnotwendigkeit des Todes und der scheinbaren Absurdität der menschlichen Liebe angesichts der Vergänglichkeit alles Irdischen sich auftut. Nur eine *symbolische* Betrachtung des Daseins vermag die Natur soweit zu vermenschlichen, daß sie den Menschen natürlich zu leben lehrt, gerade und vor allem gegenüber der tiefsten Krise der Angst seines Daseins: dem Augenblick des Todes; in der Kunst indessen, *Symbole der Unsterblichkeit* zu ersinnen, waren die Alten Ägypter unstreitig von unerreichbarer Meisterschaft. Dabei waren es wesentlich drei Aspekte, die einander wechselseitig bedingten und die man bezeichnen kann als das Motiv der *Himmelfahrt*, der *Wiedergeburt* und der *Auferstehung*.

a) «Wer fliegt, der fliegt» oder: Das Symbol der Himmelfahrt

Die vermutlich älteste Anschauung von der Wirklichkeit des Todes entnahmen die Alten Ägypter offenbar dem *Geheimnis der Nacht*. Von altersher müssen die Lebewesen den Untergang der Sonne, den Einbruch der Dunkelheit, die Gnade des Schlafes wie eine Art Sterben mitten im Leben empfunden haben. Noch bei uns Menschen ist der Biorhythmus von Wachen und Schlafen hormonell vorgegeben[1]; man muß sich aber vorstellen, wie insbesondere für die kaltblütigen Lebewesen das Absinken der Körpertemperatur nach Sonnenuntergang von einer völligen Erstarrung, von einem nahezu vollständigen Einfrieren aller noch so primitiven psychischen Aktivitäten begleitet war[2]. Von den älteren Schichten unseres Stammhirns wird der Schlaf noch heute durchaus zu Recht als ein vollkommenes Äquivalent des Todes erlebt, und so kann man die alten Mythen verstehen, wonach der Schlaf und der Tod, wonach *Hypnos* und *Thanatos* verschwisterte Brüder sind[3].

Und doch! wieviel Melancholie liegt in dieser Erlebnisverwandtschaft des Schlafs mit dem Tod! Wieviel an Müdigkeit, Resignation und Erschöpfung heißt uns das Laken des Todes ersehnen, um uns, wie man sagt, darunter zur letzten Ruhe zu betten! Je nächtiger Menschen sich fühlen, desto freundlicher, milder und majestätischer reden zu ihnen der Schlaf und der Tod; je einsamer, rastloser, heimatloser und ausgesetzter Menschen ihr Leben empfinden, desto gewisser erscheint ihnen der Tod wie ein gütiger Gott, der endlich Stille und Frieden gewährt; ja, es scheint, als sei es recht eigentlich der Tod, der dem oft so sinnlosen, gleichgültigen und nebensächlichen Leben eines Menschen mindestens für einen Augenblick lang so etwas schenkt wie Beachtung und Größe. Für die Ägypter war der Tod niemals in *diesem* Sinne ein Geschwister der Nacht, doch der Klagegesang der Wehmut, den z. B. der amerikanische Dichter THOMAS WOLFE in seiner Novelle *«Tod, der stolze Bruder»* der majestätischen Erscheinung des Todes gewidmet hat, vermag von daher vor allem den charakteristischen Unterschied zu beschreiben, der die Depression der Moderne von der Sinnenfreude der Alten gerade im Umgang mit der ewigen Nachtseite des Lebens, mit der Erfahrung des Todes, trennt.

THOMAS WOLFE hat in seinen Werken die Trauer der Nächte wie kaum ein anderer Dichter sonst geradezu lieb gewonnen. «Darum», so sagt er, «ihr unsterblichen Geschwister, stolzer Tod, strenge Einsamkeit und holder Schlaf, ihr teuren Freunde, mit denen vereint ich immerdar leben werde, habe ich aus der Leidenschaft und dem Gehalt meines Daseins diesen Preis auf euch erdacht: Dir, stolzer Tod, der du so großartig auf den Stirnen kleiner Menschen liegst, dir zuerst! Stolzer Tod, stolzer Tod, den ich so viele Male im Dunkeln sah, wenn du zu namenlosen Menschen kamst, Tod, was hast du je berührt, das du nicht mit Liebe und Mitleid berührt hättest? Stolzer Tod, wo wir immer dein Antlitz sahen, kamst du mit Erbarmen, Liebe und Mitleid und hast uns

allen, Tod, deinen mitfühlenden Schiedsspruch von Gnade und Entlassung gebracht. Hast du nicht die verzweifelten Leben derer, die nie ihr Heim fanden, aus der Verbannung zurückgeleitet? Hast du nicht deine dunkle Tür aufgetan für uns, die noch nirgends Türen zum Eintreten fanden, und uns Obdach gegeben, die wir obdachlos, türlos, trostlos immerdar auf den Straßen des Lebens hingetrieben wurden? Hast du uns nicht deine schlichte Zehr geboten, Tod, auf daß wir unsern Hunger stillten, der zu rasendem Heißhunger geworden war an der Speise, von der er zehrte, und uns das Ziel gesteckt, wie wir es suchten und nie fanden, die Sicherheit und den Frieden gegönnt, nach denen unsere überbürdeten Herzen verlangten, und uns in deinem dunklen Haus die Ruhe bereitet, ein Ende gesetzt all der qualhaften Wanderschaft und Unrast, die uns ständig voranpeitschte? Stolzer Tod, stolzer Tod, nicht um der Glorie willen, die du zur Glorie des Königs hinzubrachtest, nicht um der Ehre willen, die du den Würdigen und Berühmten zuerkanntest, stolzer Tod, auch nicht um der endgültigen Magie willen, die du auf die Lippen des Genius legtest, sondern, Tod, weil du so glorreich zu uns kamst, die wir zuvor keine Glorien kannten, so stolz und erlaucht uns antratest, deren Leben namenlos und im Dunkel gelebt wurden, weil du uns allen, den Namenlosen, Gesichtslosen, Stimmlosen, den kleinen Leuten auf Erden, das bange Charisma deiner Großartigkeit gibst, und weil ich dich, Tod, so genau gesehn und erkannt und so lang mit deiner Schwester, der Einsamkeit, gelebt habe, deswegen, Freund, hab ich keine Angst mehr vor dir, deswegen hab ich diesen Preis auf dich erdacht.»[4]
Es ist die Hoffnung all dieser Kinder der Nacht, im Tod zu verlöschen, aber es sind im Grunde Weltuntergangsträume, die dem Tod die traurig-stille Majestät eines Allerlösers verleihen. *Für den Alten Ägypter* hingegen, so sehr sein Denken den Tod auch umkreisen mochte, bedeutete der Tod kein Verlöschen; ihm füllten sich die «Gräber» mit Bildern des *Lebens*, und die Nacht war ihm erfüllt von dem Singen der Sterne. «Jedesmal, wenn er die unermeßliche afrikanische Nacht betrachtete, die ihn so süß und so rein umfing, diese Nacht des weltursprünglichen Jubels; jedesmal, wenn er seinen Blick an den wunderbaren Himmel Ägyptens heftete, der auch der Himmel von Abydos und von Theben war, wußte der ägyptische Zeitgenosse der Pharaonen, daß die blinkenden Sterne Seelen waren oder auch vergöttlichte Tote und daß er selber eines Tages zu einem solchen im Weltstrom hängenden Lichtpunkt werden würde. Die Eingeweihten wußten, daß

sie eines Tages das Licht und das Fleisch des Osiris sein würden und daß andere Lebende, die lange nach ihnen an denselben Ufern des Nils leben würden, die sie in der Nacht der Zeiten hatten geboren werden sehen, ihre Toten als Lichtgeister in der Tiefe des großen himmlischen Sarkophages wiedererkennen würden. Ja, diese Myriaden von Sternen, die so ungleichmäßig funkelten, waren Seelen und Götter und Tote. Einst hatten sie die Erde der Menschen verlassen, diese Seelen, diese Götter oder Toten, und jetzt hatten sie seit Jahrmillionen Teil an den Wirbeln der Milchstraßen, an der wunderbaren und für den Menschengeist ewig unbegreiflichen Schöpfung jenes unermeßlichen Kosmos der Toten, der so getreulich wie ein sich erinnernder Spiegel den Kosmos der Lebenden abbildete. Die Eingeweihten wußten auch, daß Re die privilegierten Seelen zu sich rief, daß er sie um sich zu haben wünschte und sie wie einen Samen in sich hineinnehmen wollte. Denn alles Leben, auf Erden so gering geachtet, wurde, sobald die Grabespforten versiegelt waren, zu der aus dem Sonnenstrahl entstandenen Urflüssigkeit. Der Neu-Geborene hatte in seinem Leib den Strahl der *Sonne des Südens* empfangen. Nach dem Tode mußte dieser Strahl wieder heimkehren zur ewigen Göttlichkeit, zu der Quelle des Lichts, zu Re, dessen glühende Scheibe auf der Erde der Menschen zuerst die vergoldeten Obeliskenspitzen und die Pylonen an den Tempeleingängen entflammte. Und war nicht die Existenz des Menschen vergleichbar mit der des Re?»[5]

Alle symbolischen Bilder sind schimmernd wie die Strahlen der Sonne über einer Fontäne aus Wasser, – ein malerisches Spiel wechselnder Farben, das sich sofort auflöst, sobald man mit der Hand danach greifen will, eine Kaskade von Schönheit, die nur so lange besteht, als man den richtigen Blickwinkel beibehält. Es ist ein uralter *Menschheitsgedanke*[6], das Sterben eines Menschen zu vergleichen mit dem Verlöschen des Tages; dem Alten Ägypter aber wurde bereits dieser eine Gedanke zu einer besänftigenden, angstlindernden Quelle des Einverständnisses und der Poesie von Tod und Leben. Der Tod und der Traum, das Sterben und das Schlafen erschienen ihm nicht als zufällig nebeneinander bestehende Sachverhalte, sondern er nahm das eine als Deutung des anderen. «Ruhe sanft» oder «Schenk ihm die ewige Ruhe» wünschen wir noch heute auf den Grabschleifen und Kränzen, wenn wir einen verstorbenen Angehörigen zum «Friedhof» geleiten. Der Tod als Entschlafen der Welt: – wir ließen wie schwerelos alles zurück, und wie in den Träumen schwänge sich unsere Seele gleich einem

Vogel, uneingekerkert von den lästigen Gitterstäben aus Raum und Zeit, ins Weite, Unendliche, Ewige! In den Träumen allnächtlich: entflieht sie nicht jetzt schon in den Stunden des Schlafes hinüber in jene andere, jenseitige Welt, in welcher die Seligen wohnen, so als wäre der Tod tatsächlich nichts anderes als ein *ewiges* «Schlafen»: ein Abstreifen aller Begrenzung, ein Freiwerden der Seele für ihre eigentliche Heimat, ein Betreten der Zonen, die wir schlafend schon ahnen und zu denen wir *aufwachen* zu Erfüllung und Verwirklichung unseres Wesens? Nur wer die flüchtigen Schatten der Träume für *wirklicher* nimmt als die sichtbare Hülle der Tagesgestalten vermag als Wahrheit zu *glauben*, was die Alten Ägypter als eine vollkommene Verlagerung des Schwergewichts erlebten: die Welt, in der wir zu wachen glauben, war für sie nichts als ein flüchtiger Traum; dahinter aber dehnte sich ihnen eine unantastbare, unzerstörbare, unermeßliche Sphäre der Wahrheit, die eher in den Bildern der Nacht als in den Gedanken des Tages in uns hineinragt. Von dieser Welt besitzen wir nichts als flüchtige Bilder, als verschwebende Ahnungen, als den Ruf eines niemals ganz überhörbaren Heimwehs, und doch ist diese Welt, gewoben aus traumnahen Bildern, imstande, sich für unendlich wirklicher zu setzen als alles, was wir sonst «Wirklichkeit» heißen[7]. Arbeiten, Mühsal und Schweiß, Leiden, Sich-Paaren, Alter und Siechtum, – was für eine Realität soll in all dem schon wohnen? Ist dieses unser irdisches Dasein nicht wirklich nur eines huschenden Traumes Schattenbild (PINDAR)[8], etwas so Flüchtiges wie eine Nachtwache, die vorübereilt (Ps 90,4.10; 144,4; vgl. 102,12)? Doch wie, wenn die Alten Ägypter recht hätten, und es wären all die Dinge des Irdischen nur erste Bilder, Symbole und Wegweiser, die uns hinübergeleiteten in jene Zone des Daseins, in welcher all dieses Unbeständige, Schattenverwirrte in seine bleibende Dauer und Gültigkeit tritt? Dann wäre wirklich das irdische Leben ein Schlaf und nichts als ein Traum voller schlummernder Sehnsucht; *das* aber, was wir das Sterben nennen, wäre ein Augenreiben und Aufwachen und ein Abstreifen aller Enge und Zwänge.

Was geschieht «wirklich», wenn z. B. an einem sonnigen Sommernachmittag ein Kaninchen, fernab den Hunden, sich unter dem schattigen Laub einer Hecke lang ausstreckt und sich in das weiche, noch wärmende Gras legt? Es ist ein Augenblick kreatürlichen Glücks, der durch keinerlei Angst vor dem Kommenden getrübt wird. Wenn für uns Menschen das Sterben ein solches Sich-Niederlegen sein könnte, verändert nur dadurch, daß wir *wissen*: es wird danach nichts mehr an

Plagen und Ängsten uns einholen können, es wird buchstäblich ein ewiger Friede, eine ewige Ruhe sein, – dann gälte es, alle irdische Schönheit und jeden Abglanz irdischen Glücks so leidenschaftlich und stark in das Erleben der Sinne, in die Erfahrung des Geistes, in die Einbildungskraft der Erinnerung aufzunehmen, daß ihre Samen zu reifen und zu wachsen vermöchten wie geduldige Früchte, die nur darauf warten, an einem baldigen Herbsttagsmorgen die Schale zu sprengen und sich mit dem Licht zu vermählen; und in jedem Verträumen und Abspannen von der unsäglichen Müdigkeit des Daseins, in jedem *Ein*schlafen am Abend, übte sich jetzt schon jenes *Ent*schlafen am Abend des Lebens, wenn wir es nur lernen, den Bildern zu glauben, die sich selbst vor den Augen der Nacht ins Unendliche bauschen – wie Segel, die der Wind bläht, auf daß sie die Boote vom Strande entführen, hinweg über die silbern schimmernden Wogen, hinaus auf ein Meer ohne Grenzen und Ufer.

Verwandt mit dem altägyptischen Lebensgefühl der Jenseitsträume der Ewigkeit war die Religion des thrakischen Sängers *Orpheus*, der, nach der Sage, seiner Geliebten, der mondschönen *Eurydike*, als sie verstarb, in die Unterwelt folgte, um sie aus dem Reich des Todes zu retten[9]. In einer der *Oden des Orpheus*, in diesem poetisch vollkommenen Spiegelbild einer höchst musikalischen Form religiöser Daseinsdeutung, findet sich eine Hymne an *Hypnos*, den Gott des Schlafes; es ist ein Gesang, der das Wissen besitzt, daß wir bereits jetzt schon im Üben des Schlafes die Wahrheit des Todes umfangen: «Hypnos, der Seligen allesamt / Und der sterblichen Menschen Beherrscher, / Wie auch der lebenden Wesen, / Soviel die breite Erde ernährt – / Denn alle regierst du allein, / An alle trittst du heran, / Mit sanft-geschmiedeten Ketten / Fesselnd die Körper, ein Löser der Sorgen, / Labsal spendend den Mühen / Und allem Leide heiligen Trost. / Des Todes Sorge wendest du ab / Und bewahrest die Seelen: / Denn der leibliche Bruder / Bist du Tod und Vergessenheit. / Seliger, hör meinen Ruf – / Sende ein holdes Geschick, / Rettend die Schar der Geweihten, / Die zu göttlichen Werken eilt!»[10]

Wenn wir des Morgens uns aus dem Schlaf erheben, kehren wir zurück in diese geschäftige Scheinwelt des Alltags – sie absorbiert uns, verbraucht uns, zermahlt und zermartert uns. Wohin aber gehn wir am Ende *des* Schlafes, den wir den Tod nennen? Die Alten Ägypter nahmen die Traumreisen der Seele in den verschwiegenen Nächten als eine gleichnishafte Verheißung. «Wer fliegt (sc. stirbt, d. V.), der fliegt!» heißt es in den Pyramidentexten Ende des Alten Reiches (um 2200 v. Chr.). «Er fliegt fort von euch, ihr Menschen. Er ist nicht mehr auf Erden, er ist am Himmel. Du, sein heimischer Gott, sein Ka ist bei dir (?). Er ist zum Himmel gestürmt als Reiher, er hat den Himmel geküßt als Falke, er ist zum Himmel gesprungen als Heuschrecke.»[11] So war der Tod für den Ägypter *eine Verwandlung in Licht*, eine Konzentration aller Lebenskräfte in diesem feinsten und schwebendsten «Stoff», der nichts ist als eine Schwingung von Energie, betrachtet mit den Augen eines irdischen Beobachters. «Die Ägypter», meint A. Champdor, «waren ein Volk, das sogar in jedem Wort, das aus dem Munde hervorging, eine lebendige Form sah. Begreifen wir jemals diesen Surrealismus des Phantastischen, diese faszinierende Dominanz des Irrealen, diesen schaurigen Glanz des Osirisreiches? Wohl kennen wir sie alle, diese Welt des Todes. Aber ist sie für uns ebenso grandios und in sich gefügt wie die, die von den Alten Ägyptern vor mehr als fünftausend Jahren erdacht wurde und deren Aufbau erst von den Eingeweihten der Amuntempel, diesen kühnen Entdeckern, enthüllt wurde? Von nun an jedenfalls steigt der gerechtfertigte Tote empor zum Himmel der Duat, aus deren Gründen ihm Orion und, gleich Sternbildern, Plejaden von schimmernden Seelen entgegenfunkeln. Er wird endlich den Stier des Himmels erblicken, und er wird sich von denselben Speisen nähren wie die Götter – er, der drunten im Niltal vielleicht nur ein armer Schlucker war, der sich von selbstgezogenen Zwiebeln nährte, sofern gerade ein Festtag war. Er, der vielleicht zeitlebens im Dunkeln stand, wird teilhaben am strahlenden Glanz des Morgensterns, und alle Pforten des Himmels werden sich vor ihm auftun, weil er die Zauberformeln zu sprechen weiß, durch die sie sich in ihren Angeln drehen . . . Er wird mit den Unzerstörbaren verschmelzen, die seit Jahrtausenden umherschweifen. Diese großartigen Zukunftsvisionen, wie hätte er sie in seiner irdischen Hütte mit den Wänden aus Lehm haben können, er, der zu Lebzeiten so elend und verachtet war, daß er kaum ein rasch verwehter Hauch auf der herrlichen Erde war? Osiris sein! *Osiris sein!* Er, der sein ganzes Hab und Gut in zwei schwieligen Händen hätte forttragen können, *er* soll den Glanz des Osiris besitzen, und wenn er sich von ihm lösen wird, wird er zu jenem Stern, den Abertausende von Geschlechtern jahrhundertelang schauen werden, ohne daß sein Strahlen auch nur einen Tag lang nachläßt. In Osiris wird er an den kosmischen Schwingungen teilhaben, er wird den Göttern gleich sein, er wird der Unendliche sein, der lebendig ist wie der Körper des Menschen. Und jeder Gerechtfertigte, der ‹neben Osiris genährt› ist, wird dessen Same und ewiger Herzschlag sein . . .»[12]

Man wird traumhafter und zärtlicher vom Vorgang des Sterbens nicht sprechen können als in diesen zeitlosen zauberhaften Sinnbildern der Alten Ägypter. Lange vor der christlichen Botschaft der Auferstehung erfühlte und erfand man im Alten Ägypten das Symbol der *Himmelfahrt*, dieser Verwandlung in Licht, dieser Entrückung zu den Sternen, und es ist diese ursprüngliche Evidenz einer wahren, weltjenseitigen Bestimmung des menschlichen Daseins, die am Beginn aller Unsterblichkeitshoffnung steht. Sie gilt es als erste in sich aufzunehmen, um die Ebene der Erfahrungen zu betreten, aus denen auch das Christentum mit seiner Botschaft von der «Auferstehung» lebt.

Ein nicht geringer Fehler der christlichen Glaubenslehre, und jedenfalls ein Hauptgrund der faktischen Erfahrungslosigkeit, mit der in den christlichen Kirchen die Geheimnisse eines ewigen Lebens abgehandelt werden, liegt ganz gewiß darin, die Vorstufen der eigenen Vorstellungen, Anschauungen und Begriffe im Verlaufe der Religionsgeschichte zugunsten eines fiktiven Exklusivitätsanspruches verleugnet und verdrängt zu haben. Der christliche Glaube selbst wird auf diese Weise wie etwas fertig vom Himmel Gefallenes dargestellt – eine Fulguration ohne Vorgeschichte. Man unterschlägt indessen mit der förmlichen Pflicht zum Vergessen der großen vorbereitenden Glaubenssymbole des Alten Ägyptens sogar den Werdegang der eigenen Christusbekenntnisse; man wird im Kampf gegen die vermeintlich ungeschichtlichen Bilder des Mythos bei allem Reden von den *geschichtlichen* Grundlagen des christlichen Glaubens am Ende selber ungeschichtlich und ungerecht gegenüber den Vorstufen des eigenen Hoffens und Meinens, indem man den Glauben in fertige Formeln und Sprechweisen zwingt, die von der Offenheit und dem Reichtum des langen Weges des Suchens und Mühens um «Erhebung» und «Erleuchtung» durchaus keine Ahnung mehr vermitteln. Wer insbesondere wie aus der Pistole geschossen die «Auferstehung» des Christus als eine fixe Tatsache des christlichen Glaubens hinstellt, übergeht den sicheren Tatbestand, daß das Symbol der *«Auferstehung»*, nicht anders als im Alten Ägypten, nur in weit kürzeren Zeitmaßen, sich aus der ursprünglicheren Vision der *Himmelfahrt* allererst herausentwickelt hat.

Den wohl ältesten christlichen Versuch, die Innenseite, die wahre Bedeutung, die geistige Wirklichkeit des Todes Jesu zu erfassen, enthält die Szene aus Mk 14,61.62, als im Verhör vor dem Synhedrium der Hohe Priester Jesus fragt: «Bist du der Messias, der Sohn des Hochgelobten?», und Jesus antwortet: «Ich bin es. Und ihr werdet schauen: den Menschensohn, sitzend zur Rechten der Macht und kommend mit den Wolken des Himmels.»[13] Die Frage nach der Gottessohnschaft Jesu ist im Munde eines jüdischen Hohen Priesters in dieser Form ganz undenkbar – es handelt sich ersichtlich um den Versuch bestimmter Kreise aus dem hellenistischen Judenchristentum, die eigene Interpretation des jüdischen Messiastitels (in Übernahme von Ps 2,7) im Sinne einer metaphysischen Gottssohnschaft als Grund für die Verurteilung Jesu durch die Synagoge auszugeben – die aktuelle Auseinandersetzung zwischen christlichem Credo und jüdischer Orthodoxie wird damit in den Prozeß Jesu zurückprojiziert und das spätere, in jüdischen Ohren in der Tat «gotteslästerliche» Bekenntnis der frühen Kirche zur Gottessohnschaft wird damit in Mk 14,61.62a Jesus selber zugeschrieben. Dann aber, in Mk 14,62b, ist die Antwort Jesu deutlich erweitert worden, indem man zwei verschiedene Vorstellungen, die *beide* den Tod Jesu deuten sollten, miteinander verbunden hat: die eine, vielleicht jüngere Anschauung, berief sich auf eine Stelle aus Sach 12,10 ff.: «sie werden hinschauen auf ihn, den sie durchbohrt haben» – das Wort wird auch in Joh 19,37 zitiert; es ist ein Bild, von dem aus man das furchtbare Geschehen der Kreuzigung als Erfüllung einer alten Weissagung interpretierte: der Tod Jesu war durchaus nicht die übliche legale Liquidierung eines ungeliebten Mannes, sondern gerade in der Art des Lebens und Sterbens Jesu zeigte sich eine buchstäblich «unübersehbare» und unzerstörbare Menschlichkeit, wie man sie aus Dan 7,13 herauslesen konnte; beide Prophetenstellen sind denn auch in Apk 1,7 miteinander verbunden: «Siehe, er kommt mit den Wolken (sc. zum Gericht!, d. V.), und sehen wird ein jedes Auge, auch die, welche ihn durchbohrt haben.»[14] Gerade das «Kommen auf den Wolken» aber, wie Dan 7,13 es beschrieb, setzte logischerweise *eine Entrückung zum Himmel* voraus, und auch dafür fand man Anhaltspunkte im Alten Testament, vor allem in Ps 110,1, in den Worten Gottes an seinen König: «Setze dich zu meiner Rechten»[15].

Es scheinen insbesondere Gruppen hellenistischer Judenchristen in Jerusalem gewesen zu sein, Kreise, die nach der Vision von Apg 7,56 offenbar dem «Diakon» und Martyrer *Stephanus* nahestanden[16], die mit Bibelstellen dieser Art den Tod Jesu als Erhöhung und Himmelfahrt deuteten und damit, bewußt oder unbewußt, weit hinter das Alte

Testament zurück uralte *ägyptische* Vorstellungen über Sinn und Bedeutung des Sterbens eines königlichen Menschen aufgriffen[17]. Was im Alten Testament nur noch vereinzelte, poetisch freigesetzte Reste alter Mythologie darstellte, resynthetisierte sich im Glaubensbekenntnis der frühen Kirche zu Bildern und Visionen, in denen die alten ägyptischen Symbole über Geburt[18] und Tod[19] des göttlichen Königs zur Deutung der Person Jesu – man kann nicht sagen: herangezogen wurden, sondern sich in ihrer ursprünglichen Evidenz wie von selbst erneut aufdrängten. Die zeitlose Gültigkeit und Wahrheit mythischer Bilder kann nicht eindringlicher sichtbar werden, als indem über einen so unvorstellbar langen Zeitraum von 2600 Jahren hinweg – weit mehr, als uns Heutige von der Person des historischen Jesus trennt – die Bilder der altägyptischen Pyramidentexte entlang den spärlichen Erinnerungen der israelitischen Königspsalmen wörtlich in das Glaubensbekenntnis der frühen Kirche Eingang finden und die alte vollendete Gestalt annehmen konnten: «Er», heißt es im Spruch 439 der Pyramidentexte von dem vertorbenen Pharao, «ist die Satis», d. h. die Göttin der Katarakte – so machtvoll ist der Verstorbene als neuer Herrscher des Himmels; «Er ist die Satis, die die beiden Länder (sc. von Ober- und Unterägypten, d. V.) erobert, die brennende, die ihre beiden Ufer nimmt. Er ist zum Himmel gestiegen und hat den Re (sc. den Sonnengott, d. V.) gefunden, wie er aufstand, als er sich ihm nahte. Er setzte sich an seine Seite und Re ließ nicht zu, daß er sich auf den Boden lege, denn er weiß, daß er größer ist als er (selbst). Er wird verklärter sein als die Verklärten (sc. als die Seligen, die als Sterne leben, d. V.), trefflicher als die Trefflichen, dauernder als die Dauernden. Seine Halle (?) ist eine Herrin der Speisen. Er ist in den Norden des Himmels getreten zusammen mit ihm (sc. dem Re, d. V.) und hat die beiden Länder (sc. die ganze Welt, d. V.) wie ein König erobert.»[20] – Sowohl *die Erhöhung zum Throne Gottes* als auch *die Verklärung der menschlichen Existenz* ins Licht – beide altägyptischen Vorstellungen von dem, was «Sterben» bedeutet, fanden die frühen Christen *im Tode Jesu* bestätigt, und es hieß für sie *«glauben»*, diese uralten Bilder an der Person Jesu als Wahrheit des menschlichen Lebens zu erfahren[21]. Ja, sie brauchten dabei nur auf die apokalyptische Rezeption der altägyptischen Vorstellungen zurückzugreifen, so, wenn es Dan 12,3 heißt: «Die Weisen werden (sc. nach ihrem Tod, d. V.) leuchten wie der Glanz der Himmelsfeste und, die viele zur Gerechtigkeit geführt, wie die Sterne immer und ewig.» Man macht sich nur schwer die Allgemeingültigkeit und die Allgemeinmenschlichkeit derartiger Bilder und Anschauungen von der eigentlichen Realität des Todes wirklich klar. Unzählige Mythen der Völker erzählen davon, daß heilige Tiere oder Heroen der Vorzeit als Sternbilder an den Himmel versetzt worden seien, und die Namen selbst *unseres* «deutschsprachigen» Sternenhimmels legen dafür Zeugnis ab, wenn wir des Nachts etwa den Großen Wagen, den Drachen, den König Kepheus, die schöne Andromeda, den Helden Perseus, den gefährlichen Stier, das Flügelroß Pegasus, den Ochsentreiber und den Fuhrmann, die Jungfrau und den Löwen erblicken – von Herkules und Orion ganz zu schweigen[22]. Es ist eine «Anschauungsform» des menschlichen Daseins, wie sie sich nicht erst im Tode nahelegt, sondern gewissermaßen zu dem Grundbestand uralter, *schamanistischer* Weltanschauung gehört: es ist möglich und nötig, schon hier auf Erden die Menschen in ihrer verborgenen Wahrheit und Lichtgestalt wahrzunehmen, die im Tode nur ihre Hülle zerbricht[23]; es geht darum, schon hier auf Erden jene Freiheit und heitere Ruhe zu lernen, welche die Alten Ägypter in den Bildern des gestirnten Himmels verkörpert fanden. Wenn sie bereits zu ihren Lebzeiten entlang den Strahlen der Sonne und nach den Maßen der Sonnenscheibe ihre Pyramiden errichteten[24], so orientierten sie diese Anlagen des ewigen Lebens genau in der Nord-Süd-Achse und verlegten den Eingang der Cheopspyramide so, daß er genau zum Himmelsnordpol zeigte, auf den Polarstern heute, auf den Alpha-Stern des Sternbildes «Drachen» damals[25]. Die Hinübergegangenen, die im Lande der Göttin *Meret Seger* Lebenden, der «Göttin, die das Schweigen liebt», wohnten buchstäblich in himmlischem «Frieden», ein Stück dieser heiteren Ruhe aber sollte heute bereits in unser Leben fallen, wenn wir die Augen zum Himmel erheben in diese Sphäre der Lichter, die niemals untergehen, zu diesem Punkt im Norden, da alle Bewegung ihre Mitte und ihren Halt zu besitzen scheint. Nicht um das Sonderwissen einer bestimmten Religion geht es dabei, sondern um eine Intuition, die der Religiösität des menschlichen Daseins wesentlich zugrunde liegt – als sein Vermächtnis und als seine Grundausstattung gewissermaßen.

Sehr reizvoll ist es daher, zu lesen, wie in unseren Tagen, 5000 Jahre nach den Bauleistungen des Königs *Djoser* und seines genialen Beraters *Imhotep*[26], ein indianischer Schamane, wohlgemerkt ganz ohne jeden Bezug zu dem Weltbild der Alten Ägypter, zu äußerst ähnlichen Bildern und Einsichten über Tod und Leben wie diese gelangt. In seinem Buch *«Eine andere Wirklichkeit»* läßt Carlos Castaneda seinen

Seher *Don Juan* von der Unausweichlichkeit des Todes einmal sagen: «. . . sobald das Wissen (sc. über das Wesen der Dinge, d. V.) zu einer furchterregenden Angelegenheit wird, erkennt der Mensch gleichzeitig, daß der Tod als unersetzlicher Partner neben ihm auf der Matte sitzt. Jedem Stück Wissen, das Macht wird, wohnt der Tod als zentrale Kraft inne.»[27] «Darum muß ein Mann . . . in erster Linie mit seinem Tod vertraut sein. . . . Die Furcht vor dem Tod zwingt jeden von uns, sich auf unser Selbst zu konzentrieren, und das schwächt uns. Das nächste . . . ist das Losgelöstsein.»[28] «Nur der Gedanke an den Tod verhilft einem Mann zu einer so hochgradigen Gelöstheit, daß er sich an nichts mehr hingeben kann. Ein solcher Mann ersehnt nichts, denn er hat eine ruhige Freude am Leben und an allen Dingen des Lebens erlangt. Er weiß, daß der Tod hinter ihm schreitet und ihm nicht die Zeit läßt, sich an irgend etwas zu klammern. Und so versucht er alles und jedes, ohne sich jedoch daran zu hängen. – Ein losgelöster Mann, der weiß, daß es keine Möglichkeit gibt, dem Tod zu entkommen, hat nur eines, worauf er sich stützen kann: die Macht seiner Entscheidungen bleibt. Seine Entscheidungen sind endgültig, einfach weil der Tod ihm nicht die Zeit läßt, sich an irgend etwas zu klammern . . . Das Wissen um seinen Tod führt ihn, hilft ihm sich zu lösen und gibt ihm Kraft und Gelassenheit.»[29] «Der Tod», sagt *Don Juan* an anderer Stelle, «ist das Gesicht des Verbündeten. Der Tod ist eine leuchtende Wolke über dem Horizont. Der Tod ist das Flüstern Mescalitos (sc. des Geistes des Rauschmittels Marihuana, d. V.) in deinen Ohren. Der Tod ist das zahnlose Maul des Wächters . . . Der Tod bin ich, wenn ich spreche. Der Tod bist du und dein Schreibblock.»[30] «Ich habe dir erzählt, daß sich das Leben meines Sohnes im Augenblick seines Todes ausdehnte . . . Der Tod, was immer das sein mag, bewirkte, daß sein Leben sich ausdehnte.»[31] «Der Tod hat zwei Seiten. Die erste ist der ‹black-out›. Es ist eine bedeutungslose Phase, ganz ähnlich wie die anfängliche Wirkung von Mescalito, bei der man eine Leichtigkeit verspürt, die einem ein Gefühl des Glücks, der Vollkommenheit und der Zufriedenheit mit allem gibt. Aber das ist nur ein oberflächlicher Zustand. Er schwindet bald, und man betritt einen neuen Bereich, einen Bereich der Härte und Macht. Diese zweite Phase ist die wirkliche Begegnung mit Mescalito. Der Tod ist ganz ähnlich. Die erste Phase ist eine oberflächliche Umnachtung, man stellt fest, daß man irgendwie wieder man selbst ist. Und genau das ist der Augenblick, in dem der Tod mit seiner ganzen Wucht und Macht auf uns einschlägt, bis er unser Le-

ben in Nichts auflöst.»[32] «Der Tod ... wird ... mit unwiderstehlicher Macht in dich hineinfahren und bewirken, daß du dich ausdehnst. Er wird dich flach machen und dich über den Himmel und die Erde und darüber hinaus ausdehnen lassen. Und du wirst sein wie ein Nebel aus feinen Kristallen, die sich bewegen und fortbewegen.»[33]
Das sind Gedanken und Visionen von wahrhaft «ägyptischem» Format – Mitteilungen eines *ewigen* menschheitlichen Wissens um den *Schlaf* des Todes, um die rauschhaften *Traumreisen* der Seele im Augenblick des Sterbens, um das «Bewußtseinsabenteuer» (ST. GROF)[34], mit dem wir die Erde verlassen und verklärt werden in «Licht» – eine Bewußtseinserweiterung jenseits all dessen, was wir in dieser Welt der irdischen Enge zu denken und zu fühlen vermögen. «Wir sind Menschen, und es ist unser Schicksal, zu lernen und uns in die unvorstellbaren neuen Welten schleudern zu lassen», sagt CASTANEDA mit den Worten *Don Juans*[35], des Mannes, der schon dem Namen nach geradewegs die Verkörperung eines endlosen Suchens, eines stets unerfüllten Liebens und eines rastlos umherwandernden Lebens darstellt. Wir haben im Christentum aus der Deutungschiffre der *Himmelfahrt* ein quasihistorisches Faktum gemacht[36], indem wir, entsprechend vor allem der Darstellungsweise des Lukas-Evangeliums, die Himmelfahrt Jesu als den Abschluß einer bestimmten (symbolischen!) «Zeit» von «40 Tagen» betrachten; in dieser Form ist die «Himmelfahrt des Herrn» eine Matrix zur Aufteilung der Tage im Festkalender des Kirchenjahres und ein fester Bestandteil des Glaubensbekenntnisses; wer aber lehrt uns, an «Himmelfahrt» zu *glauben*, so daß es in der Begegnung mit Jesus unser gesamtes «Weltbild» verändert? Wer, ohne den Hintergrund des Alten Ägyptens oder ohne die Anleitung eines «schamanischen» Wissens, kommt auch nur auf den Gedanken, daß es nicht möglich ist, mit dem Symbol der Himmelfahrt das Leben und Sterben Jesu aus dem Glauben zu deuten, ohne daß man es gleichzeitig lernt, das menschliche Dasein und das Wesen der eigenen Person mit den Augen einer menschheitlichen Poesie zu betrachten: als ein Bündel von Licht, als eine Schwingung von Energie mit unendlicher Resonanz, als einen kristallenen Nebel von schwebender Freiheit und verschwimmender Kontur – ein ewig Unabgeschlossenes, Schwereloses, Weltentrücktes, nur im Himmel Beheimatetes? Man kann an die Himmelfahrt Jesu nur «glauben», wenn man die Veränderung der gesamten Lebensperspektive im ägyptischen Sinne mitvollzieht und den Mut aufbringt, trotz all des Niederdrückenden und Niederbeugenden der irdischen Existenz

bereits jetzt schon mit der Stirne die Sterne zu streifen und *groß* und *weit* und *hoch* genug vom Menschen zu denken – und nicht zuletzt auch von der winzigen Kleinheit des eigenen Ichs. Erst der uralte menschheitliche Mythos von dem Tod eines Menschen als einer Auffahrt zum Himmel, als einer Verklärung in Licht, als einer Wiedergeburt unter den Sternen an der Seite der Sonne macht die mühsam historisierte, zur Legende geronnene Chiffre von der Himmelfahrt Jesu im christlichen Credo verständlich und glaubhaft; und gerade das Mythische im christlichen Glaubensbekenntnis erlaubt und ermöglicht es allererst, den «Tag» der «Himmelfahrt» Jesu, wie es in Mt 28,16 ff. geschieht, mit der Sendung der Jünger an alle Völker zu allen Zeiten und Zonen der Welt zu verbinden[37] und ihnen als die Wahrheit des Christus zu verkünden, was sie als ihr wahres Wesen und ihre eigentliche Berufung von Ewigkeit her in ihrem Herzen tragen.[38]

Die Versetzung unter die Sterne, das Schwingenbreiten der Seele selbst bei ihrem Flug in den Himmel, veranschaulichten die Alten Ägypter in einem (mythischen) Symbol, das in der philosophischen Interpretation PLATONS (vgl. *Phaidros*, 246c-247c, Werke IV, 28) die Theologiegeschichte des Christentums und das Weltgefühl Europas zutiefst beeinflussen und prägen sollte: in dem Bild von dem *Ba*, dem Seelenvogel aus Gold, der sich im Augenblick des Todes aus dem Leib des Verstorbenen erhebt und zurückfliegt zum Himmel, zurück zu den Sternen, zum Ursprungsort seines Wesens[39]. Die Gestalt dieser Ba-Seele trägt von einem gewissen Zeitpunkt an deutlich individuelle Züge[40], ja, sie repräsentiert, lange vor PLATON, den eigentlichen, unzerstörbaren Teil der persönlichen Existenz des Menschen, nur daß die Alten Ägypter nicht daran glaubten, daß man, wie im Christentum geschehen, aus einem religiösen Symbol, aus einer Evidenz gläubiger Erfahrung, ein philosophisches Theorem[41] und aus diesem wiederum einen dogmatischen Lehrsatz ableiten könnte[42], dergestalt, daß jeder, der einem bestimmten Lehrsatz, wenn er erst einmal auf einem Konzil der Kirche formuliert und festgesetzt worden ist, nicht in verbalem Bekenntnis Folge leistet, selber auf Erden Gefahr für Leib und Leben und in der anderen Welt Gefahr für sein «Seelenheil» zu fürchten hat[43]. Die Alten Ägypter fanden ihr Genügen an der Überzeugungskraft, an der Strahlungsintensität der Bilder selber, und so malten sie diese Visionen des Himmels in nicht endenden einander wechselseitig kommentierenden Variationen, unbekümmert um die Fragen logischer Kohärenz und Stringenz, additiv schöpferisch spielend statt rational restriktiv fixierend: *Golden* war das Wesen des Ba-Vogels in ihren Augen schon deshalb, weil sich in ihm selber die Strahlen der Sonne kondensierten, und die Menschen erschienen in dieser Hinsicht buchstäblich als «Kinder des Lichtes» (1 Thess 5,5; vgl. Kol 1,12), als Söhne und Töchter der Sonne. Ja, die Alten Ägypter zeichneten neben die Hieroglyphe des Ba-Vogels gerne das Zeichen für *Weihrauch (śnṯr)*, so als wollten sie sagen, es sei das ganze Wesen, die wahre Natur unserer Seele, wie wohlduftender Weihrauch von der Erde aufzusteigen zum Himmel; *«das, was zu Gott macht»*[44] – heißt wörtlich der ägyptische Ausdruck für «Weihrauch»; – so sicher vertrauten die Ägypter diesem Göttlichen, vom Himmel zur Welt Gekommenen in jedem Menschen, dessen Bestimmung es war, zum Himmel zurückzukehren wie ein Funken gefrorenen Lichtes, das im Tode verdunstet und nun, seiner eigenen Wirklichkeit folgend, sich freisetzt zum Himmel als ein Stern in der Nacht.

Nur im Umkreis einer solchen Glaubensgewißheit versteht man zugleich den wesentlich *mütterlichen* «Horizont», in dem die Alten Ägypter den Tod eines Menschen zu sehen vermochten. Für sie war der Himmel kein «Ort» oder «Raum», für sie war er eine gütige Göttin, die himmlische *Nut*[45]. Im Grunde galt sie den Ägyptern als eine große Liebende, die in Urzeittagen den Erdgott *Geb* umfangen hielt, ehe der Windgott *Schu* den Himmel und die Erde voneinander trennte[46] und durch diese Trennung des Ureinen die Tageshelle des Kosmos und die Bewußtseinshelle des Geistes erschuf[47]. Seither wölbt die Himmelsgöttin *Nut* sich mit ihrem Gewand aus Sternen von Sonnenuntergang zu Sonnenaufgang über die Erde, um Abend für Abend die Sonne mit ihrem Munde aufzunehmen und sie jeden Morgen neu als den kleinen *Chepri*-Knaben zur Welt zu bringen[48]; der Erdgott *Geb* aber reckt sich in männlicher Begierde ihr entgegen[49], und es scheint, als wäre es dieses Verlangen nach einer endgültigen Verschmelzung von Himmel und Erde, nach einer Revision des Urfrevels der Trennung der ewig sich Liebenden, das für die Augen der Alten Ägypter in dem Drang aller Blumen, Bäume und Pflanzen sich ausdrückt, wenn sie von der Erde weg, entgegen der Schwerkraft, dem Himmel entgegenwachsen. Die Sehnsucht zur Vermählung mit der Göttin des Himmels erscheint wie ein inneres Gesetz jeglichen irdischen Lebens, und so geht es, entsprechend der Sonnennatur der menschlichen Seele, nicht nur um eine Rückkehr zum Himmel, um eine Verklärung ins Licht, sondern ganz wörtlich, wie im Schicksal der Sonne selbst, um eine *Wiedergeburt* im Schoße des Himmels, um eine Verschmelzung und Neuwerdung als *Chepri*-Kind in den

Armen der *Nut*. «Deine Mutter», heißt es daher im Spruch 367 der Pyramidentexte über den Verstorbenen, «hat sich über dich ausgebreitet in ihrem Namen *šetpet (Oase Wadi Natrun westlich des Delta)*. Sie hat gegeben, daß du zu einem Gott wirst, ohne daß es einen Feind von dir gibt, in deinem Namen des ‹Gott›. Sie befreit dich von allen schlechten Dingen in ihrem Namen des ‹Groß Korb *(Sieb)*›. Du bist der Große *(Größte, Älteste)*, der unter ihren Kindern ist.» «Möge Geb dir freundlich sein! Er hat dich geliebt, und er hat dich beschützt. Er hat dir deinen Kopf gegeben. Er hat gegeben *(veranlaßt)*, daß Thot dich zusammensetzte (pflegte), so daß das *(Schlechte)*, das an dir war, verging.»[50] Der Tod als eine *Hochzeit* des Lichts, als eine reinigende Neuvermählung von Himmel und Erde, als Rückkehr zur friedvollen Ureinheit aller Dinge – auch *das* heißt es, das Sterben zu sehen nach Art des Entschlafens in ewiger Ruhe.

Wenn die Alten Ägypter den Leib eines Verstorbenen zur letzten Ruhe betteten, so legten sie ihn gern auf einen Katafalk, den ein Pantherpaar bildete: die gefleckte Fellzeichnung des Panthers erinnerte an die hell-dunkle Farbe des Nachthimmels[51], und so wollte man sagen, daß jemand, der «stirbt», nur für die Augen der Irdischen noch auf Erden weilt; für die Augen der Sehenden ruht er im Himmel, in den Armen der Nut; die Erinnerung aber an den Schmerz des Sterbens bewahrten die Alten Ägypter im Bilde des Raubtieres selbst, als welches der *Himmel* panthergestaltig gerade im Tod auch erscheinen kann; der Osten und Westen im Aufgang und Untergang der Sonne, der Mund und der Schoß der Himmelsgöttin *Nut*, konnte daher auch in der Chiffre des doppelgesichtigen Löwen *Aker* wiedergegeben werden[52]. Niemals auf Erden ist, entsprechend solcher Symbolik, der Tod ohne Leid – er ist und bleibt ein Gefressenwerden; doch die Wahrheit der *Nut* ist: sie *empfängt* wenn sie frißt, und sie gebiert uns jungfräulich neu. Die Innenseite ägyptischer Sargdeckel zeigen deshalb das Bild dieser Göttin, wie sie die Arme ausbreitet, um den Verstorbenen, den Hinübergegangenen, gleich wie die Sonne, in ihren alles verwandelnden, neu gebärenden Leib aufzunehmen. «Du stirbst, damit du lebst»[53] – oder mit HERAKLIT gesprochen: «Lebende – Sterbende, Sterbende – Lebende!»[54], das ist die ägyptische Wahrheit des Himmels. Wir Menschen werden nie anders Ruhe finden als unter diesem Sarkophag aus Sternen, den wir das Weltall nennen, als in diesem Tanz ruhender Lichter, in denen die Glutenergie allen Anfangs allmählich ausglüht; nur das Unendliche, Ewige, das keinen Untergang kennt, kann für uns Heimat sein.

b) «Ich steige hinab in die Barke der Sonne» oder: Wiedergeburt und Verklärung

Der Tod als ein traumgleiches Entschweben der Seele, als eine Verschmelzung mit der Göttin des sternübersäten nächtlichen Himmels Ägyptens, als Rückkehr zu jener uranfänglichen Hochzeit von Himmel und Erde, mit welcher die Welt begann, als ein Entschlafen in den zärtlichen Armen der *Nut*, die mit ihrem Munde das Leben hinwegküßt und es aus ihrem himmlischen Dasein noch einmal gebiert zu einem ihr gleichen, überirdischen, unwandelbaren Wesen – all diese schillernden Chiffren, die das Symbol der *Himmelfahrt* umspielen und umhüllen, eröffnen in sich bereits eine Zauberwelt magischer Zuversicht; sie machen Mut zu der Hoffnung eines zutiefst *mütterlichen* Welt- und Lebensgefühls, indem sie eine Poesie kindlicher Sehnsucht und Geborgenheit ausbilden und in menschheitlichen Bildern und Visionen ausgestalten. «Mutter» – «Mama» ist das erste Wort, das jedes Menschenkind, gleich in welcher Sprache, *am Anfang* seines Lebens zu lallen, zu rufen, zu sagen beginnt; es ist *am Ende* des Lebens das nämliche Wort, mit dem ein Soldat auf dem Schlachtfeld stirbt und das ein Schwerkranker murmelt in den unruhigen Stunden aus Fieber und Schmerz, zwischen Abend und Morgen. Die altägyptische Religion hatte die Stirn, in Gestalt der Himmelsgöttin *Nut* diesen Menschheitslaut äußerster Freude und äußerster Pein als letzte Gewißheit des Daseins zu setzen. In irgendeinem Krankenbett, in einer Klinik, in einem Altenheim, in der Mansardenwohnung eines Hochhauses stirbt eine alte Frau, ein Mann; es ist vielleicht ihr letzter Trost, im Tod nicht ganz allein zu sein; schon mögen die Augen zu müde sein, um in dem weißen Nebel aus Licht von den Menschen und Dingen ringsum noch klare Konturen erkennen zu können, und selbst was sie sagen, dringt nur wie von fern noch herüber in Worten, die aus dem Zusammenhang der Sätze herausgefallen sind und sich zu eigentümlichen Gedankenverbindungen verselbständigen; doch die älteste aller Empfindungen, die wir noch früher erlernen als Sehen und Hören, *der Tastsinn*, erfühlt noch die Nähe anderer Menschen: man nahm uns an die Hand, als wir ins Leben traten, und es bleibt ein Verlangen, gleich dem eines Kindes, die Hand eines Menschen zu spüren, wenn wir, wie man sagt, den letzten Schritt tun, den letzten Weg gehen. Die Alten Ägypter glaubten, daß in diesen Händen, die das Sterben begleiten, uns bereits die Hände der Himmelsgöttin *Nut* berührten und führten.

Sind alles dies nur die Vorstellungen und Phantasien denkender Säugetiere, die eine gewisse Erinnerung an das Rätsel ihrer Geburt nie gänzlich verlieren und jedenfalls niemals aufhören, sich nach einer Geborgenheit zu sehnen, wie sie bestand, noch ehe sie das Licht der Welt erblickten?

Die Alten Ägypter besaßen *ein Argument* gegen alle Skepsis und Zweifel: die Evidenz des Lebens und des Lichtes im Zeugnis und Schicksal der Sonne und in deren leibhaftigem irdischem Abbild: der Gestalt des ägyptischen Königs.

Man muß das Geheimnis der Sonne mit dem angstvollen Kummer und der stimmungsvollen Freude wahrnehmen, mit denen Menschen, deren Kultur wir leichthin als «primitiv» bezeichnen, seit altersher den Untergang und Aufgang der Sonne zu erleben vermögen. In unserem Kulturkreis sind es einzig noch gewisse Künstler, denen die Sonne allabendlich im Westen *erstirbt* und allmorgendlich im Osten von neuem zur Welt *geboren* wird. EDVARD MUNCH z. B., als er 1893 sein berühmtes Bild «Der *Schrei*» malte, notierte in seiner Erinnerung: «An einem Abend ging ich auf einem Weg spazieren – auf der einen Seite lag die Stadt, und unter mir der Fjord. Ich war müde und krank – ich blieb stehen und sah hinaus über den Fjord – die Sonne ging gerade unter – die Wolken waren rot gefärbt wie Blut. Ich fühlte, wie ein Schrei durch die Natur ging, mir schien, daß ich den Schrei hören konnte. Ich malte dieses Bild – malte die Wolken als richtiges Blut. – Die Farben schrien. – Daraus wurde das Bild.»[1] Der Tod der Sonne am Abend eines jeden Tages war und ist niemals einfach ein Vorgang der mechanischen Physik, ein bloßer Anwendungsfall der KEPLERschen Gesetze; er ist ein Bild für die Angst, die sich bis zum Horizont dehnt, wenn das Licht den Menschen zu sterben droht und die Nacht die Welt in Finsternis taucht.

Besonders im *Johannes*-Evangelium, dessen Anschauungsweise und Sprachwelt Stelle für Stelle in das ägyptische Alexandrien hinüberweist[2], ist dieser Kontrast von Licht und Finsternis fundamental; ja, es verbindet sich mit der Person Jesu, mit der Gestalt des Messias, der uralte *ägyptische* Gedanke, daß der König selber der Sohn der Sonne sei, eine Inkarnation des Lichtes in reinster Form, bis zur 5. Dynastie sogar die Sonne selber[3], ein Licht, das leuchtet im Dunkeln. Gott als der Vater der Lichter[4] und der Sohn als «Licht vom Lichte», wie es das frühe christliche Glaubensbekenntnis formulierte[5], – das atmet uralten ägyptischen Geist über die Einheit der Sonne am Himmel und ihres königlichen Sohnes auf Erden, der seinem ganzen Wesen nach teilhat am Lichte, ja als das Licht selber das «Dunkel» der «Welt» erhellt. Es ist die Aufgabe dieses Sohnes der Sonne, sich, gleich seinem Vater, am Abend nicht niederzulegen und der Ruhe des Dunkels zu pflegen, «da niemand mehr wirken kann» (Joh 9,4; vgl. 11,10; 12,35)[6], sondern die Nacht zu durchkämpfen und den neuen Sonnenaufgang zu erstreiten, während die «Welt» schläft und den Atem anhält. Der Sohn der Sonne «stirbt» nicht; er kommt auf die Welt und er kehrt aus der Welt zurück zu seiner Wohnung im Himmel (Joh 14,2)[7]; doch Nacht für Nacht ringt er mit der Macht der Finsternis, im Alten Ägypten mit der abgründigen *Apophis*-Schlange, dieser Vorform des christlichen Satans[8]; allnächtlich durchmißt er die 12 Tore der Unterwelt, und jede ihrer Pforten, jede Stunde der Zeit, ist ein schlangenförmiger Dämon, den es zu überwinden gilt, um den neuen Tag zu gebären[9].

Die Alten Ägypter waren so fasziniert von dem Wunder der Sonne, daß sie in den Strahlen des Lichtgestirns sogar die Kraft der eigenen Seele erblickten. Ewiges Leben – das war für sie, PLATONisch gesprochen, Teilhabe an der Sphäre des Lichtes[10]; sie schienen zu wissen, daß Menschen die Kraft zum Leben aus der Sonne schöpfen, die jeden Morgen neu ihren Sieg über die Dunkelheit feiert. In ihren Tempeln richteten sie daher *die Statuen der Götter* so ein, daß die Strahlen der aufgehenden Sonne ihr Antlitz berührten[11] und unter der zitternden Zärtlichkeit des Lichtes der rote Stein zu Leben erweckt ward. Nicht anders *die Menschen*: ihre Seele war wie ein Strahl der Sonne, die im Tode im Bilde des vogelgestaltigen *Ba* zurückkehrt in die Sphäre des ewigen, unvergänglichen Lichtes. – Dieses ganz und gar sonnenhafte Wesen der menschlichen Natur zu erfassen bildete in ägyptischem Sinne die Voraussetzung auch für eine andere Deutung des Sterbens: für die Vision der *Wiedergeburt* im Augenblick des Todes, der Lebenserneuerung im Schoße der Himmelsgöttin, der Verjüngung des Geistes in neuer Gestalt.

Man erfaßt nicht die *religiöse* Bedeutung der ägyptischen Daseinsdeutung, wenn man in den großartigen Gebeten und Hymnen der Alten Ägypter an die Sonne nichts weiter erblickt als eine Form des Pharaonenkultes bzw. als eine sublime Dekoration der üblichen Ideologie der Macht. Wohl galt der Pharao als der «lebende Gott» auf Erden, als die gestaltgewordene Erleuchtung der Bewohner des «schwarzen Landes», wie die Ägypter ihre fruchtbare Niloase nannten[12], – der Pharao *war* der «Sohn», die Erscheinung, die Verkörperung, der Hohe Priester der Sonne schlechthin. Aber in seine Gestalt hinein projizierte sich das Bild eines Menschtums, das nur über diesen Umweg seiner selbst ansichtig zu werden vermochte: es war die Vision der Lichtgeburt selbst, die dem Menschen den Abglanz des Göttlichen verlieh. Auch der Pharao galt solange nur als ein gewöhnlich Sterblicher, als er nicht aus dem Geist- und Windgott *Amun* im Fest der Thronbesteigung «jungfräulich» (wieder-)geboren worden war und auf dem Thron der beiden Länder Platz genommen hatte; einzig durch den Akt einer solchen geistigen Neugeburt (Joh 3,3-7) wurde nach ägyptischer Anschauung ein Mensch wahrhaft zum «Sohn» der Sonne[13]. Insofern läßt sich die gesamte Beschreibung der göttlichen Natur des Pharao und seiner Wesensverwandtschaft mit der Sonne *tiefenpsychologisch* als eine symbolische Darstellung des schwierigen und gefahrvollen Wegs der *Bewußtwerdung* deuten, durch welche ein Mensch seiner eigenen Souveränität und Freiheit inne wird[14]. Der Weg der Sonne selber, ihr Eintauchen ins Dunkel der Nacht und ihr Abstieg in die Unterwelt, darf dabei in allen Stationen als das mythische Vorbild dieses mühsamen Prozesses geistiger Erneuerung und Selbstwerdung verstanden werden.

Wie sehr die Ägypter in der Sonne die Quelle des Lebens und die zentrale Symbolgestalt aller kosmischen und sozialen Wirklichkeit erkannten, zeigt bereits die Struktur ihrer Hymnen auf den Sonnengott, die im Typus des *Tageszeitenliedes* den drei innerweltlichen Erscheinungsformen des Sonnengottes entsprechen: wie er als Morgensonne in der Gestalt des *Chepre*-Käfers zur Welt kommt, als Mittagssonne falkenköpfig, mit Menschenleib, als *Re* seine Bahn zieht und als Abend- und Nachtsonne in der Gestalt des *Atum* mit Doppelkrone oder Widderkopf erscheint[15]. Diese uralte Anschauung von der *Dreifaltigkeit und Wesenseinheit* der Sonne gliederte auch die entsprechenden Hymnen in die drei Phasen von Sonnenaufgang, Himmelsüberfahrt und Landung. Man mache als Christ an dieser Stelle sich dabei nur recht klar, daß die Dreifaltigkeit (des Sonnen-)Gottes zu glauben im Alten Ägypten keinen Akt theologischer Begriffskunst, sondern das Kompositionsschema einer höchst poetischen Weise zu beten bildete. Vor allem der Stolz, mit dem moderne christliche Dogmatiker sich mit dem Trinitätsdogma gerade von dem vermeintlich ungeschichtlichen Denken der mythischen ebenso wie der monotheistischen, «vornicaenischen» Theologie abzugrenzen suchen[16], scheitert ganz deutlich an dem Selbstverständnis schon der Alten Ägypter. Denn beschrieben wird in den ägyptischen Sonnenhymnen gerade nicht das zeitenthobene Wesen des Sonnengottes, sondern geschildert wird seine «Manifestation in den raumzeitlichen Dimensionen des Sonnenlaufs»[17], wobei die *kosmische Bewegung* der Sonne und die Verbreitung ihres *Lichtes* zugleich *personhaft* (mythisch) als Vollzug von *Leben* und Ausübung von *Herrschaft* vorgestellt wird. In schematischer Darstellung ergibt sich dieses Bild[18]:

Kosmisch		Personenhaft (mythisch)	
Bewegung	*Licht*	*Leben*	*Herrschaft*
Die Sonne entsteigt als Falke dem Ozean zwischen Unterwelt und Himmel.	Sie erleuchtet als buntgefiederter Falke die Erde.	Der Gott wird von der Himmelsgöttin als Chepre geboren und als Kind von Ammen aufgezogen.	Der Gott erscheint als König und tritt die Herrschaft über die Götter (den Himmel, die Welt) an, die ihm huldigen und die Himmelstore öffnen.
Die Sonne überquert in der Barke bei gutem Wind den Himmel.	Die sengende, aggressive Hitze des Lichtes wird spürbar.	Götter wie Seth oder Thot und Isis stehen dem Gott im Kampf gegen seine Feinde zur Seite; Maat vereinigt sich mit ihrem Vater, dem Sonnengott.	Der Gott durchfährt in der Barke sein Herrschaftsgebiet und überwindet den Empörer und seinen Anhang; er hält Gericht und vollstreckt das Urteil; die befriedete Welt jubelt über den Sieg ihres Herrschers Re.
Die Sonne geht unter und durchquert in der Nachtbarke die Unterwelt.	Das Licht erleuchtet die Unterwelt.	Der Gott stirbt und vereinigt sich mit seiner Mutter (Umarmung als Zeugung und Wiedergeburt).	Der Gott steigt hinab in die Unterwelt und erscheint dort als Herrscher der Toten, der Gericht hält und die Verstorbenen versorgt, die ihm als Herrscher huldigen.

Von daher wird deutlich, wie das Thema *Tod und Geburt* für das ägyptische Denken auf das engste mit dem *Symbol* der Sonne und dem *Symbol* des Königs (dieser Vorform des christlichen Messias)[19] verbunden ist: den drei *kosmischen* Bewegungen von Aufgang, Überfahrt und Landung der Sonne entspricht auf seiten des Königs (personhaft) der Antritt der *Herrschaft*, die Überwindung der Feinde und die Rückkehr zur Himmelskönigin; auf der Seite des *Lebens* aber entspricht diesen drei Stufen die Erstreckung des menschlichen Daseins zwischen der Geburt am Morgen und dem Tod am Abend. Und eben diese *Evidenz symbolischer Gleichungen* bezeugt die Zuversicht, daß die Menschen im Tode nicht einfach im «Westen» versinken und im Nichts der Nacht verschwinden, ohne je wiederzukehren; – die Sonne am Himmel und ihr Sohn, der König auf Erden, legen Sonnenaufgang um Sonnenaufgang, Thronfolger auf Thronfolger, Zeugnis dafür ab, daß wir Menschen dazu bestimmt sind, *sonnenhaft* zu sterben und jenseits unserer irdischen Existenz *königlich* zu werden. Die Aufgabe des Menschen ist es daher, auf Erden in seinem Dasein den Lauf der Sonne nachzubilden: das Böse zu besiegen, die Wahrheit zu lieben und durch das Licht und die Wärme der Seele so viel an Leben wie möglich zu erzeugen; dann aber darf er erhoffen, an der Seite der Sonne neu geboren zu werden in ewigem Lichte.

So ist es zu verstehen, daß im Kapitel 15 des *Ägyptischen Totenbuches*[20] der Verstorbene einen großen Hymnus auf die Sonne anstimmt, die im östlichen Horizonte des Himmels aufgeht, und sie bittet, ihrer ewigen Dauer teilhaftig zu werden:

«Sei gegrüßt, *Re* in seinem Aufgang / und *Atum* in seinem Untergang! Du gehst auf, du gehst auf, du erglänzt, du erglänzt, / du bist erschienen als König der Götter. // Du bist der Herr des Himmels und der Herr der Erde, / der die Oberen und die Unteren geschaffen hat. / Einzigartiger Gott, bei der Schöpfung entstanden, / der die Länder schuf und die Völker hervorbrachte, / der das Urgewässer schuf und den Nil hervorbrachte, / der die Flut schuf und am Leben erhält, was in ihr ist, / der die Berge emporhob, der Menschen und Vieh entstehen ließ. / Himmel und Erde grüßen sein Angesicht, und *Maat* umarmt dich allezeit. // Du durchläufst den Himmel in Herzensweite, / der Messersee ist zur Ruhe gekommen, / der Frevler ist gefallen, seine Arme sind abgeschnitten, / die Nachtbarke hat guten Fahrtwind bekommen. / Der in seiner Kapelle, sein Herz ist froh – / der erschienen ist als Macht des Himmels, / der allein Wirksame, hervorgegangen aus

dem Urgewässer, *Re* im Triumph. // Göttlicher Jüngling, Erbe der Ewigkeit, / der sich selber zeugte und gebar! / Der einzig Große mit erhabener Gestalt, König der Länder, Herrscher von Heliopolis, / Herr der Zeit und erfahren in Ewigkeit! / Die Neunheit (sc. der Götter, d. V.) jubelt (dir) zu bei deinem Aufgang, / die Horizontbewohner rudern (dich), / die in der Nachtbarke erheben dich. // Sei gegrüßt, *Amun Re*, / der zufrieden ist mit der *Maat*! / Fährst du über den Himmel, dann erblickt dich jedes Gesicht, / und fest bist du, wenn Deine Majestät dahinfährt. / Deine Strahlen sind in den Gesichtern, (doch) erkennt man sie nicht. / Keine Sprache versteht die andere, / außer dir, der du einzig bist . . . / Sie lobpreisen in deinem Namen, sie schwören bei dir, / wie ihr Gesicht dir zugewandt ist. // Du bist es, der du mit deinen Ohren hörst, / und du schaust die Millionen in den Ländern; / keine Asiaten sind dort, von denen du dich fernhalten müßtest, / wenn sie von deinem Herzen erkannt sind. / Der Tag ist vollendet in deinem Namen, die Wege sind weit: / Meilen zu Millionen und Hunderttausenden – / du durchläufst sie in Frieden, / steuerst genau zu dem Ort, an den du willst, / und vollbringst das in einer kleinen Stunde. / Wenn du untergehst, hast du die Stunde erfahren. // – Sei gegrüßt *Harachte* (sc. Horizontischer Horus, d. V.), der (auch) *Chepri* ist, der Selbstentstandene! / Wie schön ist dein Aufgang im Horizont, / wenn du die beiden Länder erleuchtest mit deinen Strahlen! // . . . Ich bin zu dir gekommen und bleibe bei dir, / um deine Sonnenscheibe zu schauen Tag für Tag. / Möge ich nicht ausgesperrt und nicht behindert werden, / möge sich mein Leib erneuern durch den Anblick deiner Schönheit, (wie) bei all denen in deiner Gunst – / denn ich bin einer von denen, / die du (schon) auf Erden verherrlicht hast. / Ich habe das Reich der Ewigkeit erreicht und mich mit dem Reich der ewigen Dauer vereint. / Du aber bist es, der mir dies zugewiesen hat, du mein Herr!»
Im Tode auf ewig an der Seite der Sonne zu sein – dies war im Umkreis solcher Vorstellungen der Inhalt der Totengebete des Alten Ägyptens, dies war der Inbegriff aller Hoffnung, der Grund und die Form, sich die Ewigkeit zu denken als eine *Wiedergeburt* zu der todüberwindenden Lebensmacht des Lichtes. «*Re* anbeten bei seinem Aufgang», heißt es deshalb im *Codex Ani*[21], «im östlichen Lichtland des Himmels, zusammen mit seinem Gefolge / durch den *Osiris* (sc. den Verstorbenen, d. V.) Ani, gerechtfertigt, er sagt: / O jene Sonnenscheibe, (du) Herr der Strahlen, / der im Lichtland aufgeht Tag für Tag! / Mögest du erglän-

zen im Angesicht des *Osiris* Ani, gerechtfertigt; / er betet dich an am Morgen, / er besänftigt dich am Abend; / möge der Ba des *Osiris* Ani, gerechtfertigt, mit dir zusammen aufsteigen zum Himmel, / möge er vom Ufer abstoßen in der Morgenbarke, / möge er landen in der Nachtbarke, / möge er sich zu den ‹Unermüdlichen› (sc. den Sternen, d. V.) gesellen im Himmel.» Und weiter[22]: «*Osiris* Ani gerechtfertigt, sagt, / wenn er seinen Herrn preist, den Herrn der unendlichen Zeit: / Gegrüßt seist du, *Harachte*, / . . . Alle Götter sind im Frohlocken, / (wenn) sie dich sehen als König des Himmels: / die Herrin *‹Wenwet›* (sc. die Hasengöttin von Hermopolis, d. V.) an deinem Haupte befestigt, / die ober- und unterägyptische Krone an deinem Scheitel, / sie hat an deiner Stirn Platz genommen. / *Thot* steht fest am Bug deiner Barke / und bestraft alle deine Feinde. Die Bewohner der Unterwelt sind herausgekommen, / dir entgegen, / um jenes (dein) schönes Bild zu sehen. // Ich bin zu dir gekommen und bin in deiner Gemeinschaft, / um deine Sonnenscheibe zu schauen Tag für Tag; / möge ich nicht ausgesperrt, möge ich nicht behindert werden. / Mögen sich meine Glieder erneuern durch den Anblick deiner Schönheit wie die all deiner Gelobten; / denn ich bin einer von denen, die du erhoben hast auf Erden; / ich habe das Land der unendlichen Zeit erreicht / und mich mit dem Land der unwandelbaren Dauer vereint. / Du aber bist es, der mir dies zugewiesen hat, mein Herr.»

«Mögen sich meine Glieder erneuern durch den Anblick deiner Schönheit» – das ist der eigentliche Sinn der «magischen» Rituale eines ägyptischen Begräbnisses, dessen Hauptteil in der zwischen vierzig und siebzig Tage dauernden *Mumifizierung* bestand. Gerade sie hat man immer wieder rein äußerlich zu verstehen gesucht: man anerkannte die anatomische Geschicklichkeit und den Kenntnisreichtum der chemischen Laboratorien[23] in den ägyptischen Tempeln, aber man weigerte sich, in der «Technik» der Mumifizierung mehr zu erblicken als einen letztlich illusionären Versuch, den vergänglichen Leib eines Menschen durch entsprechende Konservierungsstoffe der Verwesung zu entreißen und somit auf rein äußere Weise unsterblich zu machen. In Wahrheit sollte man in den Begräbnisriten der Alten Ägypter weit eher ein Verfahren erblicken, den Verstorbenen mit symbolischen Mitteln (dem Symbol) der Sonne gleichförmig zu machen und eben dadurch zu «verewigen». – Bereits die Namengebung mancher Einzelheiten vermag die symbolische Verwandlung des Verstorbenen in das Schicksal und in die Gemeinschaft der Sonne zu belegen.

Am Tag seines Hinscheidens wurde der Verstorbene «in Begleitung von Familienangehörigen und Freunden und unter dem Wehgeschrei der Klageweiber in einem Boot auf das thebanische Westufer zur Balsamierungsstätte gebracht . . . Im Reinigungszelt wurde der Leichnam mit Natronsalz und viel Wasser, gemäß einem uralten Sonnenritual, ‹gereinigt›. Der Verstorbene durchlief damit die erste Phase im Prozeß der Wiedergeburt analog der ägyptischen Vorstellung, daß die Sonne aus dem Urozean Nun geboren sei. Mit Duftessenzen gesalbt und angekleidet, wurde er sodann an die Familie zurückgegeben und erfuhr am Wabet genannten ‹Reinen Ort› die eigentliche Mumifizierung. Sie vollzog sich im ‹Haus der Wiedergeburt› auf einem steinernen Bett in Form eines stehenden Löwen . . . alles, was mit dem Leichnam in Berührung kam, mußte aufbewahrt werden. Die hier amtierenden Priester hatten ihre genau definierte Aufgabe. Drei wichtige Persönlichkeiten standen der Mumifizierungswerkstätte vor: der ‹Oberste der Geheimnisse›, der die Rolle des Totengottes Anubis übernahm, der Chef-Mediziner und der Vorlesepriester, der unter anderem für das Rezitieren der Ritualtexte zuständig war. . . . Man betrachtete das jenseitige Leben als gewährleistet, wenn die fleischliche Hülle erhalten blieb, auf keinen Fall durfte eine Verunreinigung eintreten.»[24] Es ist dies zweifellos der Punkt, an dem die Alten Ägypter in den Einzelheiten ihrer Mumifizierungspraktiken die Außenseite ihrer symbolischen Riten (noch) stärker betonten als den gemeinten Sinn, den sie doch schon ahnten: die geistige Wiedergeburt des Toten in der Gestalt des Lichts.
Darüber hinaus aber gab es bei ihnen ein anderes Ritual, das gerade die Bedeutung der geistigen Wiedergeburt vortrefflich hervorhebt: «Stand der Tag für das Begräbnis fest, wurde die Mumie ins ‹Goldhaus› gebracht, wo *die Riten der Mundöffnung* stattfanden.»[25] Es handelt sich hierbei um die wohl wichtigste Handlung des ägyptischen Totenkultes überhaupt – eine Transsubstation in echtem, sakramentalem Sinne; denn man gab dabei «der mumifizierten und einbandagierten Leiche . . . den Gebrauch der Sprache und die Schöpferkraft des Wortes zurück, ferner Gesicht, Gehör, Geschmack, Geruch und Gefühl sowie den Gebrauch der Arme und Beine.»[26] «Die Riten, mit denen ‹das Gesicht geöffnet› wurde, das mit einem Netz bedeckt war – letzteres symbolisierte das kosmische Netz, d. h. die Ordnung alles Lebendigen, die zusammen mit dem Weltall erschaffen worden ist –, die Riten der Gesichtsöffnung . . . werden in der heiligen Stadt Abydos von der

Gestalt des Priesters begleitet, der mit beiden Händen die Türen des Naos (sc. des Totentempels, d. V.) öffnet, der seinerseits ein verkleinertes Abbild des Weltalls war. ‹Grab und Naos repräsentieren gleichermaßen den Kosmos, und so ertönt jeweils die gleiche Hymne, wenn man ihre Pforten öffnet, um in ihnen die Statue des Verstorbenen oder seine Mumie niederzulegen.›»[27] Der Tote wird im Ritual der Mundöffnung also lebendig, indem er in die Ordnung der Welt, in das Kraftfeld des Kosmos, einbezogen wird. Entsprechend der Identifikation des Toten mit der Sonne, wurde beim Ritual der Mundöffnung indessen nicht der Leichnam, sondern *die Statue* des Verstorbenen, sein «Doppelgänger», verlebendigt: die Statue «wurde, mit dem Gesicht nach Süden, auf ein Lager aus Sand gelegt, das wie ein Erdhügel geformt war»[28], über dem die Sonne aufging; dann wurde die Statue mehrfach mit Weihrauch gesegnet und im Namen der vier Götter der vier Himmelsrichtungen: *Horus, Seth, Thot* und *Sepa* mit Wasser aus vier Gefäßen gereinigt. Insbesondere der Mund der Statue wurde mit zehn Natronkugeln (5 für den Süden, 5 für den Norden) sowie mit fünf Weihrauchkugeln gereinigt, die man zu Mund, Augen und Hand der Statue führte – ein Ritus, welcher der Szene der katholischen *Osternachtfeier* sehr ähnlich sieht, wenn der Priester in die Osterkerze, die Christus versinnbildet, in Erinnerung an die fünf Wunden Jesu fünf Weihrauchkörner auf Wachsstiften in die Eckpunkte und in den Mittelpunkt eines vorgezeichneten Kreuzes drückt. Dann, nachdem eine fellbekleidete Person aus ihrem Schlaf geweckt und von ihrem Lager aufgestanden war, vollzog sich die Öffnung des Mundes der Statue, «die einer der vier Offizianten (die die vier Horussöhne verkörperten) mit seinem kleinen Finger vornahm, wobei er die Statue wie ein Sohn seinen Vater anredete»[29]; wie zum Beweis für die neu erwachte Vitalität des Verstorbenen wurden der Statue sodann Tiere: ein Ochse, eine Gazelle und eine Gans geschlachtet und als Speise dargebracht, bis man schließlich heranging, den Mund und die Augen der Statue mit verschiedenen Geräten: einem Dächsel vor allem, zu «öffnen».

Nicht unwichtig ist es dabei, daß der Priester, der an dem Abbild des Toten das Ritual der Mundöffnung vornahm, in ein *Leopardenfell* gekleidet war. «Erinnern wir uns, daß die Vermummung des Priesters in das Fell eines geopferten typhonischen Tieres ‹zu den ältesten Riten des Totenkultes gehört› ... Der allgemeine Sinn dieses Ritus kommt in dem folgenden, an den Toten gerichteten Satz des ‹Rituals der Einbalsamierung› zum Ausdruck: ‹Aus der Haut des Seth, deines

Widersachers, hat man dir gute Riten und ein gutes Begräbnis bereitet, auf daß dein Herz sich freue.› – ‹Sich in die Haut des Opfers zu kleiden, hat schon immer als eines der sichersten Mittel gegolten, sich die positiven Eigenschaften des Opfers anzueignen.›»[30]

Tiefenpsychologisch betrachtet, geht es bei dem Ritual der Mumifizierung im «Hause der Sonne» und beim Ritual der Mundöffnung im «Goldhause» entsprechend diesen Symbolen, wie leicht zu erkennen, mithin um alles andere als um die quasi chemisch-naturwissenschaftliche Präparation eines menschlichen Körpers; es geht in Wahrheit um den Ausdruck dessen, was den Inhalt unseres ganzen Lebens, die Bestimmung unserer wahren Existenz ausmacht: um die Verschmelzung mit der Welt des Lichtes, um einen Akt der Bewußtwerdung unseres höheren Selbst, um ein Zur-Sprache-Bringen unseres eigentlichen *Wesensbildes* in Gestalt der *«Statue»*, sowie um eine Integration des Tierhaften, Vorweltlichen, Archaischen in der eigenen Psyche. Es geht um die Anerkennung unseres Wesens *jenseits* der Enge der irdischen Erscheinungsform, innerhalb deren allein wir bisher zu leben vermochten, so daß wir den Tod gewissermaßen herbeizuwünschen beginnen, um uns mit seiner Hilfe der Hüllen und Fesseln der endlichen Welt für immer zu entledigen.

Daher, auf Grund dieses *psychischen* Wissens, das sich in den Symbolen einer *rituellen Wiedergeburt*, analog zu dem Wesen und Wandel der *Sonne*, vollzog und darstellte, waren für die Alten Ägypter «Zeit und Tod lediglich behelfsmäßige Alternativen, verabredete Zeichen, die das Spiel der Gedanken erleichterten. Für die antiken Bewohner des glücklichen Niltals hatte der Tod nichts Erschreckendes oder Spekulatives: Er markierte einen Haltepunkt in einer normalen Entwicklung ohne Anfang und ohne Ende und kündigte eine echte Geburt an, in der der Verstorbene zum ewigen Leben geboren und in den Zustand versetzt wurde, sich von seinen Leidenschaften, dem ‹Unrat› in seinem Herzen zu reinigen. So wird er auf die Taufe vorbereitet, *denn der Tote muß getauft werden* in der Milch der Gans, bevor er vor die Götter hintritt. Ja, um in jener anderen Welt zu erscheinen, in der er den Göttern gleich sein wird, muß der Tote ... gereinigt werden, auf daß seine Seele erglänze, nachdem alles Unreine von ihr abgewaschen ist. Für die Eingeweihten, denen es offenbart worden war, daß der Sonnengott ‹seinen Samen zu seinem Körper fügte, um in seinem geheimen Wesen sein Ei zu erschaffen› ..., war die Geburt auf Erden lediglich die logische Folge des Todes im Jenseits, genauso wie der Tod auf Erden nur das natürliche Zeichen für die Geburt ins Jenseits war ... Man versteht auch, warum es für den Ägypter ganz natürlich war, des irdischen Körpers sich zu entledigen und sich in eine Lichtgestalt zu kleiden: um sich in den ewigen Räumen ebenso leicht zu bewegen, als ob er sich auf der an den Nil grenzenden Erde befände; um jede beliebige Form anzunehmen; um für sein Teil dem Unendlichen gleich zu sein; um in der Gestalt eines Lichtgeistes das Staunen der Zeiten zu sein, die kein Gedächtnis haben. Gewiß, solche Glaubensartikel vermögen uns zu befremden und zu beunruhigen, weil wir uns nicht vorstellen können, wie dieses endliche Einswerden des Menschen mit dem Weltall vonstatten gehen soll, und weil es uns nicht gelingt, uns von der Gegenwart des aus unserem geheimsten Wesen ausstrahlenden *Ka* (sc. der Lebenskraft des Seelenbildes im Einklang mit dem All, d. V.) gefangennehmen zu lassen. Es ist ein unserer Natur völlig fremdes Element, das Symbol unseres ewigen Selbst, das ... jeder Mensch schon vor seiner Geburt zur Verwahrung empfängt. Denn sein Name ist der Ewigkeit gleichsam eingeschrieben, lange bevor noch seine Mutter ihn zum erstenmal ausspricht. Wenn wir Heutigen zögern, uns auf solche abstrakten Wege zu begeben, weil sie sich auf nichts Substantielles zu beziehen scheinen, dann kann man ebensogut verstehen, daß wir in unserem Inneren nichts kennen, was unsichtbar ist und sich fortentwickelt oder zugrunde geht, ohne daß sich der Gang dieser Entwicklung oder Zerstörung unserem Verstand oder Gefühl ‹ein-prägt›. Unser unsichtbares Sein existiert trotzdem. Dieses Sein ist es, dessen Wesen unzerstörbar und unvergänglich ist. Dieses unsichtbare Sein, dieses Doppelbild unseres Selbst ist es, das die Ägypter zum Leben erwecken, für jeden Toten aller vergangenen und aller künftigen Zeiten *ein* Sein, solange die Ewigkeit währt ... Und alle Toten werden wiederauferstehen, so wie jeden Morgen aufs neue die Sonne aufersteht, ‹Trägerin und Spenderin unendlicher Lebenskraft.›»[31]

Auf diese Weise hält sich die Zweiteilung im Denken der Alten Ägypter durch, wonach sich die Ordnung des Kosmos und die Wahrheit des Personalen, die Ebene der Metaphysik und die Erfahrungsebene des Psychischen wechselseitig bedingen und wechselseitig, wie Urbild und Abbild, wie Realität und Reflex aufeinander beziehen. Die Wiedergeburt der Sonne bildet das symbolische Vorbild, sie vermittelt die magische Evidenz des Vorgangs der Wiedergeburt der menschlichen Existenz durch den Akt der Bewußtwerdung. Die Ahnung bzw. die Erfahrung des Sieges des menschlichen Geistes über das Dunkel des Unbewußten

vermittelt und begründet seinerseits den Glauben an den Sieg des Geistes auch über das Dunkel des Todes. Jede Überwindung von Trauer und Verzweiflung ist m. a. W. in diesem Sinne schon mitten im Leben ein Sieg über den Tod, und jedes Zeugnis für die Macht des Geistes gegen das Chaos bestätigt zugleich das Vertrauen in die *Wahrheit der Sonne* am Beginn jedes Morgens: der Tod ist nichts als ein Durchgang, als das erste bzw. das letzte der Tore des *Amduat*, die durchkämpft und durchfahren sein wollen, um zu dem Ozean des Lichts zu gelangen, der die Barke der Sonne endgültig zum Himmel emporträgt.
Das entsprechende ägyptische Bild dieser Erfahrung ist das Auge des Falkengottes *Horus*, das *wḏꜣt*-Auge. Es ist «‹das Licht der Seele, das seinen Ursprung dem Licht der Sonne verdankt, mit ihm existiert, aus ihm hervorgeht und mit seinem wahren Licht eins wird . . . Die Augen des Horus haben alle Menschen und Dinge geschaffen. Als die Augen des himmlischen Gesichtes den Kosmos *erblickten*, hat er existiert. Die Strahlen der Sonne haben, als ein Meer von Tränen, das Weltall überschwemmt. Das Wasser aus den Augen des Horus hat alles entstehen lassen, was den Menschen und den Göttern notwendig ist . . . So hat das Licht, das aus der Sonne als dem Horusauge hervorging, alles Wirkliche geschaffen.› Und so ist alles, was hienieden lebt, diese Vielfalt der Kreaturen, die geboren werden, um zu sterben, den Pupillen des Re entstürzt, zugleich mit dem befruchtenden Ur-Licht. Denn es steht geschrieben, daß ‹Re das Fleisch des Menschen mit den Tränen seines Auges geschaffen› hat. Jede Seele schwingt sich zum Himmel empor . . . Sie will eins werden mit dem Licht, mit der Sonne, mit der göttlichen Weltseele, die in der Sonne wohnt, deren Emanationen alles Lebendige beseelen. – Die Weltseele, die *Seele der Seelen*, ist die Quelle des Lebens aller Kreaturen. Sie ist das Göttliche selbst, die geheimnisvolle Seele, die die Götter erschafft, welche ihre Form und Manifestation sind.› Diese Weltseele ist *das Auge des Horus*, und der Verstorbene gilt nur dann als ‹gerecht in seiner Stimme›, wenn er im Besitz dieses Lichtauges ist, das ihn den Göttern gleich macht und ihn mit jener magischen Flüssigkeit erfüllt, die ihn ewig macht, ihn reinigt und parfümiert. Der Wohlgeruch des Horusauges nämlich ist der Geruch der Götter. Das ist der Grund, weshalb der Begräbnispriester die Statue des Toten feierlich parfümiert, auf daß der Tote seinerseits ein Lichtgeist werde. ‹O Osiris-Toter›, psalmodiert der Priester, ‹ich lege in dein Auge, das der Priester geöffnet hat, das Licht des Horusauges . . . O Osiris-Toter, ich lege auf dein Haupthaar das Licht des

Horusauges . . .› – ‹o Amon Re, ich habe das Auge des Horus für dich bereitet. Sein Wohlgeruch steigt zu dir empor. Der Duft des Horusauges ist es, der dir entgegenschlägt, Amon-Re, der du das Harz liebst . . .› ‹Das ist er, der Priester, der die himmlischen Wohlgerüche beschwört, den Duft der Myrrhen, den Weihrauch der Götterschreine.»[32]

Was also sind in dieser mystisch-mythischen Metaphysik des Lichtes die Seele und der Leib eines Menschen, wenn nicht im Grunde nur unterschiedliche Kondensate aus dem Tränenmeer der Sonne, aus dem Urozean des Lichtes, dessen ursprüngliche Erscheinung sich in der Seele erhalten hat, während der Leib erscheint als die ausgeglühte Substanz, als die Asche aus dem ewigen Feuer der Sonne, die noch einmal zu «Weihrauch» werden muß, ehe sie fähig wird, «göttlich» zu sein?

Es gibt in der christlichen Theologiegeschichte nur einen einzigen, der in seiner Weltsicht den Visionen der Alten Ägypter kongenial war: Robert Grosseteste, der 1175 zu Stradbook in der Grafschaft Suffolk geboren wurde, 1235 den Bischofsstuhl von Lincoln bestieg und 1253 starb[33]. Er war es, der mit Basilius und Augustinus[34] das Licht als eine ganz feine körperliche Substanz betrachtete, die dem gesamten Kosmos zugrunde liegt, seine geometrischen Gesetze erzeugt und die Tendenz besitzt, sich selbst zu erzeugen und ins Unendliche zu expandieren. Das Licht galt ihm als «das Instrument, mit welchem die Seele auf den Körper wirkt»[35]. Es war für ihn zugleich der Grund der Schönheit der sichtbaren Kreaturen.[36] Man braucht an die Stelle des Wortes «Licht» nur die Worte «Schwingung» und «Energie» zu setzen, und man beginnt zu ahnen, wie modern man im 12. Jh. (auf dem Hintergrund neuplatonischer, im Grunde altägyptischer Vorstellungen) über die Natur des Menschen und das Wesen der Welt zu denken vermochte. Was R. Grosseteste aber eigentlich meinte, war, ebenso wie bei den Alten Ägyptern, nur mittelbar «Naturwissenschaft»; es ging ihm vor allem um die Grundlagen eines durch und durch *religiösen* Selbstverständnisses der menschlichen Existenz; für ihn war das Licht selbst wiederum nur ein *Symbol*, um zu verstehen, wie alles Erkennen des Menschen teilhat an den ewigen Gedanken Gottes. «Wie . . . die schwachen Augen des Körpers die gefärbten Körper nur sehen, wenn das Sonnenlicht darüber ausgegossen liegt, sie aber das Sonnenlicht in sich selbst nicht schauen können, sondern nur insofern es über die gefärbten Körper ausgegossen ist, so schauen auch die Augen des Geistes die wahren Dinge nur im Lichte der höchsten Wahrheit, die höchste Wahrheit selbst in sich können sie nicht schauen, sondern nur

in Verbindung und bei einer gewissen Ausgießung über die wahren Dinge.»[37]
Gewiß: Selbst wenn wir im Sinne solcher Vorstellungen sagen, die Seele des Menschen sei ein Lichtstrahl vom Auge der Sonne, so halten wir nichts als Bilder in Händen. Aber: diese Bilder sind ein ganzes *Programm*: nämlich, jede Form der Dunkelheit und der Seelenumdüsterung zu besiegen; und sie vermitteln eine *Zuversicht*, und zwar: daß am Ende der Tod nur das Eintauchen sei in «das fließende Licht der Gottheit», um mit Mechthild von Magdeburg zu sprechen, in deren mystischen Betrachtungen Grossetestes philosophische Traktate sich in Gebete an einen Gott verwandeln, der wie ein Gewand aus Licht ist, das die Seele umhüllt. So sagte diese große Mystikerin des 13. Jahrhunderts *von*, oder, da ihre Gedichte, wie bei den Alten Ägyptern, reine Gebete sind, *zu* Gott:

«Du leuchtest in meiner Seele
Wie die Sonne auf dem Golde.
Herr, wenn ich in Dir ruhen darf,
Ist meine Wonne überreich.
Du kleidest Dich mit meiner Seele,
Bist selber auch ihr nächstes Kleid.
Daß dem ein Scheiden sollte sein
Ist mehr als alle Herzenspein.»[38]

So wie Gott die Seele des Menschen in Licht taucht, so kleidet er nach diesen Worten sich selbst in das Gewand der Seele; *sie* ist der Edelstein und das Geschmeide, in dem das Licht der Gottheit sich am farbenreichsten und prächtigsten zu malen und zu spiegeln weiß. Der uralte ägyptische Mythos der Sonne, die uralte ägyptische Mystik des Lichtes ist es, die in solchen Vorstellungen über den Spiegel der Philosophie Platons hinweg in die christliche Theologie des Mittelalters hineinreflektiert wird und ein Wort aus dem Psalm 36,10 zum Schlüssel allen Erkennens, Sinnens und Wollens erhebt: «Denn bei dir (Gott) ist der Quell des Lebens, in deinem Licht schaun wir das Licht.»[39] Es ist der Sinn aller Schöpfung, dieses fließende Licht der Gottheit im Widerschein aller Dinge sichtbar zu machen; des Menschen Seele aber ist selber sehend; sie ist nicht nur ein bloßer Reflex, sondern selber das Auge, und jeder Akt der Erkenntnis ist daher in sich selbst schon ein Stück von der Rückkehr des Lichtes zur Sonne, der Seele zur Gottheit, eine Überwindung des Todes durch eine Wiedergeburt aus dem Geist; und es gibt diese Zuversicht, daß in der Mitte der Nacht der neue Tag und mitten im Sterben ein neues Sein sich vorbereitet. Es gibt keinen «Ort» (oder Zustand), an dem es nicht möglich wäre, in die «Sonne» zu sehen.

Kann es da wundern, daß die Alten Ägypter bereits *die Selbsterkenntnis des Menschen* in dem Prozeß dargestellt fanden, mit dem die Sonne in den zwölf Stunden der Nacht die Pforten der Unterwelt überwindet? Stets wenn ein Mensch zu sich selbst findet, nimmt er, bildlich gesprochen, Platz an der Seite der Sonne, in der Barke des *Re*, und durchmißt die Gefahren der Abgründe und Ängste im Reich der *Schlange des Nichtseins*, des furchtbaren *Apophis*, dieser unentbehrlichen Mitgift jeder geschaffenen, endlichen Welt[40]. Im Augenblick des Todes wird der Verstorbene selbst nach ägyptischer Anschauung identisch mit (dem Schicksal des) *Atum*, der abendlichen Gestalt der Sonne im Westen. «Ich bin *Atum*», heißt es deshalb in Spruch 38A des *Totenbuches*[41], «ich bin hervorgegangen aus dem Urgewässer zur Brandung (?), und ich habe meinen jenseitigen Platz eingenommen ... ich nehme meinen Lauf durch die Brandung in der Barke des *Chepri* (sc. der neu geborenen, käfergestaltigen Sonne am Morgen, d. V.). Ich esse dort, ich bin machtvoll dort, ich lebe dort von Luft. Ich leite die Barke des *Re*, und er öffnet mir den Mund der Erde, tut mir auf die Tore des (Erdgottes, d. V.) *Geb*. Ich habe die ergriffen, die schwach sind, und die geleitet, die in ihren Schreinen sind. *Horus* verbrüdert sich für mich mit (seinem ewigen Widersacher, d. V.) *Seth*, und die ‹Ältesten› setzen sich für mich ein. Ich trete ein und gehe heraus, ohne daß meine Kehle abgeschnitten wird. Ich steige hinab in die Barke des Herrn der (Göttin der Wahrheit, d. V.) *Maat* und verehre die, die in der Morgenbarke zur Seite *Res* sind, wenn er im Horizont erstrahlt. Ich lebe, nachdem ich gestorben bin, wie *Re* allezeit.» So wie die Sonne in ihrem Aufgang die Schlange des Nichtseins vernichtet und mit dem Speer ihrer Strahlen die Viper der Dunkelheit durchbohrt, so ist der Tod ein Akt der Erkenntnis: ein Zerbrechen der Wände der Endlichkeit, ein Aufspringen der Tore zum Himmel, ein Eintreten auf seiten des Lichtes.

Im Moment des Todes erfüllt sich nach ägyptischer Anschauung daher die Quintessenz unseres menschlichen Lebens; da versöhnen sich miteinander die gegensätzlichen Kräfte von Bewußtsein *(Horus)* und Unbewußtem *(Seth)*[42], von Geist und Trieb, von Natur und Kultur; da werden «die Väter» im Totengericht zu Fürsprechern des Verstorbenen, und dieser selbst wird zu einem obersten Diener der Sonne, der selber Gericht hält und Weisungen erteilt und weitergibt als ein Souverän des Lichtes. «Ich stehe auf dem Deck (?) des *Re*-Schiffes», heißt es im Spruch 38B des *Totenbuches*[43], «ich verkünde seine (sc. des *Re*, d. V.) Worte den Untertanen, ich wiederhole seine Worte dem mit enger Kehle *(Osiris)*. Meine Väter sprechen Recht für mich zur Abendzeit. Ich öffne meinen Mund, daß ich vom Leben koste, ich lebe von Luft . . . Ich erneuere das Leben nach dem Sterben wie *Re*, allezeit.»

Vor allem die *Unterweltsbücher* der 18. Dynastie stellten «in den Mittelpunkt jeder Nachtstunde das Bild der Sonnenbarke mit der widderköpfigen Nachtgestalt des Sonnengottes in seinem Schrein».[44] Die Barke der Sonne ist dabei besetzt von neun Gottheiten des ägyptischen Götterhimmels, darunter vorn am Bug der Barke *Upuaut*, der Wegeöffner, und am Heck als Steuermann *Horus*; auch die Himmelsgöttin *Hathor* nimmt als «Herrin der Barke» Teil an dieser nächtlichen Fahrt durch die verborgenen Räume, in welcher sich der Weg der Sonne am Himmel in umgekehrter Richtung, *spiegelbildlich*, vollzieht. Die Alten Ägypter schienen – im Unterschied etwa zu den Jenseitsvorstellungen der spätjüdischen Apokalyptik! – zu wissen, daß es nicht genügen kann, nur in der Sphäre der tageshellen Bewußtseinsklarheit leben zu wollen, sondern daß es gilt, auch das Reich der «Schatten» zu durchmessen, wenn man den «Tod» in das «Leben» integrieren will. So dachten sie sich an Bord der nächtlichen Barke des *Re* auch den Mond- und Weisheitsgott *Thot*, den «Stier der *Maat*», der Göttin der Wahrheit. *Maat* selber wohlgemerkt war dabei nicht in der Barke; sie stand in der ersten Stunde *vor ihr* – als das *Ziel* der Reise gewissermaßen; und so begleitete sie *in doppelter Gestalt* «den Sonnengott am Himmel wie in der Unterwelt, so daß der Tote darauf hoffen kann, auch im Jenseits in der Maat zu bleiben und nicht der chaotischen Unordnung anheimzufallen.»[45]

Mit einem unglaublichen Gespür sprachen die Alten Ägypter daher von der *«Halle der beiden Wahrheiten»*, die der Verstorbene im Totengericht betritt[46], denn es gab in ihren Augen eine Wahrheit des Tages, und es gab eine Wahrheit der Nächte, und nur in der Einheit beider galt ihnen das menschliche Leben als ganz und das menschliche Herz als *«bewahrheitet an Stimme»*. Auch die beiden fast abstrakten Gottheiten *Śia* («Erkennen») und *Ḥu* («Befehl», Ausspruch), die als «Herz» und «Zunge» des *Autum* den Rang von Schöpfermächten besitzen, geleiten daher die Fahrt der Sonne (und damit der menschlichen Existenz!) durch die Nacht – ein Gedanke, der den Hymnus auf den *Logos* am Anfang der Welt in *Joh 1,1* um mehr als 1500 Jahre vorwegnimmt[47]. Die Jenseitswege der Barke selbst sind des näheren «zumeist Spiegelungen irdischer Wege», und doch sind auch sie hochsymbolisch. «Wie im Diesseits der Nilstrom die Hauptverkehrsader bildet, so ist im Totenreich der normale Weg der Barke ein breiter Unterweltsstrom ‹mit hohen Ufern›, auf denen die seligen Toten in ihren ‹Höhlen› hausen und den Sonnengott bei seinem Herannahen begrüßen. Dieser Strom ist ein Teil des *Nun*, des Urgewässers, das in die Welt vor der Schöpfung zurückreicht, die Schöpfungswelt allseitig umringt und auch am Himmel die Fahrbahn der Sonne bildet.»[48] Dabei ist der Weg durch die Unterwelt verstellt mit Gefahren, die zwar der irdischen Welt entnommen sind, in Wahrheit aber diejenigen Kräfte symbolisieren, welche die geordnete Welt immer wieder in das Chaos und in das Nichtsein zurückzureißen drohen. Ein riesiger *Feuersee* etwa verstellte in der 5. Stunde des *Amduat* (Unteres Register) den Weg der Sonnenbarke: «Er ist gefüllt mit Feuerflammen aus dem Mund der Isis (als Schlange!). / Nicht können Götter, *Achu* (sc. die verklärten Existenzen, d. V.) und Tote auf ihm wandeln / ... Er ist gefüllt mit Feuerflammen aus dem Maul der *Wamemti*[49] (sc. einer bösartigen Schlange, d. V.).» Es handelt sich augenscheinlich um das Bild, das viel später die christliche Vorstellung vom Feuer der *Hölle* geprägt hat[50]. Den Alten Ägyptern aber ging es nicht darum, die Seelen der Verdammten auf ewig mit höllischen Martern zu quälen, für sie war das Feuer aus dem Maul der *Wamemti* das Mittel zur *Vernichtung* der Bösen, ein Ort der *Reinigung* also, ein Symbol der Glut in Reue und Scham, durch die allein sich die Läuterung fehlbarer Menschen zu vollziehen vermag.

Eine andere dramatische Gefahr bildete die riesige *Sandregion* in der 4. und 5. Stunde des *Amduat* – es ist das Reich des *Sokar*, des Totengottes von Memphis, «der auf seinem Sand ist».[51] Natürlich ist auch dieses Bild den Untiefen des Nils mit seinen vor allem zur Trockenzeit zahlreichen, häufig wechselnden Sandbänken entlehnt, es spiegelt sich darinnen aber zugleich eine Ahnung von der Gefährdung jedes geistigen Lebens durch mangelnden Tiefgang, Seichtheit und Oberflächlichkeit.

Zu diesen drei genannten Aspekten des Jenseits: als Urozean, als Leib der Himmelsgöttin und als Tiefe der Erde tritt zudem *die Wüste* als vierter Aspekt, «als weitere Ebene der Sonnenfahrt»[52], und so ist, entsprechend dieser Symbolsprache, die *innere* Dürre, das *geistige* Versanden und Verlanden der Wege der «Sonne», als ein Haupthindernis dieses geheimnisvollen Weges seelischer Regeneration überhaupt zu betrachten.

Am dramatischsten aber war in der 7. Stunde des *Amduat* der schon mehrfach erwähnte, zentral symbolische Kampf zwischen dem Sonnengott *Re* und der Schlange *Apophis*, die mit ihrem riesigen Leib eine unüberwindbare «Sandbank» bildete, nachdem sie das Fahrwasser der Sonnenbarke ausgeschlürft hatte. Diese schreckliche Schlange, die in späterer Zeit mit dem weltumringelnden *Uroboros* (der Schlange, die sich – als Symbol der materiellen Welt und der Zeit – selber in den Schwanz beißt) gleichgesetzt wird, kann nur durch Zauberkraft umgangen werden, wobei allein das leuchtende Sonnenauge es zu verhindern vermag, daß die *Apophis*schlange die Sonnenbarke verschlingt; obwohl der Sieg über den *Apophis* niemals endgültig und vollständig ist, gelingt es der Mannschaft in der Barke der Sonne immer von neuem, das Ungeheuer zu fesseln und zu zerstückeln: es ist offenbar die «analytische» Kraft des Geistes (des «Sonnenauges»), das dem tödlichen Sog der Angst und des Abgrunds entgegen wirkt. Noch einmal freilich, in der 12. Stunde (1. und 7. Szene) muß *Re* sich der *Apophis*-Schlange erwehren[53], ja, das *Pfortenbuch* spricht sogar von fünf solchen Auseinandersetzungen[54] zwischen dem Gott des Lichtes und der Macht der Finsternis.

Auf diese Weise gelang den Alten Ägyptern ein großartiges *Symbol für das Wesen des Bösen*: der Kampf zwischen Gut und Böse, zwischen Hell und Dunkel, Leben und Tod, Angst und Zuversicht hört zufolge dem Mythem vom Kampf des *Re* mit dem *Apophis* niemals auf; er stellt vielmehr den entscheidenden Konflikt dar, durch den es gilt, die Ordnung der *Maat* immer von neuem inmitten einer endlichen Welt gegen die Gefahr des drohenden Zerfalls mit den Waffen der Vernunft, des Mutes und der Entschlossenheit zu verteidigen und durchzusetzen; doch immer wieder kann tröstlicherweise der siegreiche *Re* schließlich am Ende aller Kämpfe zu der Mannschaft in seiner Barke die Worte der 35. Szene des *Pfortenbuches* zur 6. Stunde sprechen[55]: «Zurückgewichen ist der Rebell vor euch, zurückgetrieben ist *Apophis* für euch. Wenn die Köpfe derer, die in ihm sind, herauskommen, geht er zugrunde» – d. h., man muß offenbar alle Seiten des «Bösen» kennenlernen und zum Vorschein bringen, ehe man sie besiegen kann! Denn erst: «Nachdem sie gerufen haben, ist er (sc. der Apophis, d. V.) vernichtet. O Köpfe –

verschlingt doch den, der euch verschlungen hat, freßt den, aus dem ihr herausgekommen seid!»[56] Das Böse also wird «verschlungen» und besiegt sein, wenn man erkennt, wie selbstzerstörerisch es ist! Und es gilt zu erkennen, wie buchstäblich stumpf, dumpf und dumm der *«Apophis»* ist. «Diese Schlange», erklärt *Re* an der gleichen Stelle[57], «hat keine Augen, keine Nase und keine Ohren, (sondern) atmet von ihrem Gebrüll und lebt von ihrem eigenen Rufen.» Das heißt: das Böse ist die Unempfindlichkeit, die Seelenlosigkeit und Ungeistigkeit an sich selbst; es *ist* in diesem Sinne überhaupt nicht; es existiert gewissermaßen nur als ein rein «akustisches» Phänomen; – es ist nichs als das Echo des Nichts in den leeren Wänden des Abgrunds, eine Gefahr, die nur solange besteht, als man es der Angst erlaubt, vor ihrem eigenen Schrei zu erschrecken.

So fügen in den ägyptischen Jenseitsvorstellungen sich die Sphäre des Himmels und die Sphäre der Unterwelt zu einer Einheit zusammen, und *diese Einheit* ist es im Grunde, die auf das bereits im Alten Ägypten vorbereitete, später dann *christliche* Zentralsymbol der *Auferstehung* (des «Fleisches») hinweist. Es ist ein Symbol, das sich nach dem Gesagten im Grunde nur verstehen läßt aus der *doppelten* Bewegung, mit welcher nach altägyptischem Glauben im Augenblick des Todes die *Ba*-Seele *hinauffliegt* zum Himmel wie die Sonne am Morgen und mit der sie *hinabsteigt* in die Unterwelt wie die Sonne am Abend; die «Auferstehung» des «Fleisches», rituell dargestellt in der «Mumifizierung» des Körpers, dieser symbolischen Transsubstantiation des Toten in die Wirklichkeit der «Sonne», ist, so betrachtet, nichts anderes als das Teilmoment einer *Regeneration*, einer Lebensverjüngung und geistigen Wiedergeburt durch den Versuch eines buchstäblich «umgekehrten» Lebens, durch das Eintauchen in eine Welt, die spiegelbildlich das genaue Gegenteil dessen darstellt, was wir am Tage tun. Wir lernen das Leben spätestens im Augenblick des Todes gewissermaßen noch einmal; wir sterben der Welt ab, die wir kennen oder zumindest doch zu kennen glauben; wir wagen noch einmal von vorn zu beginnen und alles noch einmal, nur genau anders als damals, zu machen, bis daß es keinen Rest mehr im Reiche der Schatten gibt[58], der ungelebt im Schoß der Unterwelt zurückbleiben müßte. Diese äußerste Konkretisierung und Vervollständigung unseres Daseins in der gesamten Erstreckung dessen, was mit unserem irdischen Leben gemeint war und ist, – diese gegenläufige Ergänzung um den Schattenanteil unseres Daseins in der Halle der «*beiden* Wahrheiten» ist das, was innerhalb ein und derselben

Bewegung von Himmelfahrt und Unterweltsfahrt als «Auferstehung» des Leibes gelten kann. – Wie man sieht, zeigt gerade der Kommentar dieser uralten Menschheitsvorstellungen in der Religionsgeschichte des Alten Ägyptens, daß es nicht angeht, dieses auch im Christentum gebräuchliche *Symbol* der Auferstehung in einem äußerlichen Sinne zu «verdinglichen» bzw. als eine «Tatsache» zu verstehen, die man historisch oder physikalisch demonstrieren könnte. Selbst in den Augen der Alten Ägypter, denen die Unversehrtheit des irdischen Leibes über lange Zeit hin geradewegs als die Bedingung für ein jenseitiges Leben galt, erscheint die «leibhaftige» Gestalt eines Daseins jenseits der Grenze des Todes als eine wesentlich *symbolische* Chiffre[59].

Insofern spekulierten die Alten Ägypter nicht, wie manche der christlichen Theologen noch in der Gegenwart, darüber, wie der menschliche Körper nach seinem Tode sich wieder zusammenfügen könnte, von welcher Beschaffenheit er dann sei und in welcher Weise man sich eine körperliche verklärte Welt jenseits aller körperlichen Welt vorstellen könnte[60]. Es war ihnen vielmehr möglich, an eine «Auferstehung des Leibes» zu glauben, während, ja gerade weil der irdische Körper im Grabe ruhte – so wie sie an die Jungfräulichkeit der Geburt ihres Pharaos glauben konnten, selbst wenn seine Mutter bereits mehrere Kinder zur Welt gebracht hatte[61]. In den ägyptischen *Unterweltsbüchern* ist es wesentlich die Seele, der *Ba*, der im Gegensatz zu dem Körper des Verstorbenen an keinen Ort gebunden ist und eben deshalb die ganze Nachtfahrt des Sonnengottes zu begleiten vermag. Ja, korrekt gesprochen, ist es nicht eigentlich der Sonnengott *Re* selber, sondern seine eigene *Ba*-Form, in welcher er widdergesichtig in die Welttiefe eintritt, «um in seinen Körper wie in ein ‹Bild› einzutreten und ihn neu zu beleben.»[62] Die Sonnenseele belebt dementsprechend bei der Fahrt durch die Unterwelt ihren eigenen Leichnam, der in den Stunden des Abends im Westhimmel stirbt. So preisen im Schlußtext der 2. Stunde des *Amduat* die unterweltlichen Götter den Sonnengott *Re* mit den Worten: «Willkommen, willkommen, *Re*, im Westen! Deine Barke gehört dir! Wie recht ist es, wenn dich deine Ruderer geleiten, die in der Erde sind . . . Gepriesen, gepriesen, Der zu seinem *Ba* geht, der wohlversehen dahineilt, der *wegen seines Leichnams* kommt.»[63] «Dieser Sonnen-Leichnam ist das große ‹Geheimnis› oder ‹Mysterium› . . .; auch die Leichname der anderen Verstorbenen werden gern als ‹Geheimnis› umschrieben.»[64] Es sind aber wesentlich die Seelen der seligen Toten, ihre *Bau*, die dem Sonnen-*ba* in die Unterwelt folgen. «Das erneuerte Schöpferwort bewirkt, daß sie sich auf den Körpern im Totenreich niederlassen und für die Dauer der Nachtfahrt auf ihnen verweilen, um dann mit dem Sonnengott zum Himmel zurückzukehren. Sie sind es, mit denen der Sonnengott seine nächtliche Zwiesprache hält, die ihm antworten und ihn bejubeln. So sind sie das aktive Element des fortdauernden Menschen und zugleich das bewegliche», was in der Vogelgestalt der *Bau* sich ausdrückt[65]. «Das alte Problem, wohin der Tote eigentlich gehört, ist jetzt in der systematischen Zuordnung des *Ba* zum Himmel, des Körpers zur Erde gelöst.»[66] Und doch wußten die Alten Ägypter gerade in den Symbolen der *Wiedergeburt*, daß es eine *Einheit* geben muß, gemessen an der selbst das Sprechen von Seele und Leib wieder nur als ein Bild zu verstehen ist.

Was also «geschieht» im Augenblick des Todes? Diese Frage stellt sich immer wieder von neuem, in den Erfahrungen des Lebens ebenso wie angesichts der Chiffren und Glaubenssymbole der Religionsgeschichte. *pr.t m hrw* – «hervorzugehen am Tage» lautete die *altägyptische* Antwort auf die Frage nach der Wirklichkeit des Todes, entsprechend dem Spruch des *Totenbuches*: «Geöffnet sind mir die Türflügel des Himmels, geöffnet sind mir die Türflügel der Erde. Geöffnet sind mir die Riegel des *Geb*, aufgetan sind mir die Öffnungen des Himmels. Der mich bewacht hat, ist es, der mich (jetzt) freiläßt, der seinen Arm an meinen gebunden hatte, löst seinen Arm von mir.»[67] «Ich verfüge über mein Herz und verfüge über meine Brust . . ., ich . . . verfüge über alle meine Glieder . . . Ich erhebe mich auf meine linke Seite, und ich drehe mich auf meine rechte Seite . . . Ich sitze und stehe (wieder) auf, ich schüttele meinen Staub ab, meine Zunge und mein Mund sind treffliche Leiter . . . Wer dieses Buch kennt, der geht hervor am Tage, der wird auf Erden wandeln unter den Lebenden. Er kann nicht zugrunde gehen bis in Ewigkeit – ein wahres Heilmittel, Millionen Mal (erprobt)!»[68] – *«Hervorgehen am Tage»* – so übersetzt man heute allgemein die ägyptische Wendung *pr.t m hrw*. Es kann aber das ägyptische *m*, das mit der Hieroglyphe einer Eule geschrieben wird, auch bedeuten: *«aus», «von»*, und so übersetzte vor 100 Jahren EDOUARD NAVILLE statt «Ausgehen am Tage», die ägyptische Formel mit *sortir du jour*, «Ausgang *aus* dem Tage», wobei «Tag» soviel bedeutet wie Lebensdauer oder irdisches Dasein. «Aus dem Tage oder aus seinem Tage herausgehen», schrieb er, «das heißt nicht eigentlich das Leben verlassen und die Existenz für immer verlieren. Leben . . . gibt es auch noch jenseits des

Grabes; es heißt nur von dieser beschränkten Dauer des irdischen Lebens befreit sein, weder Anfang noch Ende mehr haben, ein Dasein ohne zeitlich und räumlich gesteckte Grenzen führen; daher wird der Ausdruck ‹ausgehen aus dem Tage› so häufig durch die Worte ergänzt: ‹unter allen Formen, welche der Verstorbene will›. Kurz, ein von den Grenzen der Zeit und des Raumes befreites Wesen werden ... Es ist weder Wiedergeburt noch Wiedererscheinung, noch Auferstehung; und gleichwohl liegt in jedem dieser Wörter etwas Richtiges und mehr als in den buchstäblichen Übersetzungen, welche die einen und die anderen vorgeschlagen haben.»[69] Mag die magische Formel der Alten Ägypter *pr.t m hrw* philologisch von dem großen Ägyptologen des vergangenen Jahrhunderts auch *falsch* übersetzt sein mit *sortir du jour* – Ausgang *aus* dem Tage, mag es philologisch auch richtiger heißen: *sortir au jour* – Hervorgehen *in den* Tag – so ist doch die Bedeutung des Todes für den Alten Ägypter von NAVILLE sehr richtig erfaßt worden: Der Augenblick des Todes ist kein Ende, sondern nur ein Übergang, durch den das Leben allererst in seine wichtigste Phase tritt.

Vielleicht gibt es keine Nachdichtung, die besser zu zeigen vermöchte, wie die Alten Ägypter das Geheimnis des Todes zu deuten versuchten, als die Betrachtungen des libanesischen Dichters KHALIL GIBRAN in seinem Büchlein *Der Prophet*[70]: «Dann sprach Almitra: ‹Wir möchten dich nun über den Tod befragen.› Und er antwortete also: Ihr möchtet wissen um das Geheimnis des Todes. Doch wie solltet ihr es entdecken, so ihr nicht danach forschtet im Herzen des Lebens? Die Eule, deren auf die Nacht beschränkte Augen am Tage erblinden, vermag nicht das heilige Geheimnis des Lichtes zu entschleiern. So ihr wahrhaftig den Geist des Todes erschauen wollet, öffnet weit euer Herz dem Leibe des Lebens. Denn Leben und Tod sind eins, so wie Fluß und Meer eins sind. In der Tiefe eures Hoffens und Wollens liegt euer stillschweigendes Wissen um das Jenseits; und dem Samen gleich, der unter dem Schnee träumet, so träumt euer Herz von dem Lenze. Trauet euren Träumen, denn das Tor der Ewigkeit ist darin verborgen. Eure Furcht vor dem Tode ist nur das Zittern des Hirten, so er stehet vor dem König, dessen Hand sich als Zeichen des Wohlwollens auf ihn legt. Ist der Hirt unter seinem Zittern nicht der Freude voll, daß er das Zeichen des Königs tragen darf? Und dennoch, ist er sich nicht weit mehr seines Zitterns bewußt? Denn was bedeutet Sterben anders als nackt im Winde stehn und in der Sonne zerfließen? Und was bedeutet das Stocken des Atems anders als dessen Befreiung aus den rastlosen

Fluten, auf daß er sich erhebe und entfalte und Gott suche, unbeschwert? Erst so ihr trinket aus dem Flusse des Schweigens, werdet ihr wahrhaft singen. Und erst so ihr den Gipfel des Berges erklommen, werdet ihr anfangen zu steigen. Und erst, so die Erde ihren Anspruch erhoben auf eure Gliedmaßen, werdet ihr wahrhaft tanzen.» – Die Seele dem Himmel, den Leib der Erde – *pr.t m hrw* heißt *doch*: sortir *du* jour – Heraustreten aus den Grenzen des irdischen Lebens, den Fesseln des Alltags, den unsichtbaren Mauern der Zeit.

c) «Ich bin Isis, deine Schwester» oder: Die Auferstehung der Liebe

Bisher sind es im wesentlichen zwei Erfahrungen oder Motive, die uns nach ägyptischem Glauben ein Leben jenseits des Todes erwarten lassen: der nächtliche Traum mit den Bildern der Sehnsucht von der *Himmelfahrt* der Seele hinauf zu ihrer ewigen Heimat im Heer der «Unermüdlichen» des Himmels (d. h. der unvergänglichen Sterne), sowie der sonnenhelle Tag mit der Vision von dem Sieg des Sonnengottes über die Mächte der Unterwelt, von der Überwindung des Unbewußten durch die Klarheit des Bewußtseins, von der Integration der «typhonischen» Kräfte der Seele durch eine *Wiedergeburt* des Geistes. Die *Freiheit* und die *Einheit* der menschlichen Existenz bilden, je für sich, zwei Formen, den *Tod* zu besiegen; denn alle *Freiheit* besteht darin, die Beengtheit der irdischen Welt zu überschreiten und mitten in diesem Leben bereits zu sein *mj* R^c *m pt*: wie die Sonne am Himmel, so überirdisch entrückt, so herzensweit zwischen den beiden Horizonten des Aufgangs und des Untergangs, so umfassend und hell den Kleinigkeiten und Kleinlichkeiten des Allzumenschlichen enthoben; und alle *Einheit* der Seele besteht darin, immer von neuem die sichtbare Lebensbahn des Tages in den Stunden der «Nächte» zu verlassen und sich an der Seite der «Sonne», des Bewußtseins, auf den gefahrvollen Weg zu begeben, der uns die schattenverborgene, buchstäblich gegenläufige, «umgekehrte» Welt vor Augen führt, in welcher wir, das Leben noch einmal beginnend, immer von neuem die Chance gewinnen, uns seelisch und geistig zu verjüngen in einem verwandelten, erweiterten Dasein. Die menschliche *Freiheit* ebenso wie die *Einheit* des Bewußtseins basieren je für sich auf einer Art «Tod», auf einer Nichtung des

Endlichen, auf einer Negation der bloßen Identität einfacher Vorhandenheit, und so legen sie beide Zeugnis ab von der Weltüberlegenheit des menschlichen Geistes – von seiner Unsterblichkeit.
Von daher zeigt sich an dieser Stelle besonders deutlich, wie pauschal und verkehrt das oft geäußerte Vorurteil ausfällt, das mythische Denken oder doch mindestens die tiefenpsychologische Beschäftigung mit dem Mythos sei identisch mit einer übermäßigen Hervorkehrung des Irrationalen, mit einem bloßen Abstieg in die gefühlsselige Sphäre unvernünftiger Unbeweisbarkeiten und paranormaler Rauschzustände, mit dem Beginn einer gefährlichen Einseitigkeit der Existenzeinstellung. Ganz im Gegenteil zeigt sich, daß es allein dem mythischen Denken möglich ist, *jenseits* der «vernünftigen» Welt des Verstandes Evidenzen der Hoffnung aufleuchten zu lassen, die, gewiß, dem Gefühl eher einleuchten als dem Denken, die aber gerade deshalb aus dem Reichtum archetypischer Bilder den Kategorien des Verstandes allererst ihre Richtung vorgeben und ihre Beweis*ziele* angeben. Ohne solche «unbewußten» Vorgaben der Hoffnung fielen dem Verstande die Argumente nicht ein, die ihn veranlassen, immer wieder über die sichtbare, beweisbare Welt hinauszudenken. Darüberhinaus wird deutlich, daß auch der Mythos alles andere ist als «einseitig irrational». Er spricht in seinen Bildern vielmehr gerade von den Geheimnissen der *geistigen* Natur des Menschen und von ihrer Freiheit ebenso wie von der Verschmelzung der *beiden* Wahrheiten des Tages und der Nacht. Insofern sucht der Mythos gerade die Einseitigkeiten einer nur vordergründigen, «tagesorientierten» Bewußtseinseinstellung zu *überwinden* und Gegensätze miteinander zu versöhnen, die auf der Ebene der Worte und Begriffe widersprüchlich scheinen und bleiben mögen, die auf der Ebene komplementärer Bilder indessen eine Einheit bilden *müssen*, wenn das menschliche Leben gelingen soll – wenn es *den Tod* besiegen soll.
Lediglich *ein* Mangel läßt sich nicht leugnen, den auch die ägyptische Mythologie nicht überwindet und der innerhalb des mythischen Denkens offenbar auch nicht zu überwinden ist: der fundamentale Mangel an Persönlichkeit, der gerade im Umkreis des Glaubens an Unsterblichkeit besonders eigentümlich wirkt. Unsterblich war nach ägyptischer Vorstellung zunächst ja nicht die Person des Einzelnen, sondern nur die Person des Einen, des Pharao, des einzig wirklichen Menschen; alle anderen waren zunächst nur insoweit «lebendig», als sie an dem Leben des Gottessohnes *teilhatten*; aber auch die Gottessohnschaft des

Pharao war ursprünglich nicht ein Ausdruck seiner *Person*, sondern der Titel seiner *Funktion*, seiner sozialen Rolle, die er objektiv, als ein echtes *opus operatum*, ausübte – als ein Sakrament, das durch den rituellen Vollzug an sich selber wirksam und wirklich wird. Erst ab 1850 v. Chr. (d. h. allerdings mehr als 1000 Jahre vor HOMER und HESIOD!) findet sich im Mittleren Reich unter *Sesostris III* (1878-1843) eine echte Porträtkunst, die sich dann 500 Jahre später im Neuen Reich in der Zeit *Amenophis IV Echnaton* (1379-1362) geradezu explosionsartig geltend macht; fortan tritt zum ersten Mal die Persönlichkeit des Herrschers selbst in ihrer Besonderheit in Erscheinung, freilich auch dies zunächst recht äußerlich in Form einer ausgedehnten Repräsentation von Macht und Pracht, wie es vor allem unter den *Ramessiden* Brauch wird; dennoch verraten bei allem Monströsen und Pompösen gerade die Kolossalstatuen *Ramses II* (1304-1237) geistesgeschichtlich den Beginn eines neuen *Prinzips*, zu denken und zu fühlen, indem fortan ganz deutlich die Person des Herrschers aus der Maske seiner Rolle herauszuwachsen beginnt. Während der objektive, archetypische Symbolismus der ägyptischen Religion weitgehend erhalten bleibt, verändert sich damit doch die Richtung des Verständnisses der überkommenen Bilder durch das Anwachsen einer stetigen Personalisierung, und ineins damit wächst in der altägyptischen Bevölkerung auch der Glaube an die Unsterblichkeit des Einzelnen sogar relativ unabhängig von dem Kult der Pharaonen. Es beginnt, daß man sich die Unsterblichkeit einer menschlichen Person auch außerhalb ihres Amtes und ihrer gesellschaftlichen Bedeutung vorzustellen vermag und damit einen der *wichtigsten* Glaubenssätze des christlichen Abendlandes vorbereitet: den Glauben an die Unsterblichkeit der menschlichen Seele eines jeden einzelnen.
Individuell geprägt war unzweifelhaft bereits die altägyptische Vorstellung von der *Himmelfahrt* der *Ba*-Seele eines Verstorbenen; doch diese Anschauung war gewissermaßen *zu* individuell und persönlich, als daß sie für sich eine zentrale Bedeutung in der ägyptischen Religion mit ihrer starken Betonung des Rituellen hätte einnehmen können. Die entscheidende *rituelle* Form, in welcher im Alten Ägypten der Gedanke individueller Unsterblichkeit sich aussprach und selber ermöglichte, war, von der 5. Dynastie an, der Kult des Gottes *Osiris*. Er war der Gott, in dem «das ägyptische ‹Stirb und Werde›» vor allem für das einfache Volk seinen vollkommensten Ausdruck fand. Der *Pharao* mochte der Gottkönig selbst oder (seit der 5. Dynastie unter dem

Einfluß der Priesterschaft) nur noch der *Sohn* der Sonne sein; weit näher als die Sphäre des *Re* hingegen stand den Fellachen auf den Feldern der grüngesichtige Osiris. «Er war der lebenspendende Nil, in dessen Wasser er ertrunken war, er war die gründende Vegetation, die nach der sommerlichen Dürre durch die Überschwemmung zu neuem Leben erblühte, er war der Mond, der periodisch abnimmt und sich wieder füllt»[1], er war jede Form von Werden und Entstehen, die eine bestimmte Art von Sterben und Vergehen voraussetzt. Insbesondere verkörperte er auf sakramentale Weise das *Korn* bzw. die gewaltsam geschnittene Gerste: «Ich lebe als Korn», heißt es von ihm, «ich wachse als Korn, das die Ehrwürdigen einbringen, mich bedeckt (sc. der Erdgott, d. V.) Geb. Ich lebe, ich sterbe. Ich bin die Gerste, ich vergehe nicht.»[2] In der Gestalt des *Osiris* bereitet sich jene Erfahrung vor, die im *Johannes*-Evangelium 12,24 Christus in den Worten aussprechen wird: «Wenn das Weizenkorn nicht in die Erde fällt und stirbt, bleibt es allein; wenn es aber stirbt, trägt es viele Frucht.»[3] Insofern ist es nicht zuviel behauptet, in dem Essen des sterbenden und auferstehenden Korngottes *Osiris* eine Vorwegnahme auch der christlichen Eucharistie zu erblicken, ist doch das Essen des Korns, ägyptisch betrachtet, ein Befruchtetwerden mit dem Samen des *Osiris*, – ein Kosten von der Speise der Unsterblichkeit, mit den Kirchenvätern der frühen Kirche gesprochen[4].

Eine sehr starke Verwandtschaft zwischen den ägyptischen Vorstellungen von dem Gott des Todes und der Auferstehung in der Erscheinung des *Osiris* und dem christlichen Glauben an den Gott, der in seinem Sohne *Christus* den Tod besiegt, ergibt sich vor allem durch das Motiv des *gewaltsamen Leidens*. Bereits G. W. F. HEGEL konnte in seiner Religionsphilosophie die syrische Religion mit ihren Kulten des *Adonis-Attis* als eine Religion des *Schmerzes* bezeichnen[5] und damit ein sehr wichtiges religionspsychologisches Moment der Verehrung der Vegetationsgottheiten insgesamt hervorheben: sie bildeten den Mittelpunkt von *Klagereligionen*[6], in denen die Geschichte und der Ritus von dem guten, doch *ungerecht* und heimtückisch *getöteten* Gott außerordentlich starke Gefühle von Trauer und Mitleid zu binden vermochten. Schon «wenn die Pyramidentexte die Beschädigung des Osirisleibes mit den Mondphasen vergleichen und deshalb für beide Geschehnisse gleiche gegnerische Mächte verantwortlich machen» konnten[7], ergab sich aus dieser Deutung ein klassischer Archetyp nicht nur für das ewige Stirb und Werde der Natur, sondern, mehr noch, ein Symbol für den

ständigen Streit zwischen Gut und Böse. Vollends aber der *Osiris*-Mythos selbst, wie er vor allem von PLUTARCH überliefert worden ist[8], dokumentiert dieses Ringen um die Identität des Menschen auf allen Ebenen seiner Existenzen: moralisch, psychisch wie metaphysisch.
Nach der Überlieferung des PLUTARCH war *Osiris* das Kind von *Rhea* (der Himmelsgöttin *Nut*), und er wurde am ersten der fünf an die 360 Tage des Jahres «daran gefügten Tage» (der Epagomenen) geboren; «zugleich mit seiner Geburt ließ sich eine Stimme hören, daß der Allherr an das Licht trete; einige aber berichten, ein gewisser Pamyles in Theben habe beim Wasserschöpfen aus dem Tempel des Zeus eine Stimme vernommen, die ihm befahl, laut zu verkünden, daß der große König und Wohltäter Osiris geboren worden sei, und deshalb habe er den Osiris, den ihm Kronos übergeben hatte, aufgezogen. Ihm zu Ehren werde deshalb das Fest der Pamylien gefeiert.»[9] Nach der Geburt des *Osiris*, am zweiten Tag der «Epagomenen», wurde *Haroeris* geboren, der «ältere» *Horus*[10], am dritten Tage *Seth*, der bei seiner Geburt durch eine Wunde die Weiche seiner Mutter aufriß, am vierten Tage wurde im feuchten Element *Isis* geboren und am fünften Tage *Nephthys*. Alle diese Götter waren Kinder der *Nut*, es stammten aber *Osiris* und *Haroeris* von *Helios (Re)*, *Isis* von *Hermes (Thot)*, *Seth* und *Nephthys* hingegen von *Kronos (Geb)*. Nun vermählten sich miteinander *Seth* und *Nephthys; Osiris* und *Isis* «aber liebten einander schon vor ihrer Geburt und wohnten einander im Mutterleibe in der Finsternis bei»[11] – sie waren *wesensmäßig* in ihrer Liebe füreinander bestimmt, ja, sie waren, im Sinne dieser mythischen Darstellungsweise, überhaupt nur zur Welt gekommen, um einander in Liebe zugetan zu sein.
«Osiris brachte, als er König war, die Ägypter sogleich von ihrer ärmlichen und rohen Lebensweise ab, indem er ihnen den Anbau der Feldfrüchte zeigte, Gesetze gab und sie die Götter zu verehren lehrte. Später durchzog er das ganze Land und kultivierte es, wobei er kaum je Waffen nötig hatte; denn er gewann die meisten durch Überredung und Belehrung und bezauberte sie zugleich mit jeder Art von Gesang und Musik. Deshalb scheint er den Griechen derselbe zu sein wie Dionysos.»[12]
Sein Bruder *Seth* aber stellte *Osiris* aus Neid nach, und obwohl *Isis* ihm tatkräftig entgegentrat, zog er 72 Männer als Mitverschworene auf seine Seite. Sie fertigten nach den Körpermaßen des *Osiris* eine reichgeschmückte Lade an und brachten sie zu einem Festgelage mit; als alle die Lade bewunderten, versprach *Seth*, scheinbar scherzend, sie demje-

nigen zu geben, der sie völlig ausfülle, wenn er darin liege. Alle versuchten es der Reihe nach, aber für keinen paßte die Lade, bis daß *Osiris* sich hineinlegte; da liefen die Verschwörer herbei, warfen den Deckel zu und verschlossen die Lade mit Nägeln und heißem Blei; dann schleppten sie den toten *Osiris* in der Lade, die sein Sarg geworden war, zum Fluß hinaus und übergaben die Fracht dem Nil, der sie ins Meer trug. Als *Isis* von der Untat erfuhr, «schnitt sie sich eine ihrer Locken ab und legte Trauerkleidung an . . . Überall umherirrend und ratlos, ging sie an niemandem vorbei, ohne ihn anzureden; ja sogar auch Kinder, auf die sie traf, fragte sie nach der Lade; die aber hatten sie zufällig gesehen und nannten ihr die Mündung, durch die die Freunde Typhons (sc. Seth, d. V.) den Behälter ins Meer gestoßen hatten.»[13]

Nun war es einmal des Nachts geschehen, daß *Osiris* unwissentlich seiner Schwester *Nephthys* beigewohnt hatte, als sei diese Isis selber; das dieser Vereinigung entsprossene Kind hatte *Nephthys* aus Furcht vor ihrem Gemahl *Seth* ausgesetzt; *Isis* aber, von Hunden geleitet, hatte das Kind gefunden und aufgezogen. «Es wurde ihr Wächter und Begleiter, Anubis genannt, von dem es heißt, daß er die Götter ebenso bewache wie die Hunde die Menschen.»[14]

Isis erfuhr schließlich nach langem Suchen «von der Lade, daß die Brandung sie sanft an einer Ereike-Zeder abgesetzt habe, als sie von den Meereswogen im Gebiet von Byblos an das Land geworfen war». Ein prachtvoller Jungbaum hatte die Lade bereits umwachsen und in sich eingeschlossen. *Malkandros* aber, der König von Byblos, hatte aus Bewunderung für die Schönheit des Baumes den Stamm mit der Lade abschneiden und zur Stütze unter sein Dach stellen lassen. *Isis* begab sich sogleich nach Byblos; sie setzte sich «ärmlich und verweint an eine Quelle und sprach mit niemandem. Nur den Dienerinnen der Königin begegnete sie freundlich und liebreich, indem sie ihnen das Haar flocht und ihrer Haut einen wunderbaren Wohlgeruch einhauchte, der von ihr selbst ausströmte.»[15]

Auf diese Weise wurde *Astarte* (oder *Saosis*), die Gemahlin des Königs von Byblos, auf *Isis* aufmerksam und gewann sie als Amme ihres neugeborenen Knäbleins. *Isis* aber nährte «das Knäblein, indem sie ihm statt der Brust den Finger in den Mund steckte. Nachts aber verbrannte sie das Sterbliche an seinem Körper, während sie sich in eine Schwalbe verwandelte und klagend die Zedernsäule umflog, bis die Königin sie dabei beobachtete und laut aufschrie, wie sie das Kind verbrennen sah; dadurch raubte sie ihm die Unsterblichkeit.»[16] Als auf diese Weise offenbar wurde, wer die «Amme» wirklich war, erbat sich *Isis* den Zedernstamm und schnitt die Lade heraus; sie gab den Stamm den Bybliern, den diese noch heute im Tempel der *Isis* verehren, sie selbst aber, über die Lade gebeugt, wehklagte so heftig, daß der jüngere Sohn des Königs starb. Den älteren nahm sie mit sich und fuhr mit der Lade davon. Aus Zorn über einen rauhen Wind, den der Fluß Phaidros gegen Morgen aufkommen ließ, trocknete sie den Flußlauf aus. Und sobald «sie in die Einsamkeit gelangt und mit sich allein war, öffnete sie den Sarg, schmiegte ihr Angesicht an das der Leiche, küßte sie und weinte. Da nun das Knäblein lautlos von hinten herantrat und zusah, merkte sie es, wandte sich um und warf ihm im Zorn einen furchtbaren Blick zu; das Kind aber vermochte den Schreck nicht zu ertragen, sondern starb.»[17]

Isis versteckte den Sarg in den Sümpfen von Buto. «Als jedoch Seth des Nachts im Mondschein jagte, fand er den Sarg, riß den Leichnam heraus und zerstückelte ihn in 14 Teile, die er über ganz Ägypten verstreute. – Isis aber sammelte die Einzelteile und setzte den Körper wieder zusammen. Nur den Phallus konnte sie nicht finden, weil Fische ihn gefressen hatten. So fertigte sie eine Nachbildung an und empfing vom wiederbelebten Osiris ihren Sohn Horus. Als dieser herangewachsen war, stellte er den Seth zum Kampf. Bei diesem Streit verletzte Seth das Auge des Horus und dieser riß dem Seth die Hoden ab. Der heilmittelkundige Thot aber heilte die Wunden der beiden Widersacher. Nachdem im Zweikampf keine Entscheidung herbeizuführen war, sollte ein Göttergericht entscheiden. Seth beschuldigte den Horus der unehelichen Geburt, doch Thot half ihm bei dem Nachweis, daß er der Sohn des Osiris sei und damit Anspruch auf den Thron habe. Das Göttergericht entschied dahingehend, daß Osiris König des Totenreiches und daß Ägypten unter die beiden Kontrahenten aufgeteilt werde, wobei Oberägypten dem Seth und Unterägypten dem Horus zugesprochen wurde. Später wurde dieser Entscheid widerrufen und Horus wurde Herrscher über ganz Ägypten, während Seth sich mit der Wüste begnügen mußte.»[18]

Dieser äußerst komplexe Mythos gibt Antwort auf eine Vielzahl von Fragen, die mit den Problemen von Tod und Leben zunächst nur mittelbar zu tun haben. So erfahren wir u. a., daß *Seth* und *Horus* ursprünglich wohl als die einander befehdenden Götter von Ober- und Unterägypten zu betrachten sind, wobei das fruchtbare Gebiet des

Deltas mit seinen Möglichkeiten des Gerstenanbaus den Gott Oberägyptens schließlich zu einem bloßen «Wüstengott» entwertete. Insbesondere scheint *Horus* von Anfang an mit dem Gott *Osiris* in Verbindung zu stehen, der als der eigentliche Kulturbringer des Ackerbaus gilt. *Horus* war von alters her ein Welten- und Königsgott, der den Namen *Ḥr wr* – «Horus der Große» trug und mit dem gerade durch den *Osiris*-Mythos der Pharao als «Sohn des Osiris» identifiziert wurde[19]. Auf diese Weise konnte die *dynastische Abfolge* der Pharaonen theologisch (bzw. ideologisch) begründet werden: noch immer galt der regierende König als *«Horus»*; ja, es gehörte zu den fünf offiziellen Königsnamen ausdrücklich an erster Stelle der *Horus*-Name oder der *Ka*-Name, der «den König als die irdische Verkörperung des alten Falken-Gottes Horus» bezeichnete, «der als Symbol dynastischer Macht mit dem Sonnengott Re identifiziert» wurde; und daneben gab es an dritter Stelle den *«Gold-Horus-Namen»*, ein Begriff, der sich geschichtlich bis in die 11. Dynastie zurückverfolgen läßt[20]. Jedoch: wenn der Pharao als (auf Erden) lebender *Horus* starb, so wurde er nach den Vorstellungen des *Osiris*-Mythos jetzt «im Tod zu Osiris, um seinem Nachfolger als dem jungen Horus auf dem Throne Platz zu machen».[21] – Die Mythe von der Geburt des *jungen* Horus aus dem toten Osiris erklärte und regelte also u. a. die dynastische Abfolge der Pharaonen auf dem Thron Ägyptens.
Über diese kulturgeschichtlichen und machtpolitischen Fragen hinaus verweist der Osirismythos *religionsgeschichtlich* sehr zu Recht auf die Ähnlichkeit des *Osiris*glaubens mit der Religion des phrygischen Vegetationsgottes *Attis*, der in Baumgestalt verehrt wurde und durch den Ritus der *Bluttaufe* seinen Anhängern die Gnade verlieh, «für die Ewigkeit wiedergeboren» zu werden[22] – Vorstellungen, auf deren Ähnlichkeit zu den christlichen Lehren man immer wieder hingewiesen hat. Zudem erscheint in dem Mythos *Isis* als eine zauberische, höchst ambivalente Göttin, die in ihrem Zorn und in ihrer Trauer Dürre und Tod zu bringen vermag, die aber auch über die Kraft verfügt, Leben zu erwecken und Unsterblichkeit zu verleihen. Das «Verfahren», mit dem sie das Kind des Königs von Byblos unsterblich zu machen sucht, dürfte sehr alten Vorstellungen entstammen, die – vielleicht im Zusammenhang mit den Anfängen der Metallgewinnung[23] – in dem *Feuer* das rechte Element erblickten, um aus dem scheinbar «toten» Stein edle Stoffe wie Gold, Kupfer oder Zinn herauszuschmelzen; es könnte durchaus sein, daß der Vorgang der Metall-

schmelze in den Brennöfen als Vorbild gedient hat, um durch das Verbrennen des Körpers den «goldenen», geistigen Anteil der menschlichen Existenz freizusetzen; für diese Annahme könnte insbesondere sprechen, daß *Isis*, während sie das Knäblein des Königs von Byblos verbrennt, selber die Form einer Schwalbe, eines Seelensymbols also, annimmt. Darüberhinaus läßt sich das «Verbrennen» auch auf das Rösten der Körner beziehen[24]; es ist ein Verfahren, um das «Rohe» in das «Gekochte» zu überführen[25] und mithin das Natürliche in den Raum der Kultur hineinzustellen. So besehen, handelt es sich (erneut!) bei dem «Verbrennen» um einen symbolischen Vorgang der Vergeistigung und Bewußtwerdung, der seinerseits auf die Unsterblichkeit des Geistigen im Menschen selber hinweist.
Die Macht der *Isis* beweist ihre Wirkung indessen keinesfalls nur in dem symbolischen Akt einer sublimen Reinigung und Vergeistigung, einer Art *Feuertaufe*, die an dem «Neugeborenen» (Kind oder Korn) vorgenommen wird, sondern *gleichermaßen* in den durchaus sinnlichen Formen des Fruchtbarkeitskultes, und es ist zum Verständnis für die religiöse und existentielle Bedeutung des *Osiris*-Mythos ganz entscheidend, diese *zwei* Seiten der *Isis* in ihrer scheinbaren Gegensätzlichkeit und Einheit, wie sie für das ägyptische Denken charakteristisch ist, von Anfang an zu beachten.
In den Rahmen der Fruchtbarkeitsriten gehört bereits das *Zerstückeln* des Leichnams des Osiris – eine Praktik, die bei den frühen Pflanzern offenbar universell verbreitet war und auf besonders eindringliche Weise die unauflösliche *Einheit* von Töten und Gebären, Sterben und Leben, Zerteiltwerden und Sich-Vermehren bezeugte[26]: nur was *zerstückelt* in der Erde (bzw. in flaches Wasser) gelegt (d. h. «begraben») wurde, vermochte in neuer, reicherer Gestalt in das Leben zu treten.
Auch das (von PLUTARCH schamvoll verschwiegene) Motiv von dem fehlenden *Phallus* des *Osiris* gehört in den Umkreis der Fruchtbarkeitsriten, darf man doch in dem fehlenden Glied des Gottes ein Sinnbild für den Zustand der «Impotenz» der Natur, für das Ausbleiben der befruchtenden Feuchtigkeit in den Tagen der Trockenzeit sehen. Womöglich ist die Mitteilung dabei ganz wörtlich zu nehmen, *die Fische* hätten den Phallus des *Osiris* gefressen: wenn das Wasser des Nils im Monat Mai seinen tiefsten Stand erreichte, traten die Fische in gewissem Sinne buchstäblich an die Stelle der Fruchtbarkeit des Großen Stromes, der in der Gestalt des zweigeschlechtlichen *Ḥapi* als das Urwasser *Nun* erst Mitte Juni wieder im Steigen des Flusses zurück-

kehrte; *Ḥapi* bzw. der steigende Nil galt gewissermaßen als die Lymphflüssigkeit in dem Organismus des verstorbenen *Osiris*, und er war wie dieser grüngesichtig, «der Herr der Fische, reich an Getreide».[27] Doch auch die *Fische* selber sind symbolisch zu verstehen. Auf der Tafel 4 des *Codex Ani* z.B. sieht man *Osiris* sitzen, dessen Leib so gestaltet ist, als trage er ein Federkleid; «doch scheint es sich eher um Fischschuppen zu handeln. Das Schuppenmuster ist insofern interessant, als der Osiriskult zum Fisch ein höchst ambivalentes Verhältnis hatte. Bei den Osirisfeiern wurden Fische zerstampft oder gar verbrannt, um sie als ‹Feinde des Osiris› der völligen Vernichtung preiszugeben. Vor allem war der Oxyrhynchos verfemt, weil er den Phallus des ertrunkenen Osiris verschlungen haben soll. Andererseits wurde von ihm gesagt, daß er aus den Wunden des Osiris entstanden und mithin osirianischer Natur sei.»[28] Insbesondere konnte «der Verstorbene unter zwei Fischarten dargestellt werden . . ., die seiner ersten und seiner letzten Verwandlung vor der Auferstehung entsprachen . . . Der Abdju-Fisch, der eine beachtliche Größe erreichen konnte, war das erste *Cheperu* (sc. die erste Werdegestalt, d. V.) des Toten, der kleine Inet-Fisch war das letzte vor der Auferstehung. Beim Abdju-Fisch *(^{3}bḏw)* ist auf den Konsonantengleichklang mit Abydos *(^{3}bḏw)* zu achten. Abydos war die große ägyptische Totenstadt, in der jeder, der es sich leisten konnte, zumindest eine Stele errichtete, um an den Opfern teilzuhaben, die dem Osiris an diesem seinem Hauptkultort dargebracht wurden.»[29]

Tiefenpsychologisch ist der *«Fisch»* als ein archetypisches Symbol zu verstehen, das (vor allem in dem weitverbreiteten Motiv von der *Nachtmeerfahrt* der Sonne[30]) den Vorgang beschreibt, durch den ein Mensch in seine eigene Tiefe hinabgeworfen wird, um aus dem «Urmeer» des Unbewußten noch einmal geboren zu werden, und es ist von erheblicher Bedeutung, daß *die frühe Kirche* gerade dieses Symbol des *Fisches* in vollem Bewußtsein um die Symbolik von Taufe und Wiedergeburt aus dem Erbe der ägyptischen Religion aufgegriffen und auf Christus übertragen hat, indem sie das griechische Wort für Fisch (IChThYS) in die Anfangsbuchstaben von «**J**esus **Ch**ristus, Gottes (**Th**eoy) Sohn (**Y**ios), Retter (**S**otär)» auflöste. Auch hier zeigt sich, daß die alte mythische Vision von dem Gott, der aus dem Tode Leben schafft, das Rätselspiel der frühchristlichen Worte allererst ermöglicht hat und daß man wesentliche Inhalte der kirchlichen Glaubenssymbolik nicht versteht, wenn man sie von der Religionsgeschichte (und damit von der Bildersprache der menschlichen Psyche) zu isolieren versucht, um sie einseitig auf die vermeintlich sicheren Grundlagen des historischen Jesus zu stellen; im Gegenteil, man versteht die wahre Bedeutung bzw. die eigentliche Wirklichkeit auch des Christus erst, wenn man akzeptiert, daß sich das Wesen seiner Person nicht anders beschreiben läßt als mit Hilfe von Bildern und Vorstellungen, die in der Seele des Menschen bereitliegen und die in der Religionsgeschichte der Menschheit immer wieder die größte Rolle spielen und gespielt haben.

Das Motiv von dem *Fisch* bzw. die Nähe des *Osiris* zum *Nil* hat im Alten Ägypten noch ein anderes Symbol hervorgebracht, das gleichermaßen – trotz seiner Gebundenheit an die Geographie des antiken Pharaonenstaates – den Rang besitzt, den Sinn eines ganzen Menschenlebens in einem einzigen Bild zu deuten: das Motiv von der *Wallfahrt nach Abydos*, zu der heiligen Stadt des *Osiris*. Schon in der frühgeschichtlichen Thinitenzeit (um 3000 v. Chr.) hatten die Könige dort im Schatten der westlichen Felsengebirge ihre Gräber angelegt, im Schutze des Lokalgottes Chontamenti *(ḫnt-jmntjw)* – des «Ersten der Westlichen». Im Verlauf der 5. Dynastie wurde *Osiris* mit dem Gott von Abydos identifiziert, und als in der 11. Dynastie (um 2000 v. Chr.) ein eigenes Heiligtum des *Osiris* gegründet wurde, bildete die Feier seiner Mysterien fortan einen Zentralpunkt der ägyptischen Religiösität. Zu sterben in der Stadt des *Osiris*, um in der Nähe *seines* Grabes selber in diesen Gott, der den Tod überwindet, verwandelt zu werden, – dieser Wunsch verwandelte Abydos in eine Stadt ähnlich dem heiligen *Benares* der Hindu-Gläubigen. «Über die Jahrhunderte hinweg ließ man Stelen an der Prozessionsstraße zum Heiligtum in Abydos und am Scheingrab des Osiris aufstellen, die den Wunsch zum Ausdruck brachten: ‹Möge er (der Stifter der Stele) in Frieden im schönen Westen ankommen. Möge sich der Westen ihm öffnen und die westliche Wüste ihm die Hand entgegenstrecken.› Oder man hoffte in der heiligen Neschmet-Barke Platz zu nehmen und an den Gottesopfern teilzuhaben, die vom König gestiftet wurden.»[31] *Eine Pilgerfahrt nach Abydos* – welch ein Symbol! Denn: Besteht darin nicht alles, was wir in unserem Leben tun: Platz zu nehmen in der Barke des Osiris, die uns hinüberträgt an das Gestade der Ewigkeit?

Im Grabe des *Sen-nefer*, des Bürgermeisters von Theben unter dem Pharao *Amenophis II* (1439-1413 v. Chr.), findet sich an der Westwand eine prachtvolle Darstellung dieser Bootsreise in das nördlich gelegene Abydos (siehe Tafel 2). In einem von Ruderern im Vorschiff gezogenen

Papyrusboot sieht man *Sen-nefer* mit seiner Gemahlin *Merit* unter einem Sonnenbaldachin vor einem kleinen Tisch sitzen, an dem ein Priester das Reinigungsopfer darbringt – «tausend Stück an Brot und Bier und von jeder schönen und reinen Gabe», wie die Beischrift erklärt. Das Boot selbst trägt an seinem Bug das Bild des *Udjat*-Auges, und es ist, als werde das Schiff in den ägyptischen Vorstellungen wie ein lebendes Wesen empfunden, wie ein großer Fisch, mit einem eigenen Namen und Körper[32]. Die Fahrt im Grabe des *Sen-nefer* findet statt unter einer Girlande von Weintrauben und Lotosblüten, – der Lotos ist die Blume, der des Morgens die Sonne entsteigt[33], während der Wein, wie im Dionysoskult, infolge seiner berauschenden bzw. durchgeistigenden Wirkung wohl als ein «Sakrament» verstanden werden muß, d. h. als ein Mittel und Symbol rauschhafter Teilhabe an jener Sphäre unvergänglichen Lebens, von der wir schon auf Erden glauben möchten, daß sie jenseits des Todes auf uns warte[34].

Nur wenn man in solcher Weise den Akt der Bewußtwerdung mit der Hoffnung und Erfahrung einer anderen: eigentlichen, ewigen Welt ineins setzt, versteht man die komplexe Struktur des *Osiris*-Mythos, der in seinen Bildern und Handlungsabfolgen beides zugleich ist: eine Beschreibung der Stadien menschlicher Bewußtwerdung und eine Bestätigung und Beschwörung der Unsterblichkeitshoffnung des Menschen. Eben diese Einheit von Psychologie und Metaphysik zeigte sich bereits bei der Erörterung der Mythologie der Sonne mit ihrem Abstieg in die Nacht und ihrem Sieg über die gräßliche *Apophis*-Schlange; die Mythe von *Osiris* aber ist durchaus nicht eine bloße Variante oder eine an sich überflüssige Dublette der Sonnenmythologie. Wohl sehen beide Überlieferungen in dem Motiv der Regeneration aus dem Tode einander so ähnlich, daß es den Alten Ägyptern nicht schwer fiel, beide Erzählungen miteinander zu verschmelzen, indem sie *Osiris* gewissermaßen als die nächtliche Gestalt der Sonne interpretierten und in dem Sonnengott *Re* die Tagesseite des *Osiris* erkannten[35]. In Wahrheit kam es durch diese Weiterinterpretation jedoch gerade nicht nur zu einer bloßen Verschmelzung zweier ursprünglich getrennter Überlieferungen, sondern zu einer wichtigen wechselseitigen Ergänzung beider Mythen, die in ihren Unterschieden wie von konträren Ausgangspunkten her sich aufeinander zubewegen.

Der Unterschied zwischen den beiden Göttern *Re* und *Osiris* ist eklatant.

Wie strahlend ist der Sieg der Sonne über ihre Feinde! Wie himmelhoch geht sie über ihre Widersacher hinweg! Wie souverän streckt sie ihre Gegner schon von fernher mit ihren sengenden Strahlenpfeilen nieder! Und wie mächtig ist der Beistand all derer, die am Tag wie in der Nacht ihr hilfreich zur Seite stehen! Gerade in dieser Pose weltüberlegener Macht ist die Sonne so recht das Urbild (oder Projektionsbild) des Pharao auf dem Thron der beiden Länder Ägyptens.

Ganz anders Osiris! Nach der Darstellung PLUTARCHS verzichtet er geradezu auf die Attitüde des Siegers und Eroberers – er «herrscht» allein mit den Mitteln der Güte, der Sanftmut und der stillen Überzeugungskraft der Weisheit. Nicht der politische Aufbau des Reiches, sondern die Entwicklung der menschlichen Kultur ist das Ziel *seines* Königtums. *Osiris* «siegt» nicht, er leidet, er setzt nicht die Gerechtigkeit durch, er stirbt an dem Unrecht seines feindlichen Halbbruders *Seth*; zudem ist er merkwürdigerweise in dem entscheidenden Augenblick des tödlichen Anschlags derartig allein, daß niemand ihm beisteht und man den buchstäblich Verlorenen mit magischen Mitteln zweimal in aller Form allererst suchen muß, ehe er dem Leben zurückgegeben werden kann; und nicht aus eigener «Kraft», einzig unter den Händen der *Isis*, die trauernd, in Gestalt eines Sperberweibchens, den Toten förmlich bebrütet, zeugt er mit ihr seinen falkenköpfigen, sonnenähnlichen Sohn *Horus*[36]. – Insofern verkörpert die dunkle Gestalt des *Osiris* das genaue Gegenteil des hellen Sonnengottes *Re*.

Und was nun am wichtigsten ist: die Virtuosität des Ägypters im Zusammenfügen lebendiger Gegensätze (die gleichwohl zusammengehören, um die Fülle des Wirklichen als Ganzem zu beschreiben) gelangt *in der Vereinigung* der beiden Mythen von *Re* und *Osiris* bereits mehr als 2000 Jahre vor Christus zu einem religiösen Widespruchssymbol von unerhörter Komplexität und Eindringlichkeit, das dem Christentum außerordentlich nahekommt.

Immer wieder hat man in der christlichen Theologie die Gestalt Jesu als des Messias Israels *vom Alten Testament her* zu verstehen versucht, doch immer wieder scheiterte dieser Versuch und mußte scheitern an der Unvereinbarkeit der altorientalischen Königsvorstellung mit dem Gedanken von Leid und Erniedrigung. Man half sich theologisch, so gut es ging, mit den Leidenspsalmen und der Gestalt des Gottesknechtes bei *Jesaja* oder des endzeitlichen Propheten in den Weissagungen des *Sacharja*, oder man zog die apokalyptischen Visionen des Propheten *Daniel* und des *äthiopischen Henochbuches* zur Erklärung heran; doch das Ergebnis blieb stets dasselbe: man glaubte es dem Christentum selber als etwas exklusiv Einzigartiges zuschreiben zu müssen, daß es – im erklärten Widerspruch zur jüdischen Synagoge – *seinen* Messiaskönig als leidenden Christus darstellte, der gerade durch sein Leiden und Sterben den Tod überwunden habe[37]. Religionsgeschichtlich müssen wir indessen anerkennen, daß die Alten Ägypter in der Gestalt des *Re–Osiris* eben diesen Kontrast von Leid und Verklärung, von Himmelsabstieg und Rückkehr zum Himmel (Phil 2,1-6) über einen Zeitraum, ebenso groß, wie er uns Heutige von dem historischen Jesus trennt, in den Mittelpunkt all ihres religiösen Fühlens und Denkens gestellt haben. Der *Osiris*kult fügte gerade dem pharaonischen Glanz des Sonnenkultes die milde Kühle nächtlichen Schattens hinzu; er ergänzte die Höhe ruhmvoller Macht durch die Erniedrigung schmählicher Ohnmacht; er kontrastierte den Triumph königlicher Siege durch die abgründige Symbolik tragischer Einsamkeit und hilfloser Ausgeliefertheit an Unrecht, Lüge und Gewalt; und wenn die Gestalt des *Re* die erhabene *Schönheit* und nahezu zierliche Leichtigkeit des Siegs von Geist und Bewußtsein über die Macht der Unbewußtheit und der Angst symbolisierte, so verkörperte die Gestalt des *Osiris* gewissermaßen *den Preis*, den es kostet, aus der Dumpfheit eines bloß natürlichen Lebens herauszutreten und zu der Freiheit eines persönlichen Lebens erweckt zu werden.

Als bildhafte Darstellung des Prozesses einer reifenden Bewußtwerdung gelesen, erzählt die *Osiris*mythe in *tiefenpsychologischer* Deutung eine Geschichte, wie wir sie in gewisser Weise *alle* kennen. Ein Mann beginnt damit (wie die Menschen am Anfang der «neolithischen Revolution» insgesamt), mit Fleiß und Verstand seine vorgegebenen Lebensumstände zu verändern, und er hat dabei Erfolg; er «erntet» dafür den verdienten Lohn in Form von Ansehen und sozialem Rang; er ist schließlich jemand von Macht und Einfluß, und die Welt beneidet ihn. Auch subjektiv dürfte ein solcher *«Osiris»* als ein glücklicher Mensch gelten, gäbe es in ihm selbst nicht eine ganz andere Gestalt, seinen Halbbruder *Seth*, diesen Gott mit dem Eselskopf, diesen Wüstenaufstand tierischer Triebhaftigkeit, der sich auflehnt gegen die «Erfolge» und «Fortschritte» des *«Osiris»*. Weltweit verbreitet ist dieses Mythenmotiv von dem tödlichen Kampf zweier verfeindeter Brüder in den Anfangstagen der Entstehung aller menschlichen Kultur[38] – ein Reflex offenbar jener inneren Schizophrenie, die mit der Entfremdung des Menschen von der ihn umgebenden äußeren Natur einherging, als der Mensch sich zugleich auch von seiner inneren Natur zunehmend entfernte. Die altägyptische Mythe kehrt den Primat von Vernunft und Kultur sogar derartig stark heraus, daß sie in dem triebhaften *Seth* nicht, wie es in den Mythen der Völker zumeist geschieht, den *älteren*, erstgeborenen der beiden Brüder erkennt[39], sondern ihn für einen nachgeborenen Bösewicht erklärt, der für so grundverderbt gilt, daß bereits bei seiner Geburt die buchstäblich «abwegige», schmerzhaft-bösartige Wesensart seines Charakters überdeutlich in Erscheinung tritt. Den Alten Ägyptern galt die menschliche Vernunft entsprechend dieser Erzählung nicht als eine späte Mitgift aus dem Erbe der Evolution, sondern als Grundlage des Menschseins überhaupt, und dementsprechend stellte für sie auch das Böse innerhalb der Menschenwelt nicht einfach ein Relikt der menschlichen Tierheit dar, sondern es bildete für sie einen realistischen Faktor der menschlichen Geschichte, der in seiner Hinterlist und brutalen Direktheit leider immer wieder schwer zu korrigierende Erfolge für sich zu verbuchen weiß. Die «Nachgeborenheit» des *Seth* wird man darüberhinaus aber auch so verstehen dürfen, daß die Gestalt dieses Unholds überhaupt erst *im* Schatten oder *als* Schatten des *«Osiris»* zur Welt kommen kann: nicht einfach die natürliche Triebausstattung des Menschen bildet in dieser Betrachtung die eigentliche Gefahr aller menschlichen Zivilisation; es ist vielmehr das *verdrängte*, bei der Entwicklung des menschlichen Bewußtseins als unbrauchbar oder schädlich liegengebliebene Material der Psyche, das die Tendenz besitzt, sich als glutflüssiges Magma im Untergrund der Städte und Siedlungen menschlicher Kultur nach und nach so aufzustauen, daß es plötzlich mit der Gewalt eines Vulkanausbruchs hinwegzusprengen droht, was mit so vieler Sorgfalt und Mühe erreicht und errichtet wurde. Gerade die *Osiris*mythe verdichtet dieses psychologische Problem der drohenden Selbstentzweiung des Menschen im Verlauf seiner eigenen Kulturentwicklung in klassischer Weise, und vor allem der weitere Fortgang der Erzählung macht die Grundzüge des seelischen Widerstreits zwischen *«Osiris»* und *«Seth»*, zwischen Geist und Trieb, zwischen Kultur und Natur in geradezu krasser Weise deutlich.

Bei der Lektüre der *Osiris*mythe des PLUTARCH mag man sich fragen, was eigentlich die Episode von der morganatischen Verbindung zwischen *Osiris* und seiner Halbschwester und Schwägerin *Nephthys* an dieser Stelle der Erzählung soll. Die Geschichte wirkt im Handlungsablauf zunächst absolut deplaziert und überflüssig, und so könnte man sie einfach als nebensächlich übergehen, zeigte sich nicht in symbolistischer Deutung, daß hier vorgreifend die Lösung des zentralen psychologischen Problems der *Osiris*-Mythe insgesamt angedeutet wird; und dieses Problem lautet: wie kann ein Mensch, der bei dem ehrlichen und erfolgreichen Bemühen, gut zu sein und Gutes zu tun, so vieles abspaltet und verdrängt, daß ein typhonisches Ungeheuer im Hintergrund all seiner Strebungen entsteht und entstehen muß, jemals wieder zu seiner inneren Einheit und seinem inneren Frieden finden? Man kennt aus der Novelle von R. L. STEVENSON *«Dr. Jekill und Mr. Hyde»*[40] diese seelische Zerrissenheit, die im Vordergrund der Persönlichkeit einen menschenfreundlichen, hilfsbereiten und gütigen Arzt hervorbringt, während sie gleichzeitig und in gleichem Maße im Hintergrund einen triebhaften «Wüstling» und niederträchtigen Schurken entstehen läßt. Können wir gut sein stets nur um den Preis der Bosheit, und wird im Verlauf aller kulturellen Bemühungen um die Veredelung unseres Wesens unser wahres Selbst am Ende womöglich nur immer heuchlerischer und verlogener? Ist der *reine «Osiris»* nicht am Ende die direkte Ursache für die Herausbildung seines mörderischen Antipoden *«Seth»*, und provoziert nicht psychologisch die Art seiner Güte wie von selbst den neidvollen Anschlag seines «Hintergängers»? – Auch in der Passionsgeschichte des *Johannes*-Evangeliums klingen solche Fragen an, wenn *Jesus* dort mit dem «teuflischen» *Judas* konfrontiert wird (Joh 13,2), so als ob immer wieder unsere Menschlichkeit erst an sich selbst zugrunde gehen müßte, um auf einer tieferen Ebene zu sich selbst zu finden[41]. Während jedoch in der christlichen Überlieferung die Person des Heilbringers und die Gestalt des Verräters *um unserer Erlösung willen* streng von einander getrennt bleiben müssen, schildert die ägyptische Mythe in meisterlicher Form gerade die «nächtliche» Verschmelzung und wechselseitige Einheit von *«Osiris»* und *«Seth»* in der Person des schakalsköpfigen *Anubis*, des balsamierungskundigen Gottes, des treuen Seelenbegleiters, des rettenden Helfers der *Isis* bei ihrer Suche nach den verstreuten Teilen des zerstückelten *Osiris*.

Anubis kommt zur Welt, indem *Osiris* selbst sich *unbewußt* in das Gebiet des *Seth* begibt und mit dessen Gemahlin *Nephthys* liebevollen Umgang pflegt. Ein Seelenanteil in *Osiris* selber also gehört *unbewußt* zur Welt des *Seth*, so wie dessen «anima»-Seite umgekehrt von sich aus der Welt des *«Osiris»* zugehört. Die Alten Ägypter inmitten ihrer Religion des Lichtes schienen zu ahnen, wie doppelbödig und hintergründig unser menschliches Wesen, betrachtet man es in der Halle der «beiden Wahrheiten», in Wirklichkeit ist und wie verflochten darin das Gute und das

Böse miteinander sind, so als beruhten noch unsere besten Absichten auf dunklen Antrieben und als meinten selbst unsere hinterhältigsten Pläne noch irgendein Gutes, das es im Grunde nur zu finden gälte. Jedenfalls wird man *psychologisch* der Vision der Alten Ägypter nur zustimmen können, daß ein menschliches Leben allein dann möglich ist, wenn es zu einer «Verbindung» zwischen den moralisch so getrennt erscheinenden Bereichen des Bewußtseins und des Unbewußten kommt. Gewiß, auch nur dieser Gedanke mutet in sich selbst bereits an wie ein geistiger «Fehltritt» und «Seitensprung», wie ein Pakt mit dem Teufel in der Sprache der Märchen; und doch geht allein aus dieser seelischen Mesalliance das Wesen hervor, das imstande ist, zwischen der «tierischen» und der «göttlichen» Seite im Menschen, zwischen «Trieb» und «Gebot», zwischen Vitalität und Moralität zu vermitteln. Der schakalsköpfige *Anubis*, der dem altägyptischen Mythos zufolge aus der nächtlichen Verbindung zwischen *Osiris* und der Göttin *Nephthys* (der *nb.t. ḥw.t* – der «Herrin des Tempels» wörtlich übersetzt) hervorgeht, besitzt seiner ganzen Gestalt nach diese scheinbare Zwitternatur vieler ägyptischer Götter, die tiergesichtig und menschenleibig zugleich sind, ist doch, wie THOMAS MANN einmal treffend bemerkte, nach ägyptischem Glauben das «Tier» noch undifferenziert Gottheit und Menschheit ineins, während als *göttlich* gerade die Einheit des Tierhaften und Menschlichen, des Unbewußten mit dem Bewußtsein gilt und als *menschlich* wiederum die Einheit des Tierischen und des Göttlichen zu betrachten ist. Der schakalsköpfige *Anubis* verkörpert, so verstanden, in sich selbst den Übergang vom «Tier» zum «Menschen», er ist die Anfangsgestalt beginnender Bewußtwerdung schlechthin; er ist somit «wissend» um vieles, was der menschlichen Kultur bzw. dem menschlichen Bewußtsein an Kräften der Regeneration und der Weisheit bereits entzogen ist, und schon von daher verfügt er als treuer Begleiter der *«Isis»* auch über die Macht, die menschliche Seele zu lehren, wie sie das Ergebnis ihrer eigenen «Analysen», ihrer eigenen Zerstückelungsarbeiten und Zerrissenheiten wieder zusammenzufügen vermag. – Oft übrigens in den Märchen und Mythen der Völker besitzen die rettenden Grenzgänger an den Enden der Welt – wie in der christlichen Legende z. B. der hl. *Christophorus* – Hundsköpfe oder sie erscheinen als sprechende «Füchse» oder «Coyoten» am Saum von verzauberten Wäldern und Wüsten[42], die noch nie ein Mensch zuvor betreten hat und die dennoch durchquert werden müssen, um aus den Engpässen eines unlebendig gewordenen Lebens zu der «Fruchtbarkeit» eines eigentlichen Lebens zurückzufinden.

Erst in dieser Perspektive versteht man nun auch im folgenden den merkwürdigen Zweikampf, bei dem *Horus*, das «Kind der Isis», *(Ḥr p^{3} ẖrd ś.t – Harpokrates)* als «Rächer» bzw. als «Beistand» seines Vaters (als *nḏ jt-f*) und als «Säule seiner Mutter» (als *jwn mw.t-f*) sozusagen in zweiter Generation den Streit seines Vaters mit dem ewigen Widersacher *Seth* fortsetzt und in dessen Verlauf es *Seth* gelingt, dem *Horus* die Augen auszureißen, während dieser dem *Seth* die Hoden zerstört; – wieder vermag erst *Anubis* die beiden Streitenden von ihren entsetzlichen Wunden zu heilen. Die Mythen und Märchen lieben es, in ihren Darstellungen Grundkonflikte des menschlichen Daseins nach Art einer Wendeltreppe immer wieder von neuem aufzugreifen und Stufe für Stufe durch neue Symbolisierungen einer allmählichen Lösung bzw. Versöhnung näherzubringen. Für die Interpretation derartiger Erzählungen bedeutet dies, daß man die einzelnen «Stufen» und «Wiederholungen» als Schritte einer inneren Entwicklung wie einen fortlaufenden Kommentar aufeinander beziehen und sie dann in ihrer Gesamtheit betrachten muß. Angewandt auf die *Osiris*-Mythe: es handelt sich bei dem Kampf zwischen *Horus* und *Seth* inhaltlich offenbar um die gleiche Auseinandersetzung wie bei dem arglistigen Anschlag der 72 Spießgesellen des *Seth* auf den guten Gott *Osiris*, nur daß der Kampf jetzt, in der Gestalt des *Horus*, in einer buchstäblich «wiedergeborenen», bewußteren Form ausgetragen wird. Während die Person des Kulturbringers *«Osiris»* von ihrem eigenen «Hintergänger» wie blind in den Tod getrieben wurde, verkörpert *Horus*, der falkenköpfige, sonnenhafte Sohn des verstorbenen *Osiris*, die Gestalt der ihrer Gefährdungen bereits bewußt gewordenen, geistigen Persönlichkeit, und es geht jetzt wesentlich darum, eine Form der inneren Auseinandersetzung zu finden, die dem *Leben* und nicht länger mehr dem Tode dient. Stets neigt das Ringen zwischen Geist und Trieb, zwischen *Horus* und *Seth*, zu einem der beiden möglichen Extreme: gewinnt der Anteil des *«Seth»* die Oberhand im Menschen, so droht die Gefahr völliger «Erblindung» – eines einsichtslosen Getriebenwerdens und einer unbedenklichen Wüstheit der rohesten Antriebe. Doch auch das Gegenteil ist möglich: eine Art von *Horus*-Geistigkeit, die raubvogelhaft der Vitalität und Kreativität im Menschen jede Fruchtbarkeit raubt. Die eine Gefahr ist so groß wie die andere, ja, beide bedingen sich wechselseitig. Unzweifelhaft gibt es die «Hodenzerstörung» des

«Seth»: dieses Kastratentum des Lebens, das unter einem Überanspruch von «Geist» vollkommen steril und impotent dahinvegetiert, ohne irgendetwas zu bewirken, Gutes nicht und Böses nicht. *«Der Geist als Widersacher der Seele»* ist die Formel, die in unserem Jahrhundert LUDWIG KLAGES[43] für diesen Zustand gefunden hat, in dem er das «Geistesleben» unserer Zeit, den sog. «akademischen Betrieb» insbesondere, dahinsiechen sah. Daneben aber gibt es die Augenzerstörung des *Horus*, mit der die abgespaltene, isolierte und unterdrückte Triebhaftigkeit des *«Seth»* jederzeit sich zu rächen vermag, indem sie den Menschen in ein denkendes Tier verwandelt, das seine Intelligenz nur noch zur kurzfristigen Erreichung der Ersatzziele seines frustrierten Trieblebens einzusetzen vermag – GOETHES *«Faust»* im Banne *Mephistopheles'* mag als Beispiel dafür dienen[44].
Es ist in der ägyptischen Mythe der weise Mondgott *Thot*, der als die inkarnierte Zwischengestalt aus Geist und Trieb dem *Horus* die «Augen» und dem *«Seth»* die «Hoden» zurückgibt und damit die «Auferstehung» des *«Osiris»* zu ihrer eigentlichen Wirklichkeit führt. Lange vor den Griechen wußten die Alten Ägypter um die Gefährdungen der menschlichen Psyche zwischen den Polen des «Dionysischen» und des «Apollinischen», doch anders als diese verstanden sie es zugleich auch, die heilenden Kräfte im Menschen zu beschwören und solche wunderbaren Zwischengestalten wie den göttlichen *Thot* zu ersinnen, der den Tod in jeder Gestalt: als Blindheit und Unfruchtbarkeit, als Zerrissenheit und Einseitigkeit, als Unbewußtheit und Überhelle, als physische Zerstörung und geistige Leere zu heilen imstande war – der Mond in der Gestalt des ibisköpfigen *Thot* war ebenso Herr der Verwandlung und Neugeburt wie der magischen Schriftzeichen, die dem toten Stein der Statuen die Seele schenkten und die Worte von Göttern und Menschen verewigten.
Bis dahin beschreibt der *Osiris*-Mythos der Alten Ägypter in Ergänzung und Weiterführung das nämliche Thema von Bewußtwerdung und Wiedergeburt, dem schon der Mythos der Sonne gewidmet war, allerdings so, daß die Gestalt des Unterweltgottes *Osiris* nunmehr der weltüberlegenen Höhe des *Re* die «Tiefe» erdhafter Wirklichkeit leibhaftigen Leids und seelischen Schmerzes hinzufügt. Was in der Mythe des *Re* als ein reines Bewußtseinsabenteuer geschildert wird, erfährt in der Person des *Osiris* gewissermaßen seine «Verleiblichung», seine «stoffliche» Konkretheit. Im Zusammenhang damit verbinden sich mit *Re* und *Osiris* zudem *zwei* verschiedene *Bilder der Unendlichkeit*.

In der christlichen Theologie, die in Begriffen, nicht in Bildern denkt, stand von altersher das (griechisch gedachte) Dogma von der Unsterblichkeit der Seele in einer logisch unauflösbaren Spannung zu der (jüdischen) Vorstellung von der Auferstehung (des Fleisches) in Christus. Derselbe Gegensatz durchzog in gewissem Sinne auch schon die altägyptische Religion, er wurde dort jedoch *symbolisch* vorgestellt, und *Bilder* können zueinander selbst dort noch komplementär sein, wo sie als begriffliche Theorien logisch einander widersprechen. Für die *Alten Ägypter* bildete die *Himmelfahrt* der Seele nur das notwendige Pendant zu der *Auferstehung* des *Osiris*, und beide *Phasen* der gleichen Entwicklungen schienen umschlossen von der Bahn der Sonne in der Barke des Tages und in der Barke der Nacht. Gleichwohl empfanden die Ägypter den Kreislauf der Sonne nur als *eine* Form der Ewigkeit[45] – als einen Zyklus ewiger Wiederkehr in diskontinuierlichen Ringen von in sich geschlossenen zeitlichen Abläufen. *nḥḥ* nannten sie diese Form einer unendlichen Zeit der Zyklen, die sie so sehr mit dem Symbol der Sonne verbanden, daß sie in der Hieroglyphenschrift die beiden *ḥ*-Laute (als zwei gedrehte Stricke) unter die wellenförmige Linie für das *n* stellten und in die Mitte die kreisrunde Sonne malten. Daneben indes kannten sie die *ḏ.t*-Ewigkeit, die eher als ewige Dauer in Kohärenz und Kontinuität zu verstehen ist. Als *ihr* Symbol galt der heilige *ḏd*-Pfeiler, das «Rückgrat» des Osiris, ein Zeichen, das, verdoppelt, auch *ḏdw* = *Busiris* bedeutete, die Stadt im Delta, als deren «Herr» *Osiris* formelhaft gepriesen wurde und das als der ältere Kultort des Gottes vor *Abydos* betrachtet werden darf; Busiris war die Stadt, zu der man sich im Schiff «nach Norden» mit der Strömung des Nils treiben ließ, während man mit Ruder und Segel stromaufwärts *die Wallfahrt nach Abydos* antrat[46] – zweipolig auch hier waren Kult und Kultur, die sich in *Osiris* verkörperten. Der *ḏd*-Pfeiler des Osiris aber bildete im Unterschied zu der Ewigkeit der Sonne die innere Achse zwischen Himmel und Erde, er symbolisierte die Ruhe, die eintritt nicht in dem unablässigen Kreislauf des *Re* zwischen den beiden Horizonten, sondern in der Ordnung der Vertikalen, im Sich-Aufrichten von der Mühsal des Tages, im Innehalten und Stillstehen. Beide Arten der Ewigkeit verschmolzen für den Alten Ägypter zu zwei einander wechselseitig bedingenden Haltungen bzw. Handlungsausrichtungen: in die Vielfalt der Welt zu wirken aus der Einheit und Ruhe des eigenen Wesens *und* die Entschlüsse des Lebens im Kommen und Gehen der Tage zu fassen aus der inneren «Geradheit» des eigenen Daseins heraus

– eine Synthese der horizontalen *und* der vertikalen Dimension der menschlichen Existenz, die nichts an der Wirklichkeit verleugnet, um mit sich selber eins zu sein.

Wie aber gelangt ein Mensch dahin, die innere Zerrissenheit zu überwinden und aus dem Tod zum Leben zu erstehen? Es ist noch heute ein oft zu hörender theologischer Vorwurf gegenüber der Tiefenpsychologie ebenso wie gegenüber jeder Art von «mythischer» Religiösität, daß sie – im Gegensatz zum Christentum – eine Art Selbsterlösungslehre darstelle, die dem Menschen vorgaukle, er könne durch eigene Anstrengung und Geisteskraft sein eigenes Wesen zum Licht hin befreien. In Wahrheit weiß gerade die analytische Psychotherapie und wußten bereits die Alten Ägypter, daß es eine «Selbsterlösung» der menschlichen Seele nicht gibt. Alles, was wir als Menschen sind, verdanken wir der Liebe, und ohne das Gegenüber anderer Personen könnten wir niemals zu uns selber hinreifen. Den Ägyptern war dieses *dialogische* Prinzip der menschlichen Existenz so wichtig, daß sie auf ihren Tempelwänden und in ihren Grabkammern sogar die Richtung ihrer Inschriften links- und rechtsläufig, je nach der Stellung der abgebildeten Gesprächspartner, einander zuordneten. Insbesondere der Mythos von dem sterbenden und auferstehenden Gott *Osiris* hätte den Alten Ägyptern niemals ein solches Höchstmaß an Trauer und Klage abverlangt und an Trost und Verheißung zu schenken vermocht, enthielte er nicht als den Kern seiner Botschaft das menschliche *Thema der ewigen Liebe gegen den Tod.* Es war die Frage, die bereits das Werk BOCCACCIOS und die Dichtung des JOHANNES VON TEPL an uns richtete: inwieweit es uns möglich sei, gegen den Tod anzulieben. Die Antwort der Alten Ägypter lautete, daß die Liebe die Macht darstelle, die das Leben selber ist; sie sei die Quelle aller Einheit und Verschmelzung, weiser als der Streit von Geist und Trieb, reiner als der Gegensatz von Sinnlichkeit und Sittlichkeit und immer wieder stärker als der Tod.

Man muß nach über dreieinhalb Tausend Jahren die alten *Lieder* hören, mit denen in der Überschwemmungszeit die Göttinnen *Isis* und *Nephthys* um die Wiederkehr ihres Geliebten und Gatten *Osiris* klagten – es sind Gesänge der Trauer, wie sie zu allen Zeiten der Tod den Herzen der Liebenden eingibt[47]. «O schöner Knabe (sc. Du mein Liebster, mein Kleiner, d. V.)», klagt *Isis*, «komm zu Deinem Haus. / Weit hast Du Dich von Deinem Haus entfernt, / obwohl (in ihm) die Götter ihre Pflicht tun. / Ich bin eine Frau, die gut für ihren Gatten ist, / Deine

Frau und leibliche Schwester. / Komm schnell zu mir. / Denn ich wünsche Dich zu sehen, nachdem ich Dich nicht sah. / Vor mir liegt hier Finsternis, obwohl Re am Himmel steht. / Eins sind Himmel und Erde. Schatten liegt heute über dem Land. / Mein Herz brennt, weil Du Dich im Bösen trenntest. / Mein Herz brennt, weil Du Dich von mir abwandtest, / obwohl es nichts gibt, was Du gegen mich gefunden hast. / Zerstört sind die Stätten. Verkehrt sind die Wege. / Ich suche, weil ich Dich sehen will. / Ich bin in einer Stadt, die keine Mauern hat. / Ich traure um Deine Liebe zu mir. / Ach, sei nicht allein. Sei nicht fern. / Sieh, Dein Sohn treibt den Feind zum Richtplatz.» // «Ach mein Herr, Du bist jetzt bei mir. / Ich sehe Dich heute. Der Duft an Dir ist von Punt. / Dich heißen die Damen willkommen. / Es freuen sich sämtliche Götter. / Du kehrst zu Deiner Frau zurück. / Ihr Herz klopft aus Liebe zu Dir. / Sie umarmt Dich, Du bist nicht fern von ihr. / Sie freut sich, Deine Schönheit zu sehn.» // «Götter und Menschen erhoben ihre Arme, Dich zu suchen, / wie ein Sohn hinter seiner Mutter. / Komme zu ihnen, sie sind traurig. / Laß sie froh werden.» // «Götter und Göttinnen sitzen, ihre Köpfe auf ihren Knien. / Sie sehnen sich danach, daß Du zu ihnen kommst. / Die Menschen klagen laut, weil sie Dich nicht sehen. / Komm zu uns, herrliche Seele, für immer.» // «Komm zu uns, Geliebter, komm zu uns. / Unser Herz lebt, sobald Du zu uns kommst. / Die Männer rufen nach Dir. Die Frauen weinen um Dich, / aus Sehnsucht, daß Du zu ihnen kommst.» // «Der Du Licht liebst, / sollst nicht zur Finsternis gehen. / Der Du Gesellschaft liebst, / sollst nicht zur Einsamkeit gehen. / Wohin gehst Du, Kind der Goldenen, / das Lärm von Gesellschaft liebt. / Wir rufen: Das Land des Schweigens, / seine Tore führen in ein Haus der Finsternis.» // «Der die Flur liebt, / ist im Land der Goldenen. / Dem, der Trunkenheit liebt, bringe man Wasser. / Ach Wüsten, die er durcheilt! / Ach! Er wird nicht satt von Tränen. / Mein Herz hört nicht auf zu weinen. / Er liegt und wird zum Leichnam, / als würde er die Erde verlassen. / Er geht davon und schädigt die beiden Witwen (sc. Isis und Nephthys, d. V.). / Sprich zu mir! Osiris. Ich bin Isis. / Ich weckte Dein Haus mit der Harfe. / Ich erfreute Dich mit der Laute.» // «Allein / für alle Ewigkeit. / Mein Gatte, ich ziehe zu Dir. / Meine Füße ziehn und gehen, / daß Du nicht Millionen Meilen von mir fern bist. / Alle Länder. Alle Gaue. Alle Städte. Alle Tempel. Kommt zu mir und weint. Eure Hände an Eure Köpfe. / Ich bin Isis, die Gattin des seligen Wennofer (des Schönseienden, d. V.), / meines Gemahls, der fern von mir ist.» //

«Mein Gatte, ich sitze im Hause / und habe nicht meinen Gefährten, mit ihm zu sprechen, / und habe nicht meinen Gatten, der mir gegeben war, / und habe nicht meinen Gemahl, der mir geschaffen war, / und habe nicht meinen Herrn, mich auf ihn zu stützen. / Osiris! Ich habe kein Gesicht, auf das ich blicke, / außer Deinem Gesicht. / Sieh, warum vernachlässigst Du so Deine Getreuen / ohne Antwort, ohne Freundlichkeit.»

Und nicht anders sind die Klagen der *Nephthys*. Sie ruft: «Mein Herr, der im Wasser gestorben ist, / um Dich weinen die Götter, / um Dich klagen die Göttinnen. / Ich gebe meine Seele für Deine Seele. / Ich habe die Schritte Deines Feindes vereitelt / und ihn Deinem Sohn Horus übergeben.» // «Ich bin bei Dir allein. / Hast Du kein Mittel, mich zu retten? / Sieh, ich gehe mit Dir zum Land der Ewigkeit, / weil ich mich vor dem Tod durch Seth fürchte. / Du versetzt die, welche Dich lieben, in Trauer. / Du ermüdest die Herzen Deiner Getreuen. / Ach! Deine Schwestern fronden, / Deine Kinder sind auf den Äckern.»

Entscheidend an diesen altägyptischen Liedern der Liebe gegen den Tod ist die Tatsache, daß sie nicht als Gesänge der Götter im heiligen Kultraum verblieben, sondern daß sie Antwort gaben und geben sollten auf die ewigen Fragen und Klagen der menschlichen Verzweiflung angesichts der Sterblichkeit des Geliebten an unserer Seite. Jeder, der stirbt, wird nach ägyptischem Glauben zu einem *Osiris*; der Gefährte seiner Liebe aber tritt für ihn eben deshalb im Augenblick des Todes an die Stelle der *Isis*, die dem verstorbenen Bruder und Gemahl in die Unterwelt nachfolgte und durch ihre Liebe zum Leben erweckte. In Kapitel 151 des *Totenbuches* findet man die Darstellung (s. Abb. S. 142), wie *Anubis*, «der Gebieter der Gotteshalle» (der *nb ḥw.t nṯr*), seine Hände auf den Sarg des Verstorbenen legt, um ihn mit allem auszustatten, was er zum Leben braucht. In diesem Moment der Wiedergeburt spricht *Isis* die entscheidenden Worte der Begegnung zu dem Toten, dem Wiedergeborenen: «Ich bin gekommen, damit ich dein Schutz sei, / ich habe Atemluft an deine Nase gefächelt, / den Nordwind, der aus *Atum* hervorgeht. / Ich habe dir deine Kehle zusammengefügt / und habe dich ein Gott sein lassen, / deine Feinde unter deinen Sohlen, / (so daß) du triumphierest im Himmel bei *Re* / und machtvoll bist unter den Göttern, / über Menschenaugen verfügst / und deinen Gang gehst, den Gang des siegreichen *Horus*.» Und *Nephthys* spricht: «Ich habe meinen Bruder *Osiris* umkreist. / Ich bin gekommen, damit ich dein Schutz sei, / mein Schutz ist um dich, ist um dich ewiglich! Dein Rufen ist von *Re*

Szene aus Kap. 151 des Ägyptischen Totenbuches, nach E. Naville: Das ägyptische Totenbuch der XVIII. bis XX. Dynastie, 1. Band, Berlin 1866. «Im Mittelpunkt der Kammer befindet sich unter einem Baldachin die Mumie, auf welche Anubis seine Hände legt.» (Naville, Einleitung, 180). Unter dem Totenbett erkennt man die vogelartige Gestalt der *Ba*-Seele des Verstorbenen (s. o. S. 83f.; 93f.), die links und rechts in anbetender Haltung ihre Gebete an die Sonne spricht. Nach den vier Himmelsrichtungen gewendet stehen die vier «Horus-Söhne», die Wächter der Kanopen (der Eingeweidekrüge). Vor allem das Hocken der Isis und der Nephthys zu Häupten und zu Füßen des Verstorbenen und Einbalsamierten im Grabe hat seine deutliche Parallele zu der Erscheinung der beiden Engel im Grab am Ostermorgen in Joh 20,12 (s. S. 143). Flankiert wird die Szenerie von den vier «magischen Ziegeln»: dem *Djed*-Pfeiler oben und dem «Anubis auf seinem Berg» unten, dem Gebieter der Gotteshalle, sowie der kleinen «Statue der Mundöffnung» links und der «Flamme der Wüste» rechts. An den beiden Seiten links und rechts unten stehen dienstbereit zwei *Uschebti*-Statuen, deren eine das Gesicht des Anubis trägt. Man versteht den Sinn der gesamten Konfiguration erst, wenn man das Bild als Darstellung der Grabkammer, mithin als Abbild der Gesamtwirklichkeit versteht, in welche der Verstorbene in seinem Tod eintritt. Sterben bedeutet, so gesehen, die Seele und den Körper in alle Richtungen und Dimensionen des Kosmos hinein zu verunendlichen; es bedeutet, unter den kundigen Händen des Anubis die Gegensätze des Lebens miteinander zu versöhnen (s. o. S. 137). Sterben, auf ägyptisch, ist Wiedergeburt und Himmelfahrt ineins.

erhört, / gerechtfertigt bist du durch die Götter. / Erhebe dich, damit du über das triumphierst, was dir angetan wurde.»[48]
Es ist diesen Worten zufolge die Liebe der *Isis* selber, die den Toten davor schützt, im Reich des Todes zu bleiben. Die beiden Göttinnen, die auch als hockende *Vögel* abgebildet werden können, haben bei ihrem Fürbittgebet kniend an der Kopf- und Fußseite des Verstorbenen Platz genommen[49], und sie liefern damit überraschenderweise den Kommentar für ein Motiv, dem wir auch in der Auferstehungsgeschichte des *Johannes*-Evangeliums wieder begegnen werden, und wenngleich es dort (in Joh 20,12) nur noch wie nebensächlich wirkt und in den Auslegungen deshalb kaum Beachtung gefunden hat, so ist es doch keineswegs unwichtig: gemeint ist die Genauigkeit, mit der *Johannes* berichtet, daß *Maria Magdalena*, als sie am Ostermorgen in das geöffnete Grab Jesu hineinschaut, «zwei Engel in weißen Kleidern dasitzen» sieht, «den einen zu Häupten, den anderen zu Füßen der Stelle, wo der Leichnam Jesu gelegen hatte». Daß für *Johannes* diese Angaben eine besondere Bedeutung besitzen, erkennt man schon daran, daß in Mk 16,5 nur *ein* Engel im Grabe sitzt, während in Lk 24,4 zwar zwei Engel auftreten, aber nur, um den ratlosen Frauen die Tatsache des leeren Grabes auszulegen. Erst *Johannes* läßt die zwei Engel «dasitzen» an genau markiertem Ort, und es ist natürlich von größter symbolischer Bedeutung zu sehen, wo ein «Engel» sich aufhält: es sind in Joh 20,12 gerade die Stellen, an denen nach der Darstellung der Alten Ägypter die beiden Göttinnen *Isis* und *Nephthys* im Grabe knien. Auch für *Johannes* ist die «Auferstehung von den Toten» nicht anders beschreibbar denn als ein «Werk» göttlicher Liebe, und der symbolische Ausdruck dieser Fürsorge der Liebe Gottes für den Menschen in Gestalt der beiden «Engel» zu Häupten und zu Füßen des Verstorbenen ist nicht einfach ein Begleitmoment, sondern der Grund des Auferstehungsglaubens selbst.
Von daher kann man in symbolischem Sinne sogar *die Richtung* angeben, in welcher der Leichnam Jesu (bei *Johannes*) gebettet gewesen sein muß. Die Darstellungen der altägyptischen Totenbücher zeigen, «daß üblicherweise der Kopf der Mumie (sc. im Umlauf der Grabszenen, d. V.) nach rechts gewandt sein sollte, und zwar der Himmelsrichtung Westen zu. *Isis* hatte zu Füßen und *Nephthys* zu Häupten zu knien.»[50]
Es ist eine Anordnung, die den Toten unmittelbar in den Aufgang der Sonne hineinschauen läßt, wenn diese, wie in Mk 16,2, «zeitgleich» mit der Stunde der Auferstehung des Toten sich aus dem Grabe der Nacht

erhebt. Das eigentliche Belebende aber ist in der *Osiris*-Mythe eben nicht allein der Strahl der Sonne, sondern wesentlich und entscheidend die Liebe der *Isis* (und der *Nephthys*), die dem Verstorbenen beisteht; selbst die *magische* Macht des *Anubis* wird im Grunde erst wirksam durch die Liebe der *Isis*. Alle Formen der Selbstfindung, m. a. W., alle Bilder der Wiedergeburt aus dem Geiste bzw. der Auferstehung vom Tode, sind im letzten nach ägyptischer Auffassung ein Werk der Liebe, und alle Riten des «Balsamierens» sind nichs als symbolische Zeichen in Funktion und im Austausch der Liebe; sie sind in letzter Konsequenz nichts weiter als die Außenseite, als die Hülle, die leer zurückbleibt, wenn das Leben wirklich ist. – Das *Johannes*-Evangelium scheint diese Folgerung selber zu ziehen, wenn es (Joh 20,5) die Jünger über die «Binden» sich verwundern läßt, die Jesus im Grabe «zurückgelassen» hat.

Wie stark die Alten Ägypter ihren Glauben an die Auferstehung des *Osiris* bzw. an die Auferstehung eines jeden Menschen *in* Osiris mit dem Glauben an die engelgleiche Macht der Liebe verbanden, zeigt auf außerordentlich zarte Weise die Bemalung in dem eben erwähnten Grabe des *Sen-nefer*. Die Gemahlin des *Sen-nefer*, die *nb.t pr* – die «Herrin des Hauses», d. h. die rechtmäßige Gattin, wird in anderen Texten mehrfach *Senet-nai* genannt; in der Grabkammer des *Sen-nefer* aber trägt sie den Namen *Merit (mrj.t)* – die Geliebte. Man hat unter den Ägyptologen gerätselt, was dieser Name bedeuten soll – hat etwa der Bürgermeister von Theben sich als die Freude der Ewigkeit ausgedacht, in jener anderen Welt seiner wahren Geliebten zu begegnen? In Wirklichkeit wird *Merit* nicht als eine Nebenfrau des *Sen-nefer* zu betrachten sein, man wird vielmehr davon ausgehen müssen, daß *Senet-nai* im Augenblick, da ihr Gatte stirbt, mit diesem gemeinsam in das Geheimnis des *Osiris* eintritt, indem sie an seiner Seite die Rolle der *Isis*, der ewigen Geliebten, der Großen Zauberin (der *wr.t ḥk³w*) übernimmt[51].

Es ist mithin nach ägyptischer Vorstellung die Verbundenheit der Liebe selber, die in das Mysterium der Unsterblichkeit einführt; sie ist das magnetische Kraftfeld, innerhalb dessen alle rituellen Verrichtungen, wie beim Bewegen von Eisenteilen, erst ihre «elektrische Ladung» erhalten. So sieht man auf einem der erstaunlichsten Bilder des Alten Ägyptens, an einem der Pfeiler im Grabe des *Sen-nefer*, wie *Merit* auf ihren verstorbenen Gatten zutritt und ihm als einem Lebenden die Leinentücher der Brautnacht entgegenhält (s. Tafel 3). Nichts endet im

Tode, ist der Sinn dieser Gebärde, und nichts kann der Tod unterbrechen, er setzt nur als ewig, was in der Liebe schon auf Erden begann, wir aber dürfen dem Tod nicht gestatten, mit uns seinen Spott zu treiben. Wenn uns der Tod nicht lehrt, einander *wesentlich* zu lieben, so daß alles Zerstückelte und Zerrissene sich darunter zusammensetzt, so geht unser Leben dahin, als wenn es nie gewesen wäre. Am allerschwersten scheint es freilich, dem anderen zu glauben, daß er eine *Merit* ist, die zu uns bis ins Grab hinabsteigt, um uns im Tode bei der Hand zu nehmen und uns die Riegel der Unterwelt zu öffnen. An dieser Stelle stehen wir endgültig vor einer Alternative.
Vermutlich zeigt keine Geschichte der modernen Weltliteratur im Kontrast deutlicher, was uns die Alten Ägypter über das ewige Menschheitsthema von Liebe und Tod zu sagen vermögen, als die kleine Erzählung von ERNEST HEMINGWAY: *Schnee auf dem Kilimandscharo*[52], diese erbarmungslose Selbstanalyse und Selbstinfragestellung, die einer der vitalsten und schon deshalb dem Tod am meisten ausgesetzten Schriftsteller unserer Zeit an seine Person und sein Werk gerichtet hat. Was *sind* wir angesichts des Todes, und was *war* das, was wir in unserem Leben und aus unserem Leben gemacht haben? Um sterben zu müssen, genügt die einfachste Verkettung der dümmsten Zufälle: Beim Beobachten von Wasserbüffeln hat *Harry*, die zentrale Gestalt der HEMINGWAYschen Erzählung, sich das Knie verletzt, und er hat es versäumt, die Wunde gleich mit Jod zu behandeln; als dann noch der Lastwagen durch die Unfähigkeit des Kikuyu-Fahrers liegen geblieben ist, brach ein Wundbrand aus, der tödlich sein wird, wenn nicht früh genug ein Flugzeug ihn ins Hospital bringt.
Harry, wie Hemingway ihn schildert, ist überhaupt nur nach Afrika gegangen, um nach einem Leben erfolgreicher Lügen und verwöhnender Erfolge noch einmal ganz von vorn anzufangen. Er *log* nicht, indem er die Unwahrheit sagte, es gab in seinem Leben nur einfach keine Wahrheiten, die sich sagen ließen. Er hatte sich vor Jahren von einer Frau einfangen lassen, die reicher und schöner war als alle, die er zuvor gehabt hatte. Sie hatte nach dem frühen Tod ihres ersten Mannes sich mit Trinken und Liebhabern durchzubringen versucht, aber nach dem Flugzeugunglück eines ihrer Kinder hatte sie eine panische Angst vor dem Alleinsein bekommen, und sie mochte *Harry's* scheinbar so freie Art, zu leben, wirklich. Sie umgab ihn mit allem nur erdenkbaren Komfort und tat ihm jeden Gefallen; sie war großartig im Bett, und sie ermöglichte ihm jede Reise, die er nur wollte. Aber ihn hatte es nur faul

und bequem gemacht. Eine Weile lang hatte er sich damit getröstet, daß er all seine Beobachtungen aufschreiben werde, als ein Spion in fremdem Land gewissermaßen, doch er spürte deutlich, wie seine «Begabung» durch Trägheit, Hochmut und Vorurteil verkam. Er tat nichts mit seiner Begabung, er ging mit ihr hausieren, und er hatte das Gefühl, es sei im Grunde allen ganz recht, wenn er nicht mehr arbeitete. So redete er eigentlich nur noch aus Gewohnheit – um es bequem zu haben. *Afrika* hatte seine Erneuerung werden sollen, er hatte sich das Fett von der Seele schwitzen wollen.
Jetzt aber lag er vor dem Zelt, auf den Bäumen hockten widerlich die Geier, und von fern strich eine Hyäne vorbei. Er dachte an sein verlorenes Leben – an all seine ungeschriebenen Geschichten: Kriegsszenen, Kartenspielen, Skilaufen und Viehtrieb, Raufereien und Frauen. Nichts mehr von alledem wird er je schreiben können. Stattdessen beginnt er, sich in Zynismen zu üben und die Hoffnungen zu verhöhnen, mit denen die Frau an seiner Seite sich und ihn zu trösten sucht, ganz so, als müßte er angesichts des Todes selber noch zuvor alles mutwillig abräumen, damit nur ja nichts mehr übrigbliebe. Ist sie nicht doch nur einfach eine reiche Hure, die ihn gekauft hat? «Liebe ist Mist», erklärt er ihr, «und ich bin der Hahn, der drauf steigt und kräht.»[53] Und diese Sprache ist noch immer ehrlicher als sein müdes, gewohntes: «Ich hab dich lieb.»
Was *lernt Harry* aus der Nähe des Todes? Der Tod hockt wie ein Alp auf seinem fiebernden Körper. Er hat keine Schmerzen mehr, und er *genießt* fast die bleierne Müdigkeit in seinen Gliedern. In Gedanken diktiert er seine ungeschriebenen Geschichten – die Erzählung von einem Jungen z. B., der einen Futterdieb erschießt und der sogar mithilft, die Leiche ins Dorf zu schaffen, in der Hoffnung, eine Belohnung dafür zu ernten, während er stattdessen in Handschellen abgeführt wird. Nein, es ist nicht wahr, «daß Gott keinem etwas schicke, was er nicht ertragen könne»[54]. Aber was kann er machen? *Sie* gibt sich so fürsorglich und rücksichtsvoll, als es nur irgend möglich ist; sie möchte, daß er sich nicht aufgibt; aber gerade die drohende Todesgefahr bringt die beiden einander nicht näher. Sie *geht* mit ihm in die Unterwelt, in die «schwarze» Welt «Afrikas», aber *er* haßt sie für seine Ohnmacht und Schwäche. Es ist ein reiner Zufall, daß schließlich doch noch das Flugzeug kommt und ihn abholt – der drohende Tod hat ihn nicht verändert. – Der westliche Gipfel des schneebedeckten Kilimandscharo «heißt bei den Massai ‹Ngaja Ngai›, das Haus Gottes.

Dicht unter dem westlichen Gipfel liegt das ausgedörrte und gefrorene Gerippe eines Leoparden. Niemand weiß, was der Leopard in jener Höhe suchte.»[55] Wenn ein Mann wie *«Harry»* stirbt, so wird er sich zwingen, den schneekalten Tod eines Raubtiers zu sterben, das sich «verstiegen» hat, und selbst die Nähe des Todes wird an diesem Entschluß, der sich aus der Art der ganzen Persönlichkeit ergibt, nichts ändern. Die Liebe hat in dieser Welt keine Chance gegen den Tod, solange die Männer in ihr die Rolle des einsamen Helden zu spielen haben.

Die milde Lehre der Alten Ägypter besteht darin, in den Stunden der «Nacht» das Leben wirklich noch einmal «umgekehrt» zu lernen. Wie aber kann das geschehen?

Vor Jahren erzählte mir ein Mann von einem Traum, der ihm kam, kurz nachdem die Ärzte ihm mitgeteilt hatten, daß die monatelange Chemotherapie gegen seine Krebserkrankung so gut wie ergebnislos verlaufen sei. Als er von der Krankheit erfuhr, hatte es eine Phase gegeben, in der er mit dem Rücken zur Wand, wie HEMINGWAY's *«Harry»*, einen Durchbruch zur Wahrheit versucht hatte. Nach dem Motto: Mir kann keiner mehr, wagte er in Gesellschaft die Dinge zu sagen, die er schon immer hatte sagen wollen. Mit einer diebischen Freude zerstörte er die falschen, überflüssig gewordenen Rücksichtnahmen, und es war, als hätte er allen zum Abschied mindestens noch einmal eine lange Nase drehen wollen. In Wahrheit war sein Leben zerstört worden, kaum daß es hätte beginnen können. Er hatte nach dem Krieg für seine Mutter die Stelle des in Rußland vermißten Vaters einnehmen müssen, und was immer er tat, es war nicht ausreichend gewesen. Sein Leben lang hatte er versucht, durch ein Übermaß sozialer Verantwortung irgendwann einmal etwas richtig zu machen. Doch gerade von seiner Überbemühtheit fühlte sich seine jetzige Frau eher eingeengt und gedemütigt – er schien alles falsch gemacht zu haben; und wer war er eigentlich als Mann? Zu diesem Zeitpunkt, da die Ärzte ihm allenfalls ein Leben auf Abruf garantierten, träumte ihm eines Nachts, er sei etwa 20 Jahre alt und stehe an einem Zaun, am Rande einer sommerlichen Wiese, und an deren Ende winke eine Frau ihm zu, ein Mädchen fast noch, in einem leuchtendroten Kleid. Dann plötzlich verwandelte sich die Wiese in eine Baustelle, ein Betongerüst wuchs dort empor, und vom Baugerüst herab machte ein Tippelbruder seine Faxen, der im Traum fast so aussah wie jemand, für den der Träumende beruflich sich vor Jahren besonders eingesetzt hatte.

In den Gesprächen betrauerte dieser Mann in endlosen resignativen Klagen das drohende absehbare Ende seines Lebens: es blieb noch so vieles zu tun, und er hatte es nicht einmal angerührt; was er unternommen hatte, würde in die Hände anderer hinübergleiten, so als hätte es ihn nie gegeben; alles, was er geplant hatte, stand unfertig da und schien ihn auszulachen. «Es geht mir», sagte er, «ähnlich dem Mann im Evangelium, von dem Jesus sagte: Er fing an einen Turm zu bauen, hatte aber kein Geld, ihn zu vollenden, so daß alle ihn verspotteten.» (Lk 14,28 ff.) In diese Blickrichtung der Angst und der Selbstentwertung hinein stürzten all seine Gedanken. Was aber war eigentlich mit jenem Mädchen im leuchtend roten Kleid? Er hatte an die Liebe nie wirklich glauben können, d. h., er hätte es niemals für möglich gehalten, daß ein anderer Mensch, eine Frau womöglich, ihn selbst als Person würde liebhaben können. Er verwechselte im Grunde alle Menschen noch heute mit der Gestalt seiner Mutter in den Tagen der Nachkriegszeit: man würde ihn lieben, allenfalls, wenn er stark und fleißig, verantwortlich und tüchtig, opferbereit und nützlich, einsatzfreudig und unternehmend sowie am Ende erfolgreich und anerkannt sein würde. Jetzt aber war das Ende da, und er hatte mit aller Anstrengung die Liebe eher verjagt als gefunden. Doch um so mehr war jetzt spürbar, was es jetzt eigentlich in ägyptischem Sinne «umgekehrt» für ihn zu lernen gab: Konnte nicht gerade seine jetzige Müdigkeit ihn lehren, die Welt noch einmal wie hüllenlos mit der eigentümlichen impressionistischen Sensibilität eines Tieres in sich aufzunehmen, das zu schwach ist, um noch zu fliehen, und das dennoch nur um so weiter zu sehen und um so ferner zu hören vermag bis fern hin zum Horizont? Er entsann sich einer Fahrt nach Venedig, die er als Jugendlicher unternommen hatte – halb verhungert und völlig erschöpft hatte er sich in eine der dunklen Ecken des Markus-Domes gesetzt und die wohltuende Kühle der Steine gespürt, er hatte das Murmeln der fremden Stimmen genossen und dem Spiel der Sonne in den Glasfenstern zugeschaut; es war einer der wenigen Augenblicke in seinem Leben gewesen, in denen er vollkommen glücklich gewesen war. Es war vor allem einer der ganz wenigen Augenblicke in seinem Leben gewesen, in denen er einmal nichts hatte *machen* müssen. Er lag, als er so erzählte, auf dem Sofa und schaute durchs Fenster, wie die Schwalben am Himmel flogen. Wenn es möglich wäre, in einer ähnlichen Ruhe die Pader entlang durch die blühenden Wiesen zu gehen, den Schwänen und Haubentauchern auf dem See zuzuschauen und in aller

Stille der Schönheit eines Sonnenuntergangs beizuwohnen! In der Dämmerung würden die Lerchen, die Schwarzdrosseln und die Distelfinken ihren Schlafgesang anstimmen, und ein jedes würde vernehmlich bekunden: Hier bin ich. Der Tag würde sich zur Ruhe begeben, und er würde gut gewesen sein, gerade weil im Grunde nicht viel geschehen war. Er würde *nicht* seinen Garten weiter umgegraben haben; er würde vielleicht nur dem Gehoppel seiner Zwergkaninchen zugeschaut haben, mit denen er vor Jahren seinen Kindern hatte Freude machen wollen, und er würde dem Tanz der Schmetterlinge über den Blüten und dem Ziehen der Wolken am Himmel gefolgt sein.

Nicht allzu weit von seinem Wohnort entfernt liegt in der Nähe eines zoologischen Gartens ein großes naturkundliches Museum mit einem Planetarium; bewegliche Schautafeln zeigen dort die Entstehung der Sterne, den Bau der Kristalle, die Bildung der Erdkruste im Verlauf von Hunderten von Jahrmillionen; in den Schauvitrinen werden die Gesetze der Entstehung und Verbreitung der Arten erläutert – Erscheinungsformen des Lebens in unübersehbarer und dennoch absolut geordneter Vielfalt. Das alles, zugegeben, ist kein «Afrika», aber doch ein Ort, um stille zu werden und *das* Leben liebzugewinnen, von dem doch auch wir in aller Winzigkeit ein berechtigter Teil sind. Warum denn sollten wir nur leben dürfen, wenn wir nach HEMINGWAYschem Vorbild «stark» und «aktiv» «wie die Löwen» sind[56]? Von den 24 Stunden des Tages verschlafen gerade die männlichen Löwen fast 20 Stunden – sie haben keine Feinde –, und die restlichen Stunden verdösen sie. Statt der männlichen Stärke immer wieder gegen alles Vermögen doch noch gewisse «Erfolge» abzutrotzen, sollte es viel eher möglich sein, beim anderen *auszuruhen* wie ein Kind bei der Mutter. Ist nicht auch HEMINGWAY's Whisky im Grunde lediglich das uneingestandene Surrogat einer Sehnsucht, die sich der Mann verbieten muß, um seine Stärke wenigstens noch darin zu beweisen, daß er die Frau erniedrigt, die ihn begleiten möchte? Und wieviel Dankbarkeit gibt es zu lernen in den Konzertsälen und Museen der Städte? Wievielen Ausdrucksformen der Wahrheit und Schönheit verdanken wir, was wir sind? Doch nur, was wir selbst nicht erst *machen* müssen und was wir betrachten können ohne Anflug von Eifersucht und Neid, vermag uns weit genug zu machen und uns zu lehren, mit uns selber gütiger umzugehen. Es geht dabei nicht um einen Abschied vom Leben, es geht um ein Einüben des Lebens in der Wahrheit, die wir sind.

Erfahrungen dieser Art müssen es gewesen sein, denen die Alten

Ägypter symbolischen Ausdruck verleihen wollten in dem Gang der *Merit* in das Grab der *Sen-nefer*. «Ich bin Isis, deine Schwester», sagten die ägyptischen Texte, wenn die Göttin zu ihrem verstorbenen Gemahl Osiris hinzutrat[57]. «Ich bin gekommen, daß ich dein Schutz sei.» (Siehe Tafel 4) Es gibt keinen Beweis in PLATONischem Sinne dafür, daß wir unsterblich sind; aber es gibt jenes Gefühl, das nur die Liebe zu schenken vermag: einzig sie sagt uns, es sei gut, daß wir sind, ja, es sei unendlich besser, daß es uns gibt, als wenn es uns nicht gäbe; einzig die Liebe lehrt uns, Gott zu verstehen, der wollte, daß wir sind, und einverstanden zu werden mit der Art unserer Existenz, in der wir uns vorfinden. Nur in der Liebe wachsen wir zusammen zwischen Himmel und Erde, zwischen Trieb und Moral, zwischen Bewußtsein und Unbewußtem; nur in der Liebe heilen die Wunden des *Seth* und des *Horus*. Einzig die Liebe schenkt uns die Unschuld des Ursprungs zurück – sie allein reinigt und verklärt, was wir sind: als Mann und als Frau, als Kind und als Greis, als schwach und als stark. Nur sie gibt uns zurück, was wir schon verloren glaubten: einen berechtigten Stolz auf uns selbst und ein Einverständnis mit allem, was war. Nur sie sammelt uns auf aus den vierzehn Stücken, die verstreut in den Marschen des Nils liegen, und fügt uns zusammen zu Einheit und Leben.

Angesichts des Todes rettet uns nur die fühlbare Nähe einer solchen durch und durch *mütterlichen* Welt. Sie war es, die im Glauben der Alten Ägypter *Isis* als Göttin verkörperte und die sich in jedem Menschen inkarniert, der offen genug ist, um unter dem Schattenflug der kreisenden Geier am Himmel im Menschen nichts mehr zurückzuweisen, was aus der Tiefe leben will. Der majestätisch schimmernde Schnee auf dem Kilimandscharo kann schmelzen; er darf das Haus seiner erhabenen Einsamkeit verlassen und herniederrinnen in die Niederungen, um die Wüsten zu bewässern[58] und das Leben reich zu machen. Die Liebe, die hinabsteigt bis zum Grab – *das* war den Alten Ägyptern die Göttin *Isis* (siehe Tafel 6); sie war ihnen alles, was «Frauen» sind[59], was Menschen zur Welt bringt, was Leben gebiert. Vor allem in der römischen Spätzeit galt *Isis* als die Große Göttin schlechthin, als die Quelle des Lebens, als die Einheit aller Gegensätze, so daß sie mit Recht von sich sagen konnte: «Ich bin die Mutter der ganzen Natur, die Herrin aller Elemente, Anfang und Ursprung der Jahrhunderte, die oberste Gottheit, die Königin der Toten, die erste der Bewohner des Himmels, das einzigartige Vorbild der Götter und Göttinnen. Die lichtvollen Höhen des Himmels, die heilsamen Lüfte des Meeres, das quälende Schweigen der

Unterwelt – ich bin es, die all das nach ihrem Wunsche leitet.» «Als die einzige Macht verehrt mich die ganze Welt in zahlreichen Gestalten, in verschiedenen Kulten und unter vielerlei Namen. Die einen nennen mich Juno, andere Bellona, wieder andere Hekate und noch andere Rhamnusia. Aber die Ägypter und die Äthiopier, die über altes Wissen verfügen, ehren mich mit meinem eigentlichen Kult und nennen mich bei meinem eigentlichen wahren Namen: ‹die Königin Isis›.»[60]

In der abendländischen Dichtung gibt es nur eine Gestalt, die im Erbe der *griechischen* Mythologie die alte Mythe der Göttin *Isis* als beinahe menschliche Wirklichkeit schildert. Es bliebe uns, meinten die Griechen, im Angesicht des Todes die Hoffnung der *Alkestis*. Ihr Vater *Pelias* hatte verfügt, es dürfe seine Tochter nur heiraten, wer es vermöge, einen Brautwagen zu lenken, der mit einem Eber und mit einem Löwen bespannt war; nur der m. a. W. dürfe die «Preisjungfrau» freien, dem es gelinge, die wildesten und einander gefährlichsten Triebe in seinem Herzen unter ein gemeinsames Joch zu zwingen und beide in eine geordnete, lenkbare Zugkraft der Liebe zu verwandeln – die fressende Gier genauso wie die schweinische Lust, die erobernde Wildheit ebenso wie das satte Genießen. Das Kunststück gelang allein dem Sohn des *Pheres* und der *Klymene: Admetos*. Doch während der Hochzeitsfeier vergaß der siegreiche Held, der Göttin *Artemis* zu opfern, und so fand er im Brautbett bereits ein Gewimmel tödlicher Schlangen, die sein baldiges Ende anzeigten. Unrettbar wäre er dem Tode verfallen gewesen, hätte nicht *Apoll* von den schicksalbestimmenden Moiren die Gunst erlangt, *Admetos* dürfe weiterleben, wenn jemand sich finde, der für ihn den Weg in die Unterwelt antrete. Es fand sich niemand, der zu diesem Opfer bereit gewesen wäre, außer seiner Gemahlin *Alkestis*. *Admetos,* erzählt eine Fassung der Sage[61] weiter, trauerte um das Dahinscheiden seiner Geliebten, doch vergaß er darüber nicht, dem Helden *Herakles* Gastfreundschaft in seinem Haus zu gewähren, und als dieser, den Grund der Trauer seines Freundes erfragend, vom Los der *Alkestis* erfuhr, begab er selber sich in die Unterwelt, besiegte den Todesgott *Thanatos*[62] und rettete die aus Liebe geopferte Gattin *Alkestis*. «Denn die Liebe ist stark wie der Tod – selbst viele Wasser schwemmen sie nicht fort» (Hoheslied, 8,6-7) – es ist die einzige Hoffnung, auf die sich unser Leben gründet; es ist die Grundlage auch der christlichen Hoffnung auf Auferstehung.

Die christliche Theologie hat in der Vergangenheit immer wieder versucht, den eigenen Glauben an die Auferstehung durch den Unter-

Tafel 4: Isis vor dem König Haremhab, Tafel 18 aus E. Hornung: Das Grab des Haremhab im Tal der Könige, Francke Verlag, Bern 1971. Die Göttin Isis wird von der Beischrift mit folgenden Worten eingeführt: «Worte, zu sprechen von Isis, der Großen, der Gottesmutter, der Herrin des Himmels und der Vorsteherin der Gottheiten, dem Oberhaupt des Westens von Theben». Was die Göttin dem Verstorbenen, dem «Osiris» Haremhab, sagt, steht unterhalb des linken Armes zu lesen, mit dem sie dem Pharao das *Waś*-Szepter entgegenstreckt, das Symbol für Glück und Heil. Sie spricht: «Ich bin gekommen zu dir, Herr der beiden Länder.» Und was sie dem König mitgebracht hat, erläutern die Worte in ihrem Rücken, entlang dem Arm, mit dem sie das *Anch*-Kreuz des Lebens trägt: «Schutz, Leben, Dauer und Heil sind bei ihr wie (bei dem Sonnengott) Re.» Der König selbst wird als «Osiris König» in der ersten Kartusche mit dem Namen *«Djeśer cheperu Re»* genannt («Stark an Werdegestalten der Sonne»), während sein Sonnensohnname lautet: *«Haremhab»* («Horus im Fest»). Was er tut, geht ihm in der Beischrift gewissermaßen voraus: «das Anbeten der Gottheit, auf daß sie handele wie Re» (der aus der Unterwelt das neue Leben bringt). Die Beischrift hinter ihm versichert, daß «bei ihm Leben ist wie (bei) Re». Und der Grund: er ist «bewahrheitet an Worten (bei) Osiris, dem Herrn von Busiris», wie der Text hinter der Namenkartusche sagt. Die Schriften des Königs und der Göttin sind von rechts und von links her «dialogisch» aufeinander zulaufend. (Zu S. 150)

Tafel 5: Franz Radziwill, Kirchhof in Ostfriesland, 1929, Öl auf Holz, Kunsthalle Emden. Der Maler der «Neuen Sachlichkeit» hat das Thema des Todes und des Lebens auf den Friedhöfen Frieslands verkörpert gefunden. Vor einem gründunklen, schweflig brodelnden Himmel erheben sich, bengalisch beleuchtet, die Grabsteine mit den Namen der Verstorbenen. Es ist derselbe eigentümliche Schimmer von Licht, der die Kirche umspielt; aber das wichtigste ist: nicht nur im Reflex, – aus dem Inneren der Kirche selbst bricht durch die winzigen Scheiben Licht hervor. Es ist wie eine Verheißung oder, besser, wie ein Gebet. THEODOR STORM, der Dichter Nordfrieslands, hat in der Novelle «Der Schimmelreiter» (Werke VI, 2219) die Trauer und die Hoffnung eines solchen Begräbnisplatzes eindrücklich beschrieben. (Zu S. 165)

Tafel 6: Isis und Nephthys segnen ihren Bruder und Geliebten Osiris. Aus: The Ancient Egyptian Book of the Dead, edited by Carol Andrews, revised edition 1985, Spell 125, Detail p. 35. Foto: by Courtesy of the Trustees of the British Museum. Die Darstellung aus dem Papyrus des Hunifer (ca. 1300 v. Chr.) zeigt in weißem Gewand, die weiße *Atef*krone auf dem Haupt, den Gott Osiris, grüngesichtig als Macht der Vegetation und doch eingehüllt wie eine Mumie. Das *Hekat*-Szepter (der Krummstab der Hirten) sowie die Königsgeißel (der Dreschflegel der Bauern) zeigen ihn als Herrscher und König. Sein Hals und seine Brust schmückt ein Kragen aus goldgefaßten Halbedelsteinen. Osiris hat als «Erster der Westlichen», als «der große Gott», wie die Beischrift sagt, auf einem Thronsessel Platz genommen. Der Thron des Osiris überragt einen Teich, ein Symbol für das Urwasser, aus dem eine Lotosblüte hervorwächst; ihr entsteigen (wie die Sonne am Morgen) die vier «Horus Söhne». Ein geflügeltes *Uzat*-Auge, das ein *Schen*-Zeichen (das Bild der Ewigkeit) und eine Feder (ein Bild der *Maat*) in Händen hält, breitet schützend die Schwingen über Osiris. Hinter ihm aber stehen Isis und Nephthys, die laut Beischrift gemeinsam sprechen: «Ich bin deine Schwester, Isis, Nephthys.» (Zu S. 150)

schied und Widerspruch zu dem menschheitlichen Wissen der Mythen und Sagen in den Religionen der Völker zu begründen. Aber die Gestalt des Jesus von Nazareth ist nicht die Widerlegung, sondern ganz im Gegenteil: die Bestätigung, Vertiefung und Verdichtung all dessen, was als Bild und Erwartung, als Hoffnung und Wissen in die Seele der Menschen aller Zeiten und Zonen hineingelegt wurde, und nicht im Kontrast, nur in der Synthese aller seelischen Kräfte des Menschen besitzt die Religion des Christentums Wahrheit. Insbesondere die Theologie des *Johannes*-Evangeliums weist schon in der Art ihres Weltbildes die größte Ähnlichkeit zu den Vorstellungen der Alten Ägypter auf. Während die ersten drei Evangelien sich den Ablauf der menschlichen Geschichte im Sinne der spätjüdischen Apokalyptik nur als einen radikalen Bruch zwischen «dieser Welt» und der «kommenden Welt» vorstellen konnten und den Untergang des Bestehenden bereits rein zeitlich in greifbarer Nähe wähnten, ist für *Johannes* die Welt des Göttlichen nicht etwas, das in einer zeitlich nahen oder fernen Zukunft «kommen» würde, es bildet für ihn vielmehr die Sphäre aus Wahrheit und Licht, an der ein jeder jederzeit teilhat, der wie Jesus selber und vermittelt durch ihn «aus Gott geboren ist» (Joh 1,13), bzw. der, wie Jesus, Gott zum «Vater» hat (Joh 8,12-20.37-47)[63]. Es ist ein Weltbild, in dem der Lauf der Zeit zur Ruhe gekommen ist durch die *Dauer* der Ewigkeit, durch die Achse, die Himmel und Erde verbindet – durch den *ḏd*-Pfeiler als das Rückgrat des *Osiris*, sagten die Alten Ägypter, durch das Kreuz Christi, sagen wir Christen. Alles, was wir im Sinne des *Johannes* von Christus zu sagen wissen, benötigt förmlich die Sprache der Alten Ägypter mit den Bildern vom Weinstock (Joh 15,1-8) und Brot (Joh 6,22-65), von Finsternis und Licht (Joh 1,4.5; 3,19), von Leben, von Wahrheit und Lüge (Joh 8,44), von Oben und Unten (Joh 3,7), von Leben und Tod (Joh 11,25). Uraltes ägyptisches Wissen reflektiert sich darin, daß uns die Wahrheit nicht fern ist, sondern daß wir selber berufen sind, «Kinder des Lichtes» zu sein und für das Licht Zeugnis zu geben (Joh 1,12)[64].

Wer Jesus Christus für uns *ist*, erfahren wir daher nicht, indem wir die Bilder von *Isis* und *Nephthys*, von *Re* und *Osiris*, von dem Herrscher der beiden Länder und dem Kampf mit der Schlange *Apophis* Lügen schelten oder für überflüssige Nebensächlichkeiten erklären, sondern indem wir aus der altägyptischen Religion, geführt durch die Kontinuität der geschichtlichen Überlieferung sowie durch den Gleichklang der Bilder und Worte, das Beste an religiöser Erfahrung und Weisheit der Alten Ägypter als Ahnung und Antwort auf Christus beziehen. Nur wer im eigenen Dasein die Gestalt und die Botschaft des Jesus von Nazareth so lichtvoll erfahren hat wie die Alten Ägypter den Sonnengott *Re*, so vorbildlich im Leid und Tod wie *Osiris*, so mütterlich und gut wie *Isis*, so einheitlich und wissend wie *Anubis*, so stark im Kampf gegen das Böse wie *Horus* und so zärtlich und sinnlich-sanft wie die nächtliche *Nephthys*, wird sagen können, er *glaube* in Jesus Christus die *Auferstehung von den Toten*. Man kann es auch anders sagen: nur wem im Tode des Jesus von Nazareth *alles* zugrunde geht, was für ihn den Namen Leben verdient, gewinnt das Vermögen, am Ostermorgen Gräber geöffnet zu sehen und Engel sagen zu hören: «Was weinst Du?» (Joh 20,13). Es ist im folgenden wesentlich zunächst die Botschaft einer *Frau*, der wir einen solchen Glauben jenseits des Grabes verdanken[65]; doch alle Auferstehungsgeschichten des *Johannes* werden uns zeigen, welche Erfahrungen an Schmerz und Leid, an Schuld und Zerrissenheit, an Nacht und Verzweiflung, an Glück und Vergebung, an Erfüllung und Freude, an Erwählung und Berufung Menschen durchlebt haben müssen, um dem Christus nahe zu sein, der jenseits der Angst dieser Welt (Joh 16,33) am «anderen Ufer», an jedem «Morgen» auf uns wartet (Joh 21,4). Man kann die nachfolgenden Texte des Johannes-Evangeliums nur wirklich verstehen, wenn man sie liest als Verdichtung menschlicher Erfahrungen und als Antwort auf alles, was seit alters her den Glauben und das Vertrauen der Menschen in die Macht der Liebe, den Tod zu besiegen, infrage stellen konnte – und was ein für allemal diesen Glauben der Liebe nie mehr infrage stellen müßte, wenn wir in der Gestalt Jesu der Macht der Liebe endgültig zu vertrauen lernen würden.

IV. «Gesehen habe ich den Herrn» (Joh 20,18)

Die Sehnsucht der Seele, die Bewußtwerdung des Geistes und das Zeugnis der Liebe – alles im Menschen weiß und verheißt die Unsterblichkeit des Lebens; auf jeder Ebene dieser Erfahrungen liegen Bilder und Symbole in der menschlichen Psyche bereit, um in den universellen Symbolen der Himmelfahrt der Seele, der Wiedergeburt des Daseins bzw. der Auferstehung des «Fleisches» die Verwandlung der ganzen menschlichen Existenz in die Sphäre von «Geist» und «Licht» zu beschwören und zu bezeugen; doch auch das Sprechen von «Geist» und «Licht» ist selber noch «nur» ein Symbol, um zu beschreiben, was schlechterdings unbeschreibbar ist: den Eintritt der Person eines Menschen in den «Raum» der Unendlichkeit, in die unvergängliche «Welt» Gottes, in die Gegenwart seiner ewigen Liebe.

Die Botschaft des Christentums hat dem Glauben der Menschheit an die Unsterblichkeit des Lebens inhaltlich keine neuen Erkenntnisse hinzugefügt; es enthält in seinen Lehren bzgl. dieser Fragen durchaus nichts, was nicht in den Anschauungen vor allem der Alten Ägypter Jahrtausende früher bereits vorgebildet gewesen wäre. Ja, man muß, gemessen an der Fülle der Bilder des Alten Ägyptens, sogar sagen, daß die dogmatischen Formulierungen des christlichen Glaubens über das Schicksal des Menschen im Tode sich zu den ägyptischen Visionen verhalten wie die 26 Buchstaben der lateinischen Schrift zu den 800 Hieroglyphen der Ägypter – sie konzentrieren und vereinfachen die schwer überschaubare Vielfalt der ägyptischen Chiffren auf einige wenige Elemente, das Grundprinzip aber wird dabei nicht verändert, sondern lediglich einheitlicher und klarer ausgestaltet. Allerdings ist gerade diese Konzentration und «Vereinfachung» von außerordentlicher Bedeutung für das Selbstverständnis des Menschen. In ihr kommt zum Ausdruck, daß der Glaube an ein ewiges Leben nicht nur ein frommes Meinen und Hoffen bedeutet, sondern daß er sich auswirkt in einer grundsätzlichen Neuwerdung der menschlichen Personalität, auf eine Weise, wie sie derartig radikal und integral zuvor niemals bestand.

Den Grund dafür bildet die Erfahrung, die Menschen vor 2000 Jahren mit der Person des Jesus von Nazareth machen konnten: daß in seiner Nähe das menschliche Dasein aus den vielen einander oft widerstreitenden Aspekten sich zu einer einheitlichen Gestalt zusammenfügte, indem es von einem Strom der Zugewandtheit und der Güte sich getragen fühlte, der hier in diesem Leben schon hinüberfließt an das Gestade der Ewigkeit. *Hier in diesem Leben!* Nicht erst in einem anderen, sondern in diesem armen, armseligen, oft wie verloren wirkenden irdischen Dasein! «Wiedergeburt», «Auferstehung», «Verwandlung» – das waren in der Nähe Jesu nicht länger mehr Verheißungen für ein Leben nach dem Tode, sondern Erfahrungen, die den Tod mitten im Leben ein für allemal zu überwinden vermochten, und es ist dieser Gedanke, den gerade das *Johannes*evangelium betont herausstellt: die unbedingte Gegenwart des Zukünftigen[1] in der Botschaft Jesu, in der Wirklichkeit des Christus! Die Geschichte von der Auferweckung des Lazarus (Joh 11,1-45) vor allem macht für *Johannes* die «Auferstehung» aus den «Gräbern» in dieses Leben hinein deutlich[2]: «Wer an mich glaubt, wird leben, wenn er auch stürbe» (Joh 11,25). – Es ist ein extremer Ausdruck dafür, daß es den Tod als Macht der Daseinsverformung aus Angst nicht mehr gibt für denjenigen, der die Botschaft Jesu von dem Vertrauen auf Gott in sein Leben eingelassen hat[3].

Man glaubt mithin im Sinne des *Johannes*evangeliums an Christus eigentlich nicht aufgrund der Auferstehung am Ostermorgen; umgekehrt: es kann die Auferstehung Jesu am Ostermorgen nur *sehen*, wer am eigenen Leibe erlebt hat, daß die Person Jesu in sich selber «Leben», «Licht» und «Auferstehung» *ist* (Joh 1,4; 11,25)[4]. Wenn man so will handelt es sich dabei um die gegenläufige Position zur *paulinischen* Theologie: nicht die Vision des Auferstandenen (vor Damaskus, Apg 9,1-19; 1 Kor 15,8) bezeugt die Wahrheit der Botschaft Jesu, sondern nur wer erlebt hat, daß es ohne die Person Jesu kein Leben gibt, wird fähig sein, das Grab Jesu am «Ostermorgen» *leer* zu finden[5].

Die Verkörperung dieser Wahrheit bildet für das *Johannes*evangelium die Gestalt der *Maria von Magdala*; auf sie allein gründet sich die Botschaft des Lebens jenseits des Todes; mit ihr, einer Frau, die *Paulus* mit keinem Wort erwähnt, ja, die er in seiner Liste der Zeugen in 1 Kor 15,5.6 wie mit Absicht übergeht, muß man der Darstellung des *Johannes*evangeliums zufolge beginnen, um nachzuvollziehen oder, besser, um mitzuvollziehen, was sich im Herzen eines Menschen begibt, der gerade im Angesicht des Sterbens Jesu erfährt, daß das Licht nicht verlöschen und die Liebe nicht erkalten kann. Im Gegenteil: wer sieht, wer Jesus wirklich ist, für den ist die Schändung auf Golgotha in Wirklichkeit «Verherrlichung» (Joh 12,23; 16,14; 17,5) und seine barbarische Kreuzigung in Wirklichkeit Bestätigung und Erfüllung vor Gott – o daß doch der Ewige die Welt durch diesen Tod zuinnerst erneuern, «richten» (Joh 12,31; 16,8) und endgültig «an sich ziehen» möge (Joh 12,32)! Auferstehung Jesu – das heißt für *Johannes*: das Ende der Angst (Joh 14,1; 20,19), das bedeutet die Kraft der Vergebung (Joh 20,23), das besagt die Verklärung der Wunden (Joh 20,27), das ermöglicht einen Glauben ohne zu «sehen» (Joh 20,29) – das heißt, in ein Leben zu treten, in welchem die Menschen «versöhnt» sind mit Gott, versöhnt mit sich selbst, versöhnt miteinander, als Schwestern und Brüder untereinander (Joh 20,17), als «Kinder des Lichtes» (Joh 1,12). Maria von Magdala! – Sie ist der Endpunkt von allem. Sie ist der Anfang. Wer ist sie?, und: Was hat sie erlebt, daß alle anderen daraus Leben empfingen?

«Natürlich», schreibt Luise Rinser in ihrem Jesusroman *«Mirjam»*, «sprachen wir, wenn kein fremdes Ohr nahe war, über das, was wir erlebt hatten, und wir versuchten, das Unbegreifliche (sc. des Ostermorgens, d. V.) ein wenig handlicher zu machen. Wir verglichen unsere Erfahrungen, die wir mit dem aus dem Totenreich Zurückgekehrten (sc. Jesus, d. V.) gemacht hatten, wir zogen unsere Wahrnehmungen in Zweifel, wir erwogen die Möglichkeit der Sinnestäuschung und kamen doch immer wieder auf den einen festen Punkt: wir haben ihn erlebt. Auf jeden Fall: er lebt. Ob gesehen oder gehört, das war eine Frage für sich. Haben wir ihn in uns gesehen oder außerhalb unserer? Haben wir sein Bild in uns nach außen verlegt, sozusagen? Oder war er tatsächlich eine Wirklichkeit außer uns? Haben wir ihn als ein Außer-uns sehen können, weil er ein In-uns war?»[6] Tiefenpsychologisch wird man sagen müssen, daß die Frau aus Magdala die Person Jesu offenbar in einer Weise erlebt hat, daß all die Bilder, die in der menschlichen Seele zur Deutung des Todes angelegt sind, in ihr aktiviert und freigesetzt wurden bis zur völligen Gewißheit, bis zum «Sehen» und «Hören». Rein psychologisch mag man dies ein Heraussetzen innerer Bilder, eine «Projektion» also, nennen; theologisch aber wird man betonen dürfen, daß es gerade diese «Bilder» sind, die verdienen, daß man ihnen auch eine «objektive» Wahrheit zutraut; denn eben darin bestand das Vertrauen, das Jesus uns lehrte: daß Gott uns nicht Formen der Sehnsucht und Hoffnung ins Herz gelegt hat, die nicht in Wahrheit auch stimmen. Wir können den Auferstandenen nur sehen, weil wir sein Bild in uns tragen, und er begegnet uns nur als «außerhalb» von uns, weil er zutiefst in uns lebt; aber er lebte nicht in uns, entspräche den «Bildern» des ewigen Lebens nicht eine Wirklichkeit, die an sich bei Gott besteht, und es ist in alle Ewigkeit die Person und das Wesen dieses Jesus von Nazareth, deren Güte und Sanftmut unsere Seele so sehr verzaubert und anregt, daß sie all diese Bilder des Lebens in uns zu finden und festzuhalten vermag, die uns auf immer bezeugen: es gibt keinen Tod.

a) Maria von Magdala am Grab oder: Die dreifache Umkehr (Joh 20,1.11-18)

1 Am ersten Wochentage kommt Maria, die Frau aus Magdala, in der Frühe, als es noch
dunkel ist, zum Grab und sieht, wie der Rollstein vom Grab weggenommen ist. 11
Maria blieb an dem Grab stehen, draußen, weinend. Wie sie nun weint, hat sie sich in
das Grab hineingebeugt 12 und erblickt zwei Engel in Weiß da sitzen, einen zu Füßen,
einen zu Häupten der Stelle, wo der Leib Jesu hineingelegt worden war. 13 Und es
sagen zu ihr diese: «Frau, warum weinst du?» Sagt sie zu ihnen: «Weggenommen haben
sie meinen Herrn, und nicht weiß ich, wohin sie ihn gelegt haben.» 14 Als sie dies
gesagt hatte, hat sie sich umgedreht, nach rückwärts, und erblickt Jesus, wie er dasteht,
und sie wußte nicht, daß es Jesus ist. 15 Sagt ihr Jesus: «Frau, warum weinst du? Wen
suchst du?» Sie, in dem Glauben, es ist der Gärtner, sagt ihm: «Herr, wenn du ihn
weggetragen hast, sag mir, wo du ihn hingelegt hast, und ich, ihn will ich holen.» 16
Sagt ihr Jesus: «Mirjam!» Sie dreht sich um und sagt ihm auf Aramäisch: «Rabbuni»
(d. h.: mein Meister). 17 Sagt ihr Jesus: «Berühre mich nicht, denn ich bin noch nicht
zum Vater aufgestiegen. Aber geh zu meinen Brüdern und sag ihnen: Ich steige hinauf
zu meinem Vater und euerem Vater, meinem Gott und euerem Gott.» 18 Es kommt
Mirjam, die Frau aus Magdala, und meldet den Jüngern: «Gesehen habe ich den
Herrn», und das hat er ihr gesagt.

Die Frau, die sich am Ostermorgen zum Grab Jesu begibt, muß mit dem Tod des Herrn alles verloren haben. Wir wissen nicht sehr viel aus ihrem Leben. Nur eine einzige kurze Bemerkung im *Lukas*evangelium berichtet von ihr. Es ist eine dunkle und sehr sonderbare Mitteilung. Maria, so heißt es dort, sei von sieben bösen Geistern besessen gewesen, und der Herr habe sie geheilt (Lk 8,2)[1]. Was immer auch man sich unter einer solchen *Besessenheit* vorstellen mag[2]: ganz sicher scheint zu sein, daß Maria von Magdala, ehe sie dem Herrn begegnete, wie völlig aufgelöst, in sich zerspalten und zerrissen gewesen sein muß, sich selber fremd und Mächten in ihr ausgeliefert, die über sie hinwegzogen wie Regenwolken vor dem Sturm.

Ein ganz und gar chaotisches, zerstörtes und haltloses Leben muß sie geführt haben, wie willenlos getrieben, ohnmächtig zu jeder Art von Selbstbestimmung.

Im Ansatz kennen wir ein solches Lebensgefühl alle: ganze Tage, ganze Jahre können dahingehen, ohne einen einzigen Gedanken, ohne eine einzige eigene Entscheidung, ohne ein einziges wirklich persönliches Gefühl; immer aber womöglich haben wir noch das Bewußtsein, wenigstens prinzipiell die Verbindung zu uns selber nach Belieben herstellen zu können. Wir ertragen die ständigen Formen der Fremdbestimmung als etwas von außen Zugefügtes, sie sind uns selbst (noch) nicht innerlich, und immer noch suchen wir uns damit zu trösten, daß wir im nächsten Urlaub, in der nächsten Kur, in ein paar Jahren nach der Pension das Leben beginnen können, das wir eigentlich führen möchten. Eine Illusion zumeist! Denn unbemerkt dringt das System der Außenlenkung in unser Inneres ein, schon aus lauter Angst vor unserer eigenen Selbständigkeit wird es allmählich zu einer Art zweiten Ichs, und am Ende greifen wir förmlich nach jeder Erleichterung, nach jeder Ablenkung von unserer eigenen Persönlichkeit, nur um nicht den Schrecken aushalten zu müssen, uns selber zu begegnen. So zu leben ist fast normal: das, was die anderen sagen, was sie denken oder was sie beschließen, gilt als das Bedeutende, wir selber aber sind das von den Umständen Bedeutete, das aus Angst von jeder fremden Gegenmeinung Abhängige, – ein Wahnsinnszustand der Existenz, der indessen als alltägliche Gewohnheit auftritt und durchaus noch nicht den Eindruck subjektiver Krankheit macht. Das Problem aber liegt vor allem darin, daß Menschen, die selber nicht leben, auch andere nicht zu sich selbst kommen lassen, und gerade das scheint der Fall im Leben Marias aus Magdala gewesen zu sein: sie scheint nie ein eigenes Ich besessen zu haben, ihre Seele war nichts als die Aufspaltung selbst, ein Bündel von Nicht-Ichen und Komplexen, die niemals zu einer Einheit fanden.

Der englische Psychiater Ronald D. Laing hat in seinem Buch *«Das geteilte Selbst»* am Beispiel der Schizophrenie die wohl konzentrierteste Vorstellung davon gegeben, wie ein solches, in sich zerfallenes, von «sieben Dämonen» beherrschtes Ich beschaffen ist. Es ist ein Ich, das in der ständigen Angst lebt, aufgrund seiner Schwäche von den Dingen, Gegenständen und Personen ringsum förmlich erstickt zu wer-

den. Auf dem Grund seiner Existenz lauert das ständige Gefühl einer ontologischen Unsicherheit, ein Empfinden, im wahrsten Sinne des Wortes über dem Nichts zu hängen. In der schlimmsten aller Ängste, in der Furcht, die eigene Identität und Autonomie zu verlieren oder schon verloren zu haben, ist ein solches Ich unentwegt vor allem auf der Flucht: vor der Liebe ebenso wie vor dem Haß. Aus Angst verkriecht es sich in seine Einsamkeit, obwohl es doch im Grunde nichts mehr fürchtet, als allein zu sein. LAING gibt u. a. den Traum eines 25jährigen Mädchens wieder, das mehrfach hintereinander träumte, daß sich während des Essens die fünf Personen am Tisch in Steinstatuen verwandeln. Er schreibt: «Sie (sc. das Mädchen, d. V.) flüchtete in Entsetzen und rannte in das Zimmer ihrer Mutter. Auch ihre Mutter war zu Stein geworden und saß leblos in ihrem Sessel, mit leeren Augen in die Luft starrend. Die Träumende flüchtete in das Zimmer ihres Vaters. Er stand in der Mitte des Zimmers. In ihrer Verzweiflung rannte sie auf ihn zu und warf schutzsuchend die Arme um seinen Hals. Aber auch er war aus Stein, und zu ihrem unbeschreiblichen Entsetzen verwandelte er sich in Sand, als sie ihn umarmte.»[3] Das Mädchen selbst, als es erwachte, war vor Grauen minutenlang wie betäubt und selbst wie unbeweglich, buchstäblich verhärtet und versteinert.
Gerade die Menschen, so scheint dieser Traum zu sagen, die dieses 25jährige Mädchen am meisten brauchen würde, sind zu ihm abweisend und kalt, von einer steinernen Härte; wenn es sich an sie wendet, sind sie leblos wie Statuen; in ihren Augen ist es keines Blickes würdig – es hat nicht das geringste Ansehen bei seinen eigenen Eltern. Wie im *Dornröschen*-Märchen[4] erstarrt das ganze Leben aus Angst in einer seelenlosen, maskenhaften Außenseite: nichts mehr bewegt sich, nichts entwickelt sich, alles ist tot und erweckt nur noch äußerlich den Anschein von Leben. Sobald man glaubt, sich daran festklammern zu können, zerrinnt es zu Sand, haltlos und formlos – nichts! So wirkt es, wenn Menschen, die selber nicht leben, nichts weiter sind als Statuen und Attrappen, als «Profis» in «Funktion», als «Amtsträger» in den Kitteln aus Schwarz, Weiß, Rot oder Grün – keine Menschen, nur dienstbare Gegenstände.
Die «Dämonie» der «sieben Geister» in der Person Maria Magdalenens bedeutet wohl zentral ein solches Auseinanderfallen des eigenen Ichs im Umkreis einer solchen radikalen Unpersönlichkeit und Ungeliebtheit. Der Schizophrene ist ein Mensch, der in Ermangelung eines wirklichen Gegenübers niemals zu sich selbst gefunden hat und der

vollkommen ohne Hoffnung, ohne Perspektive ist, ein lebendig Toter, ein Mensch, der aus sich selbst herausgefallen ist und in sich selbst kein Zentrum mehr besitzt. Gerade so scheint das Leben Maria Magdalenens gewesen zu sein, ehe sie Jesus begegnete[5].

Erst von daher können wir begreifen, was für diese Frau Jesus bedeutet haben muß. Er war für sie der Wendepunkt, an dem ihr Leben anfing, zum erstenmal ihr selber zu gehören; an ihm vermochte sie sich selbst wiederzufinden. Er war für sie der Punkt, von dem her Ordnung in ihr Leben kam, an dem sie Festigkeit und Sicherheit gewann, an dem der Abgrund unter ihren Füßen sich zusammenfügte und sie so etwas wie eine Verankerung in ihrem Dasein spürte. Die ganze Welt, das ganze Leben, alles muß angefangen haben, sich aus seiner Totenstarre, seiner Versteinerung, seiner ängstigenden Allmacht zu befreien, es muß begonnen haben, neu zu leben und einen Zusammenhang, einen inneren Sinn um sich zu formen. Aus einer Unzahl von zerrissenen Fetzen und zerbrochenen Steinen gewann ihr Leben eine Einheit und fing an, in sich von neuem ganz und heil zu werden. Die Flucht vor den anderen, das Leben in dem Getto purer Angst hatte ein Ende. Einmal war sie einem Menschen begegnet, der nicht als eine Statue aus Stein vor sie hintrat und ihr zu Sand zerrann, wenn sie sich an ihn klammern wollte. Auf der ganzen Welt muß Jesus für sie die Stelle gewesen sein, wo sie zum erstenmal einfach hatte dasein dürfen, wo sie zum erstenmal von sich hatte sagen können, daß es jemanden gab, der sie ohne jedwede Hinterabsicht und ohne jeden Eigennutz, nur um ihrer selbst willen, liebte; und indem in einem solchen Klima der Freiheit und des Gewährenlassens ihr eigenes Ich sich zu formen begann, wird sie zum erstenmal etwas gespürt haben von jenem absoluten Du, das wir Gott nennen und das in Jesus für sie Form, Gestalt und Inhalt fand.

Viele Menschen schon haben an Jesus geglaubt, manche schon haben ihn gemocht, gewiß. Aber niemand hat ihn so sehr geliebt und so an ihm gehangen wie diese Frau aus Magdala. Denn ihr bedeutete er alles[6]. Wenn wir von Maria, der Mutter Jesu, sagen, daß sie nur *auf ihn hin* lebte[7], so muß man von Maria Magdalena sagen, daß sie nur *durch ihn* lebte. Und wenn man von Maria sagt, daß sie im Hinblick auf den Herrn von aller Schuld in ihrem Leben unberührt geblieben sei[8], so war Maria Magdalena umgekehrt das reine Opfer aller Menschenschuld, die vollkommene Beute reiner Angst, das äußerste, unmenschliche Produkt schierer Unmenschlichkeit. Was sie sein konnte, war sie nur durch Jesus; ohne ihn konnte sie fortan nicht weiter leben, und so ging sie mit ihm in dem sicheren Gefühl, ihn immerdar lieben zu müssen und in ihm alles das zu finden, was sie zum Leben brauchte. Von anderen heißt es, daß sie alles verließen, um sich Jesus anzuschließen[9]; Maria Magdalena hatte nichts, was sie hätte verlassen können; sie konnte nur alles gewinnen. Sie «folgte» ihm nicht nach wie andere, sie erfuhr einfach, daß er die einzige Stelle auf der Welt war, an der sie leben durfte und an der sie zum Leben zugelassen wurde. Sie folgte ihm, wie man von einer Schwalbe sagen kann, daß sie dem Sommer folgt: um immer an dem Ort zu bleiben, wo sie in seiner Nähe war und wo sie seine Wärme fand. Nirgendwo sonst konnte Maria Magdalena glauben, das zu finden, was Jesus für sie war und was er ihr gegeben hatte.

Von jeder Liebe unter Menschen gilt, daß sie den anderen einmalig macht; in jeder Liebe wird der andere zu einer Tür, die in den Himmel führt. Aber von einer Liebe, der man es verdankt, zum erstenmal ein Mensch zu sein, kann man wohl sagen, daß sie in sich selber göttlich ist und daß man in ihr Gott begegnet. Und so war Jesus für Maria Magdalena *Gott*. Ein Mensch, den man aus Liebe von sich her vergöttlicht, wird Zug um Zug die eigene Freiheit nehmen und Hingabe in Untertänigkeit verwandeln. Maria Magdalena aber fand in der Nähe Jesu zu sich selbst zurück; und eben darin ward ihr Jesus Gott. Er blieb für sie durchsichtig auf Gott hin und war doch selbst für sie in dieser Transparenz ganz und gar eine göttliche Person. Durch ihn wußte sie sich in Gott geborgen[10].

So war sie mit den anderen in der Umgebung Jesu, und doch von allen anderen durch ein Unendliches an überwundenem Leid getrennt. Man mag sich vorstellen, wie sie dem Herrn zu Füßen saß und seinen Worten lauschte. Bilder und Einsichten, wie sie noch nie ein Mensch verkündet hatte, sprach er aus; und sie spürte bei allem, was er sagte, daß sie aus seinen Worten leben konnte, ja, daß Gott selbst in ihnen zu ihr sprach; so wahr und einfach wurde alles, wenn man es mit seinen Augen sah – nicht siebenfach aus Angst zersplittert und zerrissen.

Dann aber waren diese Tage des Karfreitags über sie hereingebrochen, in denen man den Herrn von allen Seiten in die Enge trieb, ihn, der unendlich höher stand als alle seine Ankläger. Keine ihrer Verdächtigungen und Verleumdungen konnte ihn treffen, und dennoch wurde er von der barbarischen Gewalt der Lüge und der Angst zertreten. Die Frau aus Magdala muß das total vernichtet haben. Alle, von denen

sonst die Bibel sagt, sie seien Christus «nachgefolgt», haben den Herrn auf Golgotha im Stich gelassen. Nur Maria Magdalena nicht. Sie hatte keine Wahl. Sie konnte in kein anderes Leben flüchten. Ihr Leben wurde am Karfreitag mitgetötet. Endgültig drohen jetzt die alten Mächte, die einen Augenblick lang in der Nähe Jesu schon gebannt zu sein schienen, wieder heraufzuziehen und sie für immer einzuholen. Alles, was mühsam und geduldig in ihr herangewachsen und gereift war, scheint in den Stunden des Karfreitags zerschlagen und zunichte. Mit seinem Tod starb auch ihr Leben.
Gewiß besteht zwischen der Schilderung Maria Magdalenens in der kurzen Bemerkung des *Lukas*evangeliums und ihrem Gang zum Grab am Ostermorgen im *Johannes*evangelium historisch zunächst kein Zusammenhang. Und dennoch besteht er innerlich. Denn nur ein äußerstes an Not ist fähig zur Erlösung; und nur wer selbst wie tot ist, kann am eigenen Leib ermessen, was das ist: die Auferstehung von den Toten. Nur wem mit Jesus alles stirbt, kann ihn im Tode wiederfinden. Insofern steht Maria Magdalena für eine ganze Menschheit, die nicht weiß, wie sie noch weiterleben soll, wenn Menschen alles, was von Gott ist, töten können; und wenn das Leben ohne Gott ein einziger Wahnsinn, eine einzige Lüge ist, wie es *Johannes* sagt, dann ist Maria Magdalena, die Wahnsinnig-Besessene des *Lukas*evangeliums, die rechte Stellvertreterin für alle, die es um den Verstand bringt, zwischen Menschen ohne Gott zu leben[11]. Was sind denn Menschen ohne Gott, wenn nicht Unmenschen ohne Sinn, Vertrauen, Güte und Berechtigung zum Dasein? Erneut versteinert jetzt die Welt Maria Magdalenens an dem Felsengrab im Garten, nur jetzt aus grenzenloser Traurigkeit und wie aus Mutwillen und Absicht. Einzig auf Erden liebt sie jetzt nur noch das Grab, in dem er liegt, der sie hat leben lassen. «Früh, während es noch dunkel ist», begibt sie sich auf diesen Weg zu ihm, wie wenn sie alle Nacht und alle Todesdunkelheit mit ihm gemeinsam teilen wollte[12]. An diesem Morgen sucht sie ihren Herrn auf, um an seinem Grabe für sich selber einen letzten Ruheort zu finden, wie um sich einzurichten in der Traurigkeit, ganz wie ein Hund am Grabe seines Herren wacht, ohne den er doch nicht leben kann. Aufhören, ihn zu lieben, kann sie nicht; sich von ihm loszureißen oder ihn zu vergessen vermag sie gleichfalls nicht – und will's auch nicht. Im Gegenteil, ihr einziger Wunsch ist jetzt, ihn nie mehr loszulassen; ihn, den die Menschen ihr genommen haben, will sie wenigstens in ihrer Erinnerung niemals verlieren. Mit der Kraft der Verzweiflung hängt sie an

dem Erinnerungsbild seines toten zerstörten Leibes. Sie will es sich erhalten und will es immer vor sich sehen. Es ist ihr letzter Trost auf dieser Welt, wenigstens noch diese Traurigkeit eines zerstörten Glücks, einer zerstörten Liebe zu spüren; denn nur in dieser Traurigkeit kann sie bei ihrem Herrn verweilen. So wie sie ihn mit seinem Leben ganz in sich aufgenommen hatte, so möchte sie den Toten jetzt mit ihrer sanften Traurigkeit bedecken und umschließen wie etwas, das fortan nur ihr gehört, ihr Einziges, das Letzte, was ihr noch verbleibt: sein Leib, wenigstens noch sein Leib soll ihr nicht mehr genommen werden. Ihr Leben hat fortan nur noch den Sinn, ein Totendienst zu sein. Das Grab, sein Leib – sie sind ihr einziges Vermächtnis[13].
Da sieht sie, wie der hohe, ca. 1 m große Rollstein von der Eingangstür des Felsengrabes weggewälzt ist, und ein Schrecken überkommt sie. Denn dies scheint der Beweis, daß man ihr auch die letzte Zuflucht noch genommen hat. Die Roheit, die den Herrn vernichtete, hat offenbar selbst vor den Grundregeln der Pietät nicht Halt gemacht. Nichts hat sie mehr, an das sie sich noch klammern könnte. In diesem Augenblick bricht sie in Tränen aus, sowie mitunter Menschen weinen, deren Leben wie nach einem Dammbruch sich entleeren will, das nur noch ausfließt und verrinnt, weil es nichts gibt, was es aufhalten könnte. Alles ist fort; es ist ein Weinen ganz am Ende, hilflos, haltlos, rettungslos. Nicht einmal seinen Körper konnten sie ihr lassen! Von neuem muß die Angst Maria Magdalena überkommen, daß alles wiederkehren könnte, daß jetzt von neuem die dunklen Mächte der Vergangenheit von ihr Besitz ergreifen könnten und sie zurückfällt in die Macht des Wahnsinns, als hörte man ihre unheimlichen Stimmen bereits am Fenster draußen, als schlügen ihre Fäuste bereits außen an das Tor. Muß nicht in einer Welt, die derart mitleidlos und unbarmherzig das Wertvollste und Kostbarste zerstört, die derart allem, was menschlich wertvoll ist, entgegensteht, der Wahnsinn geradezu notwendig werden? Scheint in ihr nicht endgültig die Macht des Bösen die Oberherrschaft zu besitzen? Wie wenn sie selber sich darin verkriechen wollte, beugt Maria Magdalena sich in die Grabkammer hinein, um den Ort zu betrachten, an dem der Herr gelegen haben muß. Verzweifelter und aussichtsloser kann kein Mensch empfinden als diese Frau, an diesem Morgen, in diesem Augenblick.
Und doch ist alles anders, als Maria glaubt; und doch quält sie sich, ohne es zu wissen, im Grunde unberechtigt weiter mit ihrer Traurigkeit; und doch droht ihr kein Rückfall mehr in all das, was gewesen ist.

Denn dieses leere Grab, der leere Stein, beginnt mit ihr zu reden – eine ganz innerliche, unhörbare Sprache (siehe Tafel 5). Der Ort, an dem der Leib des Herrn gelegen hat, fängt ein Gespräch an, das allein das Herz versteht, und er sagt Worte, die nur Gott dem Menschen sagen kann – Worte von Engeln, nicht von Menschen[14]. Der leere Platz, an dem der Herr gelegen hat, die Stelle seiner Füße, seines Hauptes[15]: während Maria Magdalena mit ihren Augen den ganzen Ort noch einmal abmißt, richtet er an sie eine ganz sonderbare vorsichtige Frage; eine ganz zögernde, behutsame Infragestellung geht von diesem Orte aus: «Frau, warum weinst du?» So ist es immer, wenn Gott fragt: es geschieht stets, um aus Verlorenheit zurückzurufen und die schon selbstverständliche Verzweiflung aufzubrechen[16]. Alle wirkliche Traurigkeit hat die Tendenz, sich selbst ins Grenzenlose auszuweiten, und jede schwere Depression saugt die gesamte Welt wie in ein Vakuum in sich hinein; alles ringsum erscheint dann nur wie eine sichere Bestätigung der Hohlheit und der Leere aller Dinge. Darum ist schon unendlich viel gewonnen, wenn die Verzweiflung in den Grund ihrer Resignation zurückgeführt wird und etwas von der Selbstverständlichkeit verliert, mit der sie sich umgibt. «Frau, warum weinst du?», diese Fragestellung ist das erste, was von den leeren Steinen der Grabkammer ausgeht. Es liegt darin im Grunde bereits alles, was Gott der Traurigkeit Maria Magdalenens sagen kann. Aber mit weinenden Augen sieht man keine Engel, und die Worte, die trösten, vernimmt man gerade dann nicht, wenn man sie am meisten brauchen würde. So bricht denn aus Maria Magdalena in einer langgezogenen Klage die ganze Bitterkeit hervor: «Weggeschafft haben sie meinen Herrn, und nicht weiß ich, wohin sie ihn gelegt haben.» «Meinen Herrn»[17] – wie viel liegt in diesem Ausdruck an Anhänglichkeit und Treue, an enttäuschter Hoffnung und verlorenem Halt, wie viel auch vom Empfinden einer tiefen Einsamkeit!

Maria Magdalena weiß an diesem Morgen sich ganz allein mit ihrer aussichtslosen Liebe zu dem, der ihr gehört hat und dem sie selbst sich zugehörig fühlte: gerade er scheint ihr restlos genommen. Und dennoch hat bereits der Anblick der «leeren» Grabkammer und die Frage, die davon ausgeht, eine Wandlung in ihr hinterlassen. Innerlich, in ihrer Aufmerksamkeitsrichtung, hat sie sich verändert. *Sie wendet sich nach rückwärts*, sagt der Text, und offensichtlich ist diese Wendung nach rückwärts nicht räumlich, sondern innerlich gemeint, denn sonst wäre die nochmalige zweite Wendung, die Maria Magdalena im Gespräch

mit Jesus wenig später vollziehen wird (Joh 20,16), gar nicht verstehbar[18]. *Innerlich* wendet sich Maria Magdalena vom «Grabe» weg *nach rückwärts*, fort aus der leeren Gegenwart also in die Vergangenheit, weg von dem toten Äußeren zu dem, was sie von früher her wie gegenwärtig in sich trägt.
Die Bedeutung dieser ersten «Umkehr» ist deutlich: Maria Magdalena wollte mit dem Gang zum Grabe die tote Lebenshülle Jesu für sich aufbewahren; sie suchte sich an das zu klammern, was von «ihrem Herrn» ihr *äußerlich* geblieben war, so wie jemand das Foto eines verstorbenen Geliebten aufbewahrt oder nach Jahren noch in seinen Briefen liest. Aber das Äußere bleibt nicht; es schwindet und gibt keinen Halt. Was äußerlich von Jesus bleibt, sein «Grab», ist ganz buchstäblich «leer». Solange man sich daran klammern wollte, fände man nie zum Leben zurück. Man müßte vielmehr Tag um Tag sein eigenes Leben selbst zu Grabe tragen, so wie Maria Magdalena aus lauter Verzweiflung es schon selber will: das ganze Leben als ein Totendienst. In dieser Haltung kann man nur die Bitterkeit, den Schmerz verewigen, man kann nur denken, das Ungeheuerliche hätte nie geschehen dürfen; und doch *ist* es geschehen, und es ist äußerlich durch nichts mehr zu beseitigen. Maria Magdalena muß aus dieser Leere des Äußeren zunächst nach innen, nach rückwärts, in die Vergangenheit gelenkt werden, und in diesem Sinne ist das Grab Jesu, ist jedes Grab ganz leer – ob in Jahrzehnten der Verwesung, ob im Verbrennen des Körpers, ob in dem dumpfen Klang der Erdschollen auf dem versinkenden Sarg ... – das Äußere gibt keinen Halt. So betrachtet, ist sogar die Hoffnung der Ägypter, äußerlich genommen, trügerisch: man könnte wenigstens die äußere Gestalt, die Hülle des Geliebten, durch die Balsamierung seines Körpers konservieren und der Zerstörungskraft der Zeit entreißen. Einzig, was sich in Geist verwandelt, wiedersteht dem Strom der Zeit.
Von daher muß die Traurigkeit Maria Magdalenens zunächst tatsächlich bis zum Äußersten getrieben werden. Maria Magdalena auf dem Weg zum Grab, so traurig sie auch war, konnte doch hoffen, daß ihr noch ein gewisser Rest geblieben sei – die Scherben wenigstens, und daß sie sich zumindest daran in gewisser Weise festzuhalten vermöchte. Die unbarmherzige, doch wahre Einsicht jetzt besagt, daß sie gar nichts besitzt, und nur in dieser verzweifelten Zuspitzung kommt sie von der leeren Umklammerung des «Äußerlichen» los. Es gibt im Äußeren nichts mehr. Das Grab ist leer[19] – d. h.: es ist im Äußeren

unwiderbringlich alles fort[20]. Erst diese letzte Härte der Enttäuschung kann sie davon befreien, sich an die äußeren Fragmente des Zerbrochenen zu klammern; erst dieser harte, unausweichliche, göttliche Zwang veranlaßt sie, die ganze Inhaltslosigkeit, die fürchterliche Leere ihrer Grabeshoffnung sich selbst einzugestehen. Es bleibt ihr äußerlich endgültig nichts – eben deshalb muß sie sich jetzt vom Grabe weg nach rückwärts wenden. «Warum weinst du» – fragt sie das leere Grab, und wirklich sind es Engelstimmen, die so fragen. Es ist das Allerschwerste, auch das Äußere noch zu verlieren; und dennoch kommt gerade dieser Verlust des Äußeren von Gott: während Maria Magdalena im Grab nur das Zeugnis und die Stütze dessen, was sie gewesen war, aufsuchen wollte, erscheint jetzt als das wahre Innere des Grabes ihre eigene Erinnerung. Nicht in dem leeren Stein, in ihr selbst wohnt das unzerstörbare Bild seiner Person. Ihn, wie er war, kann sie sich innerlich vorstellen, oder, genauer: ganz wie von selbst tritt jetzt, vom Grabe abgewandt, in ihrer Traurigkeit seine Gestalt aus der Vergangenheit, aus der Rückwärtserinnerung von neuem vor sie hin, redet sie an und stellt an sie die gleiche Frage wie die Engel: «Warum weinst du?»

Lange kann dieses «Rückwärtsschauen» trauriger Erinnerungen währen; Monate, Jahre kann es dauern, vom Grabe weg nach rückwärts sich zu wenden und zu sehen, was verloren ist. Immer von vorn erhebt sich diese Frage, und alles kreist darum, sie zu beantworten: «Warum weinst du?» Es gibt zur Traurigkeit unendlich viele Gründe, und alle wollen sie genannt sein. Jeder dieser Gründe läßt, nach rückwärts gewandt, seine Gestalt von neuem vor dem geistigen Auge Mariens erstehen. Doch: «Warum weinst du?» – diese Frage präzisiert sich nach und nach zu der weit konkreteren Form: «Wen suchst du?» Jesus selber muß diese Frage der Engel aus dem Grabe wiederholen und auf sich hin verdichten. Gerade die Erinnerung verlangt nach Klärung und nach Durcharbeitung all dessen, was er ihr gewesen ist. Mit seinen Worten, die sie in sich aufnahm, mit seinen Taten, denen sie sich selbst verdankte, steht er aus der Erinnerung von rückwärts her jetzt wieder vor ihr; sie sieht seine Gestalt, wie er gewesen ist, und doch – merkwürdig, aber fast immer ist es so in wirklichen Erscheinungserzählungen[21] – vermag sie ihn nicht zu erkennen. Für sie ist das, was sie nach rückwärts gewandt sieht, eine Gestalt, in der ihr zunächst gerade nicht der Herr erscheint, sondern die ihr den Zugang zu dem Lebenden versperrt, ein Mensch, der nur verdeckt, was sie in Wahrheit sucht. Rein menschlich sich an Jesus zu erinnern bedeutet demnach eigent-

lich, ihn in der Wirklichkeit, ihn in der Gegenwart nicht wahrzunehmen. Rein menschlich bliebe Jesus tot, und die Erinnerungsgestalt seiner Person wäre nur jemand, der durch sich selbst nur um so mehr bezeugen würde, daß in der Gegenwart alles verloren ist. Auf diese Weise sich nach rückwärts wenden hieße nur, die Traurigkeit noch zu vermehren; und alle Traurigkeit, selbst wenn sie schon gefunden hat, was sie vermißt, nimmt innerlich nicht wahr, was sie bereits als Wirklichkeit erkennen könnte. Im Gegenteil, nur um so mehr treibt es Maria Magdalena zu dem verzweiflungsvollen Wunsch zurück, sich wenigstens an ihrem toten Christus, an seinem Leibe, festzuhalten. «Wenn du ihn weggeschafft hast», sagt sie, «so sag mir, wohin hast du ihn gelegt, und ich, ihn will ich holen.»[22] Es ist das einzige, was sich Maria Magdalena auf dieser Welt noch glaubt, wünschen zu können, das, wofür oder wovon sie noch zu leben hoffen möchte: seinen Leichnam! Emphatisch setzt sie beides einander gegenüber, wie wenn es eine absolute, unerschütterliche Einheit sein und bleiben müßte: «Ich, – ihn, ihn will ich holen.» Ihr Ich hat nur auf ihn hin zu sich selbst gefunden; jetzt, wo er tot ist, kann sie gar nichts anderes mehr wünschen, als, selber in sich tot, bei ihm, dem Toten, auszuharren.
Aber gerade in dieser Sehnsucht nach dem, was gewesen ist und was ihr nur in der Gestalt des Toten gegenwärtig scheint, oder was, umgekehrt, in der Erinnerung ihr nur wie ein endgültiger Beweis für eine ausgeraubte, leere Gegenwart anmutet, begibt sich jetzt ein unerhörter Wandel. Es ist, daß die Gestalt ihrer Erinnerung sie anredet, wie es der Herr, als er auf Erden weilte, wohl oft zu ihr gesagt hat: «Mirjam!» Wie ein begütigender Vorwurf fällt dieses Wort in ihre Traurigkeit. *Johannes* überliefert es in Aramäisch, in der Ursprache Jesu, um so die unverstellte Nähe auszudrücken, die darin mitschwingt, in dieser ganz und gar persönlichen Anrede: «Mirjam». Bei ihrem Namen ruft sie Jesus aus ihrer Traurigkeit zurück; mit diesem Wort berührt er sie, zu sich, zu ihm, zur Gegenwart zurückzufinden[23]. Wirklich ist dies der einzige Weg, der von der traurigen, rückwärtsgewandten Lebensrichtung der Verzweiflung wegführt. Maria Magdalena hört sich selbst von der Erinnerungsgestalt, die, unerkannt noch, vor ihr steht, bei ihrem Namen angerufen. Sie also ist gemeint; das, was gewesen ist, bleibt nicht Vergangenheit; es fängt mit ihr zu reden an, es spricht von früher her weiter mit ihr, meint sie, gilt ihr, ist ihr Besitz und ihre Gegenwart.
Noch einmal, sagt der Text, hat sich Maria Magdalena bei dem Anruf

Jesu «umgewandt», und diese zweite Umwendung ist das Entscheidende. Denn jetzt, wo Jesus sie bei ihrem Namen ruft, wird diese Frau aus Magdala endgültig fähig, sich von dem Blick nach rückwärts freizumachen, sich von dem sehnsüchtigen Starren auf das, was gewesen ist, zu lösen und nach vorn zu blicken[24]. Es wird dieser ganz und gar an sich selbst und aller Welt Verzweifelten jetzt möglich, von der Vergangenheit weg sich ein für allemal der Zukunft zuzuwenden. Es ist nicht wahr, daß Jesus nur nach Menschenart ein Gegenstand wehmütiger Erinnerungen wäre oder bleiben müßte. Die Worte, die er sprach, die Kraft seiner Person, haben nicht aufgehört, zu wirken – diese Erfahrung macht Maria Magdalena in diesem Augenblick. Aus der Vergangenheit her redet seine Stimme zu ihr weiter, und das heißt doch, daß er selbst nicht ein Teil bloßer Vergangenheit sein kann. Er, der sie selbst zum Leben auferweckte, läßt sie am leeren Grabe weiterleben. Das, was er war, wendet sich nach wie vor an sie, trägt sie und hält sie, unzerstörbarer und fester noch als jemals vorher. Seine Gestalt ist in ihren Augen unendlich wirklicher als alles, was ihn tötete – und das zu Recht: Die Pharisäer, die Hohen Priester, die Schriftgelehrten – leben sie denn wirklich? Wirklich ist er; wenn überhaupt etwas, so ist er wirklich. Er ist getötet worden, ja; aber er ist nicht tot. Man hat ihn totgemacht, doch er bewirkt in alle Zeiten, daß sie lebt. In seiner Wirklichkeit, die gegenwärtig vor ihr steht, hat sie den Mut, in ihrem Leben fortzusetzen, was durch ihn angefangen hat, und eben darin zeigt sich diese zweite, noch weit wichtigere Form der Umkehr Maria Magdalenens.

Die Differenz ist deutlich: inmitten der Verzweiflung war es für Maria Magdalena fast schon unmöglich gewesen, von der unmittelbaren Gegenwart des Grabes, von der Präsenz bloßer Zerstörung, loszukommen; und dennoch – oder gerade deshalb – mußte sie, von zwei Engeln angesprochen, sehen, daß es leer und nichtig wäre, sich an das Tote, Weggenommene, zu klammern; doch wie sie dann vom Grabe weg sich *rückwärts* wandte, war die Gestalt des Christus vor sie hingetreten, und obwohl sie ihn noch nicht erkennt, bewirkt seine Anrede nun jene zweite, noch viel wunderbarere Richtungsveränderung im Leben dieser Frau aus Magdala: daß sie noch einmal sich umwendet, von der Vergangenheit weg *in die Zukunft*, nach vorwärts also, nicht nach rückwärts, und jetzt, in innerer Vorwärtsgewandtheit, erkennt sie «ihren Herrn» als wirklich Lebenden.

In dieser neuen «Wendung» liegt der eigentliche Kern des Glaubens an die Auferstehung Jesu. Alles wird für Maria Magdalena, innerlich erneuert, wiederkehren: sie wird von neuem in dem leben, der ihr Leben war und ist; ganz wörtlich, wie er es verheißen hat, wird sie «bleiben in ihm» (Joh 15,4), und er, auf immer wird er «in ihr bleiben» (Joh 15,5), so wie er gesagt hat. Man mag ihr seinen Leib zerstören oder seinen Leichnam rauben können – ihn selber wird ihr keine Macht der Welt entreißen können; er selbst ist unzerstörbar. Er wird ihr bleiben, immer, und sie wird weiter in ihm ihre Bleibe haben. Er ist das einzige, was gilt; er ist ihr ganzes Leben, und sie selbst gehört nur ihm.

So geht sie jetzt, *nach vorn gewandt*, von sich her auf den Herrn zu und spricht aus, was sie erkennt und was sie fortan weiß: «Rabbuni, du, mein Meister!» Es ist das innigste, zärtlichste Zwiegespräch, das man sich denken kann, Worte über den Tod hinweg, hinein in eine unsterbliche, bleibende Gewißheit: «Du, mein Meister!»[25] – als wenn sie sagen wollte: «Du, mein Heil, mein Halt, du, meine Rettung, Herr, ich hab' dich wieder!» Er war der einzige, der sie maßgeblich prägte und bestimmte – in diesem Sinne war er ihr einziger «Lehrer» oder «Meister»; er wird es sein und bleiben. Es wird nicht widerlegt und unwahr, was er sagte, nur weil sie seine physische Gestalt zerstören konnten; im Gegenteil, einzig was er gewesen ist, gilt und ist wirklich, so, daß es sie von neuem leben läßt. Ohne den Herrn wäre sie selber tot; nur dadurch, daß er lebt, hat diese Frau aus Magdala mit ihrem Leben eine Zukunft.

Vielleicht wird man *diese zweifache Umkehr* Maria Magdalenens, ehe sie zu dem endgültigen, erlösenden Bekenntnis findet: «Du, mein Meister», als zu sehr subjektiv geprägt empfinden. Mancher wird sagen, eine Erkenntnis, ohne die ein Mensch selber nicht leben könne, stehe ganz und gar in dem Verdacht, nach eigenem Bedürfnis zurechtgelegt und einem reinen Wunschdenken entsprungen zu sein, eine subjektiv verständliche, an sich aber bedeutungslose Autosuggestion, eine bloße Gegenbesetzung zu der drohenden Verzweiflung. Aber ist nicht dies gerade das einzige Wahrheitszeugnis, das wir in unserer Seele tragen, daß wir ohne Gott nicht leben können? Ist nicht gerade die unbedingte Notwendigkeit des Denkens und des Fühlens das Hauptindiz dafür, daß wir es mit Göttlichem zu tun haben? Menschen, wenn sie gestorben sind, kann man, *muß* man eines Tages vergessen, um selbst zum eigenen Leben zurückzufinden. Aber ist nicht dies gerade das wichtigste Zeichen dafür, daß jemand wirklich Gott war, daß man ihn nicht vergessen kann und nicht vergessen darf, um überhaupt am Leben zu bleiben?[26]

EDUARD MÖRIKE hat in einem kleinen Gedicht mit dem Titel: *«Neue Liebe»*[27] einmal den Unterschied zwischen Menschen- und Gottesliebe zu beschreiben versucht, gerade in dem Sinne, daß man nur Gott sein Leben lang gehören kann und muß. Seine poetische Betrachtung stellt sich die Frage:

«Kann auch ein Mensch des andern auf der Erde
Ganz, wie er möchte, sein?
– In langer Nacht bedacht ich mirs und mußte sagen, nein!

So kann ich niemands heißen auf der Erde,
und niemand wäre mein?
– Aus Finsternissen hell in mir aufzuckt ein Freudenschein:

Sollt ich mit Gott nicht können sein,
so wie ich möchte, mein und dein?
Was hielte mich, daß ich's nicht heute werde?

Ein süßes Schrecken geht durch mein Gebein!
Mich wundert, daß es nur ein Wunder wollte sein,
Gott selbst zu eigen haben auf der Erde!»

Die Entdeckung, daß alle Liebe zum Menschen notwendige Grenzen der Intensität und Zeit besitzt, kann ein nachhaltiges Gefühl der Einsamkeit hinterlassen, als wäre man von allen Menschen verlassen und allein. In Wahrheit aber ist die Liebe unter Menschen das wichtigste *Bild* und der überzeugendste Hinweis auf jene tiefere Erwartung und Hoffnung, die jenseits der Menschenwelt wesentlich Gott gilt. Letztlich verlangen wir Menschen in aller Liebe nach einem Absoluten an Halt und Geborgenheit; und eben dieses Absolute an Liebe, ohne das wir als Menschen nicht leben können, ist Gott. «Gott habe ich schon deshalb so nötig», sagte F. M. DOSTOJEWSKI, «weil er das einzige Wesen ist, das man lebenslänglich lieben kann,»[28] Ein anderes Kriterium für Gott gibt es in unserem Leben überhaupt gar nicht, als daß wir auf etwas stoßen, an das wir unauflöslich, um überhaupt zu existieren, bedingungslos festhalten müssen[29]. Als diesen absoluten und bedingungslosen Punkt ihrer Geborgenheit und ihres Lebenswillens aber erkennt Maria Magdalena am Ostermorgen Jesus wieder. Indem sie einzig weiterleben kann mit dem Bild seiner Gestalt vor Augen, bezeugt sie zugleich, daß er wirklich lebt und leben muß. Etwas, das wir als wirklich glauben müssen, um selbst am Leben festzuhalten, muß selbst lebendig und in absolutem Sinne wirklich sein. Wohl ist es wahr: die unbedingte Lebensnotwendigkeit menschlichen Glaubens bewirkt nicht an sich selbst, daß Jesus «lebt», so als handelte es sich dabei um eine rein subjektivistische Sprechweise nach Art der oft gehörten Wendung, Jesus lebe fort «in unserem Glauben»[30]. Vielmehr verhält es sich gerade umgekehrt: das, was wir selbst in uns als absolut notwendig antreffen, ist in sich zugleich objektiv, und eine andere Weise, den auferstandenen Christus zu finden, wird es niemals geben, als daß man merkt, daß es kein wahres Leben gibt, ohne an ihn als Lebenden zu glauben.

Daher ist gerade diese Frau aus Magdala, diese Verzweifelte, *die erste*, die dem Herrn begegnet. Der «Erste» in der Bibel ist stets der Träger, die Symbolgestalt dessen, was wesenhaft und generell für alle Menschen gilt. Nur wer so, wie Maria Magdalena, spürt, daß er ohne den Herrn nicht leben kann – so kann man die Bedeutung dieser *«ersten»* Erscheinung Jesu wohl wiedergeben –, wird ihn nach der Vernichtung des Karfreitags als lebend neu entdecken; nur wem der Herr selber die Auferstehung *ist*, wird ihn als Auferstandenen vor sich sehen können; nur in der Weise einer eigenen Rückkehr aus diesem tödlichen, in sich verzweifelten, haltlosen Leben wird man zum Zeugen der Auferweckung Jesu.

In der Erfahrung der Auferstehung Jesu setzt sich mithin die intensivste Subjektivität des Denkens und des Fühlens als selber objektive Wahrheit, und wenn ein urchristliches Glaubensbekenntnis sagte, Gott habe den Gekreuzigten in der Auferstehung zum «Messias» gemacht (Röm 1,4) bzw. er selbst habe zur Rechten Gottes Platz genommen (Apg 7,56; Mk 14,62), so wird man eigentlich noch ursprünglicher sagen können, daß an die «Auferstehung» Jesu in diesem Sinne nur «glauben» kann, wem die Person *des historischen Jesus* zu einer absoluten Person geworden ist, so daß für ihn das Leben jenseits des Karfreitags einzig weitergehen kann, wenn die Person Jesu ihm selbst als objektiv lebend erscheint[31].

So weiß Maria Magdalena an diesem Ostermorgen, daß es in ihrem Leben keinen anderen geben wird, der ihr etwas zu sagen hat, als Jesus Christus; er ist *ihr Lehrer*, und sie sagt dieses Wort mit der vollkommenen Ausschließlichkeit, die wohl in aller Liebe liegt, als wäre er ihr unveräußerliches Eigentum. Zunächst *muß* dies auch offenbar so sein. Es gibt diesen *privaten* Gott, zu dem man beten, rufen, weinen kann, den man anreden kann, wie es so oft die Psalmen tun: «Mein Gott!» Es gibt diese Erscheinungsform des Herrn, die ganz ausschließlich nur dieser verzweifelten Frau aus dem kleinen Fischerdorf am See Genesareth gilt und gewidmet ist. Jede Verzweiflung ist im Grunde das Allerpersönlichste und Privateste, das am meisten Vereinsamende und Trennende, so daß L. TOLSTOI schon sagen konnte, jeder Unglückliche sei auf eine ganz besondere Weise unglücklich[32]. Darum ist es geradezu notwendig, daß Gott, wenn er eine Person wie diese Frau aus Magdala zurück ins Leben rufen will, in den persönlichsten Innenbezirk des Unglücks und der Einsamkeit eintritt und sie bei ihrem Vornamen anredet, bei dem, was einzig nur ihr selbst gehört; ja, würde Gott nicht immer wieder wie privat in dieses Getto unseres Schmerzes treten, so würde es niemals so etwas wie eine Erlösung für uns Menschen geben. Wer diese Zone des Respektes vor der absoluten Individualität und Unvertauschbarkeit des Leidens überspringt zugunsten allgemeiner, objektiver Formeln von «Gemeinde» und «Gemeinsamkeit», fügt durch sein Unverständnis und durch seine Oberflächlichkeit zu dem bestehenden nur immer wieder neues Leid hinzu[33].

Freilich ist es nicht möglich, und gerade wenn das Gesagte gilt, wäre es irgendwo ein liebevolles Mißverständnis, den Herrn gewissermaßen rein privat für sich allein «haben» zu wollen, wie etwas vollständig «Begriffenes», «Umfangenes». So zärtlich und unmittelbar das Zwiegespräch Maria Magdalenens mit dem Herrn auch ist – es kann so nicht bestehen bleiben. Ein Augenblick genügt wohl für ein ganzes Menschenleben, den Herrn als letzte, unzerstörbare Realität des Daseins kennenlernen zu dürfen; dann aber darf es und braucht es auch nicht so zu sein, daß man diese Erfahrung festhalten und sie sich gewissermaßen «handgreiflich» «aneignen» müßte. Ein einziger Moment restlosen Glücks reicht aus, um immerdar davon zu leben; und über diesen Augenblick hinaus würde man ein solches Glück womöglich nur zerstören, wenn man der Neigung nachgäbe, diese eine Erfahrung sozusagen «manifest» zu machen. Man müßte dann etwas, das rein im Inneren lebt, vergegenständlichen und profanieren; es würde dadurch nicht gewisser, sondern nur verfälscht. Denn Hände, die umschließen wollen, drohen eine Liebe zu verschließen, die den Tod überdauern soll. «Rühr mich nicht an» – bei seiner Abwehr der «Berührung» durch

Maria Magdalena geht es Jesus gewiß nicht darum, ihre Nähe als Frau von sich zu weisen, wohl aber offensichtlich darum, die Liebe ins Unendliche zu öffnen.

In dieser ganzen Szene an dem Grab im «Garten» schwingt das Wort aus dem «Hohen Lied der Liebe» (Hld 5,1; 6,2) mit: «Sie fand den Geliebten im Garten»[34]. Es ist ein Austausch des Gefühls, so zärtlich und so zart wie zwischen Bräutigam und Braut; es ist wie ein Stück wiedergeschenkten Paradieses, in das Maria von Magdala in diesem Moment eintritt, und insofern wird gerade in dieser Garten-Szene die Liebe unter Menschen offenbar sowohl bestätigt als zugleich in ein *Symbol* absoluter, göttlicher Begegnung umgewandelt. Die Liebe zwischen Mann und Frau, die irdische, «fleischliche» Liebe ist gerade kein bloßer Wartesaal des Himmels; sie ist nicht etwas an und für sich Unzureichendes und Unvollkommenes; sie ist vielmehr (ganz im Sinne der Erfahrungen und Bilder des Alten Ägyptens) der Spiegel und das Vorausbild für jene Wirklichkeit, die als ein unendliches Reifen das ganze Glück dessen ausmacht, was wir «Himmel» nennen; zwar ist sie nicht schon in sich selber die Erfüllung aller Menschensehnsucht, wohl aber ist sie das wichtigste Versprechen und Unterpfand dafür, daß es eine Erfüllung unserer Sehnsucht überhaupt gibt und geben kann, und insofern greift die Erscheinung des Auferstandenen in dieser Szene *im Garten* das innigste Gefühl der Liebe zwischen Mann und Frau in äußerst sublimer Weise ebenso *auf* wie sie es *über*greift. *«Rühr mich nicht an»* – das heißt: «Lerne im Angesicht des Todes alles Äußere fahren zu lassen; klammere dich nicht länger fest an die Form eines vergänglichen, irdischen Glücks; die Liebe auf Erden, als Zeichen genommen, ist unendlich mehr als alles, was sich halten und festhalten ließe.»[35] Wohl, daß die Angst, die Liebe und die Sehnsucht möchten, daß der Augenblick des Schauens nicht vergeht: *die Angst*, damit nicht alles wenig später schon wie Trug erscheine; *die Liebe*, um mit dem Geliebten unauflöslich zu verschmelzen; *die Sehnsucht*, um zur Ruhe einer letzten, endgültigen Erfüllung zu finden. Jedoch man darf *der Angst* nicht folgen – sie verdürbe alles; *die Sehnsucht* und *die Liebe* aber müssen lernen, sich in die Welt zurückzutasten, um *darin* dem Herrn wiederzubegegnen. Er ist nicht nur «*mein* Lehrer»; er ist der Lehrer aller Welt. «Ich gehe hin zu meinem Vater», sagt Jesus zu Maria Magdalena; das heißt doch wohl: «Du würdest mich zu klein und zu gering betrachten, wenn du mich für dich behalten wolltest. So hoch Gott über alle Welt regiert, so ist mein Platz an seiner Seite. Du darfst und kannst zu mir in alle Ewigkeit aufschauen und dich zu mir erheben; aber nur so, im Aufschauen und im Dich-Erheben, wirst du mich ‹berühren›.»

Die Alten sagten von der Freude oft, sie sei ein Drang, sich im Besitz eines Gutes mitzuteilen; – *bonum est diffusivum sui* (das Gute verströmt sich), lautete ihr Axiom[36]. So sind nicht zufällig alle Erscheinungserzählungen des Alten und des Neuen Testamentes zugleich *Berufungsgeschichten*. Den Herrn als Auferstandenen zu *sehen*, ist immer zugleich eine Art von Sendung, eine Art innerer Nötigung zum Weitersagen. Man kann gewissermaßen die Entdeckung einer neuen Hoffnung, einer eigenen Auferweckung von den Toten nicht für sich behalten; sie drängt danach, sich mitzuteilen, und so fährt Jesus zu Maria Magdalena fort: «Gehe zu meinen Brüdern, sage ihnen: Ich steige hinauf zu meinem Vater und euerem Vater, meinem Gott und euerem Gott.»[37]

Dies ist die eigentliche Botschaft der Begegnung Jesu mit Maria Magdalena, daß es jetzt zwischen Gott und den Menschen nicht mehr den tödlichen Abgrund der Angst, der Schuld und der Verurteilung zu geben braucht. Wir können wieder glauben, was der Herr uns von Gott lehrte: daß er in Wahrheit unser Vater ist und zu uns steht, daß wir wieder zu ihm gehören und er von neuem unser Gott sein will. Desgleichen fällt die Schranke fort, die ohne Gott die Menschen voneinander trennen muß. Ein völlig neues *Zutrauen zum Menschen* wird von Gott her Maria Magdalena nunmehr möglich. Wenn es doch gilt, daß Gott in Christus auch *ihr* Leben meint, wenn er über die Aussichtslosigkeit der bittersten Verzweiflung weiter zu ihr redet, dann sind doch auch die anderen Menschen nicht mehr, wie sie ihr bisher erscheinen mußten, bloße Ungeheuer, Mörder und wahnsinnige Sadisten; dann sind sie doch in ihrem Unglück und noch mehr in aller Freude ihre Brüder.

Indem also der Herr aufsteigt zum «Himmel», mithin zu seiner absoluten, unbedrohten und buchstäblich «unantastbaren» Machtfülle über die gesamte «Welt» Maria Magdalenens findet, gelangt sie selbst angstfrei, gesund und heil zurück in *diese* Welt und entdeckt alle Menschen als die Brüder Christi und damit auch als ihre eigenen Brüder wieder. Sie selbst, so hat Er ihr gesagt, hat in Gott einen Vater, und allen Menschen gilt dieselbe Botschaft.

Es ist, wenn man so will, *die dritte Umkehr*, die Maria Magdalena möglich wird: als erstes die Bewegung, die vom Grab zurück in die Vergangenheit hinüberführte, dann diese Wendung, die von rückwärts her nach vorn gerichtet war; und nun, als drittes, wird ihr eine Lebens-

richtung möglich, die sie von Christus her zurück in diese Welt, oder vom Himmel her zurück auf diese Erde, führt.
In seinen Seligpreisungen hat Jesus einmal ausgerufen – es war ein Wort, das ganz für Menschen von der Art Maria Magdalenens gesagt zu sein scheint –: die Weinenden würden sich freuen und die Trauernden würden lachen (Lk 6,21)[38]. Maria von Magdala hat nichts zu tun mit der Gestalt der Dirne aus dem 7. Kapitel des *Lukas*evangeliums (Lk 7,36-50), die eines Tages, als Jesus bei einem Pharisäer zu Gast ist, verstohlen zu Jesus hintritt und ihm weinend die Füße salbt[39]; dennoch hat die kirchliche Legende und Kunst immer wieder das gemeinsame Maß an Not und Traurigkeit zwischen beiden Frauen herausgespürt und beide oft miteinander identifiziert[40]. Gleichfalls in der Thematik sexueller Ausnutzung und Dirnenhaftigkeit hat denn auch Boris Pasternak mit Bezug auf die Seligpreisungen Jesu in seinem Roman *«Doktor Schiwago»* geschildert, was es bedeuten kann, inmitten eines zerfallenen, nichtigen Lebens, wie Maria Magdalena am Grabe, wie die Frau im *Lukas*evangelium, von Gott her angeredet zu werden. Pasternak erzählt, wie *Lara*, die von einem vornehmen, reichen Herrn der Moskauer Gesellschaft verführt worden ist, sich selber für gänzlich verloren und entehrt empfindet und unter ihrem ganzen Dasein leidet. Er schreibt: «Lara war nicht fromm. Sie glaubte nicht an kirchliche Dogmen und Riten. Aber manchmal», sagt Pasternak «bedurfte sie einer gewissen inneren Musik, um das Leben ertragen zu können. Diese Musik konnte man nicht aus eigener Kraft bei jeder Gelegenheit komponieren. Lara fand etwas von dieser Musik in Gottes Wort über das Leben. Und sie ging deshalb in die Kirche, um hierbei weinen zu können.» So betritt sie eines Tages den Neubau der Kirche mit seinen farblosen Glasfenstern, und sie glaubt, die Erde müsse sich unter ihren Füßen auftun und das Gewölbe des Kirchenschiffes über ihr zusammenstürzen. Sie meint, sie hätte nichts Besseres verdient, und dann sei wenigstens alles zu Ende. Sie war zu Beginn der Messe gekommen. «Man sang den Psalm: ‹Meine Seele lobet den Herrn und alles, was in mir ist, seinen heiligen Namen›. – Die Kirche war halbleer, und der Gesang hallte von ihren Gewölben wider. Die Gläubigen drängten sich in der Nähe der Ikonostase zusammen.» Vorsichtig drückt sich Lara an den Betenden vorbei, um ein paar Münzen in den am Kircheingang aufgestellten Opferstock zu tun. Bemüht, niemanden anzustoßen, geht sie zu ihrem Platz zurück, da hört sie, wie gerade die neun Seligpreisungen vorgetragen werden: «Selig sind die geistlich Ar-

men ... Selig sind die Leidtragenden ... Selig sind, die da hungern und dürsten nach Gerechtigkeit ...» Wie auswendig gelernt, werden die Worte ohne Betonung heruntergeleiert, aber «Lara fuhr zusammen: man sprach ja von ihr, sie war gemeint. Er hatte gesagt: Selig sind die Leidtragenden, die Schwachen und Unterdrückten. Sie haben der Welt etwas Besonderes zu sagen, ihnen gehört die Zukunft. Das also hatte Er gedacht. Das war Seine Meinung. Das hatte Christus gelehrt.»[41]
An diesem Ostermorgen ist es gerade so. «Es kommt Mirjam, die Frau aus Magdala, und meldet den Jüngern: Gesehen habe ich den Herrn!, und das hat er ihr gesagt.» Maria Magdalena, die Weinende, die Trauernde, hat einer ganzen Welt das letzte, das entscheidende Wort zu sagen. Sie, die am tiefsten in der Dunkelheit, der Traurigkeit und Verzweiflung steckte, kann jetzt der Welt verkünden, daß es noch Hoffnung gibt über die Tödlichkeit menschlichen Tuns hinaus; daß es noch Worte zu vernehmen gibt, Fragen, Hinweise, Anreden, jenseits des Menschen; daß es noch Halt und Zukunft gibt, weiter als bis wohin das Denken reicht; daß Gott im Schicksal seines Sohnes einen jeden Einzelnen bei seinem Namen ruft, wenn er nicht ein noch aus weiß. Wir können uns am Ostertag nicht wünschen, daß wir von Leid und Ausweglosigkeit verschont bleiben. Aber dies können wir einander doch von Herzen wünschen und dafür innigst beten, daß, wenn wir einmal, so wie Maria Magdalena, am Grab, am Äußersten, am Ende stehen, die Stimme hören, die uns anredet bei unserem Namen und die uns sagt: man kann aus all dem aufsteigen zu Gott. Denn so wie Gott an Christus tat, so tut er an uns allen. Sein Gott ist fortan auch ein Gott für uns. Wir alle aber sind die Kinder eines Vaters, und untereinander sind wir seitdem Schwestern, Brüder in Jesus Christus unserem Herrn.

b) Der Wettlauf zum Grab (Joh 20,1-10)

1 Am ersten Wochentage kommt Maria, die Frau aus Magdala, in der Frühe, als es noch
dunkel ist, zum Grab und sieht, wie der Rollstein vom Grabe weggenommen ist. 2 Da
kommt sie zu Simon Petrus gelaufen und zu dem anderen Jünger, den Jesus liebte, und
sagt ihnen: «Weggenommen haben sie den Herrn aus dem Grabe, und nicht wissen wir,
wohin sie ihn gelegt haben. 3 Herausgegangen ist da Petrus und der andere Jünger,
und sie sind zum Grabe gekommen. 4 Es liefen aber die beiden gleichzeitig, und der
andere Jünger eilte voraus, schneller als Petrus, und ist als erster zum Grab gekommen,
5 und sich hinbeugend sieht er Binden daliegen, nicht jedoch ist er hineingegangen.
6 Da kommt auch Simon Petrus, ihm nachfolgend, und ist hineingegangen in das

Grab, und betrachtete, wie die Binden daliegen 7 und das Schweißtuch, das auf seinem
Haupt gewesen war, wie es nicht bei den Binden liegt, sondern abseits, zusammenge-
faltet an einem eigenen Platz. 8 Da nun ist auch der andere Jünger hineingegangen, der
als erster zum Grab gekommen war, und er hat gesehen und hat zum Glauben
gefunden.
9 Noch nicht hatten sie nämlich um den Schriftsinn gewußt, daß er müsse von den
Toten auferstehen. 10 Da gingen die Jünger wieder heim.

Dieser Text schildert die entscheidende Begebenheit des Ostermorgens, und so sollte man erwarten, daß hier Entscheidendes und Wesentliches zur Sprache käme. Um so mehr muß man sich wundern, daß von scheinbar so läppischen Dingen wie von einem Wettlauf zwischen Petrus und dem «Lieblingsjünger» (den man fälschlich, aber üblicherweise mit «Johannes» identifiziert) zum Grabe die Rede ist und von solchen Nebensächlichkeiten wie der Lage und Anordnung der Leichentücher Jesu im Grabe. Gibt es, so möchte man fragen, nichts Wichtigeres zu berichten? – Offenbar nein; offenbar sind diese scheinbaren Trivialitäten wirklich schon das Eigentliche, vorausgesetzt, daß man diese Erzählung nicht rein äußerlich versteht, sondern nach innen zieht, daß man mit anderen Worten in «Petrus» und «Johannes» nicht nur zwei verschiedene Personen sieht, die vor 2000 Jahren gelebt haben, sondern zwei Strebungen und Anlagen, die in uns selber wirksam sind und die immer wieder in dem Gegeneinander ihrer Strebungen unser Leben zu zerreißen drohen. Trivial und nichtssagend erscheint die Erzählung nur in einer rein äußerlichen Betrachtung; innerlich gelesen, geht es hier um unsere Zerrissenheit und ihre Heilung an dem Grabe Jesu[1].
Tatsächlich hat man in «Petrus» von altersher einen Mann gesehen, der eher der praktischen Seite des Lebens zugewandt ist, der in seinem Denken und Reden erdenschwer und klobig anmutet und mit einem gesunden Sinn für die Realität das Leben nüchtern und praktisch meistert. Demgegenüber gilt «Johannes» eher als ein träumerisch versonnener Gedankenmensch, der mehr dem inneren Leben zugewandt ist, als ein Mann prophetischer Gesichte und tiefer Offenbarungen[2]. Beide Seiten, «Petrus» wie «Johannes», leben in einem jeden Menschen.
Dementsprechend sind *die Mythen* der Völker voll von Erzählungen über göttliche bzw. menschliche Geschwisterpaare, die miteinander um die Wette laufen. Besonders bekannt und verbreitet ist das Motiv von dem Wettlauf der beiden Lichtgestirne Sonne und Mond, wie es z. B. auch dem GRIMMschen Märchen von *Hase und Igel* (KHM 187)

zugrunde liegt[3]. Die Sonne steht dabei offenbar für die Kraft des Verstandes, während der Mond allenthalben mit den Kräften des Gemüts und des Unbewußten assoziiert ist. Muß es, das ist die offene Frage solcher Erzählungen, immer wieder so sein, daß die Welt des Verstandes und die Welt des Gefühls in der menschlichen Psyche einander wie tödliche Gegensätze bekämpfen und übertrumpfen? Ähnlich ist *die Weltliteratur* voll von Erzählungen, in denen der idealistische Träumer und versponnene Ritter *Don Quijote von der Mancha* begleitet wird von seinem dickleibigen, schwerfälligen Diener *Sancho Pansa*, der nur ans Essen und Schlafen denkt und selbst die Verheißung seliger «Insuln» sich nur als Orte der Geographie zu denken vermag[4]. Während *Don Quijote* an den Windmühlen scheitert, die er für gottlos freche Riesen hält, muß sein getreuer Diener *Sancho* immer wieder Versprechungen folgen, die doch nie in der Weise in Erfüllung gehen können, wie er sie versteht. So zwiespältig indes ist unser Leben: es gibt darin die sozusagen introvertierte Neigung, nach innen zu sehen und die äußere Realität darüber zu vergessen; und es gibt daneben den extravertierten Drang, die Dinge der Welt ringsum zu erobern und darüber seine Seele zu verlieren[5]. Beide Bestrebungen sind fernab von ihren Vereinseitigungen an sich notwendig und müssen einander ergänzen. Wer nur nach innen schauen und die Wirklichkeit draußen darüber vergessen wollte, würde ein Phantast, der an der Realität scheitern müßte; wer aber ausschließlich nach draußen lebt, gibt sich selbst auf. Nur wenn beide Strebungen einander in etwa die Waage halten, sind wir mit uns selbst im Gleichgewicht.

Um so mehr aber stellt sich die Frage, was dazu nötig, immer wieder die eine Antriebsrichtung auf Kosten der anderen zu bevorzugen, und was beide, die doch einander ergänzen sollten, zu gegenseitigen Konkurrenten und Feinden macht. Auch *solcher* Erzählungen ist die Weltliteratur voll, daß es, wie in der *Kain*- und *Abel*geschichte, ein feindliches Brüderpaar gäbe, das sich auf Leben und Tod zum Kampf herausfordert[6], oder daß es, wie in GOETHES *«Faust»*, gewissermaßen zwei verschiedene Personen in uns gäbe, die wie Engel und Teufel miteinander im Streit lägen[7]. An dem Punkt, wo dieser innere Zwiespalt entsteht, *muß* die Botschaft von der Erlösung anknüpfen, und eben darum scheint es bei diesem *Bild des wettlaufenden Jüngerpaares* zu gehen. Im Grunde ist es immer wieder der gleiche Faktor, der uns innerlich entzweit und in eine unfruchtbare, oft genug tödliche Lebenseinseitigkeit hineintreibt. Immer geschieht es *aus Angst*, daß wir, etwa um fremder Kritik vorzubeugen, den Erwartungen anderer zu entsprechen suchen, indem wir äußeren Erfolgen nachstreben und mit aller Kraft zum Fenster hinausleben; es ergeht uns dann wie einem Heer, das unter dem ständigen Zwang, zu siegen, eine Schlacht nach der anderen gewinnt und immer mehr Land erobert, das aber gerade deshalb recht bald schon die rückwärtigen Verbindungen nicht mehr genügend sichern kann und von seinem Nachschub abgeschnitten wird – schließlich steht es gerade aufgrund seiner zahllosen Siege am Rande des Untergangs und kann weder vor- noch rückwärts. Oder wir fliehen vor den Anforderungen der Umwelt immer mehr nach innen und werden dabei lyrische und empfindsame Künstlernaturen, die gleichwohl mit dem Leben nicht zurecht kommen. Sogar die Kirche kann, wie die Geschichte zeigt, aus Angst von diesem Entweder–Oder zwischen «Johannes» und «Petrus» geprägt sein, indem sie mitunter über lange Zeiträume hin sich wie vollkommen wirklichkeitsfremd nur nach innen zurückzieht oder sich bis an den Rand der Glaubenslosigkeit an die bestehende Wirklichkeit anpaßt[8]; so oder so verliert sie dabei immer wieder ihre Mitte; sie verfügt dann in dem einen Falle über ein ausgeprägtes Gespür für Macht und Geld, wird aber innerlich hohl, ungeistig und formelhaft, oder sie besitzt umgekehrt eine mystische Innerlichkeit und verficht eine sittliche Unbedingtheit, die bewundernswert ist, die aber das Leben unterdrückt und zerstört. Alles kommt daher darauf an, die Macht der Angst zu bannen, die derartige Verzerrungen und Widersprüche entstehen läßt; und so lautet die entscheidende Frage dieser Erzählung von dem Wettlauf der beiden Jünger: wie kann der Zerfall der menschlichen Psyche in einander widerstreitende, einseitige Lebensrichtungen beseitigt werden, wie läßt sich die verlorene innere Einheit wieder zurückgewinnen, daß der Wettlauf zwischen «Johannes» und «Petrus» zu einem Ende kommt?

Damit in unserem Leben etwas wirklich *zu Ende* geht, müssen wir selbst schon das Gefühl haben, irgendwie *am Ende* zu sein. Die Erzählung des Ostermorgens spricht daher von einem inneren Wettlauf *zum Grabe* und hebt damit eindringlich die Erfahrung hervor, daß nur im «Tod» so etwas wie Auferstehung sichtbar werden kann. Im Leben eines Einzelnen kann dieser Todeswettlauf zum Grabe jahrelang dauern; zur inneren Zerrissenheit gesellt sich dabei oft auf lange Zeit hin das Empfinden, einfach nicht mehr weiter zu können, auf der Stelle zu treten oder wie inwendig leer und tot zu sein; alles, was bis dahin noch ein Stück Befriedigung bieten konnte, erscheint jetzt grau und nichts-

sagend; man weiß nicht mehr, wozu man lebt. Das Leben scheint auf eine unspektakuläre Art zu Ende. *Das* muß es heißen: am Grabe anzukommen. Manch einer sagt tatsächlich in solchen Augenblicken, es sei ihm schon ganz egal, ob er noch lebe oder sterbe, es habe jetzt doch alles keinen Sinn; und doch meint er in solchen Aussagen mit «alles» nur all das, was er bislang für das Leben hielt: sein Leben der Zerrissenheit, der Einseitigkeit und der Angst – *das* nennt er «alles»; doch eben *all dies*, was ihm «alles» war, muß er zu Grabe tragen. – Denn eigentlich ist es nicht wahr, daß, wie er meint, tatsächlich «alles» aus ist. Im Grunde drückt er mit seiner Verzweiflung gar nicht so sehr den Wunsch aus, überhaupt nicht mehr zu leben, er will im Grunde nur nicht mehr so leben, wie er es bisher getan hat. Die Wahrheit seiner Verzweiflung besteht darin, daß sein bisheriges Leben insgesamt letztlich kein Leben war, daß es ihm absterben muß, damit er endlich wirklich leben kann. Der Zwangsehrgeiz z. B., mit dem er sich in jeden Leistungsnachweis und in jeden Leistungskonkurrenzkampf gestürzt hat, ging vielleicht im Hintergrund mit einer ständigen Verarmung der tieferen Schichten seiner selbst, mit einem schleichenden Verfall seiner Fähigkeit, zu fühlen, zu träumen, zu lieben und absichtslos zu leben, einher; und wenn er sich jetzt wie ausgedörrt und hohl vorkommt, so drückt dies nur die übergroße Sehnsucht aus, endlich die Unterdrückung und Vergewaltigung ganzer Teile seiner selbst überwinden zu dürfen. Oder umgekehrt: der angstbesetzte Rückzug vor menschlichen Kontakten bzw. vor der Übernahme realer Aufgaben und Verpflichtungen ging einher mit einem ständigen Versinken in ein phantastisches Ersatzleben; am Anfang konnte es vielleicht noch scheinen, als sei die Welt des Inneren ein unerschöpflicher Quell des Lebens und des Reichtums; über kurz oder lang aber muß die Absperrung von der Realität zu einer quälenden inneren Aushöhlung führen, und das Gefühl der Unlebendigkeit und Ausweglosigkeit macht nur überaus deutlich, daß es in der Tat so nicht mehr weitergeht.
In jedem Falle ist es der Erzählung von dem Wettlauf zwischen den zwei Jüngern darum zu tun, wie diese zwei miteinander konkurrierenden Gestalten unseres Selbst auf einen Endpunkt der Zerrissenheit zulaufen können, um erst am «Grab» sich miteinander zu versöhnen. Denn gerade hier, wo ein Weiterleben in der inneren Zwiespältigkeit nicht länger mehr möglich ist, geht es darum, daß die beiden Teile des eigenen Selbst, personifiziert in «Petrus» und «Johannes», zueinander finden und einander ergänzen. Es muß, das ist jetzt das Gefühl, einen

neuen Anfang, ein größeres Leben geben, das jenseits der inneren Gegensätze zu seiner Einheit findet, es muß jetzt, jenseits des Grabes, eine Auferstehung aus unserem unfruchtbar gewordenen Leben geben, in der die unterschiedlichen Kräfte in uns selbst sich nicht mehr gegenseitig ausschließen, sondern sich wechselseitig bereichern und befruchten. Es stimmt: es ist in dem Gefühl des «Grabes» vor der Hand nichts mehr zu «machen»; aber um so mehr gilt es jetzt, von dem zu leben, was nicht zu machen ist, sondern was lediglich ungestört in uns reifen und wachsen muß; es gilt, die Angst zu verlieren, die uns immer wieder dazu treibt, Dinge zu tun, die wir im Grunde überhaupt nicht tun wollen und von denen wir nur immer weiter von uns selber weggetrieben werden; und umgekehrt hängt alles davon ab, daß wir wenigstens jetzt, am Ende, merken, daß es nicht schlimm ist, sich *fallen* zu lassen und sich dem Gefühl hinzugeben, vorweg einen Grund unter den Füßen zu haben, den man nicht erst sich erkämpfen, erarbeiten oder verdienen muß, um ein Recht zum Leben zu erlangen. Erst in dem *Tod unseres eigenen Rennens und Laufens*, erst an dem leeren *Grab* unserer vergeblichen Leistungserwartungen und Rückzugsgefechte beginnt unser wirkliches Leben: die Auferstehung eines neuen Menschen, der aus Leid und Untergang in uns geboren wird und aus den inneren Zerrissenheiten neu zusammenwächst.

So erzählte mir vor Jahren ein hochgestellter Akademiker einen Traum, der ihm als wesentlich zum Verständnis seiner gegenwärtigen Krise galt. Er sah sich im Sportdress, oberhalb eines schneebedeckten Abhangs, damit beauftragt, gegen einen anderen, rot gekleideten Läufer zum Wettkampf anzutreten. Er hatte im Schnee seinen Schlüsselbund verloren, verfügte aber nicht mehr über die Zeit, danach zu suchen. Auf der Rennbahn ertönte soeben der Startschuß; mit äußerster Anstrengung gelang es ihm, gegenüber dem rot gekleideten Läufer einen gewissen Vorsprung zu erzielen, als die Bahn plötzlich in einem meterhohen Eisfeld endete. «So ist mein Leben», sagte er, «ich habe seit langem den Schlüssel zu mir selbst verloren, und die Folge ist, daß ich mit mir selbst im Zwiespalt liege. Aus Furcht vor meiner eigenen Vitalität laufe und laufe ich, immer schneller und immer sinnloser. Meine Welt wird dabei immer kälter, und ich weiß nicht mehr ein noch aus.» Für diesen Mann war das «Schneefeld» das «Grab», das Ende seines gejagten Kampfes gegen sich selbst. *Alles,* das wußte er, kam für ihn darauf an, sich selbst ruhiger und mit mehr Vertrauen gegenüberzutreten; aber dazu würde gehören, daß er die verschiedenen Kräfte seiner Psyche nicht länger mehr als miteinander konkurrierende Gegensätze, sondern als komplementär zueinander begreifen lernte und daß er – im Verlauf von Jahren – es sich zunehmend gestattete, einheitlicher und in sich selbst geschlossener zu leben. Bei dem Wettlauf zwischen «Petrus» und «Johannes» – wenn man in ihnen in der angegebenen Weise die Repräsentanten von Verstand und Gefühl, von Handeln und Hören, von Außen und Innen, von Tüchtigkeit und Frömmigkeit erblicken will – zeigt sich besonders, wie notwendig die beiden Jünger auf dem Weg zum Grab und zur Erkenntnis der Auferstehung Jesu einander bedürfen und wie sehr sie einander zu ergänzen vermögen. Die Erzählung stellt es als ein wechselseitiges Hin und Her dar: «Johannes» kommt zuerst zum Grabe; er erfaßt, im Bild gesprochen, als *erster*, schneller und intuitiv, die Wirklichkeit des Herrn, sowie stets unsere inneren Einsichten unserer gegenstandsgerichteten Gedankenwelt vorauseilen, ihr den Weg weisen und sie Schritt um Schritt hinter sich herziehen[9]. Andererseits bleibt «Johannes» außen am Grabe stehen; erst «Petrus» schaut wirklich hinein und erkennt im Detail die einzelnen Begebenheiten; er handelt so, wie der Verstand im Unterschied zur schnellfüßigen Intuition es seiner ganzen Art nach tun muß: er untersucht, analysiert, stellt fest, vergleicht – und kommt doch nicht dazu, die innere Realität, den eigentlichen Sinn des äußeren Geschehens zu verstehen; er bleibt letztlich beim bloßen Feststellen. Anders wiederum verhält sich «Johannes»: er schaut nach «Petrus» in das Grab hinein, er sieht den äußeren Tatbestand wie dieser – doch er gelangt durch *seine* Sehweise zum Glauben. So ergänzt und bestätigt jeder den anderen, greift seine Andersartigkeit auf und vervollständigt sie durch das eigene Wesen; so finden die beiden verschiedenen Hälften unseres Selbst am Grab zueinander.

Im Sinne dieses Textes wird man daher – sehr in Übereinstimmung mit der tiefenpsychologischen Deutung der ägyptischen Sonnenmythologie – wohl sagen können: man versteht von der Auferstehung Jesu von den Toten gerade so viel, wie man zur Einheit mit sich selbst gelangt ist; man gewinnt die Erkenntnis von dem Geheimnis der Auferstehung gerade in dem Maße, wie man an innerlichem Leben in sich selbst erschließt. Jenseits der unfruchtbaren Lebensvereinseitigung und Zerrissenheit, angesichts der Unmöglichkeit, so wie bisher weiterzuleben, kann etwas Neues, Göttliches, in uns erstehen – ein Mensch, der seinen inneren Zwiespalt überwunden hat und der in der Vereinigung seiner inneren Gegensätze «göttlich» ist, weil er so ist, wie ihn Gott gemeint

hat, und weil er das Bild von Gott in sich nicht länger mehr verstellt. Die Stunde der Auferstehung aus dem Grabe ist (wie im Bilde der jungfräulichen Geburt[10]) die Entstehungsurkunde, die symbolische Chiffre für die Neugeburt des «Gottmenschen», für den Anfang innerer Versöhnung mit sich selbst, mit der Vergangenheit, mit aller Welt ringsum, für den Anfang einer inneren Zustimmung und Bejahung, für das Gefühl, von Gott gewollt, ja, Gottes «Kind» zu sein. «Friede», «Vergebung» und «Versöhnung» sind daher die Gaben, die der Auferstandene nach dem *Johannes*evangelium der Welt zu bringen hat.
Am Anfang der Verheißungen der Bibel, als Gott *Abraham* berief, schickte er ihn auf den Weg des Lebens mit dem Auftrag: «Wandle vor mir her und sei ganz.» (Gen 17,1) Hier, in der Auferstehung Jesu von den Toten, beginnt dieser Auftrag an *Abraham* sich zu erfüllen. Von diesem Tage an haben wir die Möglichkeit eines nicht mehr in sich zerspaltenen, sondern geeinten, ganzen Menschendaseins.

c) Verklärung und Vergebung (Joh 20,19-23)

19 Als es schon dunkel war an jenem ersten Wochentage, und die Türen waren verschlossen dort, wo die Jünger waren, aus Furcht vor den Juden, ist Jesus gekommen und in die Mitte getreten und spricht zu ihnen: «Friede euch.» 20 Das hat er gesagt, und hat die Hände und die Seite ihnen gezeigt. Gefreut haben sich da die Jünger, als sie den Herrn sahen. 21 Gesagt hat ihnen da wiederum Jesus: «Friede euch. Wie mich der Vater gesandt hat, so sende ich euch.» 22 Das hat er gesagt und hat sie angehaucht und spricht zu ihnen: «Empfangt heiligen Geist. 23 Welchen ihr die Sünden nachlassen werdet, denen sind sie (auch bei Gott) nachgelassen; welchen ihr sie festschreiben werdet, denen bleiben sie (auch bei Gott) festgeschrieben.»

1. Vergebung – das erste Geschenk der Auferstehung

Was eigentlich hat sich seit den Tagen von Tod und Auferstehung Jesu geändert? Folgt man der Eingangsszene dieses Evangeliums, scheinbar gar nichts, im Gegenteil. Am Karfreitag hat man lernen können, wie sehr die Menschen zu fürchten sind, und man hat Grund, sich vor ihnen einzuschließen und abzuschließen. Voller Furcht sehen wir die Jünger hinter verriegelten Türen ängstlich zurückgezogen vor den «Juden» zusammensitzen – ein Leben, das in seiner Einsamkeit und Isolation wie zu Ende ist. Es ist den Jüngern alles getötet worden, woran sie ihren Glauben setzen mochten, und ihr Vertrauen zu Gott selber ist mehr als erschüttert. Wie läßt sich Hoffnung wiedergewinnen, wenn es gerade die Botschaft der Hoffnung war, welche die ganze Energie der Verzweiflung gegen sich mobilisierte? Wie läßt sich an das Leben wieder glauben, wenn es gerade die Botschaft vom Leben war, welche die Macht der Angst und die mörderische Energie des Todes allererst in voller Heftigkeit auf den Plan rief? Und doch kann man so wie die Jünger, eingeschlossen und eingemauert, nicht wirklich leben, und, Gott sei Dank, braucht man so auch nicht mehr zu leben. Was Menschen zu töten und beseitigen vermögen, ist nicht die Wirklichkeit des Menschen – *das* war Jesu eigene Lehre (Mt 10,28; Lk 12,4.5). Was also die Angst an menschlicher Wirklichkeit zu destruieren und zu eliminieren beabsichtigt, ist nicht das, was uns wirklich ausmacht. Durch das Getto der geschlossenen Wände, durch die Absicherung der verriegelten Türen dringt eine andere Botschaft und wird die Gestalt des Gekreuzigten noch einmal sichtbar als lebend. Alles beginnt, wie im Leben Maria Magdalenens, noch einmal, tiefer jetzt und geistiger, fester und sicherer, aus innerer Überzeugung, nicht mehr durch äußere Nachahmung[1].

Wenn wir in unserem praktischen Leben uns fragen, was sich ändern kann durch den Glauben an die Ewigkeit des Lebens und an die Auferstehung von den Toten, so ist es diese wunderbare Botschaft im Atemwind des Auferstandenen: die Fähigkeit, einander zu vergeben, alles zu vergeben.

Man muß sich erinnern, wie Jesus sprach in den Dörfern und Städten Galiläas. Kaum ein Anliegen war ihm so wichtig wie dieses: wir sollten vor einander nicht pochen auf unsere eingebildeten und angeblichen Rechte, wir sollten einander begreifen als gemeinsam Schuldige vor Gott und fähig werden zur Gemeinsamkeit eines grenzenlosen Verstehens[2]. Diese Haltung war Jesus selber so klar, er lebte sie persönlich so selbstverständlich, daß er überhaupt nichts hören mochte von der Art, mit der wir für gewöhnlich unsere vermeintlich wohl erworbenen Rechte und unsere eingetragenen Rechtstitel einander vorrechnen, verrechnen, anrechnen und miteinander abrechnen. Sollte man einmal das, was Jesus uns zu sagen wünschte, in nur zwei Sätzen zusammenfassen, so müßten sie gewiß lauten: «Ein jeder von euch darf sich in Gott so geborgen und so sicher fühlen, daß er vor nichts mehr in der Welt sich wirklich fürchten muß.» Und, daraus folgend: «Wie tief ihr in Gott verankert seid, wird man am besten daran ersehen können, wie offen und bereit ihr seid, den anderen neben euch zu verstehen in seiner Not, mit ihm zu gehen in seiner Angst, ihn zu trösten in seiner Bitterkeit, ihn zu tragen in seiner Verzweiflung und ihn zu stärken in seiner Ohnmacht – er ist in all dem genau, wie ihr selbst euch fühlt.»

Es gibt kaum erschütterndere Worte als diejenigen, die Jesus über die Vergebung sprach. Keine Schwierigkeit schien in seinen Augen größer zu sein als die Frage, wie wir miteinander ein Stück weit menschlich umgehen. Es ist, als wenn das Herz eines jeden sich aus Angst verkrampfen wollte angesichts seines Bruders, den er immer wieder empfindet wie einen Gegner. Auf geheime Weise glaubt jeder, er müsse sich schützen vor dem anderen; und *sagt* dann, *tut* dann der andere wirklich etwas, das den Eindruck macht, es könnte Schaden stiften oder uns gar gefährlich sein, ist unser Inneres darauf ausgerichtet, sich zu verteidigen und sich zu wehren oder doch wenigstens im nachhinein Rache zu üben. Wir nennen's dann Gerechtigkeit, aber die Art, wie wir einander richten, ist geprägt von der Vergeltungssucht, vom Schmerz und von den Überdimensionierungen der eigenen Gekränktheit[3]. Wir beginnen, das Leid, das wir durch fremde Schuld erlitten haben, gegen das Glück zu verrechnen, in dem wir den anderen wähnen, und so möchten wir ihm unter dem Begriff der gerechten Strafe mindestens noch so viel an Schaden zufügen, daß es ihm gewiß nicht besser geht als uns selbst. Es gilt als normal, daß wir uns so verhalten. Wofür auch hätten wir ein bürgerliches Gesetzbuch, das mit seinen Paragraphen die Willkür eindämmen, der Gerechtigkeit aber Ausdruck verleihen möchte und schon dadurch die menschliche Welt ruhiger und überschaubarer zu halten verspräche?

Nur: sind wir wirklich Menschen, wenn wir so handeln? – Das ist die Frage, die Jesus sich Schritt für Schritt stellte. Er bezweifelte von Grund auf, daß wir irgendein Recht hätten, noch eine Notwendigkeit besäßen, derart hermetisch uns voreinander abzukapseln und gegeneinander abzusichern. Vor allem konnte er niemals glauben, daß wir damit in unserem eigenen Leben oder im Leben irgendeines anderen Menschen mehr an «Ordnung», mehr an Güte oder mehr an «Vernunft» oder «Moral» verwirklichen würden.

Jesus hat, um die Sache einmal sehr deutlich auszudrücken, z. B. jene Geschichte in Mt 18,21-35 erfunden, die von einem Mann handelt, der bei seinem König in Diensten ist[4]. Dieser Mann hat sich um über 40 000 000 Mark in persönliche Schulden gewirtschaftet. Der König zitiert ihn, um mit ihm abzurechnen. Da aber schreit der Mann auf, er

werde alles wiedergutmachen, er werde verkaufen – alles, was er hat: seine Frau, seine Kinder, sich selbst; und dabei weiß er nur zu gut, daß er sogar unter den größten Opfern eines totalen Ausverkaufs nicht einmal auch nur einen Bruchteil der erforderlichen Summe zusammenbringen würde. Auch der König weiß das natürlich, doch statt den Mann in den Schuldturm zu stecken, wie er es wohl verdient hätte, hat der König Mitleid mit seiner Armut und spricht ihn frei. – *So,* will Jesus sagen, stehen wir alle vor Gott. Wir stehen in Diensten eines Königs, der uns leben läßt, gewiß nicht, weil wir es verdient hätten; ginge es «gerecht» zu, so müßte man denken wie im Alten Testament, daß Gott am besten eine neue Sintflut verfügen und die Welt wie einen Augiasstall von den Menschen reinwaschen sollte[5]; Gott sei Dank, ist Gott in diesem Sinne nicht «gerecht». Wir leben tagaus, tagein von seiner Güte, von seinem Verständnis, von seiner Bereitschaft, mit uns zu gehen, und sei es durch dick und dünn. Das war alles, was Jesus uns sagen wollte. Wegen dieser Botschaft überwarf er sich mit seinem Lehrer Johannes dem Täufer[6], provozierte er die Kreise der Pharisäer und der Schriftgelehrten[7] und stellte sich demonstrativ auf die Seite der vom Gesetz Verworfenen: der «Sünder», der «Dirnen», der «Zöllner», der «Leute vom Lande», die das Gesetz nicht kennen (Joh 7,49).
Was aber folgt daraus? – Jesus setzt sein Gleichnis dahin fort: Noch hat der Mann nicht die Tore des Palastes seines Königs bis zu Ende durchmessen, da begegnet er einem seiner Kollegen im Dienst. Der schuldet ihm, sagen wir, rund 80 Mark, und für diesen läppischen Betrag geht er ihm an die Gurgel. «Bezahle, was du schuldig bist!» schreit er ihn an. Da spricht der andere dieselben Worte, die eben jener noch an seinen König richtete: «Hab Erbarmen, Herr, ich will dir alles bezahlen.» Und diesmal stimmt es – bei einiger Geduld wird er den geschuldeten Betrag wirklich bald auftreiben können. Aber der Gläubiger, der eben noch durch das Erbarmen seines Königs gerettet wurde, will nicht. Er besteht auf seinem Recht: «Bezahle!» Und er läßt ihn in den Schuldturm sperren.
Es gibt nur zwei, drei Gleichnisse im Neuen Testament – dieses zählt dazu –, in denen Jesus Gott als einen König schildert, der aufhört, mit uns Menschen Verständnis zu haben. Er, der alles vergibt, setzt sich selber eine Grenze des Verstehens an der Erbarmungslosigkeit des Menschen, an der Mechanik, mit der wir trotz allem einfach so weitermachen, als ob es niemals eine Einsicht, ein Gefühl, eine wirkliche Begegnung mit dem, was uns leben ließe, gegeben hätte. Wenn wir

begriffen haben, daß wir wirklich nur leben aus der Güte Gottes, der möchte, daß wir sind, bedingungslos, nicht abhängig von dem, was wir tun oder nicht tun, und wenn wir dann in demselben Augenblick immer noch so tun, als wenn wir dieses Geheimnis unseres Daseins nie kennengelernt hätten, wenn wir im Gegenteil weiter so fortfahren, als ginge es nach wie vor um die Primitivbegriffe unserer Privilegien und um die so praktische Ideologie unserer gerechten Rache, so hätte Gott, meinte Jesus, endgültig keine Bereitschaft mehr, uns weiter auszuhalten.

Das war seine offen geäußerte Ansicht. Im Grunde wollte Jesus sagen: «Ich verstehe schon, warum in eurem Herzen immer noch die gleiche Gesinnung des Vergeltens und Verrechnens herrscht. Ihr seid es so gewohnt, so hat man es euch gelehrt, das halbe Leben hat man damit zugebracht, es euch so beizubringen; aus lauter Angst schon glaubt ihr, es könne anders gar nicht gehen. Ihr habt Angst vor den Verlusten, also glaubt ihr, hart sein zu müssen; ihr habt Angst vor dem Betrug, also glaubt ihr, wehrhaft sein zu müssen; ihr habt Angst, von dem anderen übers Ohr gehauen zu werden, also glaubt ihr, zupacken zu müssen, wie und wo ihr könnt. Aber gegen die Angst, etwas zu verlieren, solltet ihr die weit realistischere Furcht setzen, daß ihr euch daran gewöhnt, auf eine Art zu leben, die nicht menschlich ist und die euch mit euch selbst in Widerspruch bringen muß.»

In solch erschütternden Worten sprach Jesus, als er über diese Erde ging, von der Vergebung. Sie war das einzige Anliegen, das er immer wieder in allen möglichen Variationen vorbrachte, wenn es darum ging zu sagen, wie wir miteinander leben sollten. Alles andere war ihm fast gleichgültig: wie man das Eigentum ordnet – eine Farce (Mk 10,17-27)[8]; was man zur Ehe rechtlich zu sagen hat – beinahe nebensächlich (Mk 10,1-12)[9]; was man von den öffentlichen politischen Streitigkeiten denken soll – kein Wort davon bei ihm (Mk 10,42)[10]; bzgl. der Fragen von Macht, Geld, Einfluß – nichts (Mk 12,38-40)[11]. Über diesen einen Punkt aber, wie wir einander so begegnen, daß wir aus Vertrauen leben statt aus Angst, und wie wir aufhören können, einander wechselseitig die begangene Schuld vorzurechnen, wie wir stattdessen darauf sinnen können, wo wir beim Anderen anzuknüpfen vermögen, um mit ihm zurecht zu kommen, statt zu *unserem* «Recht» zu kommen, daran lag Jesus so wesentlich, daß er Petrus, als dieser ihn fragte: «Wie oft muß ich meinem Bruder vergeben, sieben mal vielleicht, Herr?», fast brüsk antwortete: «Nicht sieben mal, Petrus, sondern sieben mal siebzig mal»

– *immer*, mit anderen Worten (Mt 18,21-22)[12]. Jesus griff mit diesen Worten den schlimmsten Rachegesang des ganzen Alten Testamentes auf, in dem *Lamech*, einer der Söhne *Kains*, seinen Frauen wie ein Liebeslied vorspielte, was er tun werde, falls er im Kampf verwundet würde: sieben mal siebzigfach rächen würde er sich (Gen 4,22 f.)[13]. So tapfer sind die wahren Helden der menschlichen Geschichte, so mannhaft wissen sie dazwischenzuschlagen, so *muß* man scheinbar leben. Seit Urzeittagen ist das so; aber es wird die höchste Zeit, es zu ändern, dachte Jesus. Der Mann aus Nazareth wußte kein anderes Gegengift gegen den Haß, gegen das Mißtrauen, gegen die Angst, als zu sagen: «Macht, was ihr wollt, aber hört nicht auf zu suchen, *warum* Menschen auf falsche Wege kommen, *warum* sie Dinge tun, die euch in den Ohren gellen, solche womöglich, die euch weh tun; hört nicht auf zu suchen, *warum* Menschen so sind – ihr findet immer nur euer eigenes Herz. Betrachtet nicht den Splitter im Auge des anderen, seht lieber den Balken in eurem eigenen Auge (Mt 7,3-5)[14]. Sobald ihr einen anderen Menschen versteht, begreift ihr auch euch selber. Die Trennwände, die ihr errichtet, sind rein fiktiv; es gibt nicht den Bösen und den Guten, es gibt vor Gott nur ein gemeinsames Band der Menschlichkeit, in dem wir allesamt miteinander verbunden sind» (Mt 5,45)[15].

Wie das zu verstehen ist, wußte das alte zaristische Rußland. Wenn irgendeiner der Schwerverbrecher, der Mörder, der Gewalttäter im vergangenen Jahrhundert nach Sibirien verbannt wurde, gingen die Frauen an den Ausgang des Dorfes, und sie küßten dem Verbrecher die schuldig gewordenen Hände, denn sie sahen in ihm einen, der stellvertretend für sie alle die Schuld auf sich genommen hatte. Sie glaubten, daß in ihm, dem Ausgestoßenen, nur deutlich zutage trete, was in uns allen lebe, und sie fühlten, daß derjenige, den wir böse und bösartig nennen, nur das Opfer unserer eigenen Art zu leben ist. Was wissen wir von der geheimen Verflochtenheit aller Menschen untereinander?

So vieles müßte man, so vieles könnte man über die Vergebung lernen, bereits wenn man die ersten drei Evangelien liest. Das *Johannes*evangelium in seinem Abschlußkapitel aber bietet eine Fortsetzung und in gewissem Sinn eine notwendige Weiterführung dieser zentralen Botschaft der Person und des Lebens Jesu. Es scheint, als wenn sogar Jesus, auf jeden Fall aber seine Jünger in diesem entscheidenden Punkt noch etwas hätten dabeilernen müssen, das in dieser Weise Jesus selber so nicht sehen und lernen konnte, weil es sich erst durch seinen Tod erfahren ließ. Ist nicht alles Sprechen von Vergebung eine pure Illusion und eine wirklichkeitsfremde Utopie, wenn am Ende gerade die Botschaft der Vergebung so sehr als Bedrohung, als Aufruhr, als Anstiftung zur Anarchie empfunden wird, daß man sie sobald wie möglich ausmerzt und öffentlich aburteilt, gestützt auf Gesetze von Kirche und Staat, geordnet nach Paragraphen, legitimiert durch geoffenbartes Gotteswort und geheiligte Tradition? Die Ereignisse um den Karfreitag müssen alles infrage gestellt haben, was Jesus von der Liebe und der Güte Gottes zu lehren versuchte; in jedem Falle zeigten sie, daß wir irgendwo überfordert sind, wenn es um Vergebung geht[16]. Die Jünger hier im Abendmahlssaal wissen in diesem Augenblick mit der Botschaft und der Gestalt Jesu durchaus nicht mehr weiterzuleben, und dieser Tod der Überzeugung ist noch schlimmer als sein physisches Sterben. Es ist möglich, vielleicht, wenn man sehr viel von Jesus gelernt hat, unter Umständen noch einen Rest Verständnis für den anderen zu bewahren, solange es uns selber nicht umbringt, solange es nicht geradezu das vernichtet, woraus wir selber leben. Wenn wir aber, wie die Jünger am Karfreitag, mitansehen müssen, einen wie breiten Riegel zwischen den Menschen und Gott die menschliche Gewalt zu schieben vermag und welch ein Maß an Zerstörungskraft in die menschliche Seele eindringen kann, wie soll dann von Vergebung noch die Rede sein?

Das *Johannes*evangelium spitzt diese Frage bis zum Äußersten zu, indem es erklärt, im letzten sei die Fähigkeit, einander zu vergeben, als ein *Wunder* zu erachten, als ein absolutes Geheimnis Gottes, das geboren werde aus einer Vision, die ein jeder mit seinem eigenen Herzen sehen müsse: eine Gestalt, die man getötet glaubt und die dennoch lebt, Wunden, die geschlagen wurden, um zu morden, und die sich doch verklären im Lichte der Gnade, ein Leben, das geschändet und hinabgeworfen wurde in das Grab und das dennoch gerettet ist bei Gott[17]; erst wenn jenseits des Todes ein solcher Glaube erwächst in die Unsterblichkeit der Liebe, in die Unzerstörbarkeit der Güte, in die Ewigkeit des Lebens eines jeden einzelnen von uns, würden wir jenseits der äußersten Furchtbarkeit dessen, was Menschen einander zufügen können, jene heilige Unbedrohtheit noch einmal lernen, aus welcher Jesus lebte, und wir würden zurückkehren zur Fähigkeit der Güte; erst wenn wir sähen, daß Wunden sich verklären können ins Licht, daß Schmerz sich verwandeln kann in Freude, daß Leid hinüberreifen kann in Reichtum, würde unsere Seele weit genug werden, um unter den Augen Gottes einander auf immer zu vergeben.

Was wir bis dahin tun können, ist eine Art von Vorbereitung. Es gilt, von Grund auf zu begreifen, daß alle unsere vermeintlichen Rechte und all unsere daraus folgenden Rechthabereien erst dann in Kraft treten, wenn die Gemeinsamkeit der Liebe am Ende ist. Man kann mit Berufung auf alle möglichen Rechte gewiß ein guter Bürger sein – buchstäblich ein *rechtschaffener* Mann, untadelig und angesehen, aber was man auf diese Weise sicherlich niemals wird, ist ein wirklicher Mensch, befähigt zur Güte. Eben deshalb war alles, was Jesus sagte und dachte, wie Aufruhr, wie Anarchie, wie Sprengkraft gegen all die eingerichteten Absicherungen. Jesus dachte, es komme einzig darauf an zu sehen, was ein anderer Mensch braucht, wenn er sich vergeht, und worunter er selber am meisten leidet, wenn er anderen Menschen Leid zufügt. Dies war sein Anliegen. Deswegen allein schon war er des Todes schuldig.

Gewiß, man kann sogar das Sprechen von Vergebung pervertieren. Man kennt die Spießerei, mit der am Ende einer sich vor dem anderen hinstellt, um vor ihm seine christliche Großmut zu zelebrieren, indem er zu ihm spricht: Ich vergebe dir, – und er führt dabei auf sublime Weise die Peitsche der Demütigung, der Herabsetzung, des Sadismus nur weiter gegen ihn im Munde[18]. So aber meinte Jesus es nicht. Er meinte, daß wir überhaupt auf jede Form von Anspruch aneinander verzichten könnten und daß wir eben dadurch um so inniger und vorbehaltloser miteinander ins Gespräch kommen könnten – nach der Weise Gottes, nicht nach der Art *Lamechs*. Würden wir nur begreifen, was im Herzen des anderen vor sich geht, so würden wir freiwillig zum Wegbegleiter seiner Not. Wir brauchten uns vor ihm nicht mehr zu schützen; wir würden ihm notfalls sogar das eigene Unterhemd schenken; und wenn er uns nötigt, *eine* Meile Wegs mit ihm zu gehen, so würden wir von uns aus zwei Meilen mit ihm gehen (Mt 5,41.42)[19].

Gerade diese Gesinnung war es, was man Jesus übel nahm. Das war es, wofür man ihn an den Pranger stellte. Das zerstörte alles, was sonst so sicher schien im normalen bürgerlichen Alltagsleben. Aber nun zu sehen wie die Jünger am Osterabend, daß die Güte recht hat, denn allein sie dient wirklich dem Leben! Daß das Leben gültig ist, denn es läßt sich vom Tod nicht ersticken! Daß wir im Angesicht des Auferstandenen buchstäblich alle Angst von uns abtun können, denn es braucht endgültig keine Grenzen der Vergebungsbereitschaft mehr zu geben! Freilich: Solange wir Angst haben, werden wir nicht imstande sein, selbst mit noch so viel gutem Willen nicht, einander wirklich zu vergeben, Bagatellfälle allenfalls ausgenommen. In der Kraft dieser Vision aber können wir die aus Angst verschlossenen Türen öffnen und buchstäblich schutzlos einander gegenübertreten. Denn Gott ist stärker als die Angst und seine Wahrheit größer als das Recht; und die Macht seiner Liebe in unserem Leben ist unbegrenzt.

Immer wenn es gelingt, die Erfahrung einer solchen Vision in uns einzulassen, bereitet sich *das Wunder* der Vergebung in unserem Herzen wie von selber ohne Krampf und Quälerei von innen vor. Man läßt sich zu zweit ein auf den gemeinsamen Grund, der uns trägt. Man verwirklicht ein Stück der Freiheit, die aus Gnade kommt, und am Ende werden wir wissen: wir haben einander im Grunde gar nichts zu «vergeben». Wir tauchen einfach ein in diese wunderbare göttliche Möglichkeit, miteinander zu reifen zum Licht. «Denn wo auch nur zwei Menschen oder drei miteinander versammelt sind, so wie ich es will», sagte Jesus, als er unter uns weilte, «da bin ich in alle Ewigkeit mitten unter ihnen.» (Mt 18,20)[20]

Wie wir es lernen, so zu sprechen, daß unser Herz sich dem Verständnis öffnet, dies ist die ganze Kunst. Empfangen haben wir von seinem «Geist». Möge er in uns Wohnung nehmen!

In dem *«Scrap-Book»* des großen Ludwig Nissen (1855-1924), der es als 17jähriger Auswanderer aus seiner Heimatstadt Husum vom Schuhputzer zum Gründer und ersten Präsidenten der Handelskammer von New York brachte, findet sich unter dem Titel *«Mein Glaube»* das folgende Gedicht[21], das in seinem aufklärerischen Freimut trotz der zum Teil altväterlich wirkenden Bekenntnislyrik in etwa dem entsprechen dürfte, was Jesus mit dem «Geist» des Friedens und der Versöhnung als sein Vermächtnis uns hinterlassen wollte und was er durch sein Leben und Sterben uns einhauchen mochte, um all den Zwängen zu Intoleranz und Abgrenzung zugunsten einer Menschlichkeit entgegenzureten, die *weit* ist wie zwischen Sonnenaufgang und Sonnenuntergang:

«Ich glaube, daß die schöne Welt regiere
Ein hoher, weiser, nie begriff'ner Geist,
Ich glaube, daß Anbetung ihm gebühre;
Doch weiß ich nicht, wie man ihn würdig preist.

Nicht glaub' ich, daß der Dogmen blinder Glaube
Dem Höchsten würdige Verehrung sei:
Er bildet' uns ja, das Geschöpf im Staube,
Vom Irrthum nicht und nicht von Fehlern frei.

D'rum glaub' ich nicht, daß vor dem Gott der Welten
Des Talmud und des Alkoran
Bekenner weniger als Christen gelten,
Verschieden zwar, doch Alle beten an.

Ich glaube nicht, wenn wir von Irrwahn hören,
Der Christenglaube mache nur allein
Uns selig: wenn die Finsterlinge lehren:
«Verbannt muß jeder Andersdenker sein.»

Das hat der Weise, der einst seine Lehre
Mit seinem Tod besiegelt, nie gelehrt;
Das hat fürwahr – dem Heiligen sei Ehre –
Kein Jünger je aus seinem Mund gehört.

Er lehrte Schonung, Sanftmuth, Duldung üben,
Verfolgung war der hohen Lehre fern:
Er lehrt' ohn' Unterschied die Menschen lieben,
Verzieh dem Schwachen und dem Feinde gern.

Ich glaube an des Geistes Auferstehen,
Daß, wenn dereinst das matte Auge bricht,
Geläuterter wir uns dort wiedersehen:
Ich glaub' und hoff' es, doch ich weiß es nicht.

Dort, glaub' ich, werde ich die Sehnsucht stillen,
Die hier das Herz oft foltert und verzehrt,
Die Wahrheit, glaub' ich, wird sich dort enthüllen,
Dem Geiste klar, dem hier der Schleier wehrt.

Ich glaube, daß für dieses Erdenleben –
Glaub's zuversichtlich, trotz der Deutlerzunft, –
Zwei schöne Hüter mir der Herr gegeben:
Das eine Herz, das andere heißt Vernunft.

Die letzte lehrt mich prüfen und entscheiden,
Was ich für Recht, für Pflicht erkennen soll.
Laut schlägt das Erste, bei des Bruders Freuden,
Nicht minder, wenn er leidet, warm und voll.

So will ich denn mit regem Eifer üben,
Was ich für Wahrheit und für Recht erkannt:
Will brüderlich die Menschen alle lieben,
Am Belt, am Hudson und am Gangesstrand.

Ihr Leid zu mildern und ihr Wohl zu mehren,
Sei jederzeit mein herrlicher Beruf.
Durch Thaten glaub' ich würdig zu verehren,
Den Hohen Geist, der mich und sie erschuf.

Und tret ich dann einst aus des Grabes Tiefen
Hin vor des Weltenrichters Angesicht,
So wird er meine Thaten strenge prüfen,
Doch meinen Glauben, nein, das glaub' ich nicht!»

2. Wie Vergebung glaubhaft wird

Vergebung der Sünden – das ist ein derart um- und umgekautes Thema – wer davon spricht, der gleicht dem Manne, der nachmittags für Geld eine meckernde Ziege ausstellen will, die man am Vormittag bereits umsonst auf dem Dorfanger weiden sehen konnte. Aber wenn Dinge immer wieder besprochen werden, haben sie meist zwei Eigenschaften: daß sie nämlich ebenso wichtig sind wie unklar. Denn wären sie nicht wichtig, so würde man gar nicht von ihnen sprechen, und wären sie ein für allemal klar, so würde man bald aufhören, von ihnen zu sprechen. Das Thema der Vergebung aber ist wichtig, weiß Gott. Daß Menschen in Schuld geraten, ist schlimm; aber sich schuldig zu fühlen und nicht an Vergebung glauben zu können, – das ist die Hölle.

Man sagt, daß Schuld vereinsamt. Das ist wahr. Man wagt es nicht, dem anderen unter die Augen zu treten. Man trägt die Schuld wie ein Geheimnis mit sich herum. Niemandem traut man sich, etwas davon zu sagen. Alle Sorge richtet sich mehr und mehr darauf, das Gesicht nicht zu verlieren. Von Tag zu Tag wächst die Schuld auf diese Weise immer enger mit dem eigenen Ich zusammen. Schließlich schämt man sich schon gar nicht mehr der Schuld, sondern dafür, überhaupt zu leben. Daß man sie ändern könnte, erscheint unmöglich. So schließen sich die Türen des Gefängnisses. Starre, Einsamkeit, ein ewiges Doppelspiel, eine zunehmende Veräußerlichung, schließlich ein Abscheu, überhaupt noch an sich zu denken, – das macht die Schuld zu einem unentrinnbaren Getto der Angst und der Scham. Was das Thema der Vergebung so wichtig macht, ist der Umstand, daß wirkliche Schuld ohne Vergebung unerträglich quälend ist.

Doch so eindeutig klar, wie diese Tatsache auch sein mag, so unklar, ja, völlig verwirrend, stellt sich die Frage nach einer möglichen Lösung dar. Gewiß, es hat in der Kirche immer so etwas gegeben wie «Vergebung» der «Sünden»; es wurde auch ganz richtig dabei betont, daß die «Vergebung» im «Bußsakrament» wesentlich mit dem Vertrauen zusammenhängt, das man aufbringen muß, um die Schuld zu *bekennen*. Wenn aber Angst, Scham und Mißtrauen jedes Eingeständnis verhindern, wenn sie es nicht nur vor den anderen, sondern sogar vor sich selber verhindern – was dann[1]?

Offenbar kann man «Vergebung» von «Schuld» nur in der Art erfahren, wie es das *Johannes*evangelium in der Erzählung von der Erscheinung Jesu im Abendmahlssaal beschreibt; ja, es scheint, als sei die Erscheinung Jesu vor den Jüngern ganz und gar identisch mit der Erfahrung der Vergebung[2]. Alles, was sich über Angst und Vereinsamung im Getto der Schuld sagen läßt, faßt dieses Evangelium in einer einzigen symbolischen Situationsangabe zusammen: «Als sie zusammen waren *bei verschlossenen Türen* aus Furcht vor den Juden.» Gerade diese Situation des Eingesperrtseins, des aus sich Nicht-Herauskommens, des Hockens hinter Mauern, die nach draußen schützen und nach drinnen abriegeln, ist die Lage der Jünger. Um hinter derartige Verpanzerungen des Ichs zu kommen, um dieses ständige Versteckspiel der Angst freizulegen, ist es unmöglich, mit Gewalt von außen einbrechen zu wollen. Es gibt nur eine Art, solche «Türen» der Angst zu öffnen, und sie ist ganz und gar innerlich; sie besteht in einer «Vision», die zentral alles verändert, ohne doch sagen zu können, woher dieses Andere, Neue eigentlich kommt.

So eigentümlich derartige «Erscheinungen» und Erlebnisse auch anmuten mögen – jeder von uns wird so etwas schon einmal erlebt haben, sonst würde er das Leben gar nicht so lange haben ertragen können; und um so wichtiger ist es, sich klar zu machen, was da eigentlich vor sich geht. Es geht nach der Darstellung des *Johannes*evangeliums um ein Empfinden, daß mitten in uns ein Wort gesagt wird, das durch die Mauern der Angst und der Abwehr hindurch in die Mitte unseres Herzens getreten ist[3]. Es ist ein Wort, das wir uns selber nicht sagen können und das dennoch ganz zu uns gehört. Es ist von draußen

gekommen und lebt doch mitten in uns. Es ist ganz plötzlich erschienen und ist uns doch so vertraut, als hätten wir tausend Jahre schon darauf gewartet. Nicht daß wir uns darauf vorbereitet hätten! Das ist es ja gerade: vertraut war uns bisher nur die Angst, und sie besteht gerade darin, daß uns der Mittelpunkt unseres Lebens, der Halt, an dem wir hängen, zerstört, genommen, entrissen worden ist – gewaltsam von außen und am meisten durch Schuld, fremde und eigene. Was uns bisher zu halten schien, ist zusammengebrochen, und in uns lebt scheinbar nur noch der Schmerz der Erinnerung und das Gefühl, sich mit allen Mitteln nach außen hin schützen zu müssen. Aber daß nun dieses immer Erwartete und scheinbar Verlorene in uns wieder aufersteht als etwas zu uns Gehöriges und uns anredet mit den Worten: «Friede sei mit euch», das ist das entscheidende Erlebnis an diesem ersten Osterabend, das ist die Voraussetzung dafür, an so etwas wie «Vergebung» als eine Wiederherstellung des ehemals Zerstörten allererst glauben zu können.
Oft und immer wieder hat man den Eindruck, das Christentum bestehe in einem besonders hoch gespannten moralischen Idealismus und sei im wesentlichen eine Aufforderung zu seelischen Kletterübungen aller Art. In Wahrheit jedoch ist es das gerade nicht. Es vertritt wesentlich gerade nicht die Überzeugung, daß wir einem Gott zu dienen hätten, der uns vom anderen Ufer zuruft, wir sollten zu ihm durch den Strom der Zeit hinüberschwimmen. Es besteht vielmehr in der Überzeugung, daß Gott in unserem so abgeschlossenen und verängstigten Inneren dieses Wort spricht oder doch ganz sicher eines Tages sprechen wird: «Friede sei mit euch!»
Was sich da begibt, läßt sich wohl nicht besser ausdrücken als in dem Bild dieser Erzählung: «Er zeigte ihnen seine Hände und seine Seite.»[4] Es ist das Bild aller Vergebung: zu sehen, zu fühlen und deutlich zu spüren, daß alles, was zuvor an tödlichen Verletzungen, an Mißhandlungen, an Deformationen aus eigener Schuld einem anderen Menschen zugefügt wurde, ja, daß die Einschlagstellen des Bösen, an denen bis zur Bewegungslosigkeit sein Leben festgenagelt war, sich verändert und eine ganz neue Bedeutung gewonnen haben, indem sie jetzt in einem gänzlich neuen Licht erscheinen: gar nicht mehr nur als zerbrochen und verwundet, sondern als heil und lebendig, gar nicht mehr nur als krankhaft und tödlich, sondern im Gegenteil als zukunftweisend und richtig: etwas, das bislang nur wie chaotisch und vertan erschien, tritt nunmehr als verklärt und verwandelt auf uns zu, setzt sich ins Zen-

trum und gebietet oder, besser, entbietet uns «Frieden», was hebräisch auch so viel bedeutet wie: Heil, Ganzheit und Vollständigkeit[5] – eine innere Ruhe, in der alles gut geworden ist, was war.
Ein erschütterndes Beispiel dafür, wie Vergebung über alle Schuld hinweg uns bis in die vollkommene Gefangenschaft hinein trotz allem erreichen und von innen her berühren kann, liefert die Geschichte des ehemaligen Terroristen *Christoph Wackernagel.* Er war am 10. Nov. 1977, zusammen mit dem RAF-Mitglied *Gerd Schneider* aus dem Nahen Osten kommend, auf dem Flughafen Schipohl gelandet und von einem Polizeitrupp gestellt worden. Es kam zu einem Schußwechsel, bei dem *Gerd Schneider* von neun Kugeln getroffen, *Wackernagel* aber nur leicht verletzt wurde. Es folgte für beide die Zeit der Isolationshaft, der Hungerstreiks – die «bleierne Zeit». Die holländischen Behörden lieferten die Häftlinge schließlich an die Bundesrepublik aus. Je 15 Jahre Gefängnis, lautete das Urteil. Und nun passierte etwas Merkwürdiges, eigentlich etwas Wunderbares: der Anführer jenes Antiterrorkommandos der holländischen Polizei, *Herman van Hoogen*, war selber bei der Schießerei verletzt worden; doch gerade er erkundigte sich immer wieder nach dem Befinden der beiden Inhaftierten. Als nach 7½ Jahren eine erste Entlassungsmöglichkeit sich bot, trat er in einem Brief an die deutschen Behörden für die Freilassung der beiden Terroristen mit der Begründung ein, sie hätten unzweifelhaft aus Idealismus, nicht aus eigennützigen Motiven heraus gehandelt. *Van Hoogen* korrespondierte mit den Inhaftierten, er besuchte sie mehrmals. Und als sie im Herbst des Jahres 1987, nach 10 Jahren Haft, in Freiheit gelangten, war *van Hoogen* der erste, der, zusammen mit seiner Frau, Blumensträuße in den Händen, zur Gratulation anreiste. Auch heute noch «trifft sich Wackernagel mit seinem ehemaligen Feind, dem Polizisten, besucht ihn und seine Frau in deren gemütlichem Reihenhaus ... ‹Vom Schießen zum Reden kommen – das war wie eine Art Tripp›, sagt Wackernagel. ‹Daß es möglich war, hängt auch damit zusammen, daß van Hoogen ein Polizist ganz anderer Art ist – leider ein seltenes Exemplar. Für ihn war es eine moralische Niederlage, daß er seine Waffe gegen uns benutzen mußte. Und für uns geriet eine Welt aus den Fugen. Irgendetwas stimmte nicht mit dem bewaffneten Kampf, wenn ein Bulle so reagierte.›»[6]
Dieser Umsturz einer ganzen Welt, dieses Aufbrechen äußerer wie innerer Gefangenschaft, weil gerade derjenige nicht locker läßt, den man im Grunde hatte ermorden wollen – und zwar nicht als persönli-

chen Menschen, sondern als Typen, als Repräsentanten alles Hassenswerten, – so etwas muß gemeint sein mit der «Erscheinung» des «Auferstandenen» vor den Jüngern: Sie mögen erlebt oder verübt haben, was immer es sei, sie werden doch aus dem Strom des Verstehens und der Zusammengehörigkeit unter Menschen nicht entlassen; sie sind trotz allem nicht herausgefallen aus der Verbundenheit aller Menschen miteinander; denn es ist der Betroffene selbst, der von sich aus über den Graben des Hasses seine Hand zur Versöhnung hinüberstreckt. Ein Verhalten dieser Art mutet wirklich an wie eine Botschaft aus einer anderen, göttlichen Welt; es ist aber nichts weiter als jene Menschlichkeit, zu der Jesus uns führen wollte und die er verkörperte im Leben wie im Sterben.

Um den Kontrast an einem Beispiel so eindringlich wie möglich hervorzuheben: in der katholischen wie protestantischen Moraltheologie konnte immer wieder unter Berufung gerade auf den Prozeß Jesu zur Begründung der sittlichen Erlaubtheit der *Todesstrafe* eine Art «Rechtsverwirkungstheorie» vertreten werden, wonach (im Erbe des idealistischen Denkens) ein Mensch durch bestimmte Taten wie Mord oder Gewaltkriminalität seinen Anspruch, ein Mitglied der menschlichen Gesellschaft zu sein, zerstört hatte und folglich als vogelfrei betrachtet werden konnte[7]; im Sinne einer solchen Moraltheologie endet die Vergebung wesentlich an den Begriffen Recht und Gerechtigkeit bzw. an den Vorstellungen von Lohn und Strafe. Im Sinne solcher Ansichten, welche die abendländische Theologiegeschichte jahrhundertelang geprägt und begleitet haben, wohnt der Schuld etwas Tödliches inne, das nur durch ein neuerliches «Töten» im weitesten Sinne wiedergutgemacht werden kann – eine juridische Vergeltungskausalität, innerhalb deren Gott als ein oberster Scharfrichter und metaphysischer Prinzipienexekutor erscheint. Man kann sich den Abstand solcher Theorien zu dem Gott Jesu Christi gar nicht groß genug vorstellen; ja, man wird zuversichtlich sagen können: hätte Jesus zu seinen Lebzeiten nicht einen ganz anderen, einen verzeihenden, gütigen, vergebenden Gott den Menschen nahebringen wollen, so hätte nach seinem Tode nicht eine Geschichte wie diese entstehen können, wonach er den Jüngern im Abendmahlssaal erschienen sei, um die unzerstörbare Kraft seines Lebens gerade in der Botschaft des Friedens und der Vergebung zu bekunden. Diese Botschaft, meint diese Visionserzählung des *Johannes*evangeliums, ist nicht von dem Haß und dem Unverständnis der Menschen getötet worden, im Ge-

genteil, sie gilt nur um so mehr, und zwar nicht, weil das Geschehen des Karfreitags etwa nicht so schlimm gewesen wäre, sondern weil es von Gott her eine Kraft der Liebe und der Verbundenheit gibt, die stärker ist als die Zerstörungskraft menschlicher Schuld. Es ist Jesus selber, der in diesem Bild aus dem Abendmahlssaal seinen Jüngern die eigenen Wundmale zeigt, um ihnen und jedem Menschen in all seiner Schuld zu versichern, daß alle Spuren der Vergangenheit in seiner Person sich zu verwandeln vermögen. An «Vergebung» glauben zu können, ist nicht anders möglich, als uraltes Leid «verwandelt» zu «sehen» und das bisher nur Quälende, Belastende und Niederdrückende als überstanden zu erkennen. Nichts läßt sich wiedergutmachen, aber alles kann gut werden oder, mehr noch: es *ist* gut geworden, – diese Vision ermöglicht es, so etwas wie «Vergebung» allererst für möglich zu halten[8].
Es ist, als wenn selbst die Jünger einen Augenblick lang eine solche Botschaft selbst in der Freude nicht zu glauben vermöchten: diese Umwandlung und Verklärung des Vergangenen, diese Überzeugung, daß trotz allem, ja, gerade *wegen* all dessen, was war, nun alles gut sein soll – als wenn sie, kaum dieser Vision ansichtig, schon wieder zweifeln würden! Jedenfalls wiederholt Jesus sein Wort noch einmal: «Friede sei mit euch.»[9] Es ist wahr: Alles ist geheilt; wir sind nicht ewig dazu verflucht, in die Gefängnismauern der Vergangenheit eingekerkert zu bleiben; vielmehr dürfen wir leben mit dem, was gewesen ist. *Das* ist Vergebung unserer Sünden: das Gefühl, daß alles, was war, nicht mehr die Zukunft verstellt; daß die dunklen Schatten der Angst vor der Schuld und vor uns selber gewichen sind; daß wir frei und guten Mutes es bei uns selbst aushalten. «Verklärung» der «Wunden» und diese Versicherung des doppelt ausgesprochenen Friedens, – das muß es sein, was wir als «Vergebung» der «Sünden» bezeichnen.
Was sich daraus ergibt, kommt menschlich einem Wunder gleich: es ist möglich, ja, es ist wie ein innerer Befehl, diesen Frieden weiterzugeben. Wenn die Sonne aufgegangen ist, zündet man keine Kerzen mehr an, sagt ein chinesisches Sprichwort; wenn es regnet, begießt man nicht den Garten. Vergebung unserer Sünden heißt, daß alle wissen können: die Sonne *ist* jetzt aufgegangen, oder, für uns fast Verdurstete: es hat schon angefangen, zu regnen. Alles ist gut. Alles Wichtige ist schon getan. Die eine, die zentrale Umwertung hat stattgefunden. Das ist die «Auferstehung» Jesu – unser Leben jenseits der Schranken des Todes aus Angst und Schuld.

3. Vergeben können – die Gabe der Vision einer Verklärung

Immer, wenn Menschen fähig werden, einander zu vergeben, ereignet sich in unserem Leben eine Art von Wunder; denn anders als es die Moral gebietet, sind wir zur Vergebung wirklicher Schuld niemals imstande, es sei denn, wir sähen vor uns eine Vision, gerade so, wie sie den Jüngern im Abendmahlssaal geschenkt wurde. Es ist eine Vision von Wunden, die verklärt sind, von einem Leben, das nicht zu zerstören ist, von einer Güte, die durch das Leid nicht widerlegt wird, und von einem Frieden, der durch keine Art Gewalt aus unserem Herzen mehr zu reißen ist. Ohne dieses Auferstehungsbild jenseits des Todes ist jedes Wort «Ich vergebe dir» im besten Falle ein Versuch, und, selbst wenn gut gemeint, zumeist nichts als ein kurzfristiger Betrug unserer selbst bzw. eine wohlwollende Irreführung anderer. Denn oft versuchen wir zu früh, dem anderen zu «vergeben», indem wir zu ihm sagen: «Es ist gut», und: «Jetzt hör auf damit». Solange uns eine wirkliche Verletzung weh tut und schmerzt, sollten wir nicht so schnell von Vergebung sprechen, weil wir nicht die Kraft haben, es durchzuhalten. Wenn wir dem anderen wirklich zutrauen, daß er Einsicht und guten Willen genug besitzt, sollten wir eher versuchen, miteinander ins Gespräch zu kommen und einander zu sagen, wie weh etwas getan hat und warum ein unbedachtes Wort, eine Nachlässigkeit, vielleicht auch eine gezielt geplante Grausamkeit, so sehr geschmerzt hat. Solange Wunden nicht geheilt sind, verfügen wir nicht über die Weitherzigkeit, die zur Vergebung nötig ist. Es ist möglich, zu sagen: «Ich vergebe dir», wenn uns der Schmerz nicht zu sehr drückt. Dann bedeutet «Ich vergebe dir» wirklich nur: «Es war nicht so schlimm.» Aber wenn etwas sich tief in die Seele eingefressen hat und weh tut, ist Ehrlichkeit wichtiger als sogar die Nächstenliebe. Zwar dürfen und können Wahrheit und Liebe einander nicht widersprechen. Aber ohne Wahrhaftigkeit in allen Herzensdingen finden Menschen nicht zueinander, auch nicht unter der Deckformel der Vergebung.

Die Vision der Jünger im Abendmahlssaal zeigt demgegenüber auf tiefe und großartige Weise, woher die Energie der Güte in Wahrheit stammt und worin sie ihren Ursprung besitzt. Es ist, sagt diese Vision von dem verklärten Leib des Herrn, wenn Vergebung in unser Leben treten soll, wie wenn Wunden anfangen, zu einem Teil menschlicher Schönheit zu reifen, wie wenn Verletzungen beginnen, einen Menschen, den wir wirklich lieben, besonders liebenswert und kostbar zu machen, wie wenn das Leid, das ihm zugefügt wurde, schließlich zu einem unverbrüchlichen Band der Treue, der Zusammengehörigkeit und der tieferen Verbundenheit heranwächst. Nur wer dieses Wunder am eigenen Leibe erfahren hat, daß man über den Schmerz hinaus leben kann und man über die zugefügten Verletzungen hinauszuwachsen vermag, lernt in einem größeren Glück die Großzügigkeit, dem anderen in Wahrheit zu vergeben[1].

Wenn uns ein anderer zutiefst verletzt, so daß es uns bis in die Wurzel kränkt, verformen sich die zugefügten Kränkungen in ein chronisches Gekränktsein, in eine Art unterschwelliger Gehässigkeit, in ein verdrängtes bzw. mehr oder minder eingestandenes Bedürfnis nach Rache[2], und das eigentliche Problem besteht zumeist darin, daß das fremde Böse dann fast immer umschlägt in die eigene Bosheit. Nur Menschen, die ganz gütig sind, so wie Jesus in seinem angstfreien Vertrauen zu Gott ganz gütig war, werden vermeiden können, daß das Leid vom Körper her bis in die Seele vordringt. Fast alle, die wir von anderen und durch uns selbst verletzt wurden, werden es erst nach und nach lernen müssen, sogar über die Bosheit des eigenen Herzens hinaus zu reifen, hinweg nicht nur über das zugefügte Leid, sondern auch über das Bedürfnis, dem anderen zur Vergeltung neues Leiden zuzufügen. Erst vermöge einer tieferen Erkenntnis dessen, was uns selber quält, werden wir die Kraft gewinnen, auch das Böse im Herzen eines anderen aufzunehmen und zu beruhigen. Im Grunde sagen wir dem anderen damit nicht allein: «Ich vergebe dir», sondern tiefer noch: «Ich verstehe von mir selber her, wie du dazu kommen konntest. Ich würde mich selber nicht kennen, wüßte ich nicht, was in dir vor sich ging.» Und erst in der Gemeinsamkeit eines solchen Verstehens hören die Grenzen auf zwischen dem Verletzenden und dem Verletzten und fügen Hände sich über dem Abgrund ineinander in der festen Bereitschaft, einander nicht mehr loszulassen. Die wichtigste Voraussetzung zur Vergebung besteht darin, zu merken und zu wissen, daß man an der Stelle des anderen vermutlich nicht den Deut besser oder anders gewesen wäre als er und daß das, was sich in ihm ereignete, genau so in einem selber hätte vor sich gehen können. Nur dann stoppt man den Kreislauf der Vergeltung, wenn man diese fundamentale Gemeinsamkeit im Leid wahrhaft von innen her, im eigenen Erleben, mitfühlt und erkennt[3].

Insofern scheinen die Begriffe, mit denen wir in der Religion für gewöhnlich das Geheimnis der Vergebung umschreiben, ganz entschieden zu kurz geraten zu sein. Im Jahre 1983 z. B. rief man in der katholischen Kirche ein Heiliges Jahr aus und startete, fast muß man sagen, eine Kampagne für das Sakrament der Buße, für *die Beichte*. Man veröffentlichte in Rom Schreiben und Verlautbarungen, in denen es sehr bedauert wurde, daß auch die Katholiken das Bußsakrament nicht mehr recht zu würdigen wüßten, daß sie mit anderen Worten zahlenmäßig nicht mehr so häufig beichteten, wie es gewünscht wurde; lieber gingen sie mit ihren Problemen, so war zu hören, zu den Psychologen oder zu den Astrologen als zu den Beichtvätern der Kirche[4]. Wenn indessen von Buße die Rede ist, könnte es dann nicht sein, daß als allererstes die Kirche selber institutionell und öffentlich Buße tun sollte, indem sie sich fragt, warum die Sprache der Vergebung sich in ihrem Munde reduziert hat auf einen rein juristischen Akt, der nichts mehr mit den Motiven zu tun hat, aus denen heraus Menschen handeln, nichts mehr mit den Gefühlen, nichts mit dem inneren Verständnis für die eigentlichen Wurzeln der Angst und der Verzweiflung, aus denen etwas wirklich Böses regelmäßig hervorgeht, und was es ihr jahrhundertelang gestattet hat, sich einzig für den Bereich bestimmter Tatbestände und vermeintlich objektiver Normen zu interessieren? Gerade die Moralisierung und Verrechtlichung eines der wunderbarsten Geheimnisse der Auferstehung hat aus dem «Bußsakrament» einen ohnmächtigen Verwaltungsvorgang gemacht, der, abgetrennt von den Antriebskräften der Seele, eher die Angst und den Zwang vermehrt, als sie zu lindern und zu heilen. An diesem Punkte muß sich etwas ändern, wenn wir in den zärtlichsten Bildern der Vergebung, die wir Christus verdanken, wieder eine gewisse Form von Ernst und Tiefe zurückgewinnen wollen. Auf die Dauer unterminiert es nicht nur die Glaubwürdigkeit der Kirche, es neurotisiert vor allem unsere eigene Psyche, wenn wir uns selber zurückschrauben lassen auf eine simple Buchhaltung, nach der wir in denkbar oberflächlicher Weise die Gebote Gottes auf der einen Seite und unsere vermeintlichen «Sünden» auf der anderen Seite miteinander in Vergleich bringen sollen. Nichts ändert sich, und nichts bessert sich an uns, ehe wir nicht anfangen, uns selber zu verstehen. Und da gilt es, vor allem zu begreifen, daß es kein Böses gibt, das wir einem anderen zufügen, wir hätten es denn zunächst uns selber zugefügt. Begreifen müssen wir, daß wir keine Lüge sprechen können, ohne uns selber zu betrügen, daß wir mit jeder Unzucht ein Stück von der eigenen Würde preisgeben und daß wir mit jedem chronisch gewordenen Haß auf andere immer zugleich auch ein

Stück persönlicher Liebenswürdigkeit einbüßen und an Wertschätzung unserer selbst mit Füßen treten. Alle Worte der Vergebung, selbst wenn ein Priester im Auftrag der Kirche sie sprechen sollte über ein sogenanntes Beichtkind, werden niemals wirklich und vergebungsmächtig sein, wenn nicht im Hintergrund spürbar eine Beziehung waltet, die den anderen zu einem neuen Leben verhilft, indem sie die Motive seines Tuns durch eine größere Erfahrung von Erkenntnis, Liebe und Glück in der Tiefe verwandelt.

Denn eigentlich nur vermöge des Glücks, das aus der Liebe wächst, lernen wir die Vergebung, und nur aus den Vollzügen des Lebens selber lernen wir den Empfang eines Sakramentes. Was z. B. das «Meßopfer» bzw. die Eucharistiefeier uns bedeutet, müssen wir u. a. lernen in der Menschlichkeit des Umgangs miteinander, und ebenso werden wir, was die Vergebung wert ist, nicht in der Winkelecke einer Kirche oder eines Domes lernen; üben aber ließe sich und nötig wäre es, im Herzen eines jeden eine *Sprechkultur* aufzubauen und zu pflegen, die es ihm ermöglicht, von den peinlichen, schmerzlichen, oft schon vergessenen Dunkelseiten des eigenen Herzens und der eigenen Vergangenheit, wenn auch zunächst nur stotternd, zögernd, würgend, mit zugeschnürter Kehle oft, weinend zuerst, schreiend und fluchend, wie auch immer, doch schließlich womöglich dankbar, leiser, ruhiger und eines Tages hoffentlich sogar einmal lachend zu sprechen. Vermutlich war dies ein entscheidender Fehler der Kirche, daß sie gemeint hat, man könne und müsse diese großartige Chance am Abend des Ostertages, einander zu vergeben, was wir an Schuld und Leid uns zugefügt haben, rein juristisch und juridisch delegieren an einen bestimmten Stand in der Kirche, an die Schicht der Priester, die ihrerseits wiederum nur aus einer bestimmten Geschlechtergruppe, den Männern, bestehen dürfe. Im Recht sind zumindest auch diejenigen Stellen des Neuen Testamentes, die der Sache nach von einem allgemeinen Priestertum sprechen. So steht z. B. in Matthäus 18,18 zu lesen, daß nicht eine bestimmte Berufsgruppe beamtetermaßen das Werk der Vergebung verwaltet, sondern daß jeder wirklich Gläubige, jeder, der diesen «Osterabend» der Verklärung der Wunden miterlebt hat, von sich her fähig und berufen sei zu der Gnade der Vergebung. Nur wo irgend Menschen wahrhaft miteinander reden, so daß sich ihr Wesen unter den Blicken, unter der Güte, unter dem Verständnis des anderen wandelt, hören die Motive, böse zu sein, wie von alleine auf. Nicht mit Gewalt, nicht mit dem sogenannten «guten Vorsatz», ändert sich das Leben. Aber durch

das Glück, vom anderen geliebt zu werden jenseits aller Kränkungen und Schuld, ist es nicht mehr so schwer, einander gut zu sein.
Gerade darin aber besteht die Entdeckung dieser Vision des Ostertages: In der Unzerstörbarkeit der Liebe entdeckt man, daß die Wunden, die man empfangen hat, und das Leid an der eigenen Schuld uns selber und den anderen liebenswert und kostbar machen können, daß Wunden sich zu verklären vermögen und man am anderen und an sich selber schließlich nichts mehr auszusetzen findet, sondern ganz im Gegenteil: daß man inmitten des Leidens den Worten Gottes begegnet und viele Gründe findet, dankbar zu werden: dem anderen für sein Verständnis und für seine Güte, und Gott, der auf den krümmsten Wegen gerade zu schreiben beginnt. Am Ende ist all das, was war, womöglich nur der lange Weg, auf dem wir diejenigen Menschen wurden, die wir sind – wunderbare Menschen, würden wir uns selber sehen können, wie Gott ganz sicher jeden Tag uns sieht und wie er möchte, daß wir selbst uns eines Tages sehen lernen.

d) Zwischen Skepsis und Zuversicht (Joh 20,24-31)

24 Thomas aber, einer von den Zwölfen, Zwilling genannt, war nicht bei ihnen, als
Jesus gekommen ist. 25 Wiederholt sagten ihm daher die anderen Jünger: «Gesehen
haben wir den Herrn.» Er aber hat ihnen gesagt: «Wenn ich nicht sehe: an seinen
Händen das Mal der Nägel, und lege meinen Finger in das Mal der Nägel, und lege
meine Hand in seine Seite, nie und nimmer werde ich glauben.» 26 Und nach acht
Tagen waren wiederum drinnen seine Jünger und Thomas bei ihnen. Es kommt Jesus
bei verschlossenen Türen und ist in die Mitte getreten und hat gesagt: «Friede euch.»
27 Dann spricht er zu Thomas: «Nimm deinen Finger hierher und sieh meine Hände,
und nimm deine Hand und lege sie in meine Seite, und werde kein Ungläubiger,
sondern ein Gläubiger.» 28 Geantwortet hat Thomas und hat ihm gesagt: «Mein Herr
und mein Gott.» 29 Spricht zu ihm Jesus: «Weil du mich gesehen hast, hast du zum
Glauben gefunden. Selig, die nicht zum Sehen und doch zum Glauben finden.» 30
Viele, auch andere Zeichen, hat Jesus nun zwar vor seinen Jüngern getan, die nicht in
diesem Büchlein aufgeschrieben sind; 31 diese aber sind aufgeschrieben, damit ihr
glaubt: Jesus ist der Christus, der Sohn Gottes, und damit ihr als Glaubende Leben
habt in seinem Namen.

1. «Wenn ich nicht sehe . . .»

Es mag wohl sein und man möchte es wünschen, daß die meisten Menschen es leichter haben als der Apostel Thomas, indem ihr Weg zum Glauben nicht von derart quälerischen Fragen begleitet wird, wie dieser eine sie an alle richtet. Hoffen möchte man, daß die meisten bereitwilliger sich von der Hoffnung des Lebens gefangennehmen lassen als dieser Apostel, der buchstäblich erst den Finger in die offenen Wunden legen muß, ehe die Versicherung des Glaubens ihm glaubwürdig wird[1].

Merkwürdig ist, wie wenig wir einander oft vom Glauben weitergeben können. Der ganze feierliche Auftrag, das hoheitsvolle Reden vom «Zeugnisgeben» und vom «Christentum für andere» zerbricht an einem Mann wie Thomas. In gewisser Weise muß man es erschreckend nennen, wie ohnmächtig in diesem Augenblick die Jünger sind. Man sollte meinen, wenigstens sie verfügten über die nötigen Voraussetzungen, um aus eigener Erfahrung von der Überwindung menschlichen Leids sprechen zu können: ihnen ist Jesus als lebend erschienen, trotz seines Todes; sie haben es als den wesentlichen Auftrag ihres Lebens empfangen, in seinem Geiste weiterzuwirken und seine Worte weiterzusagen; sie haben in seiner Nähe das Geheimnis einer möglichen Versöhnung auch mit schwerer und unkorrigierbarer Schuld sichtbar erfahren dürfen. Und trotzdem sind sie außerstande, auch nur diesen einen in ihrer eigenen Mitte zu überzeugen[2]. Was ist da zu tun?

Es ist sehr viel, daß die Jünger unter diesen Umständen die Vornehmheit besitzen, immerhin die Grenzen ihrer eigenen Möglichkeiten zu erkennen und anzuerkennen. Für gewöhnlich sind wir geneigt, den anderen mit dem zu bedrängen, was uns am wichtigsten ist, und wenn er es nicht annimmt, so sind wir über ihn enttäuscht, halten ihn für unbelehrbar und womöglich für böswillig, und es fällt uns schwer, ihn dann überhaupt noch als zu uns gehörig zu betrachten. Es ist äußerst wichtig, daß die Jünger Thomas mit seinen Zweifeln nicht ausschließen und die Aufrichtigkeit seines Fragens und die Tiefe seiner Not respektieren; denn einzig so, indem sie ihn weder aus ihrer Mitte verstoßen noch weiter in ihn dringen, verbleibt sein Suchen ungestört vor Gott[3].

Möglicherweise spüren die Jünger selber, daß sie des zweifelnden Thomas um ihrer selbst willen bedürfen, damit ihnen der Glaube an die Auferstehung nicht zu flach, zu oberflächlich und zu billig gerät, und daß sie ihren Mitapostel Thomas gerade mit seinen Zweifeln als Korrektiv ihrer eigenen Sicherheit förmlich benötigen. Es gibt eine Form der «Heilsgewißheit» von solcher Penetranz, daß man nur leidenschaftlich wünschen kann, sie würde irgendwann einmal von Fragen heim-

gesucht, wie Thomas sie hier stellt. «Nur allzu leicht», scheint er den Jüngern zu sagen, «kommt Ihr über die Katastrophe der Hinrichtung Jesu hinweg und tröstet Euch mit wohlklingenden Auferstehungsworten und vermeintlichen ‹Erscheinungen›; ganz wunderbar wißt Ihr sogar von ‹Vergebung› und ‹Versöhnung› zu berichten, als ob man nach allem, was geschehen ist, überhaupt noch ein Recht besäße, die ungeheuere Schuld mit Worten der Vergebung einzuhüllen.» Ein Mann wie Thomas möchte offensichtlich gerade auf die wunden Stellen des Lebens hinweisen; er wehrt sich dagegen, die Härte des offensichtlichen Leidens mit tönenden Schönredereien zu verleugnen; für ihn kommt alles darauf an, daß das namenlose Leid der Welt nicht durch irgendeine Freudenmär vertuscht wird. Das Leid ist sichtbar und wirklich; und eine Wirklichkeit ist daher auch die Auferstehung erst, wenn man erkennen kann, wie aus dem Leiden neues Leben sich entfaltet und wie etwas, gerade indem es stirbt, sich zu Größerem wandelt. Jeder wirkliche Schmerz und jede wirkliche Not sprechen *gegen* eine solche Möglichkeit; sie drängen wie von selbst dazu, sich als endgültig zu setzen, und es sieht mitten im Leiden oft genug so aus, als sei schon der bloße Gedanke an Hoffnung ein bloßer Selbstbetrug[4].
Der gesamte Atheismus der letzten 100 Jahre nimmt sich aus wie eine solche Thomas-Argumentation der Traurigkeit und der Verzweiflung. Die Religion kann zufolge dieser Logik schon deshalb nicht wahr sein, weil das namenlose Leid und die ungezählte Not der Welt den religiösen Verheißungen von Leben und Auferstehung zu offensichtlich widersprechen; angesichts der Wirklichkeit des Elends und des Schmerzes, so lautet immer wieder dieser Thomas-Einwand, muß jedes Reden von Versöhnung und Verzeihung wie ein Opium wirken, das die eigentlichen Kräfte des Widerstandes und der Wahrheitssuche lähmt und das, wenn der Rausch der Illusionen verfliegt, nur neuen Schaden und noch schlimmere seelische Verwüstungen anrichtet[5].
Man mag sich fragen, was dem Menschen bleibt, wenn er nicht mehr hoffen darf und wenn all sein Fragen an der rohen Sichtbarkeit, an dem simplen Faktum seines Schmerzes, wie eine Welle an einer Mauer, in sich selbst zurückgeworfen wird. In gewissem Sinne hat Thomas mit seinem Postulat, selber zu *sehen*, ganz recht: man kann aus dem Getto der Angst und des Zweifels nur glaubwürdig herauskommen, wenn sich an dem Betroffenen selbst ersehen läßt, wozu sein Leiden gut war. Es gibt an diesen Grenzen der menschlichen Existenz nicht mehr die Möglichkeit eines austauschbaren Zeugnisses, etwa indem jemand für

einen Dritten erklärt und behauptet, daß für ihn das Leiden notwendig gewesen sei; nur wer selbst gelitten hat, kann einem anderen aus seinem eigenen Erleben sagen, daß für ihn selber alles, was bis dahin nur zerstörerisch und quälend war, doch schließlich gut geworden sei. Daher ist es innerlich buchstäblich notwendig, daß Jesus vor seinen Jüngern mit den Malen seiner Wunden in Erscheinung tritt, damit sie aus dem Gefängnis ihrer Traurigkeit und Angst befreit werden. Nur er, der Betroffene, kann von sich selber sagen, daß ihn das Leiden nicht vernichtet hat, daß es sich nicht als fremder Einbruch für ihn darstellt, sondern daß es sich im nachhinein für ihn als gut erweist, als etwas, das von Gott her gerade so für ihn sein *mußte*[6].

Der Glaube, dem sich der Apostel Thomas anschließt, ist nicht ein Optimismus heiterer Illusionen, der versichert, daß das Leiden und die bittere Schuld unseres Lebens eigentlich gar nicht bestünden oder doch nur wie ein äußeres Versehen, wie eine Art Malheur aufträten; im Gegenteil, es geht gerade darum, das Leid, die Schuld *nicht* wegzuleugnen; es kommt gerade alles darauf an, sie in der ganzen Härte ihres Schmerzes stehenzulassen. Erst wenn wir aufhören, das Leiden und die Fehler unseres Lebens wegzuwünschen, erst wenn wir lernen, sie als etwas, das zu uns gehört, zu akzeptieren, werden wir fähig werden, auch mit dem, was damals nur quälend und schmerzhaft war, zu leben; nur so jedenfalls gelangen wir zu dem Punkt, an dem allein das Ungewöhnliche von Gott her möglich wird: daß selbst die härtesten Zumutungen des Lebens sich als etwas Notwendiges erweisen und sich in ihrem eigentlichen Sinn erschließen. Gerade dieses Wunder der Verwandlung, gerade diese Verklärung auch der Spuren, die das Leiden und die Schuld «leibhaftig» hinterlassen haben, gerade diese Umwandlung des an sich Niederdrückenden, Zerstörerischen, Tödlichen in etwas hintergründig Sinnvolles vermag das Leben innerlich zu öffnen. Es ist dann wirklich so, wie wenn man jetzt, nachdem es überwunden ist, erst richtig anfinge zu leben. Alles erschien bereits wie tot, alles erschien wie zu Ende; man war vollkommen eingeschlossen in Verzweiflung, Ablehnung und Traurigkeit; man kämpfte immerzu gegen ein fremdes, ungerechtes, grausames und unverständliches Geschick und konnte es nicht ändern; doch jetzt, wo sich nach außen hin vielleicht gar nichts geändert hat, wo wir womöglich sogar die Hoffnung endgültig begraben haben, es ließe sich hier jemals noch etwas ändern, da fängt von innen her eine Erkenntnis an zu reifen, die auch das Leiden und die Schuld in einem neuen Lichte zeigt. Für immer tragen wir jetzt die Markierungen des Leidens an uns; und doch ist es jetzt *unser* Leid, *unsere* Schuld; wir brauchen sie jetzt nicht mehr abzustreiten oder abzustreifen; wir können sie dem anderen zeigen wie ein körpereigenes Erkennungsmal, jetzt aber gerade nicht verzweifelt, sondern innerlich einverstanden, als etwas, das zu uns gehört und das mit unserem Leben unauflöslich verschmolzen ist[7]. Wirklich wie eine Auferstehung von den Toten, wie der Beginn eines ganz neuen Lebens ist eine solche Umwandlung der Lebenseinstellung. Nur wer sie je erlebt hat, kann dem anderen sagen: «Sieh meine Hände, meine Seite, und sei kein Ungläubiger, sondern sei ein Glaubender.» «Es gibt», so könnte man auch sagen, «noch eine Hoffnung jenseits dessen, was wir sonst gemeinhin wünschen und erstreben können; es gibt ein Leben jenseits des für tödlich Gehaltenen, es gibt einen Neubeginn jenseits dessen, was wir gewöhnlich als Ende ansehen.»

Jeder, der dieses Wunder der Verklärung auch des Leidens, auch des Schuldhaften im Leben eines anderen, an dem er hängt und den er liebt, bemerkt, wird niederfallen und wie Thomas sprechen: «Mein Gott» und «Mein Herr». Dieses so persönliche Gespräch, in dem Jesus einen Augenblick lang sich Thomas ganz ausschließlich als *seinen* Herrn und *seinen* Gott zu erkennen gibt, ist das Urbild all der nachfolgenden Fälle, in denen Menschen in dem Selbsteinschluß der Angst und in der Verbitterung ihrer Ausweglosigkeiten am Ende «ihrem» Herrn begegnen und in den Wunden, in dem Leiden *ihren* Gott erkennen[8].

Diese Begebenheit, so sagt *Johannes*, sei aufgeschrieben, damit *wir* zum Glauben finden, damit wir selbst also uns darin wiederfinden. Jedoch in der Gestalt des Thomas sich wiederzufinden ist nur bis zu einem gewissen Grade möglich, und das Evangelium selbst warnt davor, die Erfahrung des Thomas sozusagen als *Bedingung* des Glaubens einzufordern[9]. Gewiß gibt es, Gott sei Dank, immer wieder Fälle, in denen man auch äußerlich sehen kann, wie das Leben über altes Leid hinauswächst und es in sich einschließt; aber ob dies so ist, hängt, rein äußerlich, von Faktoren und Umständen ab, auf die wir so gut wie keinen Einfluß haben, und es ist oft genug eine Frage lediglich des Glücks oder des Unglücks, ob wir über gewisse Formen von Leid hinausleben oder daran zugrunde gehen. Der Glaube kann sich nicht in absolutem Sinne an solche äußerlichen Wechselfälle binden; ihm geht es nicht um zufällige Änderungen, sondern um eine innere Verwandlung. Von innen her betrachtet, wäre es wirklich zum Verzweifeln, wenn man sein ganzes Leben an die Bedingung des Apostels Thomas binden wollte,

daß sich in jedem Falle auch äußerlich und sichtbar ein jedes Leid in Glück und Heil umwandeln müsse.
Tatsächlich hängt unsere ganze «Seligkeit» daran, daß wir im Glauben etwas tun, das sonst allen Gesetzen der normalen Logik Hohn zu sprechen scheint: daß wir – anders als sonst – gerade aus einer einzigen sichtbaren Ausnahme ein Gesetz für alle ableiten: wir haben ein einziges Mal am Beispiel Christi gesehen, daß sich das Leiden selbst über den Tod hinaus in Heil und Auferstehung wandeln kann, indem es zwar nicht weggeleugnet, wohl aber von Gott «verklärt» wird; und dieses eine Beispiel Christi muß für all die tausend anderen Fälle genügen, in denen äußerlich so manches Leben wie in Leid ertrinkt und darin umkommt[10]. Auch dort, wo äußerlich der Tod das letzte Wort zu haben scheint und wo wir nur die stummen Zeugen eines menschlich unheilbaren Niederganges werden, verbleibt uns doch, trotz allem, das eine, absolute Vorbild Jesu und die daraus entstehende Gewißheit, daß wir am Ende eben nicht nur unsere Wunden, sondern Gott anschauen werden und in ihm Heil und Leben haben. In diesem Glauben liegen trotz allen Leidens und trotz aller Schuld jenes Glück und jene Hoffnung, die als einzige selbst von der physischen Vernichtung nicht beseitigt werden können.

2. «Selig, die nicht sehen ...»

Wie gelangen wir Heutigen, 2000 Jahre nach der Botschaft der Jünger, zum Glauben?
Diese Frage stellte sich bereits dem Verfasser des *Johannes*evangeliums. Er wußte, daß er der Nachwelt nichts würde überbringen können als ein kleines Buch von 20 Seiten. Wie kann etwas nur Geschriebenes, ein bloßes *Menschenwort*, anderen eine Hoffnung und ein Vertrauen geben, das vom Tod zum Leben führt als Botschaft und Zeugnis der Auferstehung, als Bekenntnis zu Jesus als dem König der Welt? Als *«Gotteswort»* letztlich? Diese Frage stellt sich nicht geschichtlich und historisch; sie ergibt sich immer wieder in der *Gegenwart* unseres Lebens[1].
Eine an sich ganz richtige theologische These besagt, daß wir an Gott nur zu glauben vermögen, wenn oder weil wir Menschen begegnen, die uns so lieben, daß es ein Stück vom Himmel für uns auf die Erde bringt. Aber, wenn dieses Theorem zutrifft, was ist dann mit den Vielen, die eine solche Erfahrung in ihrem Leben niemals gemacht

haben? Immer wieder taucht diese Frage auf. Man kann an Gott glauben, so verlangt es der zweifelnde Apostel Thomas, wenn man gesehen hat, wie Verletzungen, die im Leben zugefügt wurden, sich verwandeln können und wie schweres Leid sich zum Leben hin öffnet. Wie aber, wenn man eine solche Erfahrung in seinem eigenen Leben nie gemacht hat? Gibt es nicht Menschen, die so etwas wie Heil oder so etwas wie ein heil gewordenes Leben niemals kennengelernt haben, deren Leben scheinbar nur aus Unglück besteht und die wie berufen scheinen, an der Schattenseite des Daseins lebendig zu verkümmern?
Es ist dieses erschütternde Wort, mit dem das *Johannes*evangelium als einem Wort des Auferstandenen schließt: «Selig sind die Menschen, die nie gesehen haben und die dennoch glauben.»[2] Es soll also möglich sein, niemals eine innere Vision der Überwindung des Todes, der Verwandlung des Schmerzes, des Sieges der Liebe über den Haß auf dieser Erde mit eigenen Augen geschaut zu haben und dennoch womöglich mit umso größerer Sehnsucht und mit umso größerem Verlangen die Botschaft der Auferstehung für Wahrheit zu nehmen? In der Tat: anders vermöchten wir oft nicht zu leben! Nur gestützt auf unsere *eigenen* Erfahrungen, würde es nicht gehen. Es muß unter Umständen möglich sein, mindestens *anderen* Menschen zu glauben, daß sie es so erfahren haben, wie die Jünger es vom Abend des ersten Wochentages im Abendmahlssaal erzählen: «Er zeigte ihnen seine Wunden», und: «Er sagte: ‹Friede euch!›»
Freilich: Ein anderer, der nicht dabei war, wird wohl stets geneigt sein, derartige Mitteilungen für frommes Gerede oder für bloßes Wunschdenken, ja vielleicht sogar für eine Art gewissenloser Schönrederei zu halten, mit der man sich leichthin über das Leid und über die Gräber hinwegsetzen möchte.
Vergebung an Gräbern zum Beispiel! Welch ein Tumult entstand vor ein paar Jahren, als der amerikanische Präsident *Ronald Reagan* und der deutsche Bundeskanzler *Helmut Kohl* auf dem Soldatenfriedhof in Bitburg die Bereitschaft zwischen Siegern und Besiegten dokumentieren wollten, daß es nach Jahren des Hasses und der Feindschaft gerade im Angesicht der Opfer, die der Krieg gefordert hatte, zumindest an den Gräbern von Tausenden auf beiden Seiten Gefallener möglich sein müßte, einander die Hände zur Versöhnung zu reichen! Es war, wohlgemerkt, der amerikanische Präsident, dem als Vertreter der damals schuldlos Geopferten das diplomatische Protokoll die Rolle des Vergebenden zugedacht hatte. Doch auf dem Soldatenfriedhof von Bitburg

liegen auch die Gräber der Gefallenen jener SS-Verbände, die, obwohl z. T. erst 18 und 20 Jahre alt, seinerzeit als Elitetruppen in die zusammenbrechenden Abschnitte der deutschen Front geworfen worden waren. Darf man 40 Jahre nach einem mörderischen und wahnsinnigen Krieg vor den Gräbern von Menschen, die, und sei es als Jugendliche, begeistert und fanatisch bis zur Selbstzerstörung an die Ziele eines verbrecherischen Regimes geglaubt haben, von Versöhnung und Verbrüderung sprechen? Es wurde damals von vielen als ein politischer Skandal empfunden, daß auch ehemalige SS-Soldaten in die Szenerie einer historischen Vergebung miteinbezogen werden sollten. Man fürchtete, daß hier zu leichtfertig, in Umkehrung des Mottos: «Alles verstehen heißt, alles verzeihen», aus dem Angebot der Vergebung schließlich dem SS-Staat selbst gegenüber so etwas wie Verständnis entgegengebracht werden könnte; und zahlreiche Kommentatoren warnten vor der ideologischen Nivellierung der Nazi-Greuel. Aber andererseits: sind nicht Menschen mehr als ihre Taten? Und gibt es ein Recht, Menschen endgültig und in alle Zeiten zu verurteilen? Ist die menschliche Geschichte wirklich nach HEGELS Vorstellung das Weltgericht[3]? Und: wo wären wir selber gestanden, damals, mit 20 Jahren? Der einzige, der über Menschen urteilen darf, ist Gott, und er – das war die ganze Botschaft Jesu – will die Vergebung, nicht die Verurteilung des Menschen. Gewiß, die religiöse Dimension der menschlichen Existenz ist nicht identisch mit der Frage der Zweckmäßigkeit gewisser politischer Gesten und Zeichen; aber die Frage bleibt und stellt sich immer wieder, wann eigentlich das Sprechen von Vergebung glaubhaft ist und frei von Mißbrauch.

Und das Wort von der *Verklärung des Leids*! Als WOLFGANG BORCHERT in seinem Hörspiel *«Draußen vor der Tür»* die Not und Verzweiflung der Generation der Kriegsheimkehrer schilderte, konfrontierte er das selbstgewisse Theologengerede von dem «lieben Gott» in dramatischer Weise mit der Erfahrungswirklichkeit von Millionen Menschen, die niemals einen solchen «lieben Gott» kennengelernt hatten; er ließ den seelisch und körperlich vom Krieg zerbrochenen *Beckmann* ironisch Gott fragen: «Wer hat dich eigentlich so genannt, lieber Gott? Die Menschen? ... ja, das müssen ganz seltsame Menschen sein, die dich so nennen. Das sind wohl die Zufriedenen, die Satten, die Glücklichen, und die, die Angst vor dir haben ... Aber ich sage nicht Lieber Gott, du, ich kenne keinen, der ein lieber Gott ist ... Wann bist du eigentlich lieb, lieber Gott? Warst du lieb, als du meinen Jungen, der

gerade ein Jahr alt war, ... von einer brüllenden Bombe zerreißen ließest? Warst du da lieb? ... Wo warst du eigentlich, als die Bomben brüllten, lieber Gott? Oder warst du lieb, als von meinem Spähtrupp elf Mann fehlten? ... Warst du in Stalingrad lieb, lieber Gott ...? ... Ach, du bist alt, Gott, du bist unmodern, du kommst mit unseren langen Listen von Toten und Ängsten nicht mit ... du bist ein Märchenbuchliebergott. Heute brauchen wir einen neuen ... Weißt du, einen für unsere Angst und Not. Einen ganz neuen. Oh, wir haben dich gesucht, Gott, in jeder Ruine, in jedem Granattrichter, in jeder Nacht. Wir haben dich gerufen, Gott! Wir haben nach dir gebrüllt, geweint, geflucht! Wo warst du da, lieber Gott ... Geh weg, ich sehe, du bist nur ein weinerlicher Theologe ... ein tintenblütiger Theologe ... Wir fürchten dich nicht mehr. Wir lieben dich nicht mehr. Und du bist unmodern. Die Theologen haben dich alt werden lassen.»[4]
Gerade als solch eine wirklichkeitsfremde «Theologie» am Leid der Menschen, an der Verzweiflung des Karfreitags vorbei muß ein Mann wie Thomas das Reden der anderen Apostel von der «Auferstehung» Jesu aus dem Grabe und ihre Botschaft von der «Vergebung» aufgefaßt haben. Ausgerechnet jetzt: ein ewiges Leben und die Gabe, Schuld zu vergeben! Man hat ein Recht, ja, man hat spätestens am Ende des 20. Jahrhunderts die Pflicht, dem Pomp der schönen Worte gegenüber mißtrauisch zu werden. Es ist so viel Unsinn geredet worden im Namen Gottes, daß es nur gut ist, wenn es Leute von der Art des Thomas gibt, die sagen: «Wir wollen sehen; vorher glauben wir nicht!», und die sich keinen Glauben aufreden und aufschwätzen lassen, der nicht überzeugend dokumentiert, wie sich im Kern, jenseits der Verletzungen und der an sich tödlichen Verwundungen, das Leben dennoch wiederherstellen läßt. Thomas selber, so sagt uns das *Johannes*evangelium, hat «gesehen» und «gefühlt»; aber *nach* ihm kommt eine ganze Welt, die fragt wie er, und es wird *ihr* offensichtlich keine neuerliche Vision zuteil[5].
Was also soll man machen, wenn man wohl oder übel im Leben die Unterschiede anerkennen muß zwischen den Visionären, die wenigstens für einen Augenblick ihres Lebens ins Licht getaucht sind, und den Menschen, die aus dem Schatten offenbar niemals herauskommen? Was sollen sie für wirklich glauben?
Jemand sagte mir einmal, wie er selber für sich den Glauben versteht. Er wußte, daß er schwer krank war, und die Ärzte konnten ihm eine sichere Mitteilung über die Aussichten einer baldigen Operation nicht

geben. Er aber versuchte, wenigstens aus den Resten seines Lebens sich irgendwie ein Bild zusammenzufügen, das er stets mehr geahnt als jemals geschaut hatte. Er sagte: «Wenn ich ehrlich bin, so habe ich mein Leben lang mehr glauben *wollen* als wirklich geglaubt, und jetzt, wo ich den Tod näher sehe als das Leben, verfüge ich im Grunde über keinerlei Kraft mehr, irgendetwas für wahr zu halten. Das Reden vom Sinn des Lebens kommt mir fast zynisch vor, denn ich selber fühle mich leer, müde, ratlos und verzweifelt, und jeden Tag frage ich mich, wie lange das noch dauert. Aber dann sage ich mir: Mein jetziger Zustand, gezeichnet von Krankheit und Schwäche, kann die wirkliche Welt gar nicht wiedergeben. Zu sagen, das, was ich jetzt sehe, sei die eigentliche Wirklichkeit, wäre doch so absurd, wie wenn ich verlangen wollte, daß ein zerbrochener Spiegel irgendeinen Gegenstand der Welt wirklich wiedergibt. Ich kann nicht erwarten, daß in Angst, Traurigkeit, Schwäche und Ohnmacht mein Verstand oder mein Gefühl die Welt so sehen, wie sie wirklich ist. Also sage ich mir: Es gab in meinem Leben doch mindestens ein paar Augenblicke, in denen ich zu wissen meinte oder doch ahnte, was Glauben ist. Ich kann nicht sagen, jemals wirklich geglaubt zu haben, aber wären diese Augenblicke in meinem Leben stark genug gewesen, so könnte ich doch denken, aus ihnen hätte sich der Spiegel, der diese Welt wiedergeben sollte, zusammengefügt, und es hätte eine Chance gegeben, richtig zu sehen.»
Offenbar ist es diese Einstellung, die das *Johannes*evangelium in seinen letzten Worten vor Augen hat, wenn es sagt: «Selig, die nicht sehen und doch glauben.»[5] Es ist möglich, den paar Leuten auf Erden Vertrauen zu schenken, die – aus welchen Gründen auch immer – vermochten, richtig zu sehen. Selbst wenn wir in unserem Leben die Wahrheit des Glücks nie klar und deutlich mit eigenen Augen geschaut haben, so gibt es doch dieses Zeugnis einiger weniger, und es ist nun die Frage, was wir damit machen: ob wir diese «Begnadeten» beneiden und uns selber bei Gott beklagen, daß wir nicht die Gnade geschenkt bekamen, zu «sehen» und zu «fühlen», oder ob wir uns sagen, ein Mann wie Thomas, dem es bei allem Zweifel doch noch vergönnt war, Christus selber zu sehen, müsse uns genügen und sei auch genug für all die folgenden Jahrhunderte. Im letzteren Falle bestimmt ein solcher Einzelner, eine solche Ausnahmegestalt, die Richtung des Lebens, das auch in uns angelegt ist. Er wenigstens hat einmal diese dunkle Wand des irdischen Daseins *offen* geschaut, und ein einziger solcher Moment des Lichtes im Leben langt aus, um zu «glauben». «Wenn ich nicht

sehe . . .!» Wer von uns hätte jemals «gesehen»? Aber wir leben vom Glauben. Vom Zeugnis der wenigen Ausnahmen, denen es vergönnt war, zu «sehen».

e) Nachträgliche Gesichte (Joh 21,1-25)

1. Zwischen Diesseits und Jenseits[1]

1 Danach hat sich wiederum Jesus den Jüngern am See Tiberias gezeigt. Er hat sich aber auf folgende Weise gezeigt. 2 Es waren zusammen Simon Petrus und Thomas, der «Zwilling» genannt wird, und Nathanael aus Kana in Galiläa und die Zebedäussöhne und zwei andere von seinen Jüngern. 3 Spricht zu ihnen Simon Petrus: «Ich gehe fischen.» Sagen sie ihm: «Es kommen auch wir mit dir.» Sie sind hinausgegangen und in das Schiff gestiegen, und in jener Nacht haben sie nichts gefangen. 4 Als es aber schon Morgen wurde, ist Jesus hingetreten an das Steilufer; nicht freilich haben die Jünger gewußt, daß es Jesus ist. 5 Sagt da ihnen Jesus: «Kindlein, habt ihr nicht etwas Zuspeise?» Geantwortet haben sie ihm: «Nein». 6 Er aber hat ihnen gesagt: «Werfet zur rechten Seite des Bootes das Netz aus, und ihr werdet finden.» Sie haben daher ausgeworfen, und nicht mehr vermochten sie es zu ziehen von der Menge der Fische her. 7 Sagt da jener Jünger, den Jesus liebte, dem Petrus: «Der Herr ist es.» Simon da, der Petrus, wie er hört: «Der Herr ist es», hat sich das Obergewand umgegürtet, er war nämlich nackt, und hat sich in den See geworfen; 8 nicht nämlich waren sie weit vom Land entfernt, sondern (nur) etwa 200 Ellen, das Netz mit den Fischen im Schlepp. 9 Wie sie da ausgestiegen sind ans Land, sehen sie ein Holzkohlenfeuer angelegt und Speisefisch darauf gelegt und Brot. 10 Sagt ihnen Jesus: «Bringt von den Speisefischen, von denen ihr gefunden habt.» 11 Hingestiegen ist Simon Petrus und hat das Netz ans Land gezogen, voll von großen Fischen, 153; und obwohl es so viele waren, ist das Netz nicht zerrissen. 12 Sagt ihnen Jesus: «Kommt, eßt.» Und niemand wagte von den Jüngern ihn zu fragen: «Du, wer bist du?», denn sie wußten: Der Herr ist es. 13 Es kommt Jesus und nimmt das Brot und gibt ihnen, und den Fisch gleichermaßen. 14 Dies war nunmehr das dritte Mal, daß Jesus den Jüngern sichtbar wurde, auferweckt von den Toten.

Schon ist das *Johannes*evangelium beendet, als ein Kreis der Jünger diese Erzählung von der Erscheinung Jesu am See wie einen Anhang hinzufügt. Offensichtlich fand man, daß gerade eine solche Erzählung nötig sei, um bis ans Ende der Tage zu berichten nicht nur, wie Jesus vor 2000 Jahren mit den Jüngern lebte und ihnen damals sich gezeigt hat, sondern wie er uns Heutigen erscheint, in seiner Kirche, immer wieder, im Leben eines jeden Einzelnen. Man kann diese Erzählung daher nicht verstehen, wenn man sie wie einen Bericht äu-

ßerer Ereignisse zu lesen versucht. Alles in ihr ist innerlich, schwebend und symbolisch.
Das «dritte Mal» der Erscheinung Jesu am See spielt, so verstanden, unmittelbar in unserer Zeit, nicht mehr in der Zeit der Jünger damals. Wenn wir ihren Namen hören, so mit der Absicht, daß wir selber mit unserem eigenen Namen uns in ihre Schar einreihen sollen, um dieselben Erfahrungen und Erlebnisse in unserem Leben aufzufinden und mitzuvollziehen, die den Aposteln damals prägend und wegweisend für alle Zeiten geschenkt wurden. Alles, was von den Jüngern an jenem Morgen am See erzählt wird, gilt es daher, als symbolische Antwort auf die religiös allein entscheidende Frage zu lesen, wie wir Jesus finden als einen, der den Tod in unserem Herzen überwunden hat und der unser Leben reich macht in der Kraft seiner bleibenden Gegenwart.
Wie wenn diese Erzählung uns als erstes mit Absicht in die graue Alltäglichkeit unseres «normalen» Lebens zurückdrücken möchte, begegnen wir den Jüngern bei der Ausübung ihres gewohnten Berufes; doch gerade dieses so vertraute, fast mechanische Dahinleben stellt sich in Wahrheit dar als eine «Nacht» der «Leere», als die Zeit eines angestrengten Bemühens ohne Erfolg. Wie lang solche Phasen in unserem Leben währen mögen, wissen wir niemals im voraus, und oft braucht es schon eine lange Zeit, ehe wir überhaupt merken, wie «leer» unsere «Netze» sind. Fragt man uns, warum wir all das tun, werden wir mit den Jüngern sagen müssen: «Wir sind halt mit im gleichen Boot, wir machen (auch) mit.» Irgendein «Petrus» hat uns gesagt, er mache es so, und wir sind halt mit dabei. Man frage uns nicht weiter, warum! Es gibt Menschen, meinte Karl Kraus, deren Dasein das Dabeisein ist. In der Sprache des *Johannes*evangeliums ist das die Formel für ein Leben des «Nachts» auf dem «See» bei einem «Fischfang» mit «leeren Netzen». «Nacht» und «See» sind in der Sprache der Bibel Bilder für ein solches Existieren ohne Aussicht noch Zukunft, für ein Lebensgefühl, in dem alles wie dunkel ist und die Erde unter uns und rings um uns erscheint wie ein Abgrund. Jahre können so dahingehen, in denen es durchaus nicht an Fleiß, nicht an Tüchtigkeit, ja vielleicht, äußerlich betrachtet, nicht einmal an «Erfolg» und an einem gewissen Fortkommen mangelt; und doch wissen wir selber nur allzu gut, wie innerlich leer und hohl wir wirklich existieren. Spätestens wenn es uns zu «dämmern» beginnt – nach Art eines neuen «Sonnenaufgangs» – müssen wir Bilanz machen. Dann ist es, wie wenn wir vom anderen Ufer her gefragt würden, was wir mitgebracht haben.

Immer, wenn Gott in der Bibel Fragen an den Menschen richtet, geschieht dies in den Stunden, in denen alles darauf ankommt, die Wahrheit über unser Leben nicht nur zu finden, sondern rückhaltlos auszusprechen. Viele schlaflose Nächte und Stunden vor Morgengrauen können mit solchen penetranten, nicht abzuschüttelnden Fragen Gottes an uns dahingehen, wir aber werden für gewöhnlich alles daransetzen, wenn's nur irgend geht, uns weiter etwas vorzumachen und gewissermaßen unsere chronifizierten Lebenslügen wie ein Bollwerk zu verteidigen. Auf die Frage, wie es uns geht und was wir «zum Essen» mitgebracht haben, werden wir versuchen, all die alten Flunkergeschichten noch einmal zu verkaufen, mit denen wir uns bisher durchs Leben gemogelt haben. Deshalb ist es so wichtig, daß Jesus, ehe er diese Frage an die Jünger stellt, sie zuvor mit einem Wort anredet, das wie unpassend erscheint, das aber in Wahrheit unerhört wichtig ist: «Kindlein». Es ist eine Anrede, die den Jüngern versichern möchte, sie könnten damit aufhören, weiter groß zu tun; es sei erlaubt, ja, geboten, ehrlich zu sein.
Man sagt von dem, was heute «Psychotherapie» heißt (und was vielleicht und hoffentlich eines Tages einfach eine allgemeine offene Form der Menschlichkeit im Umgang miteinander darstellen wird), sie bestehe darin, einem Menschen zu gestatten, noch einmal wie ein Kind sein zu dürfen und alles, was in der Kindheit war, durcharbeiten zu können. Ganz sicher ist an dieser Meinung richtig, daß wir zur Wahrheit nur imstande sein werden, wenn wir alles, was in uns lebt, offen aussprechen dürfen, ohne Angst vor Zurückweisung und vor Blamage. Was auch bleibt den Jüngern in ihrer Situation anderes übrig? Nichts gibt es, worüber sie verfügen! Doch dieses Eingeständnis der Ehrlichkeit wirkt dieses Mal, unter den Augen Jesu, nicht wie eine Demütigung, sondern es bildet den Anfang eines neuen Lebens, wirklich den Beginn eines Sonnenaufgangs vom anderen Ufer her. «Werft», spricht diese Gestalt am Steilufer des Sees, welche die Jünger zunächst nicht erkennen, «eure Netze an der *rechten* Seite des Bootes aus.» Im Bild gesprochen, müßte man sagen: «Versucht, euer Leben *bewußt* zu ergreifen, so daß es gilt.» *Rechts* ist die Seite, die uns, entsprechend den Nervenbahnen unseres Gehirns, vom Verstand, vom bewußten Erleben, vom *Wortgebrauch* her zugänglich ist. Zur rechten Seite das Netz auszuwerfen bedeutet, all die Dinge, die waren, noch einmal durchzugehen, sie sich klarzumachen und das Leben bewußt und entschlossen in die Hand zu nehmen, nicht mehr, weil irgendwelche anderen es uns

so vorgesagt oder so vorgemacht haben, sondern aus innerer Überzeugung, beauftragt vom anderen Ufer her. Einzig *so* erfüllt sich unser Leben mit Sinn, wenn wir die Schatten der Fremdbestimmung und der Uneigentlichkeit des Daseins abschütteln und es wagen, von Gott her selber zu leben; buchstäblich entscheidet es über den Inhalt und den Reichtum unseres ganzen Lebens, ob wir in dumpfem Sklavengehorsam anderen Menschen gegenüber dahinvegetieren, oder ob wir uns angeredet fühlen von dieser Gestalt der Menschlichkeit am anderen Ufer, die allem, was wir sind und tun, eine *eigene* Richtung und ein *eigenes* Ziel verleiht.

Was aber wissen wir von Gott und wie erkennen wir ihn? Es ist ein eigentümliches Paradox dieser Geschichte, daß die Jünger Jesus *nicht* erkennen, als sie in seiner Nähe sind, daß aber der Jünger, von dem versichert wird, daß Jesus ihn liebte, auf dem See, kaum daß die Netze sich füllen, ganz sicher weiß: Es ist der Herr. – Soll man im Sinne dieser Geschichte also denken dürfen, daß erst, wenn unser Leben beginnt, reich und erfüllt zu werden, wir erkennen können, wie nah uns Gott ist und wie lebendig alles das bleibt, was Jesus uns von Gott her vorlebte und sagen wollte? Es gibt so viele Worte, die wir von Jesus gelernt haben – alle können wir vollziehen wie etwas von außen Bestimmtes; aber wer er wirklich ist und daß er wirklich lebt, werden wir immer erst merken an dem Maß unseres eigenen Glücks; denn erst dann stimmt es wirklich – *für uns*, indem wir es innerlich leben, als selber Gemeinte, als persönlich Angeredete. Man kann ein solches Glück förmlich *zählen*, meint dieser wunderbare Text: 153 Fische! Auf die Zahl an sich kommt es dabei gewiß nicht an, wohl aber darauf, daß ein jeder von uns ein bestimmtes Maß an Glück besitzt, so genau austariert, daß *mehr* davon ihn zerreißen müßte und *weniger* davon ihn leer lassen würde. Dieses rechte Quantum an Glück zu erfühlen und sich selber darin wiederzufinden, ausgefüllt bis zum Rand, erscheint in dieser Nachtragserzählung des *Johannes*evangeliums geradewegs als die Bedingung, Gott zu erkennen und zu wissen, wer die Gestalt ist, die da vom anderen Ufer her uns noch einmal an der *rechten* Seite des Bootes das Netz auswerfen läßt.

Man hat dem Christentum (und der Religion insgesamt) oft vorgeworfen, es stelle letztlich nichts weiter dar, als eine Art von Weltflucht, als ein ständig sich vertröstendes Träumen nur vom anderen Ufer. Folgt man dieser Erzählung des *Johannes*evangeliums, so ist gerade das nicht wahr. Allerdings gibt es Menschen von der Art des «Johannes», und

ein Teil von ihnen, Gott sei Dank, lebt in jedem von uns, die sehen wie mit geschlossenen Augen die Wahrheit, *intuitiv*, und es gibt daneben die Leute von der Art des «Petrus», und, Gott sei Dank, leben auch sie in uns, Menschen, die kaum daß sie hören, was es zu sehen und zu wissen gibt, sich Hals über Kopf in den See werfen, das Obergewand als Zeichen rüstiger Bereitschaft übergegürtet, und beide Haltungen bedingen einander und gehören zusammen: das Schauen und das Handeln, das Sehen und das Tun. Erst mit der Vision einer religiösen Perspektive unseres Daseins können wir uns dieser Welt mit Haut und Haaren überlassen; ohne das Wissen von einem anderen Ufer wäre diese Welt für uns nichts als ein Abgrund, der uns aufsaugt in die Tiefe. Doch wenn es denn feststeht, daß der Abstand zum anderen Ufer, bildlich gesprochen, wirklich nur 200 Ellen beträgt, so trägt uns das Wasser und die Welt wird uns vertrauenswürdig. Es ist der *Glaube*, der lehrt, dieses Leben zu bestehen, und wir müssen die Entfernung von unserer Hoffnung recht genau kennen, um *alles* zu wagen und jede äußere Sicherheit fahren zu lassen.
Man hat dem Christentum (und jeder Form von Religion) darüber hinaus immer wieder vorgeworfen, im Sprechen von Gott den Menschen zu entwerten. Wenn es Gott gäbe, den absolut Vollkommenen, den ganz und gar Allmächtigen, den in ewigem Glück Befindlichen, wozu, so fragt man, brauche es dann noch uns Menschen, schwache und armselige Wesen, inmitten dieses Durcheinanders von Nacht, Verzweiflung und Leere? – Die Wahrheit, wie diese Erzählung sie schildert, besteht im Verhältnis zwischen Gott und Mensch gerade darin, daß wir allererst von Gott her zu unseren eigenen Möglichkeiten finden. Wohl stimmt es, daß die Jünger am anderen Ufer alles, wie vorbereitet, fertig vorfinden, und einen Moment lang könnte man wirklich glauben, sie hätten all die Fische gar nicht erst mitzubringen brauchen, wo doch die Mahlzeit scheinbar schon bereitet ist. Aber ist dies nicht gerade die zentrale Erfahrung jedes wirklichen Glücks, daß wir auf etwas stoßen, das nicht von uns selber stammt? Die entscheidenden Momente unseres Lebens, in denen wir buchstäblich ein Stück vom Himmel auf Erden spüren, sind gerade nicht diejenigen, in denen wir selber etwas hätten machen müssen; es sind die Augenblicke, in denen wir etwas als Beschenkte finden oder wie Begnadete sehen durften, und ein solches Geschenk, eine solche Gnade, entwürdigt und entwertet uns nicht, im Gegenteil: es läßt uns in dem Gefühl der Dankbarkeit überhaupt erst recht mitbringen und viel reicher noch ins

Spiel bringen, was wir an Möglichkeiten in uns tragen, als wir es vordem von uns allein her zu tun vermocht hätten. Und wenn die Jünger auf dem See es kaum fertigbrachten, ihre Netze im Schlepp des Bootes einzuholen, so vermag es jetzt am Ufer ein Einzelner, Petrus allein.

Schwebend und verhalten sind all die Erfahrungen, die uns diese kleine Erzählung von der «dritten» Erscheinung Jesu vor seinen Jüngern vermitteln möchte. Es handelt sich um Einsichten des Herzens, wie wir sie gerade in unserem ganz gewöhnlichen und alltäglichen Leben immer wieder machen können. All diese Erfahrungen von Leid und Leere, von Not und Tod bringen wir mit, *ehe* wir vom anderen Ufer her jenen Anruf hören, der uns meint und der uns auffordert, «richtig» zu leben; dann aber kehren wir zurück dorthin, wo unser Leben ist und von wo alle Fragen ausgehen – wo unser Reichtum wohnt. Es ist immer wieder dieses Bild, das uns auf dem Weg zwischen Meer und Ufer, zwischen Diesseits und Jenseits begleitet, daß Jesus *auf uns zukommt*, so gegenwärtig er uns all die Zeit über bereits erschienen sein mochte, daß er *kommt* und das Brot bricht und unter uns weilt; und niemand von uns wagt dann noch zu fragen: «Du, wer bist du?», weil man doch weiß: Es ist der Herr. Es gibt Formen des Vertrauens und der Liebe, die verletzt würden durch weitere Nachforschungen und durch ein weiteres Sammeln von Gewißheit. Es gibt Punkte der Nähe, die gelten jenseits aller Zweifel. Es gibt eine Gemeinsamkeit des inneren Wissens, die keine äußere Vergewisserung mehr zuläßt, ohne zu zerstören. In diesen Raum des Schweigens kommt Jesus und bricht mit den Jüngern das Brot. Es ist die Weise, in der wir in der Kirche bis heute die Nähe Jesu fühlen und *wissen*: Ihn als einen von den Toten Auferstandenen, uns aber als Menschen, die selber aus der Nacht zum Tage übergegangen sind, aus der Verzweiflung zur Hoffnung, von der Uferlosigkeit des Abgrunds zum festen Land der Verheißung.

Diese innige Nähe eines Sehens jenseits des Zweifels war es, worum die frühe Kirche betete, wenn sie immer wieder in Abwandlung der Worte des Herrn im Vater-unser ihn selber anflehte: Komm, unser Herr – *Maranatha*! Im Zeichen der Eucharistie begehen wir es, und als Hoffnung tragen wir es in unserem Herzen: Es wird ein Sonnenaufgang sein, wenn das Boot unseres Lebens landet am anderen Ufer; und der Herr wird dort stehen, und er wird auf uns warten; er wird unsere leeren Hände füllen und uns lehren, unser Leben zu betrachten als einen sich vollendenden Lauf, der reich ist, in dem er sein gerüttelt Maß beiträgt zum Segen der Welt. Und alles wird münden in diesen Hafen des Friedens, am anderen Ufer, wo wir ihm übergeben, was immer wir sind.

2. «Liebst du mich?»

15 Als sie nun gegessen hatten, sagt zu Simon Petrus *Jesus*: Simon, (Sohn) des
Johannes, liebst du mich – mehr als diese? Er sagt ihm: Ja, Herr, du weißt, daß ich dein
Freund bin. Sagt er ihm: Weide meine Lämmer. 16 (Dann) sagt er ihm wiederum, das
zweite Mal: Simon (Sohn) des Johannes, liebst du mich? Sagt er ihm: Ja, Herr, du
weißt, daß ich dein Freund bin. Sagt er ihm: Hüte meine Schafe. 17 (Dann) sagt er ihm,
das dritte Mal: Simon, (Sohn) des Johannes, bist du mein Freund? Betrübt ward da
Petrus, daß er gesagt hat *ihm*, das dritte Mal: Bist du mein Freund?, und sagt ihm: Herr,
alles weißt du, du kennst meine Freundschaft zu dir. Sagt ihm (Jesus): Weide meine
Schafe. 18 Wahrlich, wahrlich, sage ich dir: Als du jünger warst, gürtetest du dich
selber und gingst umher, wohin du wolltest; wenn du aber alt sein wirst, wirst du deine
Hände ausstrecken, und ein anderer wird dich gürten und dich führen, wohin du nicht
willst. 19 Das aber hat er gesagt in Andeutung, durch welche Art Sterben er Gott
verherrlichen werde. Und als er das gesagt hatte, sagt er ihm: Folge mir! 20 Umge-
wandt hat sich Petrus, und so sieht er den Jünger, den Jesus liebte, in der Nachfolge,
ihn, der beim (Abend-)Mahl sich sogar an seine Brust gelehnt und gesagt hatte: Herr,
wer ist imstande zu einer Auslieferung – *deiner*? 21 Diesen also sieht Petrus und sagt
Jesus: Herr, dieser aber – was? 22 Sagt ihm Jesus: Wenn ich von diesem will zu bleiben,
bis ich komme, was gehts dich an? *Du – mir* folge! 23 Daraus ging nun dieses Reden
hervor bei den Brüdern, daß jener Jünger nicht sterbe. Nicht aber hatte ihm Jesus
gesagt, daß er nicht sterbe, sondern: Wenn von diesem ich will zu bleiben, bis ich
komme, (was gehts dich an)? 24 Dieses ist der Jünger, der Zeugnis gibt davon und der
dies geschrieben hat, und wir wissen, daß wahr sein Zeugnis ist. 25 Es gibt aber noch
vieles andere, was Jesus getan hat, was, wenn es im einzelnen aufgeschrieben würde,
die ganze Welt, glaube ich, nicht aufnehmen würde – die Bücher, die (dann) zu
schreiben wären!

Es gibt Fragen in unserem Leben, die wir nicht loswerden. Sie stellen sich ein bei Tag und bei Nacht und am eindringlichsten in den Träumen, in den Visionen[1]. Gerade solche Fragen, die so unabweisbar sind, daß wir mit unserer ganzen Existenz darauf antworten müssen, verdienen es, Fragen *Gottes* an uns genannt zu werden. Denn was sonst wäre in unserem Leben von Gott, wenn nicht das, was uns unbedingt immer wieder angeht[2] und betrifft?
So handelt diese Erzählung im Anhangskapitel des *Johannes*evangeliums von einer immer erneuten, beharrlich sich wiederholenden Frage

inmitten einer Vision an den Ufern des Sees von Gennesareth, und diese Frage gilt wesentlich einem Einzelnen: Petrus. Während der Gemeinschaft eines Mahles, in einer sehr verdichteten, fast sakramental zu nennenden Zeichenhandlung, in deren Verlauf Jesus das Brot bricht[3], es segnet und seinen Jüngern gibt, richtet er diese Frage an Petrus: Liebst du mich, liebst du mich mehr als alle anderen? – Es ist eine ebenso merkwürdige wie entscheidende Frage, die deutlicher als vieles andere zeigt, was Jesus mit der Schar seiner Jünger wollte und welch eine Art von «Ordnung» oder «Verfassung» er dem, was wir heute Kirche nennen, geben wollte. Es geht darum, wie die Gemeinde Jesu geleitet werden soll; und da macht es einen absoluten Unterschied zu allen anderen sozialen Gebilden, wenn Jesus zur Bedingung des Führers seiner «Herde» nur eine einzige Frage, die aber immer wieder, zur Grundlage von allem anderen erklärt: Allein die Liebe soll «regieren» in der Schar seiner Jünger.

Jede andere Gruppierung unter Menschen sonst wird geformt nach dem Gefälle der Macht[4]. Der Durchsetzungsfähigste, der Stärkste, der insofern Bewundernswerteste soll und wird irgendwann sich durchringen und der Führer der anderen sein. Mindestens solange er Erfolg hat, wird er sich an der Spitze der jeweiligen Gruppe halten können, und um Erfolg zu haben, muß er ständig fit genug sein, um nach innen wie nach außen seine Macht unter Beweis stellen zu können. Gnade ihm Gott beim ersten Anzeichen der Schwäche! – Es muß an diesem Prinzip aller menschlichen Gruppenbildungen seit den Tagen der Altsteinzeit liegen, daß es keine Gemeinschaft gibt, die nicht über kurz oder lang zugrunde gegangen wäre; denn alles, was sich mit Gewalt erreichen und verwalten läßt, nimmt notwendig durch die Angst, die es erzeugt, durch die Konkurrenz, die es hervorruft, und durch den Druck, den es zum Zusammenhalt der einander widerstrebenden Kräfte auf sich selber ausübt, den Keim zur Selbstzerstörung in sich auf[5]. Einzig wo Menschen jenseits der Angst, im Vertrauen auf Gott, zueinander finden, könnte und sollte die Leitung über Menschen nicht länger auf dem Prinzip von Macht und Herrschaft, sondern auf der Grundhaltung der Liebe basieren. *Sonst* schließen menschliche Gemeinschaften sich zusammen im Bewußtsein dessen, was sie *haben* – und also verteidigen müssen. Einzig vor Gott gibt es nichts zu besitzen, nichts zu beanspruchen, aber vieles miteinander gemeinsam zu leben und geschwisterlich zu teilen. Jesus wollte mit seiner Person den Glauben begründen, daß die Liebe stärker sei in den Herzen der

Menschen als jeder Befehl, als jeder Zwang, als jede Diktatur der Angst – ein fantastisch anmutender Glaube im Anblick der «wirklichen» Geschichte, – zugegeben, aber doch höchst realistisch, betrachtet man die Opfer und das Resultat der wahnsinnigen Blutmühle unseres vermeintlich so vernünftigen Handelns. Wenn wir es wagen, die Existenz einer Kirche Christi mit der Person und der Botschaft des Jesus von Nazareth, des Gekreuzigten, (gewissermaßen nachträglich!) in Verbindung zu bringen, dann gewiß nur so, daß wir, buchstäblich belehrt durch die innere Vision der Unsterblichkeit und der Unzerstörbarkeit der Person und der Wahrheit Jesu, den Kerngehalt seiner Lehre zur Voraussetzung alles weiteren nehmen: *«Liebet einander.»* Dies war und ist im Sinne Jesu (in seinem «Geiste») das einzige «Gesetz» des Zusammenlebens für alle, die aus Leid und Not an ihm Hilfe und Rettung zu finden vermögen und vermochten. «Liebst du mich?»

Unsere deutsche Sprache ist manchmal armselig, so sehr, daß sie es oft nicht gestattet, in Worten auszudrücken, was wir fühlen, und außerstande ist, einen so wunderbaren Text der Bibel, wie dieses Gespräch zwischen Jesus und Petrus einigermaßen getreu wiederzugeben. So haben wir für das Wichtigste in unserem Leben nur ein einziges Wort: Liebe. Bei dem, was wir machen und tun, können wir außerordentlich genau differenzieren. Eine einfache Handlungsabfolge können wir im Handumdrehen in fast 20 Begriffe zerlegen, die sich sehr präzise voneinander unterscheiden: vom Mögen zum Wünschen, zum Wollen, zum Planen, zum Überlegen, bis hin schließlich zum Entscheiden und Ausführen. In allem, was wir *denken* und *tun*, sind wir genau und exakt. In den Dingen des Herzens, im Umgang mit unseren Gefühlen aber sind wir fast roh und plakativ, da fehlen uns die Worte. Man denke nur, wie weit im Deutschen die Spanne ist zwischen «Ich habe dich lieb» und «Ich liebe dich» – sie kann so weit sein, wie zwischen Himmel und Hölle.

Die vorliegende Erzählung kennt im Sprechen von «Liebe» zwei verschiedene Begriffe. Wonach Jesus seinen Jünger bei den beiden ersten Malen fragt, ist eine Form der Liebe, die dem griechischen Wort *agape* entspricht; im Deutschen bezeichnet dieses Wort ein Gemisch von Verehrung, Einsatz, selbstloser Hingabe und Opfer – in diese Richtung zielt die Art der Liebe, auf die hin der Herr Petrus zunächst anspricht. Dabei unterstellt er in seiner Frage ausdrücklich eine Art von Konkurrenz, ganz so, als wenn, wer anderen vorstehen will, sich gerade durch die Liebe vor ihnen hervortun und auszeichnen müsse. Es ist ein Den-

ken in den Kategorien von oben und unten, offensichtlich aber gemeint im Sinne einer *Überwindung* gerade dieses Denkens in den Kategorien von oben und unten. Denn es ist gar nicht möglich, die Frage von sich selbst her zu beantworten, ob man *mehr als ein anderer* «Liebe» empfinde, und sich dann mit Berufung auf diesen vermeintlichen Vorzug an die Spitze der anderen zu stellen. In allen anderen Fragen des Lebens mag wohl einer vor den anderen hintreten und sich seiner Taten rühmen, oder er mag versuchen, den anderen durch seine wirklichen oder eingebildeten Ruhmestaten aus dem Felde zu schlagen; in Sachen der Liebe aber ist es vollkommen absurd zu sagen: «Ich mehr als die anderen.»[6]
Doch manche Fragen, gerade wenn Gott sie an uns richtet, sind von eben dieser Art, daß sie auf eine ganz bestimmte Weise unser altes Denken aufgreifen und in die wichtigsten Entscheidungen hineinziehen, nur damit wir merken, was wir endlich als eine lästige Angewohnheit der Vergangenheit hinter uns lassen können. Ganz richtig kann Petrus auf die Frage Jesu nur antworten: «Herr, das weißt (allein) du.» Man könnte auch sagen: «Das mußt du selber wissen, Herr. Ich kann doch nur darauf vertrauen, daß es stimmt, wenn ich dir sage: Ich liebe dich. Ein Urteil über andere Menschen aber – wie sollte es mir zustehen?» Es ist das Geheimnis unseres Lebens, daß wir gerade die Dinge, die uns am meisten betreffen, niemals zum Gegenstand von Beweisen, von Erklärungen oder von sicheren Gewißheiten für uns selbst oder für andere machen können. Gerade die Empfindungen und Gefühle, die am tiefsten, am persönlichsten, am beinahe zärtlichsten sind, lassen sich nur ausdrücken und mitteilen in der Sphäre eines schwebenden Vertrauens, und die Frage: «Liebst du mich?», wird man nie anders beantworten können, als eben so: «Ich möchte glauben dürfen, daß du es weißt.»
Doch so unbeantwortbar diese Frage nach unserer Liebe auch ist, – gerade sie begleitet uns durch das ganze Leben. Immer wieder kehrt sie zurück, Jahr um Jahr, Stufe für Stufe, entsprechend den Stadien unseres Lebens, skeptisch und beunruhigend oft, eindringlicher und verbindlicher von Mal zu Mal. Einzig entlang dieser Frage reifen wir wirklich. Allein in dieser Frage liegt der wirkliche Maßstab unseres Lebens. Sollte man uns in zehn, in fünfzehn Jahren noch einmal fragen, wer wir sind, was wir in der Zwischenzeit gemacht haben und was aus uns geworden ist, so wird sich die Antwort einzig an dieser Frage orientieren: Haben wir es vermocht, in der Liebe zu wachsen?
Petrus indessen antwortet auf diese Frage im Griechischen mit einem anderen Wort für «Liebe», als Jesus es verwandte; er spricht nicht von

agape, sondern von *philia*, ein Wort, das wir aus vielen Fremdwörtern kennen, etwa wenn wir jemanden einen Freund der Weisheit, einen *Philo*sophen, oder einen Freund des Wortes, einen *Philo*logen nennen. *Philia* ist eine Art von Liebe, die viel mehr dem Gefühl, dem unmittelbaren Empfinden, der persönlichen Sympathie zuneigt[7]. Die Antwort des Petrus besagt also eigentlich: «Was ich fühle, Herr, ist, daß ich dich sehr liebe; inwieweit aber dieses Gefühl dem Ideal einer hingebungsvollen Verehrung und Aufopferung entspricht, der *agape*, nach der du fragst, vermag ich nicht zu sagen.»

Aber selbst diese ehrliche und vorsichtige Antwort des Petrus verrät noch mehr an Sicherheit, als uns menschlich möglich ist. Es geschieht vor allem in der dritten und letzten Frage, daß Jesus es wagt, sogar die Freundschaft des Gefühls, die Liebe des Herzens zu hinterfragen. Jetzt, in dieser dritten Frage, gebraucht auch er das Wort des Petrus: *«Philia»,* wenn er seinen Jünger fragt: «Liebst du mich – mit deinem Herzen, mit deiner Freundschaft, Petrus?» Es ist eine Frage, die selbst den letzten Rest menschlicher Selbstgewißheit zunichte macht. So vieles gibt es, was wir an guten Vorsätzen und an gutem Willen im Sinne eines persönlichen Engagements aufzubringen vermögen. Die letzte, die dritte Frage aber an uns, die sich womöglich erst gegen Ende unseres Lebens zugespitzt stellt, wird regelmäßig lauten, wie sehr wir mit unserem eigenen Ich, mit unserem wirklichen Gefühl, in unserem Tun *innerlich* gegenwärtig waren, wie sehr wir selber in all dem, was wir getan haben, mit unserer eigenen Freiheit *subjektiv* vorgekommen sind, und das Bestürzende wird immer wieder sein, daß wir selbst in der Beantwortung *dieser* Frage uns nicht sicher sein können. *Wer,* nach 20, 30 Jahren einer Ehe etwa, könnte wirklich ehrlich sagen, was an wirklichen Gefühlen oder was eventuell nur an korrekter Pflichterfüllung in den Alltag des Zusammenlebens Eingang fand – und wo er selber steht mit seinem wahren Ich? Man versteht die Traurigkeit, die Petrus überkommt, als er merkt, daß Jesus sogar noch die Gefühle seiner Freundschaft fragwürdig zu finden scheint. Was bleibt uns, wenn wir oft nach vielen Jahren unseres Lebens am Ende selbst in dem, was wir am innigsten und leidenschaftlichsten gewollt haben, keine klare Antwort zu geben vermögen? Was ist, wenn wir sagen müssen, bezogen sogar auf das, was uns das Heiligste und Wichtigste ist: «Wir *möchten* wohl glauben, sagen zu dürfen: Ich liebe dich, Herr?, aber wir können es gewiß nicht mit Sicherheit sagen?»[8]

Diese wunderbare Erzählung von der letzten Erscheinung Jesu an den

Ufern des Sees Gennesareth meint, gerade in dieser wachsenden *Unsicherheit* uns selbst gegenüber bestehe die Art, wie wir zu Gott hin wachsen, indem wir von dem selbstverständlichen Vertrauen zu uns selber immer mehr Abstand nehmen. Die Summe dieses leisen, gütigen Gesprächs zwischen Gott und Mensch, zwischen Jesus und seinem Jünger, besteht im Grunde in der Erkenntnis, mit zunehmendem Alter die Torheit der Jugend abstreifen zu können. Stets, wenn wir ins Leben treten, gehorchen wir einer Philosophie, nach der *wir* die Welt planen, machen und gestalten; nach dieser Vorstellung genügt es, das Richtige zu wollen und sich dafür einzusetzen. Auch religiös sind wir zumeist in dieser Haltung erzogen worden, und schon als Kinder haben wir sie womöglich wie eine heilige Pflicht in uns aufgenommen. Aber sie stimmt nicht. Je älter wir werden, je weiser wir werden, desto deutlicher wird, daß wir weit mehr Geführte sind als Sehende, Geleitete weit mehr als Gehende, Begnadete weit mehr als Handelnde. Und erst in dieser Reife einer weise gewordenen «Selbstlosigkeit» sind wir gehorsam genug, um anderen «Führer» zu werden[9]. Solange wir im Sinne der Pflichtliebe, der *agape*, oder auch nur im Sinne der Zuversicht unseres subjektiv guten Gefühls, der *philia*, glauben, für Gott oder Christus etwas Rechtes wirken zu können, werden wir immer mit unserem eigenen Ich uns selbst und anderen Menschen im Wege stehen. Ein wirklicher «Führer» der «Herde» Christi aber wird geboren aus einem Vertrauen, das sich bedingungslos mit dem gesamten eigenen Leben in die Hände Gottes legt. Es ist der ewige, absolute Unterschied zwischen einem Leben aus Angst und einem Leben aus Vertrauen.

Solange wir Angst haben, werden wir stets von uns selber her denken; wir werden unser Gewissen durchforschen und durchgrübeln, ob wir vor Gott und den Menschen auch gut genug, tauglich genug, richtig genug dastehen, um die «notwendigen» «Aufgaben» «angehen» und «anpacken» zu können. Es war bereits die Erfahrung des *Moses* im Alten Testament (Ex 3; 4)[10], daß wir in dieser Perspektive letztlich keine Chance haben, uns Gott wirklich zuzutrauen – es wird im Gegenteil 100 Gründe geben, die menschlich dagegensprechen, daß Gott mit so etwas wie uns ins Reine kommen könnte, und allenfalls werden wir geneigt sein, Gott anzuflehen, er möge uns als bessere, als brauchbarere und als tüchtigere Menschen noch einmal erschaffen. Doch solche Wunder wirkt Gott nicht – er macht keine anderen Menschen aus uns, ja, er hat uns offenbar einzig zu dem Zweck geschaffen, daß wir den Mut aufbrächten, in diesem Leben zu sein, was wir sind: nicht besser und nicht schlechter, als er uns geschaffen hat; das Vertrauen aber zu diesem «Mut» erwächst aus der wunderbaren Bereitschaft dieses stillen Dialogs der Liebe an den Ufern des Sees von Gennesareth: sich Gott anzuvertrauen wie blind, egal, wohin er uns führt, und den Ort einzunehmen, an den er uns stellt, gleich, welch eine Meinung wir selber davon haben.

Wohlgemerkt lernt man eine solche «Selbstlosigkeit» des Vertrauens gerade nicht durch eine moralisch erzwungene Unterdrückung des eigenen Ichs[11]. Man lernt sie nach dem Vorbild der ersten beiden Anfragen bzw. Infragestellungen Jesu vielmehr gerade umgekehrt: durch den wachsenden *Zweifel* in die selbstverständliche Gültigkeit des Wertehimmels unseres Überichs mit seinen idealen Zielsetzungen einer reinen *agape* – inwieweit stimmen diese Zielsetzungen wirklich – *für uns*[12]? Und man lernt sie, entsprechend der *dritten* Frage Jesu, nicht zuletzt auch dadurch, daß man hernach sogar den «Instinkt» der gefühlsmäßigen Sympathie, das Vertrauen, ein natürlicherweise «guter Mensch» zu sein, als etwas höchst Zweifelhaftes erkennt – wie oft kann selbst unser Gefühl sich irren und wir selbst uns über unsere Gefühle[13]? Allein Gott verdient jenes Vertrauen, das all die Fragen nach der Richtigkeit der eigenen Existenz beendet und das uns auf den Weg schickt, der von Gott her hilfreich und wegweisend zu den Menschen führt, zu den noch hilfesuchenden «Lämmern» ebenso wie zu den bereits «erwachsenen» «Schafen»[14]. Der beste «Führer» der «Herde» Christi ist nicht verkörpert in dem Typ eines kraftvoll handelnden Politikers noch in dem Typ eines asketischen Masochisten oder eines bigotten Tyrannen, der mit dem Anspruch auftritt, schon durch sein Amt *in* der Wahrheit bzw. womöglich *die* Wahrheit selbst zu sein; er ist ganz im Gegenteil ein Mensch, der es gelernt hat, die immer neuen Infragestellungen Gottes an sein Leben zu akzeptieren und sich in dieser Weise «abzusterben», längst ehe er physisch stirbt, bzw. er ist als Mensch dahin gelangt, auf eine Weise zu leben, die den Tod nicht (mehr) kennt, da sein ganzes Leben in den Händen Gottes ruht, so daß die Art seines Vertrauens, gemäß dem Beispiel Jesu selber, bis in den Tod hinein beweisen wird, welch eine Macht Gott im Herzen eines Menschen zu besitzen vermag. Er ist ein Mensch, der zu hören sich angewöhnt hat, so daß sein «Leiten» der «Herde» eher ein *Be*gleiten der Suchenden ist, ein Hinweisen eher als ein Unterweisen und Anweisen von vermeintlich immer schon Wissenden, ein Fragen eher als ein Sagen, ein sorgfältiges Stimmen der Instrumente des Orchesters eher als ein Bestimmen des Konzertprogramms; ja, er ist jemand, der es sich förmlich verbietet, der Frage nachzuhängen, was Gott mit dem Leben *anderer* Menschen vorhat. Was Gott mit uns *selber*, mit Petrus, vorhat, ist das einzige, worauf es wirklich ankommt.

Eine solche Selbständigkeit im Gegenüber Gottes vereinzelt nicht, sondern im Gegenteil: sie ist das einzige, was uns befähigt, mit anderen Menschen so umzugehen, daß wir dabei Gott nicht im Wege stehen[15]. Ein jeder hat unableitbar *seinen* Weg zu Gott, und es können diese Wege voneinander so verschieden sein, daß der eine es lernen muß, *den Tod* als die Form anzunehmen, in der Gott zu ihm «kommt», während der andere unter Umständen *ein ganzes Leben* lang sich aufsparen muß für den einen entscheidenden Augenblick, da Gott in seine Nähe tritt. Aber diese göttliche «Gleichgültigkeit» gegenüber dem Schicksal des anderen, diese heilige Konzentration auf den Weg der *eigenen* Bestimmung, trennt uns innerhalb der «Herde» Christi nicht voneinander, sondern ist gerade der Ausdruck einer unzerstörbaren Verbundenheit und Zusammengehörigkeit, die auch der Tod nicht trennen kann. «‹Mein Kind›», läßt George Bernanos in diesem Sinne in dem *«Tagebuch eines Landpfarrers»* den Priester zu der unglücklichen *Madame von Chantal* sprechen, die in einer gefühlskalten Ehe über den allzu frühen Tod ihres Sohnes nicht hinwegkommt, – «‹Mein Kind . . . man handelt nicht mit dem Herrgott, man muß sich ihm bedingungslos überlassen. Geben Sie ihm alles, er wird Ihnen mehr als das zurückerstatten. Ich bin weder ein Prophet noch ein Seher, und von dem Ort, wohin wir alle gehen, ist niemand als er zurückgekommen . . . Trotzdem kann ich Ihnen versichern, daß es nicht ein Reich der Lebenden und daneben ein Reich der Toten gibt. Es gibt nur das Reich Gottes, und lebend wie tot sind wir alle in ihm.› Ich sagte eben diese Worte, ich hätte andere sagen können, das hatte in diesem Augenblick gar keine Bedeutung. Es war mir, als hätte eine geheimnisvolle Hand eine Bresche irgendwo in eine unsichtbare Mauer geschlagen, und der Friede kehrte von überall her wieder zurück und nahm in Hoheit seinen Rang ein. Es war ein auf Erden unbekannter Friede, der süße Friede der Toten, still wie ein tiefer See.»[16]

V. Nachtrag

Hoffnung für die leidende Kreatur oder: Das Postulat von der Unsterblichkeit der Tiere

Die Texte des *Johannes*evangeliums, liest man sie in der vorgeschlagenen Weise, erscheinen in sich selbst als verdichtete Meditationen über das tiefste Geheimnis des menschlichen Daseins: über die Hoffnung auf ein ewiges Leben jenseits des Todes. Man ersieht anhand dieser Erzählungen und Gespräche insbesondere, wie stark das menschheitliche Symbol der «Auferstehung» durch die Erfahrung mit der Person und der Botschaft des Jesus von Nazareth in der christlichen Ausdeutung existentialisiert und personalisiert worden ist, indem die entsprechenden Bilder und Anschauungen nicht nur nach dem symbolischen Vorbild schon der altägyptischen Religion mit den Themen von Lebenserneuerung und Wiedergeburt, von Bewußtwerdung und Integration, von Zerstörung und Liebe verbunden worden sind, sondern vor allem in ganz neuer Weise in den Zusammenhang von Schuld und Vergebung, von Sünde und Erlösung, von Angst und Vertrauen, von Seelenzerstörung und Rettung, von Verzweiflung und Glück gestellt werden. Es ist für denjenigen, der die Worte Jesu in sich aufgenommen hat, im Sinne des *Johannes*evangeliums nicht länger mehr möglich, an die Unsterblichkeit des Lebens gewissermaßen nur als an eine metaphysisch gegebene bzw. (wie zum Teil noch im Alten Ägypten) als an eine rituell herstellbare oder darstellbare Realität zu «glauben», es kommt vielmehr darauf an, diesen Glauben an das Leben von der Person Jesu her so mutig und vertrauensvoll unter den Augen Gottes zu verwirklichen, daß dabei die «Welt» von der «Dunkelheit» der «Nacht», von der «Angst» und der «Lüge», von der «Knechtschaft» der Gottesferne innerlich befreit und dem «Licht» und dem «Leben» zurückgegeben wird. Niemals zuvor ist die altägyptische Vision von diesem wahrhaft «königlichen» Auftrag des Menschen derart beim «Wort» genommen worden wie in den wunderbaren Reden und den Erscheinungen des

Auferstandenen in den beiden Schlußkapiteln des *Johannes*evangeliums.

Indem somit die Größe der christlichen Botschaft in ihrer Chance und in ihrer Verbindlichkeit unverwechselbar zutage liegt, ist es in gewissem Sinne allerdings zugleich unumgänglich, in einem kurzen Nachtrag einer Frage nachzugehen, an welcher eine schmerzhafte Grenze, ja, eine äußerst schädliche und gefährliche Enge und Engführung der christlichen Theologie unübersehbar ist: der Frage nach dem Los unserer Mitgeschöpfe, der Tiere[1].

Gerade durch die konsequente und radikale Existentialisierung der uralten religiösen Symbole der menschlichen Unsterblichkeitshoffnung von seiten des Christentums wurde in der abendländischen Theologiegeschichte ein Weltbild begünstigt und begründet, innerhalb dessen der Mensch durch die Unsterblichkeit seiner Seele von allen anderen Geschöpfen auf unendliche Weise unterschieden und in absolutem Sinne vor allen anderen Lebewesen bevorzugt und ausgezeichnet erscheint. Vorbereitet wurde diese Einstellung bereits durch die Zerstörung des mythischen Denkens in der griechischen «Aufklärung» im 5. Jahrhundert vor Christus. Was in der mythischen Religion vor allem des Alten Ägyptens als Symbol und Ritual bezüglich der Unsterblichkeit des menschlichen Daseins geahnt und begangen wurde, übersetze sich durch die Vermittlung PLATONS in die philosophischen Kategorien und Deduktionen begrifflichen Denkens und Argumentierens. Wohl war das philosophische Theorem von der Unsterblichkeit der Seele bei PLATON (unter dem Einfluß der Religion des PYTHAGORAS) noch für mancherlei Deutungen im Sinne der Seelenwanderungslehre offen – der Besitz der Seele war nach seiner Vorstellung noch nicht allein den Menschen vorbehalten, sondern es galten ihm auch die Tiere als beseelte Wesen; der Unterschied zwischen Mensch und Tier erschien ihm als graduell fließend, nicht als starr und fixiert. Doch die christliche Theologie griff (im Erbe der Anthropozentrik des biblischen Welt- und Menschenbildes) die Lehre PLATONS von der Unsterblichkeit der Seele im Kampf gegen die mythischen Religionen, in Abwehr der Gnosis und in Abgrenzung gegenüber der *pythagoreischen* Lehre in der Weise auf, daß allein der Mensch unsterblich sei, wohingegen die «unvernünftigen» Tiere nichts als vergängliche Wesen darstellten. Die christliche Lehre von der Auferstehung ließ zu Recht die *menschliche Existenz* als unendlich kostbar und groß erscheinen; sie erkaufte diesen Gewinn aber durch die Art ihrer wesentlich philosophischen Selbstbegründung mit einem unerträglichen Nachteil: sie galt ausschließlich nur für den Menschen; sie gründete damit die absolute Hochschätzung der Menschen auf die relative Mißachtung aller anderen Mitgeschöpfe; sie zerriß auf diese Weise ideologisch das gemeinsame Band des Lebens, das Menschen und Tiere miteinander verbindet; sie machte, wie jede Doktrin, die zu eng ist, um der Wirklichkeit gerecht zu werden, *grausam* im Umgang mit der Wirklichkeit des Lebens.

In mindestens drei Punkten der heutigen Diskussion um die Probleme der «Umwelt» ist dieser Tatbestand mit Händen zu greifen.

1. Wir leben heute in einer Zeit, in der alles Reden von Natur- und Umweltschutz seine Ernsthaftigkeit an der Frage der menschlichen *Geburtenkontrolle* erweisen muß. Wenn irgendein Rest der heute noch zahlreichen Tier- und Pflanzenarten, vor allem in den tropischen Regenwäldern, an der Seite des Menschen zumindest die Chance eines Überlebens erhalten soll, so muß die menschliche Spezies zum ersten Mal in ihrer Geschichte damit aufhören, das Gebot Gottes im Paradiese uneingeschränkt zu befolgen, welches da lautet: «Wachset und mehret euch und füllet die Erde und machet sie euch untertan und herrschet über die Fische im Meer und die Vögel des Himmels, über das Vieh und alle Tiere, die auf Erden sich regen.» (Gen 1,28) *Weniger* Menschen zugunsten des Erhalts einer größeren Vielfalt von Tier- und Pflanzenarten – ein solches Programm ist für den christlichen Anthropozentrismus auch heute noch eine schier unerträgliche Zumutung. In der Tat: wenn nur das Leben von Menschen eine Ewigkeitsbedeutung besitzt, so kann es dieser theologischen Prämisse zufolge gar nicht genug Menschen geben, sind doch sie allein zu einem ewigen Glück berufen, während das Dasein von Pflanzen und Tieren buchstäblich als nichts gilt *sub specie aeternitatis*. Es ist daher kein Wunder, daß vor allem *die katholische Kirche* jeden Hinweis auf die Dringlichkeit bevölkerungspolitischer Maßnahmen als «übertriebenen» «Pessimismus» abtut[2], allenfalls die für den Menschen selbst zu befürchtenden Folgen der derzeitigen Bevölkerungsexplosion mit *Verdoppelungsraten* von weniger als 30 Jahren scheinen ihr einen gewissen Eindruck zu machen, doch in bezug darauf glaubt sie – wider besseres Wissen, möchte man meinen –, daß die dramatische Verelendung der Dritten Welt durch die rapide Vermehrung der Reproduktionsraten mit moralischen Appellen an die vermeintlich «konsumistische», «sexistische» und «materialistische» Lebensweise der westlichen Industrienationen aufgefangen wer-

den könnte. Selbst die Tatsache, daß heute schon jährlich mehr als 60 Millionen Menschen verhungern, ist offenbar für sie kein Grund zum Umdenken – zumindest im Himmel werden ja all diese Menschen das Los des armen *Lazarus* erwerben können, so daß es für sie immer noch besser ist, daß es sie gab, als daß es sie nicht gäbe. – Ein Hinweis auf das kümmerliche Los der Tiere hat unter solchen Denkvoraussetzungen nicht die geringste Chance.

2. Natürlich wird die Last und der Druck einer immer enger werdenden Welt im heutigen Wirtschaftsleben, solange es geht, ungehemmt *an die Tiere* weitergegeben, und auch hier scheint die christliche Lehre von der Unsterblichkeit allein des Menschen jede Art von Quälerei ideologisch zu legitimieren. Aus den Engpässen der Versorgung mit Rohstoffen und Waren hat seit dem Beginn des 19. Jahrhunderts wesentlich die Industrialisierung herausgeführt, und so lag der Glaube nahe, auch in der Landwirtschaft mit industrieähnlichen Methoden die «Erträge» der Nahrungsmittelproduktion wesentlich verbessern und steigern zu können. Mit derselben zweckrationalen Mentalität, mit der man Steinkohle abbaut, geht man heute heran, Tiere als Schlachtfleischlieferanten in riesigen Massentieranstalten maschinell so lange konsumgerecht zu züchten und zu mästen, bis sie verkaufsrentabel den Weg in die Todesfabriken der städtischen Schlachthöfe antreten. Bereits im Jahre 1986 wurden in der Bundesrepublik 36 % aller Rinder (einschließlich Kälber) in Großbeständen von über 100 Tieren gehalten, über 66 % der Mastschweine, 83 % der Legehennen wurden in Beständen von über 1000 Tieren gehalten, bei den Masthühnern betrug die Zahl sogar 99 %[3]. Die Bedeutung dieser Zahlen wird erst wirklich klar, wenn man sich vor Augen hält, wie das Leben etwa eines «Mastkalbes» heute aussieht: Acht Tage nach seiner Geburt – mit einem Gewicht von 40 kg – wird das Tier von seiner Mutter getrennt und in die agrarindustrielle Mastanstalt transportiert, wo es prophylaktisch mit Medikamenten aller Art vollgepumpt wird. – «Dann wird das Tier an einen Magermilchtrunk gewöhnt. Dieser führt in vielen Fällen zum Durchfall. Folge: Die Tiere trocknen aus. Um sie am Leben zu erhalten, kommen sie an einen Tropf. In einem abgedunkelten Stall, eingezwängt in eine kleine Holzbox, werden die Tiere nun größer und brauchen mehr Futter. Nun wird aber nicht die Futtermenge erhöht, sondern die Konzentration der Nährstoffe darin. So wird das Futter bald eine Art Pudding, mit dem der Durst nicht mehr gestillt werden kann. Dennoch gibt es kein Wasser, damit die Tiere immer heißhungrig auf den

Pudding sind. Schließlich muß das Kalb jeden Tag mehr als 1 kg zunehmen. Damit es nicht wieder zum Durchfall kommt, wird der Pudding auf 38 Grad erwärmt. Das wiederum führt dazu, daß die Tiere beim Essen schwitzen. Juckreiz tritt auf, beim Kratzen mit der Zunge werden Haare ausgerissen, die in den Pansen wandern und dort vor sich hinfaulen und Giftstoffe entwickeln, bis das Tier geschlachtet wird.»[4] Damit das Kalbfleisch später eine schönweiße Farbe erhält, «wird peinlich darauf geachtet, daß nur sehr wenig Eisen im Pudding ist. Dadurch werden die Tiere blutarm. Sie bekommen schwere Atembeschwerden und Kreislaufstörungen.» Nach diesem Vorbild müssen «heute jährlich allein in der Bundesrepublik rund 250 Millionen Tiere dahinvegetieren: Hühner in Käfigen, denen in ständigem Dämmerlicht auf schräg abfallenden Drahtböden, gerade die Fläche einer Schreibmaschinenseite, als Lebensraum zur Verfügung steht. Kälber, eingekerkert in vier enge Bretter, die diesen Sarg nur einmal in ihrem qualvollen Leben verlassen – auf ihrem letzten Gang zum Metzger. Ferkel in Drahtkäfigen, Schweine in lebenslanger Anbindehaltung, ohne Einstreu auf Betonböden, einzige Bewegungsmöglichkeit – aufstehen – hinlegen. Kühe, ein Leben lang an einer Kette von 40 cm Länge angebunden.»[5]

Wie groß eigentlich ist die moralische Blindheit oder Bestechlichkeit sogenannter wissenschaftlicher Gutachter, die es fertig bekommen, diese unglaublichen Praktiken gegenüber dem Gesetzgeber noch als «artgerechte Tierhaltung» attestieren zu können? Und was soll man von Gesetzen halten, die offensichtlich niemand zu halten braucht, sobald sich nachweisbar ein «ökonomischer Gewinn» selbst aus einer noch so monströsen Tierquälerei erzielen läßt? Gewiß, es gibt bestimmte Gesetze des Marktes, es gibt Notwendigkeiten der Preiskonkurrenz auf dem europäischen Binnenmarkt, es gibt genügend heruntergekommene bäuerliche Kleinbetriebe, die in der Massentierhaltung eine letzte Überlebenschance erblicken – all das *ermöglicht* die alltäglichen Scheußlichkeiten, die wir den Tieren wie selbstverständlich auferlegen; doch die eigentliche Bedingung der Möglichkeit all dieser Praktiken liegt in dem christlichen Glaubenssatz, daß allein der Mensch ein unsterbliches Leben besitzt, während die Tiere nichts sind als verbrauchbares Material zum Nutzen des Menschen als des Herrn der Schöpfung in Zeit und Ewigkeit[6].

Innerhalb dieses christlichen Weltbildes bedeutet es eine Absurdität, nach dem Vorbild der *Hindus* und *Buddhisten* aus religiösen Gründen ein absolutes Tötungsverbot von Tieren aufzustellen und zum Verzicht von Fleischnahrung aller Art, *zu einem religiös motivierten Vegetarismus*, aufzufordern[7]. Nein, nach der bisherigen Vorstellung des Christentums hat die ganze Schöpfung dem Menschen zu dienen, und Gott der Herr selber hat ihm die Tiere zur Nahrung gegeben; ja, es ist, soll man der christlichen Dogmatik glauben, sogar die theologische Bestimmung der Lachse, Rebhühner und Hasen, vom Menschen gegessen zu werden. Gemessen an der unendlichen Würde des Menschen gibt es kein Leid, das man den Tieren nicht zufügen dürfte, sobald es für gewisse menschliche Zwecksetzungen sinnvoll und «notwendig» ist.

Am allerschlimmsten in diesem Zusammenhang ist die negative Auswirkung der christlichen Lehre von der Unsterblichkeit des Menschen zweifellos im Bereich der *Tierversuche* zu beobachten. Man schätzt, daß jährlich ca. 300 Millionen Tiere aller nur erdenklichen Arten «weltweit jedes Jahr ihr Leben für ebenso sinnlose wie grausame Experimente» lassen müssen. «In sogenannten Schiebekäfigen werden Affen zum Teil über Jahre gefangengehalten. Die Rückwand des Käfigs wird so weit vorgeschoben, bis der Affe – zwischen Gitterstäbe und Wand eingepreßt – völlig bewegungsunfähig ist. So können den Versuchstieren trotz ihrer panischen Angst immer wieder Injektionen verabreicht werden.» «An Ratten werden künstliche Tumore erzeugt, die oft sogar größer sind als die Tiere selbst.»[8] Man züchtet Versuchstiere mit angeborenen Körperschäden, man durchtrennt Versuchshunden die Stimmbänder, um ihre Schreie nicht mehr hören zu müssen. Man enthauptet in Universitäten Tiere zu reinen Demonstrationszwecken, öffnet ihnen den Brustkorb und entnimmt ihnen das Blut bis zum Herzstillstand. Im Dienste der Psychiatrie werden bei Affen, Katzen und Wüstenmäusen grausame Gehirnoperationen durchgeführt, um dann das Fehlverhalten dieser armen Geschöpfe zu beobachten. Seit 1987 liegt in der Bundesrepublik ein neues Tierschutzgesetz vor, das angeblich das Leiden und Sterben der Versuchstiere verringern soll; doch es genügt, einen Versuch als «wissenschaftlich begründet» zu deklarieren, dann ist diese Begründung selbst bereits die Legitimation, den Tieren, egal zur Befriedigung welch einer Art von Neugier, Ehrgeiz oder Geldgier auch immer, jede nur erdenkliche Qual aufzuerlegen. In summa: Das christliche Abendland kennt keine Ethik, die das Leid der Tiere und das Leid von Menschen als gleichgewichtig erscheinen ließe. Denn: nur Menschen sind unsterbliche Wesen!

3. Wie naturfremd und naturfeindlich die dogmatischen Vorstellungen

des Christentums von der Seele des Menschen geraten, zeigt sich nicht zuletzt an der Schwierigkeit heutiger Theologie, sich mit dem *evolutiven Weltbild der modernen Naturwissenschaft* anzufreunden. Seit den Tagen der mittelalterlichen Scholastik war es besonders die außerordentlich statisch denkende Philosophie des ARISTOTELES, mit deren Hilfe man die Einzigartigkeit der menschlichen Seele zu erweisen suchte, indem man metaphysisch demonstrierte, daß es substantielle Veränderungen an einem Seienden prinzipiell nicht geben könne; – Gedanken dieser Art müssen auch heute noch pflichtgemäß in den philosophischen Grundkursen für katholische Theologie vorgetragen werden; und selbst wo man – zögernd genug – das Denken in den Kategorien der THOMISTISCHEN Metaphysik zugunsten eines mehr «geschichtlichen», «biblischen» Denkens aufzugeben beginnt, fängt doch die «Geschichte» für die christliche Theologie nach wie vor grundsätzlich erst mit der «Offenbarungsgeschichte» Israels vor ca. 4000 Jahren an. Für diese Art von Theologie muß(te) der Gedanke als Häresie oder Atheismus erscheinen, es könnte auf unserem Planeten das Leben sich spontan aus anorganischer Materie gebildet haben und der Mensch sei in seinem Körper *wie in seiner Seele* im Verlauf der letzten 3 bis 4 Millionen Jahre aus dem Tierreich hervorgegangen[9]. Die «Einmaligkeit» des Menschen nötigte zu der Vorstellung eines zeitlich (!) einmaligen Schöpfungsaktes, durch den Gott den Menschen unmittelbar geschaffen haben sollte, und man fürchtete vor allem um die «Freiheit» des Menschen und um die Unsterblichkeit seiner Seele, wenn man erst einmal zugäbe, der Mensch sei womöglich «nichts weiter als» ein Teil der Evolution des Kosmos.

In dem gleichen Maße jedoch, in dem die evolutive Herkunft des Menschen verdrängt wurde, suchte man seine *Zukunft* in Christus («eschatologisch») um so großartiger auszugestalten, wobei man freilich niemals von den Erkenntnissen der modernen Kosmologie, sondern stets von der biblischen Vorstellungsweise ausging und auch heute noch ausgeht. So schreibt z. B. H. KESSLER in seinem theologisch viel beachteten Buch *«Sucht den Lebenden nicht bei den Toten»* über die Bedeutung des christlichen Auferstehungsglaubens, die Auferstehung Jesu selber «sei noch unabgeschlossen und unvollendet ... Zu ihrem intendierten Ziel kommt sie erst, wenn Sünde und Tod endgültig vernichtet sind (Jes 25,8; 1 Kor 15,25 f.), also in der Auferstehung der ‹vielen Brüder› und Schwestern Jesu (Röm 8,29) und ihrem Zusammensein mit Christus beim Vater einerseits, in der Erlösung der gesamten Schöpfung andererseits. Nach Paulus wartet ja alles Geschaffene – sehnsüchtig unter seinen Leiden stöhnend – auf das offene Hervortreten der universalen, angst- und leidfreien Gemeinschaft der Söhne und Töchter Gottes, und dies deswegen, weil es seinerseits erst in ihr seine eigene Befreiung vom Verderben und Sterben finden kann (Röm 8,19-22).»[10] Es ist keine Frage, daß wir Menschen zum gegenwärtigen Zeitpunkt alles andere als «erlöst» leben und daß insofern die «Auferstehung Jesu» gewiß noch «unvollendet» ist. Aber man hat den Eindruck, als wenn der Kampf der christlichen Theologie gegen den «heidnischen» Mythos in solchen Wendungen nur dazu geführt hätte, in einer groß angelegten «Wiederkehr des Verdrängten» erneut die Sicht von Welt und Geschichte mit einem nunmehr christlichen Mythos zu überziehen, freilich mit einem wesentlichen Unterschied: während die Mythen der Völker mit Hilfe ihrer symbolischen Bilder den Menschen in die umgebende Natur einzuordnen versuchen, wird in der christlichen Konzeption die gesamte Welt in die Menschenwelt eingeordnet. So, wie in der Bibel die Schöpfungsgeschichte schon in den zeitlichen Dimensionen nur als ein kurzfristiges Vorspiel, als die Bereitstellung der Requisiten auf der Bühne der Menschengeschichte dient, so dehnt sich in der christlichen Glaubenslehre umgekehrt die (ganz richtige!) Vorstellung von der Erlösungsbedürftigkeit des Menschen ins Ungemessene, indem die mythische Sprechweise des Paulus von den «Wehen» der Schöpfung nach wie vor als kosmologische (bzw. «eschatologische») Gegebenheit aufgefaßt wird. *Als Symbol* gelesen, mag es, *bezogen auf den Menschen*, einen gewissen Sinn machen, von *seiner* «Welt» zu sagen, sie harre ihrer Befreiung; aber gerade als ein Symbol der menschlichen Existenz werden die Worte des hl. Paulus in Röm 8,19-22 eben nicht verstanden, sondern man hält es in der Selbstauslegung des christlichen Weltbildes immer noch für unabdingbar, die Anthropologie zur Kosmologie auszudehnen: die ganze Schöpfung ist durch den Sündenfall Adams ins Unheil gezogen worden und muß nun durch Christus, das heißt *durch die Menschen* in der «Nachfolge Christi», mit anderen Worten: *durch die Kirche* als den wahren «Leib Christi», «erlöst» werden. Dieses Weltbild ist ohne Zweifel hoch mythologisch[11], nur im Verhältnis zum «heidnischen» Mythos vom genau entgegengesetzten Ende her: in der Anthropozentrik der christlichen Weltsicht (wenn man sie weiterhin so auslegt!) bleibt der Mensch im Guten wie im Bösen das Hauptthema des Weltalls; er und sein Schicksal entscheiden über den gesamten Kosmos; alles, was existiert, ist auf

ihn hin geschaffen. Es ist eine Theologie, die sich wie in den Tagen des GALILEI einfachhin weigert, zu sehen und zur Kenntnis zu nehmen, was wir bei einem bloßen Blick durchs Mikroskop und Teleskop erkennen müßten: die komplette Widerlegung der christlichen Anthropozentrik allein schon durch die Dimensionen des Raumes und der Zeit, in denen das Weltall in majestätischer Weite und Größe besteht.
Aus diesen Betrachtungen folgt etwas ebenso Einfaches wie Wichtiges: nämlich, daß der Glaube an die Unsterblichkeit der menschlichen Seele, an die Ewigkeitsbedeutung jedes einzelnen Menschen, mit Rücksicht auf die Einordnung des Menschen in die ihn umgebende Welt gerade nicht so verstanden werden darf, daß wir als Menschen, als «beseelte», «geistige» Wesen, gewissermaßen exemt und jedenfalls exklusiv der gesamten übrigen Welt gegenüberstehen, sondern umgekehrt: daß in uns Menschen nur aufscheint, was allenthalben an «Geist» in der Welt objektiv realisiert ist; mit anderen Worten: sind die Menschen unsterblich, warum dann nicht auch die Tiere?
Es bedeutete eine starke Vereinseitigung schon bei PLATON, die Weisheit des Mythos in die Sprache der Philosophie übersetzen zu wollen. Vor allem im Erbe der ARISTOTELISCHEN Philosophie verlor die christliche Theologie über Jahrhunderte hin das Gespür dafür, daß sie mit ihren logisch klingenden Argumentationsverfahren keinesfalls die Wirklichkeit als solche demonstriert, sondern im besten Falle die Evidenz symbolischer Vorgaben begrifflich dem Denken (zu einer bestimmten Zeit und im Rahmen einer bestimmten Kulturgeschichte!) plausibel machen kann. Die Unsterblichkeit der menschlichen Seele galt ihr als ein metaphysischer Lehrsatz, der im Prinzip so gut beweisbar schien wie gewisse Lehrsätze der Geometrie und der Mathematik. Diese Einstellung vor allem, verbunden mit der dogmatischen Selbstgewißheit über die Einzigartigkeit der menschlichen Seele, mußte naturgemäß durch die Entdeckungen CHARLES DARWINS einen schweren Schock erleiden, so sehr, daß viele Theologen, insbesondere im Protestantismus, das griechische Erbe der christlichen Theologiegeschichte bzgl. der Frage der menschlichen Seele überhaupt ad acta zu legen versuchten, indem sie die («heidnische», unbiblische) Lehre von der Unsterblichkeit der Seele als Widerspruch zu dem wahrhaft christlichen Glauben an die Auferstehung in Christus interpretierten[12]. In Wahrheit hat sich bereits auf dem Hintergrund des altägyptischen Mythos gezeigt, daß das Symbol von der Himmelfahrt der Seele und die Vorstellung von der Auferstehung in dem sterbenden und wieder-

auferstehenden Gott einander durchaus nicht widersprechen, sondern sich als komplementäre Bilder gegenseitig bedingen. Vor allem aber führt eine solche exklusiv christliche Begründung der menschlichen Auferstehungshoffnung noch weit radikaler zu einem anthropozentrischen Exklusivitätsanspruch: nur Menschen können an Christus glauben! Das eigentliche Problem der Evolutionstheorie aber wird damit nicht gelöst, sondern schlechterdings verdrängt: *seit wann eigentlich gibt es Menschen*?

Als THOMAS VON AQUIN (für Jahrhunderte maßgebend!) auf die Frage des Fortlebens der Tierseele zu sprechen kam, stand für ihn fest: «die Seele des Tieres ist nicht teilhaftig eines ewigen Seins», denn: «In den Tieren findet sich keinerlei Verlangen nach ewigem Sein, nur daß sie als Art ewig sind, insofern sich in ihnen ein Verlangen nach Fortpflanzung findet, durch welche die Art fortdauert.»[13] Mit einem solchen (ARISTOTELISCHEN) «Argument» ist die Grenze zwischen Mensch und Tier scheinbar eindeutig gezogen. Aber die lebendige Wirklichkeit tut uns nicht den Gefallen, eindeutig zu sein, sie besteht vielmehr in einem ständigen *Fließen* mit unabgrenzbaren Übergängen. Alles in diesem Zusammenhang kommt darauf an, daß die christliche Anthropologie ein Gefühl für die Tiefe der Zeit zurückgewinnt und, ineins damit, für die Langsamkeit der Veränderungen.

Vor kurzem noch sagte mir ein Dozent für neutestamentliche Exegese, das Bemerkenswerte an der Botschaft Jesu sei in seinen Augen der Gegensatz zu den Naturwissenschaften: auf der einen Seite die Wachstumsgleichnisse Jesu mit ihrem ruhigen, organischen Denken, und auf der anderen Seite das naturwissenschaftliche Weltbild mit ständigen Katastrophen wie Überschwemmungen, Eiszeiten usw.! Man muß angesichts solcher «Argumente» nur einmal darauf hinweisen, daß die neuerliche «Überschwemmung» der Nordsee z. B. mit der «Dünkirchen Transgression» etwa um die Zeitenwende begonnen hat[14] – sie ist so wenig «plötzlich», daß wir selber noch mitten in dieser Phase stecken, ohne es zu merken; und die Vorstöße der Eiszeit – sie dauerten Jahrzehntausende! Und in diesen Zeitmaßen ist die Entwicklung des Menschen zu denken. Der Mensch ist nicht das Ergebnis des momentanen Eingreifens eines Gottes oder einer plötzlichen «Fulguration», er ist das Ergebnis eines Prozesses von Jahrhunderttausenden, in denen bereits ein primitiver Werkzeuggebrauch vorauszusetzen ist, ohne indessen auch nur die geringsten Fortschritte in der Bearbeitung des Steins aufzuweisen[15]; es handelt sich um Zeiträume, in denen Jahrhunderttausende in der Altersbestimmung zu Spekulationsdaten verfließen. Mit anderen Worten: es ist gar nicht möglich zu sagen, *wann* es den «ersten» Menschen gab: der eiszeitliche *Neanderthaler* gehörte gewiß bereits der Gattung des homo sapiens zu, der *homo erectus* aber, der vor 300 000 Jahren bereits über das räuberische Geschenk des Titanen *Prometheus*, über den Gebrauch des Feuers, verfügte, ist von uns Heutigen fast so weit entfernt wie die Pferde von den Eseln. Und der *homo habilis* vor mehr als 2,7 Millionen Jahren? Und der *Australopithecus* mit einem Gehirnvolumen nicht viel größer als das eines Schimpansen?

Eines ist sicher: ARISTOTELES zum Trotz sind vor allem die höheren Tiere keinesfalls bloße Repräsentanten subjektloser Gattungen. Kaum einer der heute schreibenden Theologen macht sich wirklich klar, daß insbesondere unsere nächsten Verwandten, die *Gorillas* und *Schimpansen*, über die gleichen angeborenen Ausdrucksbewegungen verfügen wie wir Menschen: sie können lachen und weinen, sich freuen und Angst haben, zärtlich und zornig sein, und im Schlaf sind sie fähig zu träumen[16]. Wer eigentlich hat uns erlaubt, Lebewesen, deren Intelligenz und Gefühlsrepertoire ungefähr dem Stand unserer eigenen Vorfahren vor ca. 2 Millionen Jahren entspricht, brutal ihren Lebensraum zu zerstören und sie schließlich in einigen wenigen überlebenden Exemplaren in ewiger Gefangenschaft zu halten?

Wie groß ist die Distanz der Zeit zu der Stelle, an welcher die Entwicklungslinie der heutigen *Meerkatzen* sich von der Linie der Hominiden getrennt hat? Doch wie «menschlich» über mehr als 30 Millionen Jahre hinweg muten die Entdeckungen an, die Dr. M. KAWAI im Herbst 1953 auf der kleinen japanischen Insel Koschima machen konnte, als er die soziale Verbreitung einer echten individuellen Erfindung beobachten konnte: er wurde Zeuge, wie ein 1½jähriges Makakenweibchen, das er *Imo* nannte, zum ersten Mal eine mit Sand bedeckte Süßkartoffel ins Wasser tauchte und den Sand mit den Händen abwusch. «Einen Monat später fing einer von *Imos* Spielgefährten an, die Pataten ebenfalls zu waschen, und nach vier Monaten tat Imos Mutter desgleichen ... und 1957 hatten es sich bereits 15 Affen zu eigen gemacht.» «Ein solches Übertragen persönlicher Erfahrungen von einem Einzelnen auf seine Gefährten wird von den Erforschern der menschlichen Kultur- und Urgeschichte als wichtige Voraussetzung für das Entstehen einer Kultur oder sogar schon als Beginn der Kultur angesehen.»[17]

Nach einem mehr als tausendjährigen ideologischen Kampf der christ-

lichen Theologie um die absolute Sonderstellung des Menschen ist heute durch die Ergebnisse der Psychoanalyse und Verhaltensforschung die Einsicht nicht länger abzuweisen, daß es ein einziger Strom des Lebens ist, der uns Menschen ermöglicht hat und weiterträgt.
Alle christliche Theologie scheint heute noch notwendig auf der Voraussetzung zu beruhen, daß ausgerechnet wir, die Vertreter der Spezies *homo sapiens sapiens*, die «unüberbietbare» Kulmination aller Entfaltungsmöglichkeiten der Evolution darstellen; der Grund: nur in der Gestalt dieser Spezies ist der Christus erschienen[18]. Dieselben Theologen, die aus der Auferstehung Christi die großartigsten Visionen über das Schicksal einer kommenden Menschheit herauslesen, scheinen nicht zu merken, daß sie bei all ihren Wunschphantasien, die sie «Verheißungen» nennen und mit «Glauben» verwechseln, im Grunde völlig statisch das jetzige Bild der Evolution festschreiben. Wer werden wir Menschen, sollten wir uns nicht selber in der Zwischenzeit den Garaus bereiten, in 2 Millionen Jahren sein? – Bei dem heutigen Tempo geschichtlicher Entwicklung eine unbeantwortbare, aber absolut notwendige Frage! Sicher ist nur, daß wir zum gegenwärtigen Zeitpunkt der Evolution den Tieren noch weit näher stehen als der Ahnung des Menschlichen, die wir bereits in uns tragen. «Das *missing link* zwischen Affe und Mensch sind wir selber», meinte zu Recht Konrad Lorenz[19]. Die eigentliche Menschwerdung hat kaum erst begonnen, und was eigentlich hindert uns, auch als Christen die Vorstellung der *Hindus* für weise und wahr zu erachten, daß *Vishnu*, die zweite Person der dreifaltigen Gottheit, immer wieder, auf jeder Stufe der Entfaltung des Lebens, auf die Erde kommt, um in immer neuen Formen und Gestaltungen sichtbar zu werden[20]? Geist, schlägt Gregory Bateson zu denken vor, sei eine Struktureigenschaft aller komplexen Systeme[21]. Es ist nicht anders möglich: der Glaube an die Unsterblichkeit des Menschen müßte uns Theologen zu der Bereitschaft nötigen, ins Unendliche dazuzulernen und die dogmatischen Grundlagen des Christlichen ins Ungemessene zu erweitern. Unsere Einstellung zu den Tieren und ebenso unsere Einstellung zu den Weltinterpretationen des Mythos dürfen und müssen dabei als kardinale Maßstäbe gelten.
Insbesondere die *ägyptische* Mythologie, der die christliche Theologie in der Frage von Auferstehung und Unsterblichkeit ihre zentralen Bildvorlagen verdankt, betrachete die Tiere als unabdingbar zur Sphäre der Götter und Menschen gehörig. Für sie galten die Tiere als

Botschafter der Götter bzw. als Verkörperungen des Göttlichen, stets verschmolzen mit der Gestalt des Menschen. Dieser Glaube an die Ursprungseinheit *allen* Lebens ging bei den Ägyptern so weit, daß sie nebst den Körpern der Menschen auch alle möglichen Tiere – Katzen, Krokodile, Vögel u. a. m. – in die Ewigkeit hinübernahmen, und dies völlig konsequent: wenn, wie wir sahen, die *Affen* des Morgens auf den Osthügeln von Altkairo gemeinsam mit den Menschen die aufgehende Sonne hymnisch begrüßten, so ist es nicht denkbar, daß dieser universelle Hymnus der Dankbarkeit des Lebens, der bei Menschen und Tieren der gleiche ist, im Tod unterbrochen sein sollte. Gewiß läßt sich hier nicht «argumentieren» – eine unsterbliche Seele des Menschen ist philosophisch so wenig erweisbar wie eine unsterbliche Seele der Tiere; aber es ist im altägyptischen Mythos *die gleiche Evidenz*, der beiderlei Glaube *untrennbar* entsteigt.

Man mag darüber auch heute noch im Stile der mittelalterlichen Theologen debattieren, welchen Lebewesen man frühestens eine «Sehnsucht nach ewigem Sein» zusprechen könne oder nicht; wenn aber das «Hauptargument» für jede Hoffnung auf ewiges Leben die Liebe ist, dann wird man sagen müssen, daß spätestens dort, wo es so etwas gibt wie individuelle Brutpflege und Mutterliebe, auch subjektiv eine erste Ahnung von der Macht gefühlt und empfunden wird, der wir alle unser Dasein verdanken; spätestens von dieser Stufe an gibt es, so gebrochen auch immer, so etwas wie *ein Anrecht auf Unsterblichkeit*. Und *unterhalb* dieser Zone, jenseits des Grabens, der vor 70 Millionen Jahren mit der Evolution der Säugetiere und der Vögel begann? Vielleicht haben die «primitiven» Jägerkulturen nicht Unrecht, wenn sie in ihren Mythen und Riten betonen, daß man kein Tier töten dürfe, ohne nicht zuvor den Geist der jeweiligen Tiere um Vergebung gebeten zu haben[22], ja, es gebe eigentlich gar kein Töten, sondern man sende im Grunde nur die Seele der Tiere zur Welt der Götter empor, auf daß sie im Himmel als Boten der Menschen zu dienen vermöchten. In jedem Falle scheint es nötig, innerhalb des christlichen Weltbildes den Gedanken zu ergänzen, den IMMANUEL KANT in seiner Lehre von den drei Postulaten sehr wahr ausgesprochen hat[23]. Davon überzeugt, daß sich weder die Substantialität noch die Ewigkeit der menschlichen Seele mit den Mitteln des Verstandes beweisen lasse, postulierte er gleichwohl den Glauben an die Unsterblichkeit der Seele als eine subjektiv notwendige Bedingung, um angesichts der Kürze des irdischen Lebens die Forderungen des Sittengesetzes als sinnvoll denken zu können; die Moralität des Menschen im Umgang mit seinesgleichen bräche zusammen ohne den Glauben an die Unsterblichkeit. Nicht ganz verschieden davon dachten die Alten Ägypter, nur daß sie den Bereich ihrer «Postulate» auch auf die Tiere ausdehnten: die Tiere müßten als unsterblich vorgestellt werden, damit sie als Träger eigener Rechte vor der Waage der *Maat* die Menschen zu Gerechtigkeit und Schonung anhielten. Weitab war ihnen der Gedanke, die wunderbare Welt der Natur sei vom Bösen beherrscht und müsse ausgerechnet durch uns Menschen erlöst werden; vielmehr glaubten die Alten Ägypter, daß umgekehrt wir Menschen von der Einrichtung der Natur und insbesondere von der Lebensart der Tiere Weisheit und Frömmigkeit lernen könnten und lernen sollten. Wohl, daß die Schlange, das Krokodil, auch das Nilpferd als Feinde des Sonnengottes geradewegs das Böse in sich verkörpern konnten und der Esel mit dem bösen Gott Seth verschmolzen war[24]; aber solche symbolischen Zuordnungen vermochten die Ägypter niemals zu der Meinung einer Korruption oder Perversion der Weltordnung im ganzen zu verführen. Auch im Alten Ägypten gab es offenbar eine große Freude an Jagd und Festschmaus; aber wie anders zeigen die ägyptischen Reliefs die jagdbaren Tiere als die vergleichbaren Darstellungen der *Assyrer* und *Babylonier*, die auch in diesem Punkte die rechtlichen Vorstellungen der Bibel so tief geprägt haben[25]! Ja, man muß denken, daß Jagd und Opfer im Alten Ägypten nie anders als religiös betrachtet wurden und man gewisse Tiere vor allem deshalb zu «Feinden» erklärte, um den schier unlösbaren Konflikt wenigstens zu mildern, der für jeden fühlenden Menschen zwischen der Liebe zu den Tieren und der (ernährungsphysiologisch *damals* wohl noch bestehenden) Notwendigkeit, sie zu töten, sich immer neu in schrecklicher Weise auftut[26]. Anders als die über 600 Gebote der Bibel hat neben den fernöstlichen Religionen vor allem die Weltsicht der *Alten Ägypter* den Glauben an die Auferstehung in einer letzten *ethischen Konsequenz* auch als Verantwortung gegenüber den Tieren zu Ende gedacht. «Seine Ethik gebot es, dem Tier nichts zuleide zu tun. Im Jenseitsgericht, wo die Götter das Herz des Toten gegen die Wahrheit ... wiegen, wird des Menschen Verhalten nicht nur gegen seinen Mitmenschen, sondern auch gegen die Natur auf die Waagschale gelegt. Der Tote, der sich weder in abstrakten Lehrsätzen noch in kasuistischer Fülle, vielmehr in exemplarischen Normen zum ethischen Ideal zu bekennen hat, spricht den Spruch: ‹Ich habe weder Futter noch Kraut aus dem Maule des Viehs weggenommen›, und

weiter: ‹Ich habe kein Tier mißhandelt.› – Jeder Verstoß gegen die Achtung des Tieres als eines Geschöpfes galt als Sünde. Folgerichtig räumt die ägyptische Ethik dem Tier das Recht ein, den Menschen zu verklagen. In einem Pyramidenspruch wird der verstorbene König gerechtfertigt mit dem Freispruch: ‹Nicht liegt gegen NN die Anklage eines Lebenden vor, / Nicht liegt gegen NN die Anklage eines Toten vor, / Nicht liegt gegen NN die Anklage einer Gans vor, / Nicht liegt gegen NN die Anklage eines Rindes vor.› Gans und Rind stehen als Stellvertreter des Tierreiches. Der Spruch findet sich in den Pyramiden von Unas (5. Dynastie, um 2300 v. Chr.) bis zu Pepi dem II. (6. Dynastie, um 2200 v. Chr.).»[27]
Es ist ein Gedanke, der im ganzen christlichen Abendland bis heute völlig undenkbar ist. Er hat sich buchstäblich an der Bibel vorbei entwickeln und erhalten müssen. Im Spätjudentum taucht er ein einziges und letztes Mal im *Slawischen Henochbuch* (Kap. 58) auf, wo die Tierseelen im Totengericht die Menschen verklagen. Unter den christlichen *Theologen* war es in unseren Tagen einzig JOSEPH BERNHART, der in seinem Buch *«Die unbeweinte Kreatur»* solche Beispiele als Zeugnisse einer vergessenen Wahrheit aufgriff und sogar *Bileams Eselin* in diesem Sinne zum Sprechen brachte: «Was hab ich dir getan, daß du mich nun dreimal geschlagen hast?» (Num 22,28)[28] Wir brauchen zumindest als regulative Idee unserer praktischen Vernunft den Glauben an die Unsterblichkeit der Tiere, um eine Ethik zu begründen, die auf unsere Mitgeschöpfe die geschuldete Rücksicht nimmt. Nicht «erlösen» müssen wir die Tiere, wohl aber haben wir die Pflicht, sie nach Möglichkeit in Ruhe zu lassen. – Es gibt keinen Ort der Erde, an dem sie nicht vor uns dagewesen wären.
Unter den *Dichtern* des 20. Jahrhunderts hat wohl niemand so sehr unter dem Leid der Tiere gelitten und niemand hat ihrem unaufhörlichen, ständig anwachsenden Leid einen so beredten Ausdruck verliehen wie der baskische Dichter FRANCIS JAMMES. In «Das Paradies der Tiere» schreibt er mit einem Mitgefühl, das wir als christlich allererst erlernen müssen[29]:
«Tief im Blicke der Tiere leuchtet ein Licht sanfter Traurigkeit, das mich mit solcher Liebe erfüllt, daß mein Herz sich als Hospiz auftut allem Leiden der Kreatur. – Das elende Pferd, das im Nachtregen mit bis zur Erde herabgesunkenem Kopfe vor einem Kaffeehaus schläft, der Todeskampf der von einem Wagen zerfleischten Katze, der verwundete Sperling, der in einem Mauerloch Zuflucht sucht – all diese

Leidenden haben für immer in meinem Herzen ihre Stätte. Verböte das nicht die Achtung für den Menschen, ich kniete nieder vor solcher Geduld in all den Qualen, denn eine Erscheinung zeigt mir, daß ein Glorienschein über dem Haupt einer jeden dieser Leidenskreaturen schwebt, ein wirklicher Glorienschein, groß wie das All, den Gott über sie ausgegossen hat. – Gestern sah ich auf dem Jahrmarkt zu, wie die hölzernen Tiere im Karussell sich drehten. Unter ihnen gab es auch einen Esel. Als ich ihn erblickte, habe ich weinen müssen, weil er mich an seine lebendigen Brüder, die gemartert werden, erinnerte. Und ich mußte beten: ‹Kleiner Esel, du bist mein Bruder! Sie nennen dich dumm, weil du nicht imstande bist, Böses zu tun. Du gehst mit so kleinen Schritten, und du siehst aus, als ob du im Gehen dächtest: Schaut mich doch nicht so an, ich kann ja nicht schneller gehen ... Meine Dienste brauchen die Armen, weil sie mir nicht viel zu essen geben müssen. Mit dem Dornstock wirst du geschlagen, kleiner Esel! Du beeilst dich ein bißchen, aber nicht viel, du kannst ja nicht schneller ... Und manchmal stürzt du hin. Dann schlagen sie auf dich los und zerren so fest an dem Leitseile, daß deine Lefzen sich aufheben und deine armseligen gelben Zähne zeigen.› (Auf demselben Jahrmarkt sah ich in einer arabischen Bude ein Dutzend Dromedare, die, zusammengepreßt wie Sardinen in der Schachtel, sich hier in einer Art Grube drehten.) Sie, die ich wie Wellen dahinziehen gesehen habe inmitten der Sahara, da es um sie nichts anderes gab als Gott und den Tod, mußte ich nun hier finden ... Sie drehten sich, drehten sich immerzu in dem würgenden Raume, und der Jammer, der von ihnen ausging, war wie das Erbrechen über die Menschen. Sie gingen, gingen immerzu, stolz wie arme Schwäne und in einer Glorie der Verzweiflung, mit grotesken Negerlappen bedeckt, verhöhnt von den Weibern, die hier tanzten, und hoben ihren armen Wurmhals empor, Gott und den wunderbaren Blättern einer Oase des Wahnsinns entgegen. – O Erniedrigung der Geschöpfe Gottes! In der Nähe der Kamele gab es Kaninchen in Käfigen, daneben, als Lotteriegewinste zur Schau gestellt, schwammen Goldfische in Glasballons mit so engem Halse, daß mein Freund mich fragte: ‹Wie hat man sie nur da hineinbringen können?› ‹Indem man sie ein bißchen zusammengedrückt hat›, antwortete ich ihm. Anderswo wieder wurden lebende Hühner, gleichfalls Lotteriegewinste, vom Kreisen einer Drehscheibe mitgeschleppt. In ihrer Mitte lag, von grauenhafter Angst gepackt, ein kleines Milchschweinchen auf dem Bauche. Schwindel befiel die Hühner und

Hähne, sie schrien und hackten in ihrem Wahnsinn aufeinander los. Nun machte mich mein Begleiter darauf aufmerksam, daß tote und gerupfte Hühner inmitten ihrer lebendigen Schwestern aufgehängt waren. – Mein Herz wallt heiß auf in diesen Erinnerungen, und unendliches Mitleid ergreift mich. – O Dichter, nimm die gequälten Tiere in dein Herz auf, laß sie darin wieder erwarmen und leben in ewigem Glück! Geh hin und künde das schlichte Wort, das die Unwissenden Güte lehrt!»

Francis Jammes spricht hier nur von dem vermeidbaren Leid der Kreatur, dem vom Menschen durch Gedankenlosigkeit und Rücksichtslosigkeit verursachten Leiden; er spricht an dieser Stelle nicht von dem notwendigen Leid, dem die Geschöpfe schon durch die Vergänglichkeit anheimgegeben sind. Aber seine Worte sprechen die Sprache der Religion, eines umfassenden Verstehens, der gläubigen Güte mit allem, was lebt, und der Sanftmut eines Mitleids, das nicht fähig ist, von irgendeinem Leiden nicht erschüttert zu sein.

Ein anderer Dichter, der die Aufforderung Francis Jammes' aufgegriffen hat, die gequälten Tiere in sein Herz aufzunehmen, war Franz Werfel. Werfel stellte ganz zu Recht eine direkte Verbindung her zwischen dem Glauben an die Unsterblichkeit und dem universalen Mitleid mit allen Wesen. Denn was bedeutet der Glaube an Gott in diesem Zusammenhang anders, als darauf zu vertrauen, daß nichts, kein Wehgeschrei und keine Klage, kein Schmerz und keine Traurigkeit, auf dieser Welt umsonst getragen und erduldet werden? Was anders, als daß alles aufbewahrt bleibt und erhalten ist von diesem einen großen und unendlichen Gedächtnis, das nichts vergessen kann, weil es in ewiger Gegenwart alles, was ist, versteht und liebt und innerlich an seinem Dasein hängt? Wie aber, dachte Franz Werfel, wenn nicht allein die Tiere selbst, sondern vor allem wir Menschen mit dazu bestimmt und ausersehen wären, als Zeugen der Erinnerung am letzten Tag der Schöpfung aufzutreten, von dem wir doch nur wissen und auf den wir doch nur hoffen aus dem Gefühl des Leidens und des Mitleids mit allem Lebendigen, und wir vor Gott alles hintragen würden, was sich in uns an Not und Schmerz eingegraben hat, so daß es schon in alle Ewigkeit unzertrennlich zu uns gehören wird? In seiner «Ode von den leidenden Tierchen» schrieb Werfel:

«An dem brüchigen Stein sah ich im Mittagslicht
Heute ein Echslein starr. Vor dem knarrenden Schritt

Floh's nicht davon, wo sonst im Kiese ein Rieseln
Und der leiseste Hauch es hinwegscheucht.

Über das Wesen gebeugt, merkt' ich: der reizende Leib
Welkte sichtbar vor mir. Sein smaragdener Glanz
War ergraut. Das fiebrisch bettelnde Zünglein
Meldete Schwäche, Qual und entgleitendes Leben.
Denkend ging ich davon. Wenige Schritte weit
Fand ich vor niedriger Tür eines Kätzchens Gespenst,
Räudiger Wegwurf, zweiwöchig. Mit röhrendem Stöhnen
Flehte das Elend um baldiges Sterben.

Wieder wandt' ich mich ab. Doch mein Geist war betäubt.
Nicht mehr fühlt' ich des Tags südlichen Jubel. Das Meer
Rollte schwarz. Die rings erdröhnende Schöpfung
War ein Kehrichthaufen verschollener Leiden.

Aber ich schwor es mir zu, nicht zu vergessen euch,
Nichtige Tierchen, ihr, deren Geschick mich traf.
Wenn meine Seele einst nichts als Gedächtnis sein wird,
Will ich euch beide vor unseren Schöpfer tragen.»[30]

Und recht hat Werfel. Unsere Hoffnung in dem schwarzen Meer der Vergänglichkeit besteht in der Erwartung eines ewigen Lebens. Wenn aber wir für immer leben, wird auch diese Erinnerung an fremdes Leid für immer leben, und dieser Schmerz wird von uns unabtrennbar sein. Er wird in seiner dunklen Folie den Hintergrund abgeben für das Bild einer reinen Freude und einer alle Kreaturen einschließenden Harmonie.
Natürlich machen wir uns von der Beschaffenheit einer solchen Welt nicht die geringste Vorstellung. Während ich diese Zeilen schreibe, sitze ich auf der Fähre von Amrum nach Dagebüll. Ein weißes Band aus Schaum dehnt sich im Heck des Bootes bis zum Horizont, und die tiefstehende Sonne verwandelt es mit ihrem diesigen Licht in gleißendes wogendes Silber. Noch vor 360 Jahren war bewohntes Festland, was heute ein Teil des Meeres ist. Steinkistengräber im Westen von Amrum und Föhr bezeugen, daß schon vor mehr als 4000 Jahren Menschen hier lebten, ehe das Meer in den großen Fluten von 1362[31] und 1634[32] sein Leichentuch über das Marschland im Westen Nord-

frieslands breitete. Am Rand einer trockengefallenen Sandbank sammeln Wattwanderer Muscheln auf und suchen nach Bernstein – Spuren versteinerten Lebens vor mehr als 50 Millionen Jahren. Was ist das Leben anderes als ein ewiger, gigantischer, nicht endender Austausch, als das Kommen und Gehen von Ebbe und Flut, als ein Aufwirbeln manchmal von schimmerndem Schaum, bestehend aus myriadenfachen kleinen Luftbläschen? Und selbst die Sonne und das Meer, selbst das Spiel der Wellen wird «bald» nicht mehr sein, sobald man die menschlichen Maßstäbe des Raumes und der Zeit zugunsten der Wahrheit verläßt. Wie lange sind 5 Milliarden Jahre «wirklich» in der Geschichte des Kosmos? Und wann beginnt das «Zeit»-Maß der Ewigkeit? *Die Barke der Sonne* – wo ist das Gestade der Unendlichkeit, zu dem sie unwiderruflich ausgelaufen ist, seit der tote Stoff der Welt begann, in Menschen sich als Geist zu regen? Zerplatzende Bläschen aus Wasser und Luft, die für einen Sekundenbruchteil einen winzigen Strahl der Sonne erhaschen, ehe sie sich auflösen und zerschmelzen mit dem ruhelosen Spiel der Wellen – was sind wir Menschen anderes, betrachtet als Teile der Welt?
Und doch! – Wir dürfen hoffen und möchten glauben, daß die Alten Ägypter recht hatten, und daß selbst die Sonne nur ein Symbol ist und die ganze Welt nichts als ein Ensemble von Bildern!
Der Wind ist kühler geworden. An der Leeseite des Bootes taucht ein Teppich bunt gefärbter Quallen auf. Die Motoren des Schiffes wühlen darüber hinweg, ohne die geringste Notiz davon zu nehmen, daß sie Lebendes unter sich zermalmen und zermahlen. Ein paar Möwen begleiten die Fahrt, dankbar für jede Form hingeworfener Beute. Die Hallig-Warften von Langeneß pflügen sich wie im Konvoi, Lastkähnen gleich, durch das neblig-grau verblaßte Meer. In jedem der trotzig bewehrten und doch so bedrohten Gehöfte wohnen Menschen mit Pferden und Kühen und Schafen und Hühnern. Das Meer hat sie ermöglicht, doch behüten muß sie Gott. Es gibt keinen Gott, wenn es keine Unsterblichkeit gibt; denn gäbe es ihn und es wäre ihm gleichgültig und er erwiese sich als fühllos auch nur gegenüber dem kleinsten fühlenden Wesen, so wäre er gleichgültig uns, die wir denken und fühlen trotz unserer Kleinheit. Entweder alles kehrt wieder: die Quallen und die Möwen, die Wolken und die Warften, die Sonne und das Meer, oder alles ist nichts. Einzig um wiederzukehren, muß alles, was ist, hinübergehen in jenes Schimmern des Lichtes, dessen Form der Geist ist, ein Sein ohne Vorstellung, das wir nur ahnen. Es ist die ewige

Wahrheit der Alten Ägypter: alles ist nur ein Gleichnis, – nicht mehr und nicht weniger; alles ist eine Erscheinung im Übergang, eine magische Chiffre der Verwandlung *allen* Lebens in die Sphäre des Göttlichen. Nichts vergeht wirklich in den Stunden des Todes.
Es handelt sich um ein menschheitliches Wissen. Von dem «Ort, an dem man zu Gott wird», von *Teotihuacan*, sagten die mittelamerikanischen *Azteken*: «Wenn wir sterben, sterben wir nicht wirklich; weil wir leben, werden wir auferstehen; wir leben weiter, wir werden erweckt. Das macht uns glücklich.» Deshalb sagten die Alten: «Wer gestorben ist, hat sich in Gott verwandelt.»[33] Man darf hinzufügen: Wir sterben niemals allein. Im Augenblick unseres Todes steigen wir gemeinsam *«hinab in die Barke der Sonne»*.

Anmerkungen

Vorwort

[1] Sehr richtig hat bereits R. BULTMANN: Theologie des Neuen Testamentes, 346-353 (Die Freiheit vom Tode) darauf hingewiesen, daß *Paulus* nicht einfach des «Schema der jüdischen Eschatologie» übernimmt, sondern die Auferstehung in Christus als Gegenwart des Glaubens, als «Erschlossenheit für die Zukunft», versteh; das heißt: während die Lehre von der Auferstehung selbst Paulus vorgegeben ist, wird sie in der Sicht des Apostels zum «Ursprung des Auferstehungslebens aller Glaubenden».

[2] Zur Entstehung und zum Verständnis des christlichen Auferstehungsglaubens vgl. H. KESSLER: Auferstehung, in P. Eicher (Hrsg.): Neues Handbuch theologischer Grundbegriffe, I 78-96, der sich (S. 87) allerdings vergeblich bemüht, das Widerfahrnis des Ostererlebens der Jünger als «Christophanie» zu beschreiben, um es durch diesen Terminus von dem *psychologisch* deutbaren Begriff der Vision zu unterscheiden. Auf den äußerst wichtigen außerbiblischen, menschheitlichen Hintergrund des Auferstehungsglaubens geht KESSLER in der theologisch heute üblichen Weise mit keinem Wort ein.

[3] Zur Lehre von der Auferstehung im Spätjudentum und in der Botschaft Jesu vgl. E. DREWERMANN: Das Markusevangelium, II 270-283 zu Mk 12,18-27; dort auch weitere Literaturhinweise, deren Diskussion an dieser Stelle vorauszusetzen ist.

[4] Der ägyptische Ausdruck lautet: ḫntj jmntjw, «Erster der Westlichen», und ist der stehende Titel des Totengottes *Osiris*; es ist ursprünglich der Titel des *Großen Gottes* von Abydos; vgl. H. KEES: Der Götterglaube im Alten Ägypten, 329. – Zur Darstellung der Theologie des Todes bei Paulus vgl. X. LÉON-DUFOUR: Als der Tod seinen Schrecken verlor, 190-254. Die Wurzeln des christlichen Auferstehungsglaubens in der *ägyptischen* Religion hat bes. E. BRUNNER-TRAUT: Altägyptische und mittelalterlich-christliche Vorstellungen von Himmel und Hölle, Gericht und Auferstehung, in: Gelebte Mythen, 55-98, herausgestellt.

[5] Vgl. bes. H. MÜLLER-KARPE: Geschichte der Steinzeit, 248, der einen engen Zusammenhang zwischen dem Bewußtsein der eigenen Personalität und der Problematik des Todes herstellt. Es ist eine Frage an die Theologie insgesamt, ob man den menschheitlichen Glauben an ein Leben jenseits des Todes mit R. RIEDEL: Biologie der Erkenntnis, 158-159, für einen evolutiv bedingten Trugschluß halten soll, oder ob man den Vorstellungsschemata der menschlichen Psyche in sich selbst eine gewisse objektive Wahrheit zutrauen kann; keinesfalls werden solche Fragen mit einem christlichen Offenbarungspositivismus beantwortet, der sich auf den Standpunkt stellt, daß Probleme dieser Art den Christen nicht zu interessieren brauchten.

6 Vgl. A. ERMANN: Die Literatur der Ägypter, 122-130, S. 124-125.
7 W. SHAKESPEARE: Die Sonette, LXVI, in: Sämtliche Werke, 900: «Müde von alle dem, Wär Tod mir süß.»
8 Vgl. PLATON: Phaidon, Kap. 66; Werke III, S. 65-66.
9 J. VON TEPL: Der Ackermann aus Böhmen, 43; 44-45.
10 A. a. O.
11 So der Ratschlag, den der *Buddha* der Bürgersfrau *Visakha Migaramata* gibt, um sie über den Tod ihrer geliebten Enkelin zu trösten: «Was es an Leid gibt, an Schmerz und Klagen / in dieser Welt in zahllosen Gestalten, / das kommt nur davon, daß wir Liebes haben, / Hast du nichts Liebes, nahn dir keine Leiden.» Udana, VIII 8; vgl. H. OLDENBERG: Buddha, 173.
12 H. VON HOFMANNSTHAL: Der Tor und der Tod, in: Gedichte und lyrische Dramen, 201-202.
13 A. a. O., 203-204.
14 A. a. O., 210.
15 A. a. O., 210-211. – Weitere dichterische Bearbeitungen und Deutungen des Todes sind gesammelt in der sehr gelungenen Anthologie von W. KOCH (Hrsg.): Vom Tod. Ein Lesebuch für Jedermann, Mainz 1987.
16 Vgl. H. DENZINGER - A. SCHÖNMETZER: Enchiridion Symbolorum, Nr. 16; S. 27-30.
17 Vgl. den frühchristlichen Hymnus in Phil. 2,6-11; vgl. auch Eph 1,20.
18 Vgl. zur Stelle R. BULTMANN: Das Evangelium des Johannes, 307: «Er (sc. Jesus, d. V.) ist die Auferstehung und das Leben, da für diejenigen, die an ihn glauben, d. h. ihn als den Offenbarer Gottes anerkennen, Leben und Tod, so wie die Menschen sie kennen und nennen, keine Realitäten mehr sind.» Zum Begriff des «Glaubens» bei *Johannes* vgl. R. SCHNACKENBURG: Das Johannesevangelium, I 508-524.
19 Vgl. zur Stelle R. BULTMANN: Das Evangelium des Johannes, 158-159, der *das Motiv der wunderbaren Landung* richtig herausstellt, freilich ohne es psychologisch verständlich zu machen.
20 Vgl. zur Stelle R. SCHNACKENBURG: Das Evangelium des Johannes, III 187-188, der von dem «Lebensraum» des «Friedens» spricht, den Jesus dem Glaubenden schenkt.

I. Dramaturgie des Todes

1 Vgl. P. DAHLKE (Übers.): Buddha. Die Lehre des Erhabenen, 87-139: Maha-Parinibbana-Suttanta – Die Große Lehre vom endgültigen Erlöschen (Digha-Nikaya 16), S. 132: «Vergänglich wahrlich ist, was west, / Entstehn – Vergehn ist seine Art. / Entstanden schwindet es dahin – / Des Spiels Verebbung, das ist Glück.» Also sprach Sakka, der Götterkönig, beim Tod des Erhabenen.
2 Klar ist, daß Alterung und Tod als Korrelationserscheinungen zu betrachten sind; zu den verschiedenen Theorien vor allem über die Rolle, welche die Cytokinine, die Regulatoren der Zellteilungsaktivität, bei Alterungsprozessen spielen, vgl. G. CZIHAK - H. LANGER - H. ZIEGLER: Biologie, 332-335.
3 Eine gut verständliche Darstellung des heutigen Standes der Immunbiologie bietet J. FISCHER: Ökosystem Mensch, in: Geo-Wissen: Nr. 1/1988: Abwehr - Aids - Allergie, 25-31; M. PIETSCHMANN: Allergie - Der Amoklauf der Antikörper, in: A. a.

O., 42-54; B. RITZERT: Tarnen und Täuschen. Viren narren unser Immunsystem, in: Bild der Wissenschaft, 11/1987, 48-60.

4 R. ANDREE: Arnold Böcklin. Gemälde, Farbtafel 45; S. 534.

5 THUKYDIDES: Geschichte des Peloponnesischen Krieges, II 47 ff., S. 82-85.

6 A. a. O., II 51; S. 83-84.

7 A. a. O., II 52-53; S. 84.

8 PLATON: Politeia, I 338 ff.; Werke III 80 ff.; K. VORLÄNDER: Philosophie des Altertums. Geschichte der Philosophie, I 59.

9 Zu den Gesetzen der Psychodynamik der Angst in Gruppen vgl. E. DREWERMANN: Der Krieg und das Christentum, 56-64.

10 H. G. PFLAUM: Das Römische Kaiserreich, in: Weltgeschichte, IV 413.

11 J. DE LA FONTAINE: Die Fabeln, VIII 1: Der Tod und der Sterbende, S. 209-210: «Mir scheint, man sollt' in hohen Jahren / vom Leben gehen, wie sich's bei einem Mahl gebührt, / dem Wirte dankend und das Bündel stets geschnürt.»

12 CYPRIAN: Über die Sterblichkeit, Kap. 13, in: Schriften, I 243, S. 243.

13 A. a. O., Kap. 14; in: Schriften, I 244.

14 EUSEBIUS: Kirchengeschichte, VII 22, Bd. II 344-345.

15 Vor allem K. RAHNER: Zur Theologie des Todes, 79, meinte, überall dort, wo «frei und gläubig vertrauend, alles Einzelne lassend in dem freien Vertrauen, dadurch alles zu erhalten, wo man scheinbar ins Leere und Abgründige zu fallen erfährt», geschehe etwas, «was man nur in der Gnade Christi tun kann, worin diese zu ihrem Sieg kommt». Die Auseinandersetzung mit dem Tod war für ihn immer wieder ein entscheidender Angelpunkt, um seine Theorie vom «anonymen Christentum» zu erläutern.

16 Bes. L. BOROS: Erlöstes Dasein, 89-95, erblickte im Tod den Augenblick einer letzten, endgültigen Entscheidung, den Beginn einer neuen Geburt bzw. den Durchgang einer Befreiung zur Freiheit. Wir werden sehen, daß gerade diese Gedanken ihr Jahrtausende altes Vorbild im Erbe vor allem des Alten Ägyptens haben.

17 So C. CASTANEDA: Reise nach Ixtlan, 47: «Der Tod ist unser ewiger Begleiter . . . Er ist immer zu unserer Linken, eine Armeslänge entfernt.»

18 SENECA: Trostschrift an Marcia, XVII-XVIII, in: Philosophische Schriften, I 359-367, in freier Wiedergabe.

19 Zur Jagdtechnik des Geparden vgl. I. WEIGEL: Geparde, in: B. Grzimek (Hrsg.): Tierleben, XII: Säugetiere, Bd. 3, 363-371, S. 364-366.

20 Zur Verunendlichung der Todesangst durch das menschliche Bewußtsein vgl. E. DREWERMANN: Strukturen des Bösen, II 228-229; 232-235; III 245-251.

21 Zu den offenbar überall gleichen Angstreaktionen von Gruppen gegenüber Minderheiten und Außenseitern vgl. E. DREWERMANN: Der Krieg und das Christentum, 60-64. Zu den Pestsagen und Totenopfern in Pestzeiten vgl. K. H. STROBL (Bearb.): Jakob Grimm: Deutsche Mythologie, 628-633.

22 Vgl. A. R. MYERS: Europa im 14. Jahrhundert, in: G. Mann (Hrsg.): Weltgeschichte, V 563-618, S. 615.

23 Zum Übergang vom Mittelalter zur Neuzeit mit bes. Bezug zur Todes-Problematik vgl. bes. J. HUIZINGA: Herbst des Mittelalters, 193-212, der S. 212 sagt: «Der kirchliche Gedanke des späten Mittelalters kennt nur zwei Extreme: die Klage über die Vergänglichkeit, über das Ende von Macht, Ehre und Genuß, über den Verfall der Schönheit, und dann den Jubel über die gerettete Seele in der Seligkeit. Alles, was dazwischen

liegt, blieb unausgesprochen. In der allzu krassen Darstellung des Totentanzes und des grausigen Gerippes versteinert die lebendige Empfindung.»

[24] Der von den Kirchenvätern als übler Hedonist und Atheist verleumdete EPIKUR schrieb in: Brief an Menoikeus, in: Von der Überwindung der Furcht, eingel. u. übertr. v. O. Gigon, S. 101: «Gottlos ist nicht der, der die Götter der Menge beseitigt, sondern der, der den Göttern die Ansichten der Menge anhängt.» Ein großartiges Wort der griechischen «Aufklärung»!

[25] EPIKUR: Von der Überwindung der Furcht, S. 59 (Katechismus, 2): «Der Tod geht uns nichts an. Denn was sich aufgelöst hat, hat keine Empfindung. Was aber keine Empfindung hat, geht uns nichts an.» DERS.: Brief an Menoikeus, a. a. O., S. 101: «Das schauerlichste Übel also, der Tod, geht uns nichts an; denn solange wir existieren, ist der Tod nicht da, und wenn der Tod da ist, exisitieren wir nicht mehr. Er geht also weder die Lebenden an noch die Toten; denn die einen geht er nicht an, und die anderen existieren nicht mehr ... Der Weise ... lehnt weder das Leben ab noch fürchtet er das Nichtleben.»

[26] G. BOCCACCIO: Das Dekameron, 1. Tag, Einführung, S. 33.

[27] A. a. O., 37.

[28] A. a. O., 38.

[29] A. a. O., 40-41.

[30] Im Jahre 306 v. Chr. gründete EPIKUR «seinen Garten – daher der Name ‹Gartenphilosophie› ... –, eine eigene Schule, die er bis zu seinem Tode 270 leitete. Mit den Studien war in dieser Genossenschaft, der auch Frauen und Sklaven angehörten, ein heiter-geselliger Ton verbunden, entsprechend der liebenswürdigen Persönlichkeit ihres Stifters, dessen sittlicher Charaker seine Gegner – und ihnen folgend das ganze christliche Mittelalter – mit Unrecht verdächtigt haben.» K. VORLÄNDER: Philosophie des Altertums, I 148.

[31] G. BOCCACCIO: Das Dekameron, S. 45.

[32] Der Grundstock der Erzählungen aus *«Tausend und eine Nacht»* bildet die aus dem Indischen ins Persische übersetzte Sammlung *«Tausend Nächte»* aus dem 8. Jahrhundert, die im 10. Jahrhundert ins Arabische übersetzt und bis zum 16. Jahrhundert immer weiter ergänzt und ausgestattet wurde. «Vom 14. Jahrhundert an sind durch Reisende einzelne Teile der Sammlung auch in Europa (Italien) bekannt geworden. Vertrauter wurde der Westen mit diesem Werk aber erst im 17. und 18. Jahrhundert.» M. RONCAGLIA: Alf laila wa-laila, in: Kindlers Literatur-Lexikon, I 919.

[33] NIZAMI (1141-1202): Die sieben Geschichten der sieben Prinzessinnen, aus dem Persischen übersetzt von R. Gelpke, Zürich 1959.

[34] Tatsächlich ist BOCCACCIOS «Dekameron» bereits in der *Zehn-Zahl* dem Vorbild von DANTES *Divina Commedia* verpflichtet, dem die Zehn als Zahl der Vollkommenheit galt. Für DANTE war *Beatrice* Symbol des inneren Zentrums, Herrin und Madonna, Mutter und Geliebte; vgl. K. FALKE: Wie sollen wir Dante lesen, in: DANTE ALIGHIERI: Die göttliche Komödie, S. VII-XVI, S. XI.

[35] Vgl. J. GRAY: Mythologie des Nahen Ostens, 21-23 (zu *Inannas* bzw. *Ischtars* Abstieg in die Unterwelt); zur Gestalt der *Anat* vgl. H. GESE: Die Religionen Altsyriens, in: H. GESE - M. HÖFNER - K. RUDOLPH: Die Religionen Altsyriens, Altarabiens und der Mandäer, 156-160. – Zum Mythos von *Orpheus* und *Euridike* vgl. K. KERÉNYI: Pythagoras und Orpheus, in: Humanistische Seelenforschung, 15-51, S. 45, der bes.

hinweist auf die Verwandtschaft des Motivs der Hadesfahrt «mit einer typischen altmediterranen Kultur: der etruskischen, und mit einer altorientalischen, der in den weiteren Umkreis der altmediterranen Welt gehört: der ägyptischen.» – Zu der Mythe von *Demeter* und ihrer Tochter *Persephone* vgl. K. Kerényi - C. G. Jung: Das göttliche Mädchen, 58-77 (Die Kore in Eleusis). – Zu *Isis* und *Osiris* s. S. 119 ff.

36 G. Boccaccio: Fiammetta, übers. v. S. Brentana, in: Gesammelte Werke, 1. Bd., München-Leipzig 1924; Frankfurt 1964. Hinter der Gestalt der «Fiammetta» steht *Maria d' Aquino*, eine Tochter des Königs *Robert von Anjou*, «mit der Boccaccio während seines Aufenthaltes in Neapel ein leidenschaftliches, doch wenig glückliches Liebesverhältnis hatte». D. Mattalia: Fiammetta, in: Kindlers Literatur-Lexikon, III 3504.

37 Th. Mann: Der Tod in Venedig (1911), in: Sämtliche Erzählungen, 353-417.

38 V. Macchi: Nachwort, in: G. Boccaccio: Das Dekameron, 845-859, S. 854-855.

39 Theresia von Jesu: Die Seelenburg, übers. v. A. Alkofer; 5. Bd. der sämtlichen Schriften, München-Kempten ³1960.

40 H. von Hofmannsthal: Jedermann. Das Spiel vom Sterben des reichen Mannes, Berlin 1911. Der Stoff geht zurück auf eine anonyme englische Bearbeitung aus dem Jahre 1509. Vgl. E.-O. Gerke: Jedermann, in: Kindlers Literatur-Lexikon, IV 4976-4977.

41 Zur Gestalt des *Damokles* vgl. M. T. Cicero: Gespräche in Tusculum, übers. v. O. Gigon, Stuttgart (reclam 5027-31) 1973, 189-190.

42 D. Defoe: A Journal of the Plague Year, London 1722; dt.: Die Pest zu London, übers. v. W. Barzel, Frankfurt-Hamburg (Fischer: Exempla Classica 27) 1961, Nachw. v. F. Wölcken.

43 E. A. Poe: Die Maske des Roten Todes, in: Gesammelte Werke, II 689-698. – Poe hat das Thema zuvor schon einmal behandelt in der «nicht unallegorischen Geschichte» *König Pest*, in: A. a. O., II 584-605.

44 E. A. Poe: Die Maske des Roten Todes, II 689.

45 A. a. O., II 695.

46 A. a. O., II 697-698.

47 Vgl. A. Schopenhauer: Die Welt als Wille und Vorstellung, in: Sämtliche Werke, III 607-643 (4. Buch, Kap. 44): Metaphysik der Geschlechtsliebe, wo Schopenhauer die Liebenden schuldig spricht, weil diese Welt des Leids und des Schmerzes immer wieder durch die Liebe aufrecht erhalten wird, statt sich der Einsicht in die Sinnlosigkeit der Existenz inmitten einer endlichen, materiellen Welt zu beugen. Richtig sieht Schopenhauer als erster die Gegensätzlichkeit von Liebe und Tod, von Individuum und Gattung. Wie aber muß seine Entdeckung wirken, wenn man die Partei der Liebe gegen die philosophische Resignation ergreift!

48 Weit mehr, als die «anarchische» Kraft der *Libido* gegenüber den moralischen Gesetzgebungen der bürgerlichen Gesellschaft herauszustellen, wie es S. Freud: Das Unbehagen in der Kultur (1930), in: Gesammelte Werke, XIV 419-509, exemplarisch getan hat, kommt es darauf an, die metaphysische Revolte zu verstehen, die von der personalisierenden Kraft der Liebe ausgeht, angesichts einer Welt der kollektiven Zwecke und der kompletten Gleichgültigkeit gegenüber dem einzelnen Lebewesen. Vgl. A. Camus: Der Mensch in der Revolte, 17-28: «In der Erfahrung des Absurden ist das Leid individuell.» (27).

49 Vgl. H. von Ditfurth: Der Geist fiel nicht vom Himmel, 70-82: Nervennetze speichern Programme; bes. B. Rensch: Das universale Weltbild, 110, setzte zu Recht

die Höherentwicklung der Arten im Verlauf der Evolution ineins mit der wachsenden Unabhängigkeit von der Umwelt; protopsychische Prozesse wie eine echte Lernfähigkeit lassen sich nachweisen bis hinab zu den Strudelwürmern (S. 233); selbst einzellige Lebewesen zeigen ein positives oder negatives Verhalten gegenüber taktilen, chemischen oder optischen Reizen (234).

50 Dabei geht im Verlauf der menschlichen Geschichte die Tendenz zur Individuation einher mit der gleichzeitigen «Tendenz zur Entstehung immer größerer politischer Einheiten»; B. Rensch: Das universale Weltbild, 172; bes. C. Bresch: Zwischenstufe Leben, 192, weist darauf hin, daß bereits in den «hochorganisierten Gruppen von Vögeln oder Säugetieren» «sich die Mitglieder individuell» kennen. «Meist existieren dabei Rangordnungen, oft gibt es ein Leittier.» «Eine solche Sozialstruktur beruht auf der Einbeziehung informierbarer Musterbereiche des Gehirns, die die Erfahrung früherer Auseinandersetzungen mit einem bestimmten Individuum gespeichert haben. Man kennt sich, man weiß, wer der Stärkere ist. Das braucht nicht immer wieder erprobt zu werden. Das feste Sozialgefüge hochstehender Gruppen ist so eine Folge des Zusammenwirkens von Angeborenem und Erlerntem – von genetisch festgelegten Verschaltungen und Musterprägungen. Die individuelle Erfahrung nimmt dabei einen im Laufe der Evolution wachsenden Raum ein und führt so zu größerer Differenziertheit der sozialen Gruppenstruktur.»

51 Vgl. G. Czihak - H. Langer - A. Ziegler: Biologie, 198; B. Rensch: Das universale Weltbild, 64, meint: «Die Sexualität hat sich stammesgeschichtlich bereits sehr frühzeitig, in Vorstufen schon bei Bakterien, herausgebildet und ist dann im Tierreich wie im Pflanzenreich bis zu den höchstentwickelten Formen zumeist beibehalten worden.»

52 Der Hauptvorteil der Sexualität für die Evolution liegt in der Möglichkeit immer neuer Genkombinationen und damit in einer größeren Flexibilität gegenüber den verschiedenen Herausforderungen der jeweiligen Umwelt sowie, damit verbunden, in einer erheblichen Erhöhung der Evolutionsgeschwindigkeit. Vgl. C. Bresch: Zwischenstufe Leben, 125-130: Erste Liebe; B. Rensch: Das universale Weltbild, 64.

53 Eine *Regel* der Evolution lautet: «Arten, die Brutpflege oder besonders weitgehende Brutfürsorge treiben (z. B. durch Speicherung von Nahrungsmaterial neben den Eiern wie bei Sandwespen oder Mistkäfern) produzieren weniger Nachkommen als Arten, denen solche Instinkte fehlen.» B. Rensch: Das universale Weltbild, 120. Eine eigentliche Brutpflege beginnt erst mit den Warmblütlern. Ihre «Nachkommen sind so gering an Zahl, daß die Eltern – vor allem die Mutter – für sie sorgen müssen. Fortentwicklung und der Fortbestand der Warmblütler wäre ... ohne eine neue Entwicklungserscheinung unmöglich gewesen: die Erfindung der Mutterliebe, die Fürsorge für die Nachkommen.» H. Haber: Die Zeit, 84. Es scheint sogar, als wenn das Aussterben der Saurier und das Aufkommen der Säugetiere gerade mit dem Auslesevorteil der Brutpflege zu tun hätte, indem «die ausschlüpfenden kleinen wehrlosen Jungen (sc. der Saurier, d. V.) für die pfiffigen Säugetiere eine gedeckte Tafel» bildeten. A. a. O., 82.

54 Zum Aufbau des *Limbischen Systems* bei den Säugetieren mit der Fähigkeit, äußerst lebhafte Emotionen zu erzeugen, vgl. C. Sagan: Die Drachen von Eden, 67-70; 76-81; vgl. H. von Ditfurth: Der Geist fiel nicht vom Himmel, 172-189: Die Welt vom Zwischenhirn aus betrachet.

55 Zu Recht betont H. v. DITFURTH: Der Geist fiel nicht vom Himmel, 189, daß auf der Stufe des Zwischenhirns die Einheit zwischen Individuum und Umwelt so vollkommen ist, daß für individuelle Entscheidungen, mithin für Irrtum und Schuld noch kein Platz war. Es ist eine Welt noch vor dem «Sündenfall». Umgekehrt ist der menschheitliche Mythos vom «Sündenfall» nur zu verstehen auf dem Hintergrund der Angst, die aus der Entwicklung von Bewußtsein, Individualität und Freiheit entsteht. Vgl. E. DREWERMANN: Strukturen des Bösen, III 30-36; 118-166. Wie weit die Psyche bereits bei den Menschenaffen individuell geprägt ist, erhellt z. B. aus der vorzüglichen Darstellung von B. HARRISSON: Der Orang Utan, in: B. Grzimek (Hrsg.): Tierleben, X: Säugetiere, 1. Bd., 500-516.

56 Ähnliches wurde bei Gorillas beobachtet. Vgl. B. GRZIMEK: Der verkannte Gorilla, in: B. Grzimek (Hrsg.): Tierleben, X: Säugetiere, 1. Bd., 531-538, S. 536: «Eine wildlebende Gorillamutter trug ihr totes Kind noch vier Tage mit sich herum.»

57 Vgl. I. EIBL-EIBESFELDT: Zum Verhalten des Menschen, in: B. Grzimek (Hrsg.): Tierleben, XI: Säugetiere, Bd. 2, 59-79, S. 67: «... die ehige Paarbindung des Menschen scheint durch eine Reihe von stammesgeschichtlichen Anpassungen vorprogrammiert. Schon das Werben folgt allgemein dem auch bei anderen höheren Wirbeltieren zu beobachtenden Muster. Hier wie dort werden Verhaltensweisen aus dem Bereich der Brutpflege benützt, um die Aggressionsschranke zu überwinden, die zunächst die körperliche Berührung erschwert. Als ‹auslösender Appell› dienen dabei betreuende Verhaltensweisen wie Kuß und Umarmung, aber auch kindliche Verhaltensweisen: man denke nur an die ‹Verkindlichungen› in der Sprechweise von Verliebten. Auch richtige Fütterung und gemeinsames Essen gehören zum Bereich der Werbung. Wichtig ist ferner die schützende Haltung des Mannes, die er ins rechte Licht zu setzen sucht.»

58 Insofern ist der These von W. F. OTTO: Die Manen, 85-115, bedingt zuzustimmen, wenn er den «Totenglauben», d. h. den menschheitlichen Glauben an ein Fortleben nach dem Tode, wesentlich «als Ausgeburt dieses Grausens» vor dem toten Körper sowie als Folge der angstbesetzten Erscheinungen des Toten in Träumen bzw. in traumnahen Wachzuständen deuten wollte; das elementare Grauen gegenüber dem Phänomen des Todes ist nicht zu leugnen; aber erst von einer bestimmten Stufe der Individualität an ist der Tod ein Problem von grauenhafter Dimension.

59 A. CAMUS: Die Pest, 40.

60 A. a. O., 53.

61 A. a. O., 54.

62 A. a. O., 55.

63 Es ist gerade die auf das Individuum bezogene Moral des Christentums, die sich so weit aus der Ordnung der Schöpfung emanzipiert hat, daß sie den Schöpfer angesichts seines eigenen Werkes infrage zu stellen beginnt. Vgl. E. DREWERMANN: Gott der Natur – Gott der Offenbarung – Gegensätze? Zwischen Shiva und Christus, in: Theologie und Glaube, 1971, Heft 2, 320-335.

64 A. CAMUS: Die Pest, 122.

65 A. a. O., 71.

66 A. a. O., 72.

67 A. a. O., 105.

68 A. a. O., 104.

II. Eine Dostojewskische Meditation

1 T. Reik: In Gedanken töten, 29-35; 105.

2 Vgl. J. Imbach: Dostojewski, 7: «‹Mich hat Gott mein Leben lang gequält.› Dieser Satz wird von einer der Hauptpersonen in Dostojewskis Roman *Die Dämonen* (sc. von Kirillow, d. V.) ausgesprochen. Für Dostojewski heißt das nicht, daß Gott den Menschen quäle, sondern der Zweifel an seiner (sc. Gottes, d. V.) Existenz verursacht Qual.» Das ist richtig. Andererseits wird die «Hölle der Zweifel» an der Existenz Gottes immer wieder im Werk Dostojewskis wesentlich von der Frage des menschlichen Leids geschürt.

3 St. Zweig: Drei Meister, 69-166, S. 118, schrieb treffend: «... genau wo jener Naturalismus endet, beginnt ... der unheimlich große Naturalismus Dostojewskis. Seine Menschen werden plastisch erst in der Erregtheit, in der Leidenschaft, im gesteigerten Zustand ... Erst wenn seine Menschen glühen, tritt Dostojewski, der Visionär, an das Werk, sie zu formen.» Und S. 71: «Dostojewski ist nichts, wenn nicht von innen erlebt.»

4 F. M. Dostojewski: Schuld und Sühne, 1. Teil, 2. Kap., S. 22, in freier Wiedergabe.

5 A. a. O., S. 17; 23.

6 F. M. Dostojewski: Der Idiot, 3. Teil, 7. Kap., S. 400; s. u. Anm. 16.

7 F. M. Dostojewski: Tagebuch eines Schriftstellers, 262-263, Zitat aus einem Artikel von Herrn *Enpe*: «Wir leben jetzt in einem Zeitalter gußeiserner Begriffe, im Zeitalter positiver Ansichten ...»

8 F. M. Dostojewski: Schuld und Sühne, 1. Teil, 2. Kap., S. 27-28.

9 Lk 15,1-7; Mt 18,12-14.

10 Es gehört vor allem der jähe Wechsel extremer, einander widersprechender Gefühle zu dem klassischen Erscheinungsbild des Alkoholismus; sehr genau schildert Dostojewski vor allem den Umschwung von selbstzerstörerischen, fast paranoischen Wunschphantasien aus Schuldgefühl und Selbsthaß in die Vision einer universellen Harmonie und Vergebung, gerade aufgrund der durchlittenen Schande und Schmach; auch ist das ausgeprägte und zugleich über die Maßen gekränkte Ehrgefühl *Marmeladows* charakteristisch; kennzeichnend ist ferner die Vertrauensseligkeit gegenüber dem fremden Studenten *Raskolnikow* und die Angst und das Schuldgefühl gegenüber den eigenen Familienangehörigen; dabei ist eine gewisse homosexuelle Tendenz unübersehbar. Vgl. E. Bleuler: Lehrbuch der Psychiatrie, 270-271; 276.

11 F. M. Dostojewski: Schuld und Sühne, 26-27, in freier Wiedergabe.

12 Vgl. Lk 6,21.

13 A. Camus: Der Mensch in der Revolte, 327: «Man versteht ..., daß die Revolte nicht ohne eine sonderbare Liebe auskommt. Die weder in Gott noch in der Geschichte ihren Frieden finden, verurteilen sich dazu, für die zu leben, welche, wie sie, nicht leben können: die Gedemütigten. Die reinste Bewegung der Revolte ist dann von dem erschütternden Schrei Karamasows gekrönt: wenn sie nicht alle gerettet sind, wozu dann das Heil eines Einzigen!» Und S. 325: «‹Die Besessenheit zu ernten und die Gleichgültigkeit der Geschichte gegenüber›, schreibt René Char, ‹sind die beiden Enden meines Bogens.› Wenn die Zeit der Geschichte nicht aus der Zeit der Ernte besteht, ist die Geschichte in der Tat nur ein gleichgültiger und grausamer Schatten,

an dem der Mensch keinen Anteil mehr hat. Wer sich dieser Geschichte anheim gibt, gibt sich dem Nichts anheim und ist seinerseits nichts. Wer sich jedoch der Zeit des Lebens anvertraut, dem Haus, das er verteidigt, der Würde der Lebenden, der vertraut sich der Erde an und erhält die Ernte, die er von neuem sät und die ihn ernährt. Diejenigen schließlich führen die Geschichte voran, die im gegebenen Moment sich auch gegen sie aufzulehnen wissen.»

14 A. CAMUS: Die Pest, 178.

15 F. M. DOSTOJEWSKI: Der Idiot, 2. Teil, 10. Kap., S. 289-290.

16 A. a. O., 3. Teil, 7. Kap., S. 400.

17 A. a. O., S. 400-401.

18 So beschrieb M. HEIDEGGER: Sein und Zeit, 260-267, das «Sein zum Tode» als Existential des Daseins.

19 F. M. DOSTOJEWSKI: Die Dämonen, 3. Teil, 6. Kap., 2. Abschn., S. 641-654; vgl. E. DREWERMANN: Vom Problem des Selbstmords oder: Von einer letzten Gnade der Natur, in: Psychoanalyse und Moraltheologie, III 98-173, S. 158-160.

20 F. M. DOSTOJEWSKI: Der Jüngling, 1. Teil, 3. Kap., 3. Abschn., S. 59; vgl. E. DREWERMANN: Vom Problem des Selbstmords, in: Psychoanalyse und Moraltheologie, III 158.

21 F. M. DOSTOJEWSKI: Der Idiot, 3. Teil, 5. Kap., S. 378-380.

22 So zählte S. FREUD: Vorlesungen zur Einführung in die Psychoanalyse, XI 157, ganz allgemein Reptilien, Fische, vor allem Schlangen zu «den weniger gut verständlichen männlichen Sexualsymbolen . . ., deren Symbolbedeutung (aber) ganz unzweifelhaft» sei.

23 S. FREUD: Die Traumdeutung, II/III 414, sah in dem Hundesymbol zu Recht ein Symbol für den *Vater*; in dem Traum hier aber geht es offenbar um eine Form männlicher Sexualangst vor der *Frau*, indem das *Maul* des Hundes die weibliche bzw. mütterliche Vagina vertritt.

24 Insbesondere das Detail, daß jenes «Reptil» den «Hund» noch vor seinem «Tod» in den «Rachen» zu *stechen* vermag, ist als ein exquisites koitales Symbol zu lesen; vgl. S. FREUD: Die Traumdeutung, II/III 389.

25 Man macht sich im Abstand von ein paar Jahrzehnten nur schwer wirklich klar, wie bis zur Trivialität herabgesunken die FREUDschen Symbolismen im Bewußtsein der heutigen Zeitgenossen sind. Der Film des schwedischen Regisseurs INGMAR BERGMAN: Das Schweigen, in: Wilde Erdbeeren und andere Filmerzählungen, 175-219, darf als der letzte große Entwurf eines virtuosen Spiels mit FREUDschen Symbolen gelten. Das war genau vor 20 Jahren!

26 So sehr richtig S. FREUD: Das Ich und das Es, XIII 288; zur Angsttheorie S. FREUDS vgl. E. DREWERMANN: Strukturen des Bösen, II 153-155.

27 Zur Methode *daseinsanalytischer* Deutungen vgl. E. DREWERMANN: Tiefenpsychologie und Exegese, I 158-159.

28 Zu den subjektalen Deutungsverfahren der Schule C. G. JUNGS im Unterschied zu der objektalen Deutungsmethode der Schule S. FREUDS vgl. E. DREWERMANN: Strukturen des Bösen, I. Bd., S. XXXI-XLV; DERS.: Tiefenpsychologie und Exegese, I 155-162.

29 Vgl. E. DREWERMANN: Strukturen des Bösen, II 607 ff.

30 Die *Angst des Mannes vor der Frau*, die sich in zahlreichen Mythen der Völker

ausspricht, scheint, weit ursprünglicher als in den sozialpsychologischen Gegebenheiten der FREUDschen Psychoanalyse, in der psychischen Ambivalenz der Gestalt der Frau selbst begründet zu sein, indem die Frau als Mutter mit der Geburt zugleich die Sterblichkeit auf ihre Kinder legt. Vgl. E. NEUMANN: Die Große Mutter, 123-200: Der positive und der negative Elementarcharakter im Bild der Großen Mutter.

31 F. M. DOSTOJEWSKI: Tagebuch eines Schriftstellers, 255-259.

32 A. a. O., 262-263.

33 A. a. O., 264-270.

34 A. a. O., 266-270.

35 Vgl. F. M. DOSTOJEWSKI: Der Jüngling, 3. Teil, 13. Kap., 3. Abschn., S. 555-556, wo die Rede ist von den «zufälligen Familien»; ebenso: Nachwort, S. 557.

36 F. M. DOSTOJEWSKI: Die Brüder Karamasoff, 1. Teil, 2. Buch, 4. Abschn., 1. Band, S. 71 ff.

37 A. a. O., 72 f.

38 Gerade DOSTOJEWSKI hat ein äußerstes getan, um diesen ständigen Wechsel von Gefühlszuständen in Gedanken und von Gedanken in Gefühle bewußt zu machen. Treffend meinte ST. ZWEIG: Drei Meister, 145-146, von DOSTOJEWSKIS Romangestalten: «Die Seele ist ein Wirrnis, ein heiliges Chaos in Dostojewskis Werk. Es gibt bei ihm Trunkenbolde aus Sehnsucht nach Reinheit, Verbrecher aus Gier nach der Reue, Mädchenschänder aus Verehrung der Unschuld, Gotteslästerer aus religiösem Bedürfnis. Wenn seine Menschen begehren, so tun sie es ebenso aus Hoffnung auf Zurückgestoßensein wie auf Erfüllung. Ihr Trotz, faltet man ihn ganz auf, ist nichts anderes als eine verborgene Scham, ihre Liebe ein verkümmerter Haß, ihr Haß eine verborgene Liebe.»

39 F. M. DOSTOJEWSKI: Die Brüder Karamasoff, 1. Teil, 2. Buch, 4. Abschn., 1. Band, S. 74.

40 F. M. DOSTOJEWSKI: Schuld und Sühne, 5. Teil, 4. Kap., 454; 456; 457-458; 459; vgl. auch S. 284 ff.; 299-300.

41 F. M. DOSTOJEWSKI: Aufzeichnungen aus dem Kellerloch, in: Winterliche Aufzeichnungen über sommerliche Eindrücke. Aufzeichnungen aus dem Kellerloch. Aus dem Tagebuch eines Schriftstellers, übers. v. S. Geier u. A. Eliasberg, S. 69-166.

42 F. M. DOSTOJEWSKI: Schuld und Sühne, 1. Teil, 4. Kap., S. 61-65.

43 Vgl. E. DREWERMANN: Tiefenpsychologie und Exegese, I 157, Anm. 124; K. HORNEY: Neurose und menschliches Wachstum, 133.

44 F. M. DOSTOJEWSKI: Schuld und Sühne, 3. Teil, 5. Kap., S. 284.

45 A. a. O., 3. Teil, 4. Kap., 352.

46 A. a. O., S. 353.

47 A. a. O., S. 357-358.

48 Vgl. zur Stelle R. BULTMANN: Das Evangelium des Johannes, 307-309: «... wer noch im irdischen Leben weilt und ein Glaubender ist, für den gibt es keinen Tod im endgültigen Sinne; das Sterben ist für ihn wesenlos geworden.»

49 F. M. DOSTOJEWSKI: Tagebuch eines Schriftstellers, 141 ff.; 145.

50 A. a. O., 147.

51 Vgl. S. FREUD: Dostojewski und die Vatertötung, XIV 397-418. Auch wenn G. KJETSAA: Dostojewski, 50-53, die Theorie FREUDS von dem Ursprung der Epilepsie

Dostojewskis in dem Erlebnis seines «mörderischen» Vaters mit korrekten Hinweisen auf die äußere Biographie zu widerlegen sucht (z. B. daß der Vater gar nicht so grausam gewesen sei und die Epilepsie erst viel später in Sibirien ausgebrochen sei), so verkennt er doch die innere Psychodynamik im Werk Dostojewskis, das immer wieder um die ödipale Thematik kreist.

52 F. M. Dostojewski: Tagebuch eines Schriftstellers, 147-148.

53 A. Dostojewski: Dostojewski, geschildert von seiner Tochter, München 1920, übers. nach dem französischen Manuskript v. G. Oukama Knoop, S. 295-297.

54 A. a. O., 307.

III. Ägyptische Visionen

1 F. M. Dostojewski: Die Brüder Karamasoff, Epilog, 3. Abschn., Bd. 2, S. 964. Ähnlich sagt der Pilger *Makar* im *«Jüngling»*, 3. Teil, 1. Kap., 3. Abschn., S. 357: «Weißt du auch, Jüngling . . ., daß auf Erden der Erinnerung an einen Menschen eine Grenze gesetzt ist? Die Erinnerung an einen Menschen währt nur 100 Jahre. 100 Jahre nach seinem Tode können noch seine Kinder seiner gedenken und dann seine Enkel, die noch sein Antlitz gesehen haben; wenn sich aber Erinnerung an ihn auch dann noch fortsetzt, so nur von Mund zu Mund, nur durch Worte und Gedanken, dieweil alle, so sein Antlitz mit Augen geschaut haben, alsdann schon dahingegangen sind. Und auf seinem Grabhügel auf dem Friedhof wird Gras wachsen, und der weiße Grabstein wird morsch werden und zerfallen, und alle Menschen werden ihn vergessen, desgleichen seine Nachfahren, und über ein kleines wird auch sein Name vergessen sein, zumal nur wenige Namen im Gedächtnis der Menschen verbleiben – nun, und mag es so sein! Möget ihr mich vergessen, ihr Lieben, ich aber kann euch noch aus dem Grabe heraus lieben. Ich höre eure fröhlichen Stimmen, Kinderchen, höre eure Schritte auf den Gräbern eurer Väter am Allerseelentage; lebt jetzt noch in der Sonne, freut euch, ich aber werde für euch zu Gott beten, werde im Traume zu euch kommen . . . gleichviel, auch nach dem Tode lebt die Liebe! . . .»

2 Vgl. F. M. Dostojewski: Gesammelte Briefe 1833-1881, S. 70-81, die vier Briefe aus der Peter-Pauls-Festung zu Petersburg.

3 F. M. Dostojewski: Aufzeichnungen aus einem Totenhaus, übers. v. G. Jarcho, Hamburg (rk 122-124) 1963.

4 F. M. Dostojewski: Aufzeichnungen aus dem Kellerloch, in: Winterliche Aufzeichnungen über sommerliche Eindrücke. Aufzeichnungen aus dem Kellerloch. Aus dem Tagebuch eines Schriftstellers, übers. v. S. Geier und A. Eliasberg, Hamburg (rk 111-112) 1962, 69-166. Dostojewski entwirft in dieser Studie das Psychogramm eines Menschen, der unter den Erlebnisbedingungen der Gestalt des *Rodion Raskolnikow* die Grenzüberschreitung in Richtung des Mordes nicht wagt und sich stattdessen in einem überreflektierten Selbsthaß zergrübelt und verschleißt.

5 Vgl. F. M. Dostojewski: Schuld und Sühne, 5. Teil, 4. Kap., 456 f.

6 Vgl. I. S. Turgenjew: Frühlingsfluten (1871), in: Erzählungen 1857-1883. Gedichte in Prosa, S. 471-605.

7 Vgl. St. Zweig: Drei Meister, 127: «Dostojewskis Menschen kennen wir alle nur als wandelndes und gewandeltes Gefühl, Wesen aus Nerven und Sehnen, bei denen man

fast vergißt, daß dieses Blut durch Fleisch rinnt. Nie rührt man sie gewissermaßen körperlich an. Auf den 20 000 Seiten seines Werkes ist nie geschildert, daß einer seiner Menschen sitzt, daß er ißt, daß er trinkt, immer fühlen, sprechen oder kämpfen sie nur. Sie schlafen nicht (es sei denn, daß sie hellseherisch träumen), sie ruhen nicht, immer sind sie im Fieber, immer denken sie. Nie sind sie vegetativ, pflanzlich, tierisch, stumpf, immer nur bewegt, erregt, gespannt, und immer, immer wach. Wach und sogar überwach. Immer im Superlativ ihres Seins. Alle haben sie die seelische Übersichtlichkeit Dostojewskis, alle sind sie Hellseher, Telepathen, Halluzinanten, alle pythische Menschen, und alle durchtränkt bis in die letzten Tiefen ihres Wesens von psychologischer Wissenschaft.»

[8] A. a. O., 126: «Seine, Dostojewskis Werke, sie spielen alle irgendwie in ungelüfteten Stuben, in rußigen Straßen, in dunstigen Kneipen, eine dumpfe menschliche, allzumenschliche Luft ist darinnen, die nicht klärend durchwühlt wird vom Wind aus den Himmeln und dem Sturz der Jahreszeiten ... Es fehlen ihnen die Ruhepunkte der Erlösung vom Menschlichen ... Seine Sphäre ist Seelenwelt und nicht Natur, seine Welt ist nur die Menschheit.»

[9] Vgl. F. M. Dostojewski: Der Jüngling, 3. Teil, 1. Kap., 3. Abschn., S. 356-357, die Rede des Pilgers *Makar Iwanowitsch*.

[10] F. M. Dostojewski: Die Brüder Karamasoff, 6. Buch, 3. Kap., Abschn. G; 1. Bd., S. 397.

[11] So z. B. versucht H. Küng: Ewiges Leben?, 76-80, als «Basiskonsens» der großen Religionen die Einsicht festzuhalten, das jetzige Leben sei unbefriedigend und leidvoll und müsse verwandelt, «wiedergeboren» werden; die jüdisch-christlich-islamische Tradition aber verstehe die Welt grundsätzlich positiv und betrachte den Endzustand als ein Sein in Fülle. Auf die ägyptische Religion (oder auf die vergleichbaren Fruchtbarkeitsreligionen der Antike) geht er mit keinem Wort ein, lediglich daß er (S. 71-76) ein paar Bemerkungen über die Religion der Steinzeitmenschen macht, mit dem richtigen Resultat: «Immer hat es Unsterblichkeitsglauben gegeben.» Statt aber nun an dieses *Gemeinsame* der Menschheit anzuknüpfen, verwandelt er seine eigene Feststellung in eine bloße Hypothese: «Ist Unsterblichkeitsglaube vielleicht doch so etwas wie eine anthropologische Konstante: eine ewige, unausrottbare Sehnsucht der Menschen?», und hebt dann die vermeintlichen Unterschiede zum biblischen Glauben hervor. Die konkrete Psychologie der archetypischen Vorstellungsformen von Unsterblichkeit in der Religion der Menschheit findet keinerlei Beachtung. Dabei ist es immerhin bemerkenswert, daß zumindest der Hinduismus und Buddhismus in die christliche Diskussion, wenn auch nur *e contrario*, zur besseren Verdeutlichung des eigenen Standpunktes gewissermaßen, miteinbezogen werden.

[12] Vgl. J. Moltmann: Theologie der Hoffnung, 178-184, S. 180: «Die Erfahrungen der Erscheinungen des Gekreuzigten als des Lebendigen bedeutet ... für sie (sc. die Jünger, d. V.) die Erfahrung der Nähe Gottes am Gottverlassenen, der Gottheit Gottes am Gekreuzigten und toten Christus; also ein neues, das totale nihil vernichtendes totum.» S. 184: «Der apokalyptische Ausdruck ‹Auferweckung von den Toten durch Gott› bringt in die Personbestimmungen ‹gekreuzigt – auferstanden› eine Werkformel hinein ... Er (sc. Christus) ist dann ganz gestorben und ganz auferweckt. Für dieses Denken liegt in der Selbstoffenbarung Jesu in seinen Erscheinungen die

Offenbarung der Gottheit und der Treue Gottes. Dann muß man sagen, daß in diesem Geschehen, das in Kreuzigung und Ostererscheinung erfahrbar wird, Gott sich zu Gott bekennt und seine Treue offenbar macht. Dann aber weist dieses Geschehen, das in Kreuz und Ostererscheinung offenbar wird, auf die Verheißungen Gottes zurück und auf ein Eschaton der Offenbarung seiner Gottheit an allem voraus.» Innerhalb eines solchen theologischen Ansatzes mag die Begriffsgeschichte der eigenen Vorstellungen und Überlieferungen immer differenzierter ausgelegt werden, – die Frage nach den psychologischen bzw. anthropologischen Voraussetzungen der Oster-«erfahrungen» hingegen wird methodisch schlechtweg umgangen bzw. sie ist innerhalb dieses Denkens bereits schon als Zeichen von «Unglauben» entlarvt.

[13] Vgl. S. RADHAKRISHNAN: Weltanschauung der Hindu, 58-59.

[14] Vgl. E. HORNUNG: Tal der Könige, 9: «Vom üppigen Fruchtland, von den Gärten am Nil schweift das Auge des Reisenden über den Strom, der die Landschaft gliedert. Segel und Blüten treten in den Blick, dazu in der Ferne die Umrisse des Wüstengebirges. Dort liegen die Gräber und beginnt das Reich der Toten, die im ‹schönen Westen› ruhen. Tiefste Seelenerfahrung des Menschen kündet in vielen Kulturen von dem breiten Gewässer, das Diesseits und Jenseits trennt, Gleichnis für die Entrückung und Entfremdung, die der Tod bewirkt; aber in Ägypten ist dieser Trennungsstrom nicht nur Bild und Gleichnis, sondern als Nil sichtbare Wirklichkeit. Und immer wieder erneuerten Plänen zum Trotz hat der Nil in Luxor, dem alten Theben, bis heute keine Brücke – wie der Seelenstrom, über den es weder Brücke noch Furt gibt.» Vgl. zum Begriff der *Dualität* im ägyptischen Denken auch W. HELCK: Ägypten. Die Mythologie der Alten Ägypter, in: H. W. Haussig (Hrsg.): Wörterbuch der Mythologie, I 350.

[15] Vgl. W. WOLF: Kulturgeschichte des Alten Ägypten, 50-54. Vgl. auch J. v. BECKERATH: Handbuch der ägyptischen Königsnamen, 13-14, der darauf hinweist, daß es historisch wohl nie zwei Reiche gegeben hat, die man hätte vereinigen können, daß es sich hier also um eine Projektion des dualistischen Weltdogmas in die Geschichte handelt.

[16] W. WOLF: Kulturgeschichte des Alten Ägypten, 54: «Wir sehen nicht klar, ob sich diese Auseinandersetzung zwischen Nord und Süd durch eine lange Zeit hingezogen oder in wenigen Jahren abgespielt hat ... Eines aber ist sicher: im Endergebnis handelt es sich nicht um die Vernichtung der Deltakultur durch ein oberägyptisches Reich, sondern um die Verschmelzung zweier Kulturbereiche. Bis zum Ende seiner Geschichte trat dem Ägypter das Prinzip der Zweiheit lebendig vor Augen, nach welchem sein Staat – wie die Welt – aus der Vereinigung zweier gegensätzlicher Elemente entstanden war. Alle Zeit blieb der König ‹Herr der beiden Länder›, ... ‹König von Ober- und Unterägypten› gehört seit der 1. Dynastie zu seinen Titeln.» Vgl. auch P. H. SCHULZE: Auf den Schwingen des Horusfalken, 136-150 (war Menes der Erste?).

[17] *«Meretseger» (Mr.t-śgr)* – «die das Schweigen liebt», «heißt eine Lokalgöttin des Felsengebietes über der Handwerkersiedlung von *Deir el-Medineh* in Westtheben, deren Bewohner die Königsgräber anlegten. Man stellt sie in Schlangengestalt dar, doch war sie eigentlich die Bergspitze, die sich über die Siedlung erhob.» W. HELCK: Ägypten. Die Mythologie der Alten Ägypter, in: H. W. Haussig (Hrsg.): Wörterbuch der Mythologie, I 375.

[18] Zum *Djed-Pfeiler* des *Osiris* vgl. a. a. O., I 349.

[19] Zu den entsprechenden Begriffen vgl. J. ASSMANN: Zeit und Ewigkeit im Alten Ägypten. Ein Beitrag zur Geschichte der Ewigkeit, Heidelberg 1975; vgl. dageg. aber auch: E. HORNUNG: Der ägyptische Mythos von der Himmelskuh, 102-104; DERS.: Zeitliches Jenseits im Alten Ägypten, in: Eranos-Jahrbuch 47, 1978, 269-307.

[20] Vgl. J. ASSMANN: Ägyptische Hymnen und Gebete, 35. – Die Zweiteilung des «Kosmischen» und des «Personhaften» in den Sonnenhymnen. Ein ähnlicher Aufbau findet sich in *Ps 19* wieder, wo der Ruhm des Himmels und das Lob des Gesetzes einander gegenübergestellt werden.

[21] Vgl. die hervorragende Darstellung mythischen Denkens bei TH. MANN: Joseph und seine Brüder, 1. Band, 4. Hauptstück, I 141-143, am Beispiel des ägyptischen Gottes *Osiris*.

[22] Vgl. A. ERMAN - H. GRAPOW: Ägyptisches Handwörterbuch, 63: «Grab»; etymologisch abzuleiten von «aufstehen».

[23] A. a. O., 202: «Nekropole»; eigentlich: das prachtvolle, freizuhaltende Land. – E. BRUNNER-TRAUT: Altägyptische und mittelalterlich-christliche Vorstellungen von Himmel und Hölle, Gericht und Auferstehung, in: Gelebte Mythen, 55-95, S. 65, beschreibt den ursprünglichen Wortsinn des Begriffs «Auferstehung»: der geheilte Mensch legt seine Mumiengestalt mit Hilfe des Sonnengottes ab und steht auf, «d. h. er stellt sich auf die Beine . . . vereinigt sich mit seinem Ba».

a) «Wer fliegt, der fliegt»

[1] Zur Endokrinologie und zum Rhythmus des Schlafes vgl. E. DREWERMANN: Tiefenpsychologie und Exegese, I 110-111.

[2] Zur evolutiven Herkunft unserer «biologischen Uhr» vgl. H. v. DITFURTH: Kinder des Weltalls, 167-180.

[3] Vgl. D. C. KURTZ – J. BOARDMAN: Thanatos. Tod und Jenseits bei den Griechen, 130. Schlaf und Tod, *Hypnos* und *Thanatos* galten als Brüder, die gemeinsam ihre «Arbeit» an dem sterblichen Menschen verrichten. Vgl. HOMER: Ilias, XIV 617 f. zu der Beisetzung des gefallenen *Sarpedon*; R. HAMPE (Übers.): Homer Ilias, S. 343.

[4] TH. WOLFE: Tod, der stolze Bruder, in: Sämtliche Erzählungen. 7-53, S. 50-51.

[5] A. CHAMPDOR: Das ägyptische Totenbuch in Bild und Deutung, 161-162. – Eine repräsentative Darstellung und Einführung in die wichtigsten erhaltenen Totenbücher des Alten Ägyptens bietet E. ROSSITER: Die ägyptischen Totenbücher, 9-16.

[6] Im Sinne von A. BASTIAN: Zur naturwissenschaftlichen Behandlungsweise der Psychologie durch und für die Völkerkunde, Berlin 1883, S. 23.

[7] Es scheint, als sei im theologischen Bewußtsein jener Umsturz des Wirklichkeitsverständnisses bei weitem noch nicht mitvollzogen worden, der, von der Psychoanalyse ausgehend, die Kunst des *Surrealismus* prägte und heute auf allen Ebenen des privaten wie des öffentlichen Lebens danach verlangt, Organe der Wahrnehmung auszuprägen, die das enge Gefängnis einer Welt bloßer Tatsachen und Zustände in Raum und Zeit in die Sphäre von Bedeutung, Gefühl, Vision und Hoffnung transzendieren. Zu dem Verhältnis von Psychoanalyse und Surrealismus vgl. am Beispiel S. DALÍS die Betrachtungen von P. SCHMITT: Die paranoische Psychose, in: I.F. WALTHER (Red. d. deutschen Ausgabe): Salvator Dalí, 262-266.

[8] PINDAR: Oden. Phythische Oden, VIII 95; E. Dönt (Übers.): Pindar: Oden. Griechisch–Deutsch, S. 152; 153.
[9] Vgl. A. FOL – I. MARAZOV: Goldene Fährte Thrakien, 26-31, die bes. die Verwandtschaft des *Orpheus* mit der Gestalt des *Dionysos* hervorheben.
[10] J. O. PLASSMANN (Übers.): Orpheus. Altgriechische Mysterien, 128.
[11] A. ERMAN: Die Literatur der Ägypter, 26.
[12] A. CHAMPDOR: Das ägyptische Totenbuch in Bild und Deutung, 121; 124.
[13] Zur Stelle vgl. E. DREWERMANN: Das Markusevangelium, II 537-542.
[14] A. a. O., II 539 f., Anm. 26.
[15] A. a. O.
[16] A. a. O.
[17] A. a. O. Gerade die Aussage vom *«Sitzen zur Rechten Gottes»* wird in den Messiasaussagen des Alten Testaments förmlich vermieden.
[18] Vgl. E. DREWERMANN: Dein Name ist wie der Geschmack des Lebens, 44-51.
[19] Zu den altägyptischen Jenseitsvorstellungen und zu ihrem Einfluß auf die apokalyptischen Vorstellungen auch des Neuen Testamentes vgl. E. DREWERMANN:Tiefenpsychologie und Exegese, II 511-541. Die dortigen Ausführungen dürfen an dieser Stelle vorausgesetzt werden. Vgl. bes. auch die ausgezeichnete Arbeit von E. BRUNNER-TRAUT: Altägyptische und mittelalterlich-christliche Vorstellungen von Himmel und Hölle, Gericht und Auferstehung, in: Gelebte Mythen, 55-95, die bes. auf die symbolisch beschriebene *Andersartigkeit* der himmlischen Welt in der ägyptischen Religion hinweist (58-59) und den Einfluß auf Apk 20,6; 20,14; 21,8 mit der Lehre von dem «zweiten Tod» nachweist (71).
[20] A. ERMAN: Literatur der Ägypter, 28-29; vgl. DERS.: Die Religion der Ägypter, 207-284: Der Totenglaube und: Die Fürsorge für die Toten.
[21] Insofern lautet die Frage nicht, woher im historischen Sinne bestimmte Vorstellungsschemata zur Deutung der Gestalt Christi im Neuen Testament stammen, sondern von welcher Art psychologische Erfahrungen sind, durch welche die entsprechenden Deutungsmuster als einzig zutreffend zur Beschreibung der Wirklichkeit und Bedeutung des Christus sich dem Bewußtsein des «Glaubenden» aufdrängen und als «geoffenbarte» Wirklichkeit nahelegen.
[22] Vgl. W. SCHADEWALDT: Die Sternsagen der Griechen, Frankfurt-Hamburg (Fischer Tb. 129) 1956.
[23] Zum schamanistischen Initiationserleben vgl. M. ELIADE: Schamanismus und archaische Ekstasetechnik, 131-135: Die Himmelsreise des karibischen Schamanen.
[24] Vgl. K. MENDELSSOHN: Das Rätsel der Pyramiden, 69-71, der die Spekulationen über die Kreiszahl Pi in den Maßen der Cheopspyramide (das Verhältnis von Höhe und Umfang mißt genau ½ Pi!) damit zu beenden versucht, daß die Ägypter längere Strecken offenbar durch Abrollen einer kreisförmigen (sonnensymbolhaften!) Maßscheibe festlegten.
[25] A. a. O., 186.
[26] A. a. O., 91 ff.; vgl. bes. D. WILDUNG: Imhotep und Amenhotep. Gottwerdung im Alten Ägypten, 5-14 (Zeitgenössige Quellen der 3. Dynastie). *Imhotep* wurde zu dem «*Asklepios* der Ägypter», wie K. SETHE (Leipzig 1902) den Titel seiner Studie benannte.

[27] C. Castaneda: Eine andere Wirklichkeit, 128.
[28] A. a. O.
[29] A. a. O., 129.
[30] A. a. O., 166.
[31] A. a. O., 167.
[32] A. a. O.
[33] A. a. O., 168.
[34] St. u. Ch. Grof: Jenseits des Todes. An den Toren des Bewußtseins, 31, die aus der Weisheit der Antike, den Totenbüchern der Ägypter und Tibeter, aus den Erfahrungen bei klinischem Tod und in Todesnähe sowie aus Erlebnissen bei Schizophrenie und psychodelischen Zuständen die These ableiten: «Wir besitzen heute eine Menge klinisches Beweismaterial für die Behauptung der Religion und der Mythologie, daß der biologische Tod der Anfang eines Bewußtseinsabenteuers ist.» Vgl. St. Grof: Geburt, Tod und Transzendenz, 106-124: Die Begegnung mit Geburt und Tod: Die Dynamik perinataler Matrizen.
[35] C. Castaneda: Eine andere Wirklichkeit, 131.
[36] Vgl. E. Brunner-Traut: Pharao und Jesus als Söhne Gottes, in: Gelebte Mythen, 34-54, S. 53: «Der Mythos vom Gottessohn ist in der christlichen Verkündigung vergeschichtlicht worden und ... getötet.» S. 52-53: «Die Juden besaßen zwar auch den Mythos, aber sie verstanden ihn zunehmend historisch. Sie gaben den Aussagen über die Zeit einen neuen Sinn, änderten den mythischen (zyklischen) Zeitbegriff in einen (linearen) historischen und hefteten dem Gottessohn Jesus die bis in die Gegenwart kontroversen (Zeit-)Begriffe: Einmaligkeit, Präexistenz, Endzeit, Wiederkunft an.»
[37] Der Begriff des Mythischen sollte demnach gerade nicht als das «Unwirkliche», sondern als das «Wesentliche», «allgemein Menschliche», «überzeitlich Gültige» verstanden werden.
[38] Vgl. E. Drewermann: An ihren Früchten sollt ihr sie erkennen, 30; 46-47.
[39] Zur Vorstellung von der *Ba*-Seele vgl. H. Kees: Totenglauben und Jenseitsvorstellungen der Alten Ägypter, 38-43.
[40] S. Morenz: Die Begegnung Europas mit Ägypten, 79, verweist darauf, daß insbesondere in der römischen Kaiserzeit, als nach dem Zusammenbruch der alten Sozialordnung «der Mensch stärker denn je als Einzelner der Gottheit gegenüber» stand, die ägyptische Religion ganz vorzüglich auf die Bedürfnisse des Individuums hellenistischer Zeit zugeschnitten war (81) und über die spätantike Philosophie den größten Einfluß auf die christliche Theologie gewann (81). Zu den beiden Seelenbegriffen *Ka* und *Ba* meint E. Dondelinger: Der Jenseitsweg der Nofretari, 41, *Ka* sei die Idee der Persönlichkeit in zeitloser, also überindividueller Form, *Ka* sei alles, was Leben bewirkt. Doch: «Neben dieser, auf die Wiederkehr des Gleichen gerichteten Jenseitshoffnung entsteht eine andere, die den Menschen über sich hinausführt und ihn befähigen soll, ‹herauszugehen aus dem seligen Gefilde in den Formen, in denen er herausgehen will› (Kap. 99 d. Totenbuchs). Das seiner selbst bewußt werdende Individuum will nicht nur am unendlichen Lebensstrom des Ka teilhaben, sondern auch am göttlichen Geist. Der Mensch beginnt, sich auf sich selbst zu besinnen und sich als Subjekt der Welt gegenüberzustellen. Er will, wie der göttliche Geist, eins werden mit dem All und sich mit dessen sämtlichen Erscheinungsformen vereinigen.

Diese Bewußtseinsänderung führte zu einer ‹grundsätzlichen neuen Idee› im ägyptischen Jenseitsglauben, ‹die dessen Struktur in entscheidender Weise› veränderte und ‹die Grundlage der gesamten weiteren Entwicklung des Totenglaubens› bildete. ‹Es ist dies die Idee der Existenz einer souverän unabhängigen, individuellen menschlichen› Seele ‹(Ba)› (Spiegel). – Der neue Seelenbegriff des Ba, dieser Anspruch des Menschen auf eine individuelle, autonome Seele, kommt erstmals zum Ausdruck im Unas-Ritual der ausgehenden 5. Dynastie, und zwar nicht nur als Anspruch des Königs, sondern als Anspruch eines jeden Menschen. Wenn auch in der anschließend einsetzenden Reaktion der 6. Dynastie dieser Anspruch zeitweilig zurückgedrängt werden kann, so setzt er sich doch in der Folge durch und wird zu einer immer vollkommeneren Ausgestaltung des Begriffs der Seele führen, die nun ‹als persönliches und ausschließliches Eigentum des individuellen Menschen› begriffen wird (Spiegel).» Vgl. J. Spiegel: Das Werden der altägyptischen Hochkultur, Heidelberg 1953.

41 Vgl. R. Makram: Kulturgeist und Kulturleib, 98-100, der bes. auf den Einfluß der ägyptischen Vorstellungen auf die Philosophie Plotins hinweist.

42 Die Unsterblichkeit der Seele des Menschen wurde auf dem 5. Laterankonzil (1513) feierlich definiter; H. Denzinger – A. Schönmetzer: Enchiridion Symbolorum, Nr. 738, S. 353.

43 Man macht sich nur schwer klar, was es bedeutet, daß die gesamte Entfaltung der dogmatischen Kirchenlehre mit der Definierung von «Irrlehren» und dem Ausschluß ganzer Menschengruppen als «Häretiker» einhergeht. Es ist eine Art, «Theologie» zu treiben, die stets als ein Instrument von Gewalt und als eine Form von Herrschaft sich etabliert hat und sich erhalten mußte. Mit dem Dogma von der «natürlichen» Unsterblichkeit der menschlichen Seele wurden speziell die «Neo-Aristoteliker», d. h. die «Averroisten» verurteilt. Es entbehrt nicht der Komik, daß unter dem Druck der Naturwissenschaften die meisten Dogmatiker in den letzten zwei bis drei Jahrzehnten die Lehre von der Unsterblichkeit der menschlichen Seele praktisch fallengelassen haben, ohne freilich ihrer «Ketzerei» geständig zu sein. Das Dilemma der rationalistischen Lehrform christlicher Dogmatik zeigt sich Stelle für Stelle an der vollständigen Unfähigkeit, Symbole als Bilder zu interpretieren. Entweder man muß eine «Wahrheit» als Glaubens-«lehre» beweisen können, oder sie gilt überhaupt nicht. So oder so aber entzieht man sich im Reden vom Glauben in Wahrheit der Sphäre, in welcher der Glaube wohnt.

44 A. Erman – H. Grapow: Ägyptisches Handwörterbuch, 165. Das Wort ist im Grunde eine Kausativform des Begriffs «Gottsein».

45 Vgl. bes. E. Dondelinger: Der Jenseitsweg der Nofretari, 24-25; ders.: Papyrus Ani, 7-11.

46 Zur Kosmologie von *Heliopolis* vgl. H. Kees: Der Götterglaube im Alten Ägypten, 226-227. – Das Motiv der *Weltelternmythe* zählt ebenfalls zu den «Elementargedanken» der Religionsgeschichte der Menschheit; vgl. E. Drewermann: Strukturen des Bösen, II 118-119.

47 Bes. zum Verständnis der Theologie des *Johannes*evangeliums vom Wort Gottes (Joh 1,1-3) ist die Kenntnis der altägyptischen Theologie von *Memphis* unerläßlich, in welcher die alten Lehren von *Hermopolis* mit ihren Vorstellungen von der physischen Zeugungskraft des *Atum* radikal überwunden wurden durch die Lehre von der Schöpfung durch das Wort Gottes. «Damit ist die frühere Auffassung einer Erzeugung

des Lebens aus den Urkräften überwunden. Die Schöpfung entsteht im göttlichen Denken und gewinnt Gestalt durch das göttliche Wort, ‹das den Namen aller Dinge nannte›. Gott ist der Ur-Geist, jenseits alles vom menschlichen Geist Erfaßbaren.» Diesen Geist nannten die Ägypter *Ptah*. «Der Schlußsatz des theologischen Denkmals (sc. der Weltschöpfungslehre von *Memphis*, d. V.) erinnert an den ‹7. Tag› der Genesis: ‹Es ruht aber Ptah, nachdem er alle Dinge, nämlich alle Gottesworte geschaffen hat.›» E. DONDELINGER: Der Jenseitsweg der Nofretari, 34. Der Weg von dort zu der christlichen *Dreifaltigkeitslehre* führt ebenfalls zurück zu den Spekulationen von *Memphis*; vgl. E. HORNUNG: Der Eine und die Vielen, 214-215.

48 Vgl. die Darstellung des Sonnenlaufes in der Sargkammer der Tausret, E. HORNUNG: Tal der Könige, S. 65; 109.

49 Vgl. die Abb. bei V. IONS: Ägyptische Mythologie, 26.

50 G. ROEDER: Mythen und Legenden um ägyptische Gottheiten und Pharaonen, 173.

51 Zu der Vorstellung von dem Himmel als *Raubkatze* vgl. E. DONDELINGER: Papyrus Ani, 8; W. WESTENDORF: Altägyptische Darstellungen des Sonnenlaufes auf der abschüssigen Himmelsbahn, Münchner ägyptologische Studien, Nr. 10, München-Berlin 1966, Abb. 2, S. 54.

52 Vgl. M. LURKER: Götter und Symbole der Alten Ägypter, 41-42.

53 I. CLARUS: Du stirbst damit du lebst. Ägyptische Mythologie in tiefenpsychologischer Sicht, Fellbach 1980.

54 HERAKLIT: Fragment 62, bei: H. DIELS: Die Fragmente der Vorsokratiker, 1957, S. 27.

b) «Ich steige hinab in die Barke der Sonne»

1 Th. M. MESSER: Edvard Munch, S. 84.

2 Die allgemein vertretene Zuordnung des *Johannes*evangeliums zum «hellenistischen Judentum» ist im Grunde identisch mit der Feststellung des überragenden geistigen Einflusses der Denkform und Auslegungsweise des PHILO VON ALEXANDRIEN; vgl. R. SCHNACKENBURG: Das Johannesevangelium, I 107-108; vgl. R. BULTMANN: Das Evangelium des Johannes, S. 563, das Stellenregister *«Philon»*. Diese geistige Zuordnung muß natürlich nicht bedeuten, daß auch räumlich das *Johannes*evangelium in Ägypten entstanden ist; vgl. dazu die Diskussion bei R. SCHNACKENBURG: A. a. O., I 133; andererseits scheint es nicht zufällig, sondern ein Zeichen geistiger Affinität zu sein, daß das *Johannes*evangelium gerade in Ägypten sehr früh bekannt wurde.

3 Vgl. W. WOLF: Kulturgeschichte des Alten Ägypten, 58-65; 118-125. Es beginnt in der 5. Dynastie jener Prozeß, durch den das ursprüngliche Gottkönigtum des Pharao infolge der Sonnenlehre von *Heliopolis* in die menschliche Sphäre herabgezogen wird, indem die Sonnenreligion als eigentlichen Herrscher den Sonnengott einsetzte «und damit den König eines wesentlichen Teils seiner Mächtigkeit verlustig gehen ließ». (124) Für den christlichen Sprachgebrauch muß man sich deutlich machen, daß der Titel *«Sohn Gottes»* nicht bloß kein christliches Sondergut darstellt, sondern im Alten Ägypten mehr als 2500 Jahre lang v. Chr. in Geltung war – und zwar in gewissem Sinne als eine Abschwächung des ursprünglichen Glaubens an die Göttlichkeit des Königs. – Zu der Vorstellung des «messianischen» Weltherrschers in der *indischen*

Religion vgl. die äußerst lesenswerte Darstellung bei H. ZIMMER: Philosophie und Religion Indiens, 124-135: Der Weltenkönig. – Sehr schön meint zu der *ägyptischen* Vorstellung der Gottessohnschaft noch in der 5. Dyn. D. WILDUNG: Sonnenkönig – Sonnengott: «Menschwerdung Gottes und Gottwerdung des Königs, beide Aspekte der Person des Königs durchdringen sich so stark, daß eine exakte Abgrenzung nicht möglich erscheint.»

4 Jak 1,17: «Alle gute Gabe und alles vollkommene Geschenk kommt von oben herab, von dem Vater der Lichter, bei dem keine Veränderung ist noch ein Schatten infolge von Wechsel.»

5 So die Formulierung des Konstantinopolitanischen Glaubensbekenntnisses (381), in: H. DENZINGER – A. SCHÖNMETZER: Enchiridion Symbolorum, Nr. 150, S. 66-67. «Licht vom Lichte» ist in diesem Glaubensbekenntnis das zentrale Bild, das Denkmodell, um die Beziehung zwischen «Vater» und «Sohn» in der Gottheit in Worten auszudrücken; es ist eine uralte ägyptische Intuition, den «König» der «Welt» als «Sohn der Sonne» zu verstehen – als «Bruder» der *«Maat»*, der Ordnung der Welt, der «Tochter der Sonne». Wer nicht als erstes in diesen Bildern mit den Augen der Ägypter zu «sehen» und zu «fühlen» lernt, wird in der späteren Theologensprache auf endlose Widersprüchlichkeiten und logische Ungereimtheiten stoßen, die aufgrund des Mangels an innerer Evidenz umso stärker mit den Mitteln äußerer Gewalt und «Kirchenzucht» «verbindlich» «gemacht» werden müssen.

6 Zu Joh 9,4 vgl. R. BULTMANN: Das Evangelium des Johannes, 252, A. 1.

7 Vgl. zur Stelle a. a. O., 463-465, wo BULTMANN zu Recht den «ganz in mythologischer Sprache» gefaßten Stil der johanneischen Theologie hervorhebt.

8 Zur Gestalt und zum Wirken der *Apophis*-Schlange vgl. E. HORNUNG: Tal der Könige, 165-170; Abb. 144-147; vgl. zur Parallele mit dem «Satan» des Christentums E. DREWERMANN: Tiefenpsychologie und Exegese, II 529; vgl. auch E. BRUNNER-TRAUT: Altägyptische und mittelalterlich-christliche Vorstellungen von Himmel und Hölle, Gericht und Auferstehung, in: Gelebte Mythen, 55-95, S. 73.

9 Vgl. E. HORNUNG: Ägyptische Unterweltsbücher, 45-47.

10 Vgl. dazu bes. R. MAKRAM: Kulturgeist und Kulturleib, 99-100, der in Parallelisierung ägyptischer Texte mit den Gedanken PLOTINS die «Vorstellung von der Einwohnung der Ba-Seele des höchsten Gottes, der Sonne, in einen Leib» herausarbeitet.

11 So schildern S. SAUNERON – H. STIERLIN: Die letzten Tempel Ägyptens, 46, wie beim Morgengottesdienst die Türflügel des Tempelschreins geöffnet wurden, «um die Götterstatue dem Tageslicht auszusetzen»; vgl. a. a. O., 56-57: «Das feierliche Öffnen . . ., bei dem die Gesichter der Götterstatuen dem Sonnenlicht ausgesetzt wurden, bildete den eigentlichen Höhepunkt der Zeremonie; es war der Augenblick, wo die göttliche Seele auf den vibrierenden, Licht und Wärme sendenden Strahlen der Sonne zur Erde herunterritt, um ihr Bildnis mit ihrer Gegenwart zu erfüllen.» R. MAKRAM: Kulturgeist und Kulturleib, 98, weist vor allem darauf hin, daß die «männliche» Ka-Seele «aus den Sonnenstrahlen des Seelengottes Re herstammt» und (S. 94) die «Strebungen des ‹Über-Sich-Hinaus-Seins›» verkörpere, während die Ba-Seele als «Körperseele» den Organismus belebe und wachsen lasse (101); *Ka* und *Ba* bilden nach MAKRAM (105) trotz ihrer gemeinsamen Herkunft aus der Welt des Sonnengottes zwei Pole, «indem die Ka-Seele den Willen und die Stimme des Seelengottes (sc. des Re, d. V.) im Herzen des Menschen vertritt, die Ba-Seele aber den Willen und das Wollen des

Menschen antreibt». W. HELCK: Ägypten, in: H. W. Haussig (Hrsg.): Wörterbuch, I 342-343, übersetzt den Begriff der *Ba*-Seele als «Erscheinungsform» (des Totenkönigs), die am Ende des alten Reiches jedem Menschen zugesprochen wurde und später auch auf die ältere Vorstellung von den Sternen als den Geistern der Toten bezogen wurde.

12 Das Wort für «Ägypten» *km.t* (vgl. A. ERMAN – H. GRAPOW: Ägyptisches Handwörterbuch, 196) ist die Femininform von *km* – schwarz sein. Es ist bezeichnend, daß die Ägypter sich als die «Bewohner des Schwarzen Landes» bezeichneten, nicht aber als «Volk» wie etwa das Alte Israel; an diesem kleinen Beispiel der Semantik zeigt sich ein fundamentaler Unterschied: während die Religion des Alten Ägypten den Menschen in die Natur einordnete und von der Natur her zu verstehen suchte, ist für die Religion der Bibel die Natur nur der Umraum der menschlichen Geschichte bzw. der Geschichte des Volkes Israel, das von dem «Gott der Väter» «berufen» und «auserwählt» wurde.

13 S. o. Anm. 3.

14 Vgl. E. DREWERMANN: Dein Name ist wie der Geschmack des Lebens, 44-58.

15 Zu der *Dreifaltigkeitslehre* des Alten Ägyptens vgl. E. HORNUNG: Der Eine und die Vielen, 214-219, der auf die Triaden *Amun–Mut–Chons* und *Osiris–Isis–Horus*, vor allem aber auf die Dreiheit *Amun–Re–Ptah* hinweist. Vgl. zur *Dreifaltigkeit des Sonnengottes* E. DREWERMANN: Religionsgeschichtliche und tiefenpsychologische Bemerkungen zur Trinitätslehre, in: W. Breuning (Hrsg.): Trinität, 115-142, S. 137-139.

16 Vgl. bes. K. RAHNER: Bemerkungen zum dogmatischen Traktat «De Trinitate», in: Schriften zur Theologie, IV 103-133, der (S. 126-127) die «Trinität» Gottes auf die «zweifache Vermitteltheit innerhalb dieser Selbstmitteilung» Gottes im Offenbarungsgeschehen zu beziehen suchte, indem er den «Vater» als den Ursprung, den «Sohn» als das Dasein und den «Geist» als die Annahme der Offenbarung deutete. «Die ‹Dreifaltigkeit› des Verhaltens Gottes zu uns in der Gnadenordnung Christi ist schon die Wirklichkeit Gottes, wie sie in sich selbst ist.» Transzendentaltheologische Denkansätze dieser Art vermögen in einem christlichen Integralismus großen Stils zwar alle möglichen Trinitäten und Triaden in der Religion der Menschheit als «immer schon» in der Gnädigkeit der Gnade Christi mitgeoffenbart einzuordnen, aber sie bieten keinerlei Grundlage für eine wirkliche Begegnung zwischen den Religionen in dem Erfahrungsreichtum ihres konkreten Symbolismus; sie schließen ein wirkliches Lernen der Christen in und an dem Erfahrungsreichtum fremder Religion im Bekenntnis der gleichen Symbolsprache prinzipiell aus.

17 Vgl. J. ASSMANN: Ägyptische Hymnen und Gebete, 48: «Es handelt sich dabei (ca. bei *Chepre, Re* und *Atum*, d. V.) nicht um drei Götter, die ‹synkretistisch› zu einem Sonnengott verschmolzen sind, sondern um Einen Gott, der in seiner innerweltlichen Manifestation in drei Gestalten erscheint.» Vgl. DERS.: Liturgische Lieder an den Sonnengott, 364, wo ASSMANN von einem dreigeteilten Lebensprozeß des Sonnengottes spricht bzw. von dem Drei-Phasen-Zyklus der «Metamorphosen seiner innerweltlichen Erscheinungsform»; vgl. DERS.: Ägypten, 189-191: Die Dreiheit als Ganzheit (freilich nicht als «Einheit»).

18 J. ASSMANN: Ägyptische Hymnen und Gebete, 50-51, in verkürzter Wiedergabe. – Vgl. auch A. ERMAN – H. RANKE: Ägypten und ägyptisches Leben im Altertum, 459-465, die Götterhymnen.

19 Es ist von großer Bedeutung, sich klarzumachen, daß die zentralen Dogmen und Titel der christlichen Theologie zur Beschreibung des Messias Jesus gerade auf

diejenigen Anschauungen und Inhalte zurückgreifen, die im Alten Testament und später im Judentum allenfalls als poetisch freigesetzte, mythische Relikte mit der Gestalt des Königs verbunden waren, während sie im Alten Ägypten nicht nur ihren Ursprung, sondern auch ihre breiteste Entfaltungsform besitzen. «Wo könnte das Verständnis (sc. eines Titels wie *Sohn Gottes*, d. V.) besser genährt werden als an den Quellen, als dort, wo die Aussagen über den Gottessohn nicht nur verstanden wurden in ihrer Umwelt, sondern wo sie als Mittel religiösen Verständnisses erst geschaffen worden sind, ja wo auch die Vorstellung selbst beheimatet ist und voll Kraft und voll Sinn? Dieser Ursprungsort aber ist der Alte Orient, vornehmlich: Ägypten.» E. Brunner-Traut: Pharao und Jesus als Söhne Gottes, in: Gelebte Mythen, 34-54, S. 34. D. Wildung: Sonnenkönig – Sonnengott, meint: «Menschliche und göttliche Natur des Königs, die zwei Komponenten seines zwischen Mensch und Gott sich entfaltenden Wesens, sind äußerlich nicht unterscheidbar.»

20 E. Hornung: Das Totenbuch der Ägypter, 15 a, S. 55-57.

21 J. Assmann: Ägyptische Hymnen und Gebete, S. 139-140.

22 A. a. O., S. 140-141.

23 J. Thorwald: Macht und Geheimnis der frühen Ärzte, 12-103, bes. S. 73 ff.; E. Paszthory: Laboratorien in Ptolemäischen Tempelanlagen. Eine naturwissenschaftliche Analyse, in: Antike Welt, 19. Jg. 1988, Heft 2, S. 2-20.

24 C. Desroches Noblecourt – M. Duc – E. Eggebrecht – F. Hassanein – M. Kurz – M. Nelson: Sen-nefer, 31-32.

25 A. a. O., 32; vgl. zu dem Thema selbst E. Otto: Das ägyptische Mundöffnungsritual, 2 Bände, Wiesbaden 1960; R. Brier: Zauber und Magie im Alten Ägypten, 75-109.

26 A. Champdor: Das ägyptische Totenbuch, 127.

27 A. a. O., 127-128, zitiert nach E. Schiaparelli: Libro di Funerali, Bd. 2.

28 A. a. O., 129.

29 A. a. O., 129.

30 A. a. O., 138.

31 A. a. O., 51-52.

32 A. a. O., 143-144.

33 Vgl. F. Überweg: Grundriß der Geschichte der Philosophie der patristischen und scholastischen Zeit, 10. neubearb. Aufl., hrsg. v. M. Baumgartner, II 425.

34 A. a. O., II 426.

35 A. a. O., II 428; vgl. L. Baur: Das Licht in der Naturphilosophie des Robert Grosseteste, Festgabe für G. v. Hertling, Freiburg 1913, S. 41-55, S. 48; 53. Auf die biologische Bedeutung des Lichts für die grundlegenden Vorgänge des Lebens hat neuerdings F. A. Popp: Biologie des Lichts, 124-133: Elektromagnetische Bio-Information, hingewiesen.

36 F. Überweg: Grundriß, II 428.

37 A. a. O., II 428-429.

38 Mechthild von Magdeburg: Das fließende Licht der Gottheit, 2. Buch, 5. S. 94.

39 Zur Stelle vgl. A. Weiser: Die Psalmen (ATD 14), I 209, der freilich den religionsgeschichtlichen Hintergrund der «Lichtmetaphysik» des Alten Ägyptens mit keinem Wort erwähnt.

40 Zur *«Schlange des Nichtseins»* vgl. E. Drewermann: Strukturen des Bösen, 1. Bd., Vorwort zur 2. Aufl., S. LXXIV-LXXVI; Bd. 2, S. 77; Bd. 3, S. 236; auch E.

Hornung: Ägyptische Unterweltsbücher, 47, sieht in der Apophis-Schlange eine «Verkörperung des Nichtseins».

41 E. Hornung: Das Totenbuch der Ägypter, S. 104-106; vgl. G. Kolpaktchy: Das Ägyptische Totenbuch, 96.

42 I. Clarus: Du stirbst, damit du lebst, 83, sagt sehr richtig: «Der König, das Urbild des ganzheitlichen (‹individuierten›) Menschen, ist Horus und Seth zugleich. In der Sprache der analytischen Psychologie würde das bedeuten: er hat seinen ‹Schatten›, seine dunkle Hälfte, integriert.» So gibt es Darstellungen, auf denen *Seth* und *Horus* den König mit dem Wasser des Lebens «taufen». Zum Kampf zwischen *Seth* und *Horus* vgl. auch J. Assmann: Ägypten, 162-170.

43 E. Hornung: Das Totenbuch der Ägypter, S. 106.

44 E. Hornung: Ägyptische Unterweltsbücher, S. 26.

45 A. a. O., 27.

46 Ch. Seeber: Untersuchungen zur Darstellung des Totengerichts im Alten Ägypten, 63-67: Die «Halle der beiden Maat-Göttinnen».

47 E. Hornung: Ägyptische Unterweltsbücher, 27; 34.

48 A. a. O., 28.

49 A. a. O., S. 112 (Amduat, 5. Stunde, unteres Register).

50 Vgl. E. Hornung: Tal der Könige, 149-164: Zum Nichtsein verdammt.

51 E. Hornung: Ägyptische Unterweltsbücher, 29; 45-47.

52 A. a. O., 29.

53 A. a. O., 46; 133 ff.; 183-184; 191-192.

54 A. a. O., 46; S. 215-217: 13. bis 14. Szene; S. 241-243: 34. bis 35. Szene; S. 277-279: 66. bis 67. Szene; S. 282-285: 69. Szene; S. 299-301: 89. Szene.

55 A. a. O., S. 242-243.

56 A. a. O., 243.

57 A. a. O., 243.

58 Zum Begriff des *«Schattens»* vgl. C. G. Jung: Über die Psychologie des Unbewußten, VII 1-130, S. 32 ff. In der Psychologie Jungs entspricht der Begriff des *Schattens* dem Begriff des Verdrängten bzw. des persönlichen Unbewußten in der Sprache Freuds.

59 Für das theologische Verständnis des Begriffs *«Auferstehung»* sind die Worte von P. Tillich: Systematische Theologie, II 166, sehr beherzigenswert: «Auferstehung ... ist ein bekanntes mythologisches Symbol. Es spielt eine große Rolle in solchen Mysterienkulten, in denen mystische Partizipationen an Tod und Auferstehung des Gottes im Zentrum des Ritus stehen ... In dem Moment, in dem man in Jesus den Christus sah und seine messianische Würde mit seinem schimpflichen Tod in Verbindung gebracht wurde, ... war es unvermeidlich, daß die Idee der Auferstehung auf ihn angewandt wurde. Die Behauptung der Jünger, daß dem Symbol ein Ereignis zugrunde liegt, war z. T. eine Konsequenz ihres Glaubens an Jesus als den Christus ... Der Charakter dieses Ereignisses bleibt in Dunkelheit trotz seiner poetischen Rationalisierung durch die Ostergeschichte.» M. a. W.: das Symbol «Auferstehung» ist nicht durch Christus begründet und nicht auf die Gestalt Christi begrenzt, es ist vielmehr eine Chiffre, die zu interpretieren hilft, welch eine Bedeutung der Person Jesu und seinem Tod am Kreuz zukommt.

60 Vgl. J. Brinktrine: Die Lehre von den letzten Dingen, 91-95: Die Beschaffenheit

des Auferstehungsleibes, wo die Leidensunfähigkeit, die Klarheit, die Behendigkeit und die Geistigkeit als Merkmale des Auferstehungsleibes definiert werden; ähnlich E. HOFMANN: Unser jenseitiger Leib. Zuversicht aus dem Apostolischen Glaubensbekenntnis, Leutesdorf 1987.

61 Vgl. E. DREWERMANN: Dein Name ist wie der Geschmack des Lebens, 53-55.

62 E. HORNUNG: Ägyptische Unterweltsbücher, 36-37.

63 A. a. O., 79.

64 A. a. O., 37.

65 A. a. O., 37.

66 A. a. O., 37.

67 E. HORNUNG: Das Totenbuch der Ägypter, Spruch 68, S. 143.

68 A. a. O., S. 144-145; vgl. G. KOLPAKTCHY: Ägyptisches Totenbuch, 124-125.

69 E. NAVILLE: Das ägyptische Totenbuch der XVIII. bis XX. Dynastie, 1. Bd.: Einleitung, S. 23-24.

70 KH. GIBRAN: Der Prophet, 59-60.

c) «Ich bin Isis, deine Schwester»

1 E. DONDELINGER: Papyrus Ani, 14. – Zur Entfaltung des individuellen Ausdrucks in der ägyptischen Kunst vgl. W. WESTENDORF: Das Alte Ägypten, 39, der die Büste des Prinzen und Wesirs *Anch-haf*, eines Schwiegersohns des Königs *Cheops* als das früheste Beispiel individueller Porträtkunst herausstellt.

2 H. KEES: Totenglaube und Jenseitsvorstellungen der Alten Ägypter, 148-149.

3 Zur Stelle vgl. R. BULTMANN: Das Evangelium des Johannes, 324-325, der (S. 325, Anm. 1) auf den traditionellen Charakter des Bildes hinweist, dabei aber den wichtigen Bezug zu den Vegetationsriten nicht erwähnt.

4 Vgl. IGNATIUS: An die Epheser, 20,2, in: Apostolische Väter, S. 125, der die Eucharistie «ein Brot» nennt, «das ist ein Heilmittel zur Unsterblichkeit, ein Gegengift, daß wir nicht sterben, sondern leben in Jesus Christus immerdar». Ähnlich meint IRENÄUS: Gegen die Häresien, IV 18, in: Schriften, II 58: «... wie das von der Erde stammende Brot, wenn es die Anrufung Gottes empfängt, nicht mehr gewöhnliches Brot ist, sondern die Eucharistie, die aus zwei Elementen, einem irdischen und einem himmlischen besteht, so gehören auch unsere Körper, wenn sie die Eucharistie empfangen, nicht mehr der Verweslichkeit an, sondern haben die Hoffnung auf Auferstehung.» GREGOR VON NYSSA: Große Katechese, 37, 4, in: Schriften, S. 78, sah in der Eucharistie den Versuch Gottes, sich selbst den Menschen gleichsam einzusäen, «damit auch der Mensch durch sein Einswerden mit dem Unsterblichen der Unsterblichkeit teilhaftig werde.» – Zur Vorstellung von dem ägyptischen Korngott *Napre* vgl. H. KEES: Totenglaube und Jenseitsvorstellungen der Alten Ägypter, 148, der dieselbe Vorstellung Jahrtausende zuvor im Alten Ägypten bezeugt: «der Tote ist ein ‹Lebender, der aus Osiris hervorging› dadurch, daß sich Isis ihrem Sohne Horus nützlich erwies und als Nahrung davon (sc. von dem Korngott, d. V.) genoß, sich also, um im ägyptischen Bilde zu bleiben, mit dem Samen des Osiris befruchtete.»

5 G. W. F. HEGEL: Vorlesungen über die Philosophie der Religion, I 434-437; DERS.: Vorlesungen über die Philosophie der Geschichte, 278-283; zur Darstellung der

HEGELschen Religionsphilosophie vgl. E. DREWERMANN: Strukturen des Bösen, III 69-75.

6 Dieser religionspsychologisch äußerst fruchtbare Begriff stammt von E. CANETTI: Masse und Macht, 114-118 (Die Klagemeute); S. 158-162.

7 H. KEES: Totenglaube und Jenseitsvorstellungen der Alten Ägypter, 149.

8 Vgl. G. ROEDER: Die Osirissage nach Plutarch, in: Urkunden zur Religion des Alten Ägypten, 15-21; E. BRUNNER-TRAUT: Altägyptische Märchen, 88-93.

9 E. BRUNNER-TRAUT: Altägyptische Märchen, 88. Zu der Parallele mit der biblischen Christuslegende vgl. E. DREWERMANN: Dein Name ist wie der Geschmack des Lebens, 118 f.

10 Zur Gestalt des «älteren» *Horus* (des *Ḥr wr*) vgl. H. KEES: Der Götterglaube im Alten Ägypten, 187-194; 194-199. Der «ältere Horus» «ist eine theologische Konstruktion, die sich aufdrängte, als durch die Bildung von Göttersystemen . . . die Gestalt des Horus in verschiedenen Göttergenerationen auftauchte». W. HELCK: Ägypten, in: H. W. Haussig (Hrsg.): Wörterbuch der Mythologie, I 354.

11 E. BRUNNER-TRAUT: Altägyptische Märchen, 88.

12 A. a. O., 88-89.

13 A. a. O., 89-90. – Zur Gestalt des *Seth* vgl. H. KEES: Der Götterglaube im Alten Ägypten, 194-199.

14 E. BRUNNER-TRAUT: Altägyptische Märchen, 90.

15 A. a. O., 90.

16 A. a. O., 91.

17 A. a. O., 91.

18 E. DONDELINGER: Papyrus Ani, 13-14.

19 S. o. Anm. 10.

20 Vgl. J. v. BECKERATH: Handbuch der ägyptischen Königsnamen, 7-13: Der Titel Horus und der Horusname; A. GARDINER: Egyptian Grammar, S. 72-73.

21 E. DONDELINGER: Papyrus Ani, 14.

22 Vgl. K. H. ROLOFF: Attis, in: dtv-Lexikon der Antike, I 137-138. Vgl. bes. J. G. FRAZER: Der goldene Zweig, 506-519; zu *Osiris* als Korngott vgl. a. a. O., 528-562, bes. S. 554: Osiris als Baumgeist.

23 Vgl. M. ELIADE: Schmiede und Alchemisten, 80-81, der darauf hinweist, daß das «metallurgische Werk als eine vorzeitig eingeleitete Geburt . . . empfunden» wurde. Die Metalle wuchsen «im Mutterleib der Erde», und ihre Ausschmelzung durch Feuer wurde nach Art des Gebärvorgangs gedeutet. Das Feuer und die Schmelzarbeit konnten auch mit dem Sexualakt verglichen werden. «Es ließen sich dann gewisse sexuelle Tabus in der Metallurgie gerade aus der Tatsache erklären, daß das Schmelzen eine heilige sexuelle Vereinigung war, einen Hierosgamos darstellt.» A. a. O., 64. Vgl. DERS.: Geschichte der religiösen Ideen, I 58-61. – Zur *Brandbestattung der mittleren Bronzezeit* in Europa vgl. D. C. KURZ – J. BOARDMAN: Thanatos, 32-33.

24 Vgl. K. KERÉNYI (– C. G. Jung): Das göttliche Mädchen, 32-34, zu der Mythe von *Demeter*, die ihr Pflegekind *Demophoon* jede Nacht ins Feuer legt, um es unsterblich zu machen. Es handelt sich um eine archetypische Glaubensvorstellung: «Das mythologische Bild des Kindes im Feuer steht . . . damit in Einklang, daß in den Mysterien (sc. von Eleusis, d. V.) die Geburt eines göttlichen Kindes mit dem Aufleuchten von großem Licht gefeiert wurde.» «Daß das Verfahren der Demeter nicht ‹anthropo-

morph› ist, braucht nicht besonders gesagt zu werden. Ins Feuer gelegt werden und doch am Leben bleiben, ja Unsterblichkeit erlangen: das ist kein Menschenschicksal. Übertritt die Göttin die Grenzen des Menschenmäßigen vielleicht aufgrund ihres weiteren Herrschaftsbereiches, der auch die Möglichkeiten des *Getreideschicksals* in sich faßt? Nicht nur aufgrund ihrer Macht, sondern auf dem ihrer *Gestalt*? So scheint es, wenn wir bedenken, daß jede demetrische Frucht ihre Vollendung als menschliche Nahrung im Feuer erlangt ... der Feuertod gehört zum Schicksal des Getreides. Trotzdem ist jede Getreideart ewig. ‹Ich bin nicht gestorben – so singt der Maisgott der mexikanischen Coraindianer, nachdem er dem Feuer übergeben wurde. – Meine jüngeren Brüder (die Menschen) erscheinen nur einmal. Sterben sie nicht für immer? Ich aber sterbe nie, ich erscheine dauernd (auf Erden) ...›» Vgl. DERS.: Das göttliche Kind, S. 32 (Im *Kalevala-Epos*, 31. Gesang, will *Untamo* den wunderbaren Knaben im Feuer vernichten, kann ihm aber kein Leid zufügen.). – Zur Symbolik von Brot, Korn und Ähre vgl. PH. RECH: Inbild des Kosmos, II 467-506, bes. S. 477, über die Gleichheit von Kornschicksal und Passionsschicksal.

25 Zur Opposition des *«Rohen»* und *«Gekochten»* in der Interpretation der Mythen vgl. C. LÉVI-STRAUSS: Mythologica, I: Das Rohe und das Gekochte, 146 f.; 232-234; II: Vom Honig zur Asche, 486 f. Vgl. auch B. BUCHER: Die Phantasien der Eroberer, in: Mythen der Neuen Welt, 75-91, zur Interpretation des Kannibalismus.

26 Vgl. A. E. JENSEN: Die getötete Gottheit, 78; E. DREWERMANN: Strukturen des Bösen, II 594-615.

27 J. YOGOTTE: Nil, in: Lexikon der ägyptischen Kultur, 181-184, S. 184; N. JENKINS: Das Schiff in der Wüste, 139-140; G. ROEDER: Kulte, Orakel und Naturverehrung im Alten Ägypten, 319-341. Zur Gestalt des *Hapi* vgl. auch TH. MANN: Josef und seine Brüder, II 565-569.

28 E. DONDELINGER: Papyrus Ani, 48-54, S. 53.

29 A. a. O., 53-54.

30 Vgl. L. FROBENIUS: Das Zeitalter des Sonnengottes, 59-220; 264-278. Zum *Fischsymbol* im Christentum vgl. U. STEFFEN: Jona und der Fisch, 65 ff.

31 C. DESROCHES NOBLECOURT u. a.: Sen-nefer- 63. – Zum Kultort *Abydos* und den Riten des Osiris vgl. H. KEES: Totenglauben und Jenseitsvorstellungen der Alten Ägypter, 230-252; vgl. DERS.: Der Götterglaube im Alten Ägypten, 329-337.

32 Ein Rest dieser Vorstellung hat sich noch heute in der *Namengebung der Schiffe* erhalten; als tiefenpsychologisches Symbol sind Schiffe als weiblich-mütterliche Bilder zu werten; vgl. E. DREWERMANN: Strukturen des Bösen, II 390-392. Von daher versteht sich das seltsame Ritual, beim Stapellauf eines Schiffes eine (Champagner-) Flasche am Bug des Schiffes überschäumend zu zertrümmern, als die verflachte Form eines Zeremoniells der (Heiligen-)Hochzeit.

33 So ist Nefertem (*nfr-tm*, der ganz Vollkommene) die vergöttlichte Lotosblüte; sie galt als ein Urwesen, das aus der Urflut auftauchte, «um aus dem sich öffnenden Kelch die Sonne herauszulassen». W. HELCK: Ägypten, in: H. W. Haussig (Hrsg.): Wörterbuch der Mythologie, I 379; vgl. H. KEES: Der Götterglaube im Alten Ägypten, 89-90.

34 Vgl. C. DESROCHES NOBLECOURT u. a.: Sen-nefer, 71 ff.; vgl. W. A. DASZEWSKI: Dionysos der Erlöser, 38-45, S. 41; K. KERÉNYI: Dionysos, 45-47; 240 ff.; bes. 206-207: «Der Zeuge einer massiven, nicht griechischen Dionysosreligion zwischen dem See von Gennesareth und der Phönizischen Küste ist der Gründer des Christentums, der

dieses Gebiet bis nach Tyrus durchwanderte. Seine Gleichnisse nahm er gern aus dem Leben der Weinbauern ... Er sagte von sich selbst: ‹Ich bin der wahre Weinstock› ... Die Parabel, in der es steht ..., ersetzt im Johannesevangelium den Spruch des Abendmahls vom Wein: ‹Das ist mein Blut!› – und begründet es zugleich.» Es ist historisch freilich undenkbar, daß Jesus als Jude die Worte vom Blutgenuß zu seinen Jüngern wirklich gesagt haben könnte; vgl. E. DREWERMANN: Das Markusevangelium, II 450-453, Anm. 1; es ist auch hier der *Archetyp* des sterbenden Gottes, der im Kontext der Religion des *Dionysos* bzw. des *Osiris* die symbolische Interpretationsvorlage zur Deutung des Lebens und Sterbens Jesu bietet.

35 Zu Recht meint N. JENKINS: Das Schiff in der Wüste, 147, man könne nicht nach dem Vorbild der alten Ägyptologen in der Verehrung des *Re* und in dem Bild des *Osiris* einen Gegensatz zwischen König und Volk erkennen. «Diese Konflikttheorie ist ... zu einfach, um den Fakten zu entsprechen ... Es erscheint wahrscheinlicher, daß die beiden Kulte – wenn es auch gewisse Spannungen zwischen ihnen gab – als einander ergänzende Möglichkeiten galten und nicht als antagonistische und einander entgegengesetzte Versionen der Wahrheit. Bei seinem Tod wurde der König zum Sonnengott oder zu einem Teil der Begleitung des Gottes, die mit diesem in einem Boot den Nil überquerte, er wurde aber auch zu Osiris. Es ist ein Fehler, darin zwei getrennte Auffassungen oder nur zwei getrennte Symbolgruppen zu sehen.» Vgl. auch E. HORNUNG: Tal der Könige, 177-186: Osiris und sein Reich. – Zur Einheit von *Re* und *Osiris* vgl. auch TH. MANN: Joseph und seine Brüder, II 550.

36 Auch hier liegt ein archetypisches Motiv vor, das z. B. auch in der *hinduistischen* Mythologie eine zentrale Rolle spielt, wo *Sakala-Shiva* als ein steriler Asket mit der Sichel des zunehmenen Mondes auf dem Haupt von der *Shakti*, dem weiblichen kreativen Prinzip, aus seiner Bewegungslosigkeit und Leere erlöst werden muß. Vgl. H. ZIMMER: Indische Mythen und Symbole, 228-231, der in seiner hervorragenden Interpretation den Sinn des Mythems in Beziehung zur Philosophie G. W. F. HEGELS setzt. Vgl. DERS.: Die indische Weltmutter, in: O. Fröbe-Kapteyn: Eranos-Jahrbuch 1939, S. 187-188, wo er schildert, wie die Große Göttin als «Gauri», als die «Hell-Weiße», auf *Shankara*, dem «Friedebringer» *Shiva*, dem erlösenden Tod, ruht und ihn in «unersättlicher Umklammerung» als ihre Lebenskraft umfängt.

37 Zu der Frage des *leidenden Messias* vgl. E. DREWERMANN: Das Markusevangelium, I 45-80; II 129-147; 624-648; 648-670.

38 Vgl. E. DREWERMANN: Strukturen des Bösen, I 111-114; II 247-256. In der ägyptischen Überlieferung taucht das Motiv in dem Märchen von *Bata* und *Anubis* auf; vgl. E. BRUNNER-TRAUT: Altägyptische Märchen, 28-40.

39 Zur Psychodynamik speziell des *älteren* Bruders in den Bruderkampfmythen vgl. E. DREWERMANN: Strukturen des Bösen, II 267-276; 276-294, bes. S. 280.

40 R. L. STEVENSON: Der seltsame Fall des Dr. Jekyll und Mr. Hyde, in: Erzählungen, 671-853; zur Interpretation der Erzählung vgl. E. DREWERMANN: Strukturen des Bösen, III 294-297.

41 Zur Gestalt des *Judas* vgl. E. DREWERMANN: Das Markusevangelium, II 422-449.

42 Vgl. TH. MANN: Joseph und seine Brüder, II 514. Zur Gestalt des *Christophorus* vgl. J. VON VORAGINE: Die Legenda Aurea, 498-503, wo freilich nur von der gewaltigen Größe und dem furchtbaren Angesicht des Christophorus die Rede ist. Eine sehr schöne Darstellung des *hundsköpfigen* Christophorus zeigt eine Ikone im Benaki-Mu-

seum, Athen. Zu den *«Füchsen»* am Rand des Unbewußten vgl. E. DREWERMANN – I. NEUHAUS: Das Eigentliche ist unsichtbar, 42-44.

43 L. KLAGES: Der Geist als Widersacher der Seele, 3 Bde., I 217-279: Das Bewußtsein als Lebensstörung, mit der zentralen These (S. 238): «Die Besinnungstat fixiert den jeweils unausgedehnten Augenblick, wo die eben verflossene Erlebniswelle endet, die eben kommende anfängt. Sie setzt an die Stelle der Gliederung die Teilung. Der Phasenwechsel des Erlebten wird zum Bewußtsein der Geschiedenheit der Gegenstände.»

44 Zur psychoanalytischen Deutung der *Faust*-Gestalt vgl. G. GRODDECK: Vier Lehrbücher der Psychoanalyse, in: Psychoanalytische Schriften zur Literatur und Kunst, 165-195, mit der konsequenten Rückführung des Motivs auf den Ödipuskomplex.

45 Vgl. J. ASSMANN: Zeit und Ewigkeit im Alten Ägypten, 43-45: Die «zyklische» und «lineare» Zeit, Perpetuität und Permanenz.

46 Zur Wallfahrt nach *Busiris* vgl. H. KEES: Totenglauben und Jenseitsvorstellungen der Alten Ägypter, 232.

47 S. SCHOTT: Altägyptische Liebeslieder, 160-162, Nr. 130-136; S. 163-164, Nr. 140-141; S. 164-165, Nr. 143; 145.

48 E. HORNUNG: Das Totenbuch der Ägypter, 319.

49 Vgl. die Abb. auf S. 142.

50 C. DESROCHES NOBLECOURT u. a.: Sen-nefer, 71.

51 Indem *Isis* sowohl die Gattin wie die Schwester des *Osiris* ist und zudem in gewissem Sinne gegenüber dem Verstorbenen die Funktion der (wieder-)gebärenden Mutter übernimmt, hat man immer wieder auf die exquisit inzestuöse bzw. ödipale Thematik der ägyptischen Mythologie hingewiesen. Bereits zwischen der Himmelsgöttin *Nut* und dem Sonnengott *Re* kommt es an jedem Abend zu einer geschlechtlichen Mutter-Sohn-Beziehung, und die Verschmelzung von *Re* und *Osiris* machte beide Götter an der Seite der *Nut* austauschbar. Im Pyramidentext 778 (K. SETHE: Pyramidentexte, Bd. 3, S. 428) lesen wir daher die Aufforderung: «Nut, falle über deinen Sohn Osiris NN (sc. den jeweils Verstorbenen, d. V.). Vereinige dich mit ihm, du Gefährtin des Großen, mit ihm, diesem Großen unter deinen Kindern.» Zit. bei R. MAKRAM: Kulturgeist und Kulturleib, 134. Es ist an dieser Stelle stets eine Frage, mit welchem Instrumentarium man Bilder dieser Art deuten will. Für MAKRAM: a. a. O., 138, folgt im Sinne der FREUDschen Psychoanalyse aus dem Befund: «Der alte Ägypter hätte in seiner Religion die Idee vom Beischlaf zwischen Osiris und seiner Mutter Nut nicht aufgenommen, wenn nicht in der Tat die ägyptischen Söhne in grauer Vorzeit mit ihren Müttern verkehrt hätten.» Und S. 140: «. . . so können wir mit Sicherheit annehmen, daß die Wandlung von der matrilinearen zu der patrilinearen Gesellschaftsordnung ihren Höhepunkt schon in den letzten Generationen vor dem Anfang des 4. Jahrtausends v. Chr. erreicht hat. Mit anderen Worten: es gelang dem altägyptischen Volke, die ödipale Phase seiner Entwicklung mit der Gründung der 1. Dynastie und der Anerkennung der männlichen Herrschaft seiner ersten Könige zu überwinden.» So verstanden ist die «Heilige Hochzeit» zwischen *Re (Osiris)* und seiner Mutter *Nut* oder zwischen *Osiris* und seiner Schwester *Isis* zunächst nichts weiter als ein Ausdruck uralter ödipaler (kindlicher) Inzestwünsche. Von seiten der Schule C. G. JUNGS aber ist unbedingt zugleich auf den *Sinn* derartiger Riten und Vorstellungen hinzuweisen. So schreibt I. CLARUS: Du stirbst, damit du lebst, 109: «In der Heiligen Hochzeit . . .

verbildlichen König und Königin im Augenblick der zeugenden Begegnung den Archetypus des Väterlichen und Mütterlichen. Ein ursprünglich kosmisches Geschehen wird symbolisch zur menschlichen Wirklichkeit ... Immer ist in der direkten Begegnung zwischen Mann und Frau, in der Zeugung, der Hauch des Archetypischen mitenthalten. Doch besteht mit zunehmender Bewußtheit die Gefahr, daß der Archetypus und sein Symbol (der *rituelle* Inzest) nicht mehr als solche verstanden werden. Dann geschieht leicht eine Verwechslung zwischen dem Symbol und dem Vollzug in der äußeren Realität. Das ist der Augenblick des *ödipalen Erschreckens*. Das *symbolisch Wahre*, Richtige wird auf der neuen Erkenntnisstufe plötzlich zum Verkehrten, zur Sünde. Der Mensch ist zwar ein symbolisches Abbild Gottes, aber er ist real kein Gott. Wenn sich nun Vater–Tochter, Mutter–Sohn, Bruder–Schwester sexuell begegnen, dann kann aus solcher Zeugung kein schöpferisch Neues mehr hervorgehen, weil in der Verwechselung das kollektiv gültige Symbol mit den konkreten Menschen vertauscht wurde.» Historisch betrachtet, mag es fraglich bleiben, ob es im Alten Ägypten wirklich eine Zeit gab, in der das Inzesttabu – immerhin eine der ganz wenigen wirklich allgemeingültigen moralischen Regeln der Menschheit – *nicht* bestand; sicher aber scheint es den *rituellen* Brauch «inzestuöser» Verbindungen zwischen Mutter und Sohn, Vater und Tochter, Bruder und Schwester in der ägyptischen Religionsgeschichte gegeben zu haben. Bei der Deutung dieses Befundes ist indessen die psychologische Seite als wichtiger und grundlegender zu erachten als die kulturgeschichtlich-soziale Ebene. So kommt es, daß die Symbolsprache der altägyptischen Religion eine *menschheitliche* Gültigkeit und Wahrheit auszusprechen vermag, die nicht nur von den Gegebenheiten einer bestimmten Sozialstruktur, sondern sogar von dem Bestand des ursprünglich sie tragenden politischen und religiösen Systems relativ unabhängig sind. Hier wie sonst zeigt sich und gilt, daß archetypische Bilder religionsgeschichtlich zwar durch die historischen Bedingtheiten katalysiert und modifiziert, nicht aber wirklich begründet werden. Sehr hingegen trifft zu, worauf I. CLARUS hinweist: daß im Verlauf der Religionsgeschichte immer zunächst äußerlich gelebt und aktualisiert wurde, was in seinem inneren Gehalt erst später wirklich verinnerlicht wird; dann aber erscheint die Außenseite des alten Rituals nicht selten als geradewegs schändlich, beschämend, ja verbrecherisch, und der Druck wächst, *nur noch* symbolisch zu leben, was ursprünglich politisch, sozial oder familiär gebunden war. Vgl. dazu am Beispiel der *aztekischen* Totenopfer E. DREWERMANN: Der Krieg und das Christentum, 316-323. – Zur Vorstellung von der gottgebärenden Frau im Alten Ägypten vgl. bes. P. H. SCHULZE: Frauen im Alten Ägypten, 133-165.

52 E. HEMINGWAY: Schnee auf dem Kilimandscharo, in: Schnee auf dem Kilimandscharo. 6 Stories, S. 87-130.

53 A. a. O., 97.

54 A. a. O., 124.

55 A. a. O., 87.

56 E. HEMINGWAY: Der alte Mann und das Meer, 23; 64; 124.

57 Vgl. Tafel 4; in: E. HORNUNG: Das Grab des Haremhab, Tafel 18; vgl. DERS.: Tal der Könige, Abb. 73, S. 102.

58 Diese Wahl zwischen «Großseinwollen» und «Dienen» ist im Neuen Testament meisterlich formuliert in Mk 10,42-43. Vgl. dazu E. DREWERMANN: Das Markusevangelium, II 129-147.

[59] Zur Gestalt der *Frau* als der entscheidenden Trägerin des Lebens gegen den Tod vgl. in Auslegung von Mk 16,1-8 E. DREWERMANN: Das Markusevangelium, II 697-722.
[60] Zitiert nach S. SAUNERON: Isis, in: G. Posener (Hrsg.): Lexikon der ägyptischen Kultur, 113.
[61] Zu der Sage von *Admetos* und *Alkestis* vgl. EURIPIDES: Alkestis, in: Tragödien, 23-60, mit den erschütternden Abschiedsworten der *Alkestis*, S. 32: «Weil ich dich ehre, hab' ich dies für dich getan.» – Ein wunderbarer Abschiedsgesang einer Liebe freilich ohne Hoffnung ist der äußerst sensible Rückblick der Gattin des französischen Filmschauspielers *G. Philipe* auf das Sterben ihres Gemahls; A. PHILIPE: Nur einen Seufzer lang, 1969.
[62] Zur Stellung gegenüber dem Tod vgl. den orphischen Hymnus auf *Thanatos*, den Gott des Todes, bei J. O. PLASSMANN: Orpheus. Altgriechische Mysterien, S. 131: *Dem Tode:* Höre mich, der du das Steuer / Allen sterblichen Menschen führst; / Allen gibst du die Zeit, / Die du von alters beherrschest und lenkst. / Denn dein Schlaf zerschmettert die Seele / Und des Leibes schleppende Last, / Wenn du das Band der Natur, / Das bezwungene, lösest / Und den lebenden Wesen / Bringst den großen, ewigen Schlaf. / Allen gemein, doch ungerecht / Fängst du mit wenigen an, / Zerstörst im Sturmschritt des Lebens / Den neu erblühten, gleichaltrigen Gipfel. / Denn in dir wird allein / Aller Entscheidung gefällt, / Die kein Einziger mag / Ändern mit Bitten und flehendem Wort. / Dich, Seliger, flehe ich an, / Komme nach reichlicher Lebenszeit: / Dich ruf ich mit Opfer und Bitten, / Daß als edles Ehrengeschenk / Den Menschen das Alter erblüht!»
[63] Zur Stelle Joh 8,17 f. vgl. R. BULTMANN: Das Evangelium des Johannes, 213: «Von Gott wissen, bedeutet ja nicht, hinreichend über ihn informiert sein, sei es aus der Tradition (wie bei den Juden oder irgendeiner, auch christlichen, Orthodoxie), sei es aus allgemeinen Gedanken oder Ideen; sondern es bedeutet, um ihn als um den wissen, der in seiner Offenbarung begegnet, den Menschen infrage stellend und seinen Gehorsam fordernd.» Besser sollte man (dem existentialistischen Entscheidungspathos entgegen) nicht von Infragestellung und Gehorsam sprechen, sondern von «Wiedergeburt», Neuwerdung und «Sehen» – Bilder, die das *Johannes*evangelium selber gebraucht; dann aber trifft die Interpretation BULTMANNS auch in psychologischer Sicht den Kern der Stelle.
[64] Zu Recht weist R. BULTMANN: A. a. O., 36-37, auf die Herkunft der Vorstellung von der neu geschenkten «Gotteskindschaft» bzw. der neuen «Geburt» aus den Mysterienreligionen, nicht aus der jüdischen Eschatologie hin; im Hintergrund der Mysterienreligionen aber muß man das Jahrtausende alte Erbe vor allem der altägyptischen Religion bzw. der ihr nahestehenden Religionsformen der sterbenden und auferstehenden Gottheit sehen. Recht hat BULTMANN auch, wenn er feststellt: «Der Gedanke von Gott als dem Vater und dem Menschen als seinem Kind begegnet in der ganzen Religionsgeschichte von den primitiven Stufen an.» A. a. O., 36.
[65] Vgl. mit Bezug zu Mk 16,1-8 E. DREWERMANN: Das Markusevangelium II 697-722.

[1] Zu der «vergegenwärtigten Eschatologie» des *Johannes*evangeliums vgl. R. SCHNACKENBURG: Das Johannesevangelium, I 140-141.

[2] Richtig spricht R. BULTMANN: Theologie des Neuen Testamentes, 430, im *Johannes*evangelium vom «Glauben» als «eschatologischer Existenz»: «Der Glaubende ist innerhalb der Welt dem weltlichen Sein entnommen ... er hat den Tod schon hinter sich gebracht (8, 51; 11, 25 f.); er hat schon das Leben (3, 36; 6, 47 ...).»

[3] Vgl. R. BULTMANN: A. a. O., 297-298, wo auf die Analogie zu den Mysterienreligionen und auf die Verwendung gnostischer Kategorien in der Interpretation von Tod und Auferstehung Jesu bereits in der Theologie des Paulus hingewiesen wird.

[4] Zu Joh 11,25 vgl. R. BULTMANN: Das Evangelium des Johannes, 307: «Jesu ‹ich bin das Leben› beschreibt nicht seine metaphysische Wesenheit, sondern seine Gabe für den, der zum Glauben kommt und damit ‹aufersteht›.» Speziell zu der Auferstehungsgeschichte in Joh 20 muß man sagen, daß sie nicht «der Gattung protokollarischer Berichte zuzuordnen» ist, aber auch keine haggadisch-apokalyptische Darstellung wie Mk 16,1-8» bietet, sondern daß sie «in erzählender ... Weise die Bedeutung der Taten Jesu als Offenbarung seiner lebenspendenden Macht» aufzeigen will. J. KREMER: Die Osterevangelien, 178.

[5] Von daher kommt der Person des historischen Jesus die entscheidende Bedeutung zu, wobei freilich zu beachten ist, daß sich über die Wirklichkeit einer Person bzw. über die Bedeutung personaler Erfahrungen gerade nicht in historischen Berichten nach der Art moderner Geschichtsschreibungen referieren läßt, sondern im Grunde nur in Form verdichteter traumnaher Bilder Kunde geben läßt. Von daher ist die Aussagerichtung durchaus berechtigt, die W. MARXSEN: Die Auferstehung Jesu als historisches und als theologisches Problem, in: W. Marxsen, U. Wilckens, G. Delling, H. G. Geyer: Die Bedeutung der Auferstehungsbotschaft für den Glauben an Jesus Christus, Gütersloh [5]1967, 11-39, vorgeschlagen hat, indem er sich die Frage vorlegte, wie denn die Jünger Jesu dazu kamen, das Interpretament «Auferstehung von den Toten» zur Deutung der Osterwiderfahrnisse zu verwenden; es sei, meinte MARXSEN (S. 32), auf diese Weise das «funktionale Jesuskerygma» in ein «personales Christuskerygma» umgewandelt worden, es sei der «Bringer des Heils ... zum Gegenstand des Heils» geworden, der «Verkündiger» sei «zum Verkündigten» geworden. Daraus folgerte er S. 37: «Nicht die Auferstehung ist das entscheidende Datum ..., sondern Jesus war das ‹Datum›, sein Reden und Tun.» Insbesondere gehe es nicht an, ein damals aus der Religionsgeschichte verständliches Interpretament zu historisieren. «So ist also die Frage nach der Auferstehung Jesu zuletzt keine Frage nach einem Ereignis nach Karfreitag, sondern es ist die Frage nach dem irdischen Jesus und (unlösbar damit verbunden!) die Frage, wie seine Sache später erfahrene Wirklichkeit wurde und heute erfahrbare Wirklichkeit werden kann.» (S. 39) Vgl. DERS.: Die Auferstehung Jesu von Nazareth, Gütersloh 1968. In dem Ausgang von der Botschaft des Jesus von Nazareth ist W. MARXSEN gewiß zuzustimmen, ebenso in der Ehrlichkeit der historisch-kritischen Analyse der Ostertexte; nicht zustimmen aber kann man ihm in der Trennung, die er zwischen der Person und der Botschaft Jesu vornimmt; nicht die «Funktion» Jesu ist das Entscheidende, sondern von Anfang an seine Person; sie erst ermöglicht das Verständnis seiner Worte – es gibt gerade keine Reduktion auf ein «Offenbarungs-

wort», es geht entscheidend um das Gegenüber einer Person, die imstande ist, den Selbsteinschluß der Angst der menschlichen Existenz im Feld der Gottesferne wieder auf Gott hin zu öffnen. Und dann wiederum gibt es keinen Zugang zu der Person eines Anderen ohne die vermittelnden Schemata des Wünschens, Sehnens, Hoffens, Vorstellens und Träumens. Es geht weder tiefenpsychologisch noch dogmatisch an, die großen Bilder der Religionsgeschichte der Menschheit als rein zeitgeschichtlich bedingte Interpretamente zu entwerten, es kommt vielmehr umgekehrt alles darauf an, die Wahrheit dieser Bilder tiefenpsychologisch und theologisch einfühlbar und in ihrer Gültigkeit zur Deutung menschlicher Existenz evident zu machen. Erst dann wird man zugleich verstehen, von welch einem Glauben Jesus getragen war, wenn er die Zuversicht in die «Auferstehung von den Toten» vor unseren Augen zu leben versuchte. Vgl. E. DREWERMANN: Das Markusevangelium, II 270-283, zu Mk 12,18-27. Dasselbe gilt gegenüber H. R. SCHLETTE: Epiphanie als Geschichte, München 1966, 61-75, der in etwa dem Standpunkt von W. MARXSEN folgt. Damit ist freilich auch gesagt, daß es nicht angeht, die Wahrheit der Symbole der Ostererzählungen am Ende doch wieder, zumindest negativ, in der «objektiven» Wirklichkeit einer nachprüfbaren Historie suchen zu wollen, wie F. MUSSNER: Die Auferstehung Jesu, München 1969, 189-195, dies geradezu verzweifelt mit dem Argument von der «unaufhebbaren Einheit» von Geist und Materie (S. 194) unternimmt. Als ob nicht schon die Begriffe «Geist» und «Materie» heute philosophisch fragwürdig geworden seien, geht es ihm schließlich um die Rettung nicht mehr des neutestamentlichen Auferstehungsglaubens, sondern um dessen aristotelisch-thomistische Interpretation in der katholischen Dogmatik. Welch ein biologistisches, objektivistisches Denken hier nachwirkt, zeigt J. BRINKTRINE: Die Lehre von der Mutter des Erlösers, 64, der noch im Jahre 1959 aus Konzils- und Vätertexten bewies, daß die wunderbare Jungfräulichkeit der Geburt Jesu *(Virginitas in Partu)* gestützt werde durch «die Auferstehung des Herrn aus dem verschlossenen Grabe ... und sein Hindurchgehen durch verschlossene Türen (Joh 20,19).»

a) Maria von Magdala am Grab

1 Vgl. zur Stelle E. SCHWEIZER: Das Evangelium nach Lukas, 93, der diskutiert, ob vielleicht erst Lukas «durch 8,1-3 festgehalten (hat), daß auch sie (sc. die hier aufgezählten Frauen, d. V.) als Zeuginnen der Auferstehung (23,55; 24,1.6-8) schon beim irdischen Wirken Jesu dabei waren wie die Apostel (Apg 1,21 f.)?» Man müßte dann, wie im *Johannes*evangelium, auch schon bei Lk betonen, daß man zur Erfahrung der «Auferstehung» Jesu nur kommen kann durch die Begegnung mit der Person des irdischen Jesus von Nazareth. Völlig legendär und biblisch ohne jede Grundlage ist die Verknüpfung der Gestalt der *Maria Magdalena* mit der «Sünderin» von Lk 7,37. H. L. STRACK – P. BILLERBECK: Kommentar zum Neuen Testament aus Talmud und Midrasch, I 1047, erwähnen zwar einen Ort *Magdala*, der «wegen Unzucht» zugrunde gegangen sei, doch ist dies das «Magdala der Färber», nicht das galiläische Magdala. Psychologisch dürfte L. RINSER: Mirjam, 15, recht haben, wenn sie die Legende von der «Hure» Magdalena auf den mythischen Archetyp des größten Kontrastes: des Heiligen und der Sünderin (bzw. umgekehrt: der Schönen und des Tieres) zurückführt und an die Geschiche von *Simon Magus* und seiner Frau *So-*

phia erinnert: «Das Urmuster (sc. von Geschichten dieser Art, d. V.)... war dies: einem der hohen Götter war die Braut geraubt worden, Sophia, die Weisheit, und er mußte sie suchen. Sie sei in der Unterwelt, bei den Schatten sei sie. Aus der Unterwelt wurde das Bordell. Der Gott suchte seine Sophia unter den Huren. Sie war selbst zur Hure geworden. Der Gott und die Hure. Der Reinste und die Unreinste zusammen erst: das Hohe Paar... Ich mußte eine Hure sein, damit ich ins mythische Bild paßte.» In der Tat prägt sich in der Legende der *Maria von Magdala* das Bild der verdrängten *anima*, des «christlichen» Unbewußten aus; mit der Gestalt des Christus an sich aber hat das so wenig zu tun wie mit der Person seiner Begleiterin.

2 L. Rinser: Mirjam, 11, hat die Idee aufgebracht, die «Besessenheit» der *Maria von Magdala* habe darin bestanden, daß sie schon als Mädchen sich zu einer emanzipierten Frau entwickelt habe, die sich unter dem patriarchalischen Vorbild der Ehe ihrer Eltern weigerte, zu heiraten. Diese Vorstellung scheint in manchen Kreisen so beliebt zu sein, daß Ch. Friebe-Baron: Ferne Schwestern, ihr seid mir nahe, 111-118, S. 112, den Gedanken, freilich ohne Herkunftsangabe, ohne weiteres aufgegriffen hat. Nun kann zum Stichwort «Besessenheit» sich inhaltlich gewiß ein jeder seinen eigenen Phantasien aus dem Bereich der Psychiatrie und der Psychopathologie hingeben; eines aber kann er sicher nicht, solange er noch daran interessiert ist, die biblische *Maria von Magdala* zu verstehen: er kann nicht aus einer schweren seelischen Erkrankung eine bessere Form seelischer Gesundheit machen und damit im Grunde das Problem der radikalen Erlösungsbedürftigkeit des Menschen aus der Existenz des Menschen weg an die (patriarchalische) Gesellschaft delegieren. Ohne Zweifel: das Patriarchat, solange es dauert, schafft Krankheiten aller Art; aber Lk 8,2 schildert *Maria von Magdala* als eine seelisch Zerbrochene, als eine innerlich Zerrissene, und zwar nicht im Sinne einer fehlerhaften Bewertung von seiten «der» Männer ihrer Umgebung, sondern allenfalls als das inzwischen völlig wehrlose, hilflos ausgelieferte Opfer solcher fremden und zerstörerischen Bewertungsmaßstäbe. Noch weit abwegiger wird L. Rinsers Mutmaßung, wenn sie *Maria von Magdala* zu einer Tochter aus dem Stamme der *Makkabäer* erklärt, die nicht nur gegen die Männer-, sondern auch gegen die Römerherrschaft habe kämpfen wollen, bis sie von der Liebe Jesu besiegt worden sei. – Zum Thema der *«Besessenheit»* in den Heilungsgeschichten des Neuen Testamentes vgl. E. Drewermann: Tiefenpsychologie und Exegese, II 228-231. Die seelische Ursache psychotischer Erkrankungen liegt gewiß nicht einfach in einem gesellschaftlichen «System» begründet, sondern besteht in der Doppelbödigkeit und inneren Widersprüchlichkeit der zentralen frühkindlichen Kontaktpersonen. Vgl. P. Watzlawick: Wesen und Formen menschlicher Beziehungen, in: H. G. Gadamer – P. Vogler (Hrsg.): Neue Anthropologie, VII 2, S. 103-131, bes. S. 116-121; vgl. E. Drewermann: Von der Zerstörung der religiösen Rede, in: Psychoanalyse und Moraltheologie, III 174-198, S. 185-187, Anm. 20.

3 R. D. Laing: Das geteilte Selbst, 62.

4 Brüder Grimm: Kinder- und Hausmärchen, Nr. 50. In diesem Märchen geht es auf geradezu klassische Weise um die Versteinerung aller seelischen Antriebe und Gefühlsregungen unter dem Diktat der Angst – der Sexualangst speziell.

5 Es gibt bei den Synoptikern eine gewisse Parallele zu der Gestalt der *Maria von Magdala* und ihrem Bekenntnis vom Sieg des Lebens über den Tod in der Gestalt *des*

Bessenen von Gerasa, der von einer «Legion» böser Geister heimgesucht war, ehe Jesus ihm entgegentrat und ihn heilte; er ist der erste und einzige im *Markus*evangelium, der sich schon vor dem Tode Jesu implizit zu der «Gottheit» seines Retters bekennt. Zu der Stelle Mk 5,1-20 vgl. E. DREWERMANN: Tiefenpsychologie und Exegese, II 247-277; DERS.: Das Markusevangelium, I 360-365.

6 Gerade in der Auslegung der *johanneischen* Sprechweise von der «Gottessohnschaft» Jesu kommt es entscheidend darauf an, nicht von dem «fertigen» Glaubenssatz auszugehen, sondern die Erfahrungen zu schildern, die den Menschen Jesus von Nazareth einzelnen unter seinen Mitmenschen für ihr Leben so wichtig machten, daß er ihnen zum «Gott» werden konnte: zum Zentrum, zum Wendepunkt, zum Halt und zum neuen Inhalt ihres ganzen Daseins. Recht hat P. TILLICH: Wesen und Wandel des Glaubens, 9: «Glaube ist das Ergriffensein von dem, was uns unbedingt angeht.» Im Sinne dieser «Definition» muß es wesentlich darum gehen, zu zeigen, wieso diese in sich völlig zerstörte Frau aus Magdala in Jesus demjenigen begegnete, der sie «unbedingt» anging; und dann muß man einen Eindruck davon vermitteln, was es bedeutet, wenn einem Menschen dieser unabdingbare Fixpunkt seiner gesamten Existenz (wie am Karfreitag) mutwillig zerschlagen wird.

7 Im Sinne der Mariologie der katholischen Dogmatik ist *Maria*, die Mutter des Erlösers, über alle Geschöpfe erhoben worden und überragt durch ihre Gottesmutterschaft alle Kreaturen; vgl. J. BRINKTRINE: Die Lehre von der Mutter des Erlösers, 27. Es fällt dann schwer zu glauben, daß dieselbe Frau die gesamte erlösungsbedürftige Menschheit repräsentieren soll (a. a. O., 103); anders die Gestalt der *Maria Magdalena*; sie ist eine «Heilige» ganz und gar nach dem Typ der «Legenden der Unfertigen»; vgl. E. DREWERMANN: Tiefenpsychologie und Exegese, I 429-443.

8 Vgl. J. BRINKTRINE: Die Lehre von der Mutter des Erlösers, 31-51.

9 Vgl. E. DREWERMANN: Das Markusevangelium, I 236-247, zu Mk 2,13-17.

10 Vgl. zu der Einheit von Gottfindung und Selbstfindung, von Glaube und personaler Integration die vorzüglichen Ausführungen bei P. TILLICH: Wesen und Wandel des Glaubens, 121-128.

11 Vgl. dazu E. DREWERMANN: Das Markusevangelium, II 684-696.

12 Richtig weist J. KREMER: Die Osterevangelien – Geschichten um Geschichte, 165, darauf hin, daß die Zeit der Dunkelheit «schlecht zu den damaligen Gegebenheiten» passe und eine «symbolische Bedeutung (vgl. 1,5; 6,17; 12,35.46)» besitze: «die Besucherin des Grabes weilt nicht in der Helle dessen, der selbst das Licht ist (vgl. 1,9; 8,12)». Das Problem dieser Interpretation liegt in dem ständigen Verdrängen der psychischen Bedeutung der biblischen Symbolsprache selbst bzw. in der pflichtgemäßen Ersetzung wirklicher menschlicher Gefühle durch theologische Redensarten. So ist die «Bedeutung für den Leser» nach KREMER (a. a. O., 180) bei der *Dunkelheit* darin zu sehen, daß hier «einerseits ein Symbol für die Finsternis der Sünde und der Bosheit der Welt» vorliege, «andererseits (ein Symbol) für die Situation der Jünger Jesu, wenn Jesus nicht bei ihnen weilt (vgl. 6,17).» Dann wieder, aber leider ohne es auszuführen und existentiell verbindlich zu machen, sagt J. KREMER ebenso richtig wie schön: «In der Finsternis der Welt und der Dunkelheit ihres Herzens eilt Maria zum Grab.» *Verzweiflung* ist der Ausdruck, der im Deutschen den entsprechenden Gefühlszustand beschreibt.

13 Es gilt, derartige «Wege» als Richtungen der Existenz, als Ausdruck der gesamten

Daseinseinstellung zu deuten. Wenn die Zeitangabe ein Symbol ist, so natürlich auch die Ortsangabe. M. a. W.: die Frage muß lauten, wie das Leben eines Menschen beschaffen ist, dessen einziges Ziel buchstäblich nur noch das Grab ist und sein kann. – Indem *Maria von Magdala* hier als die Frau eingeführt wird, die den Leichnam Jesu salben will, ist sie natürlich nicht identisch mit der *Maria* aus Joh 12,1-8, der Schwester des Lazarus in Bethanien, wie L. RINSER: Mirjam, 243, vorschlägt, indem sie die Szene zugleich mit der Fußwaschung von Joh 13,1 ff., zusammenzieht. Zudem ist bereits CH. BEN CHORIN: Bruder Jesus, 132, aufgefallen, daß Jesus, abweichend von dem Ritual der Seder-Feier, aber vielleicht unter dem Einfluß von Qumran, in den Abendmahlssaal Frauen nicht mitgenommen hat; vgl. E. DREWERMANN: Das Markusevangelium, II 455, Anm. 7. Immer wieder ist das Jesus-Bild sperriger, als man es zugunsten einfacher Ideologisierungen und stereotyper Projektionen gerne hätte. Sucht man hingegen nach einem *archetypischen* Vorbild dieser Frau am Grabe, so müßte man an den Typ der griechischen *Antigone* erinnern; vgl. E. DREWERMANN: Tiefenpsychologie und Exegese, II 653-654, zu 2 Sam 21. – Wie weit weg von den Gefühlen radikaler Trauer und Einsamkeit eine Exegese historisch-kritischer Provenienz sich selbst am Grabe Jesu noch aufhalten kann, demonstriert R. SCHNACKENBURG: Das Johannesevangelium, III 362, wenn er meint: «Joh erreicht mit der Weglassung anderer Personen (sc. die bei den Synoptikern erwähnt werden, d. V.) einen stärkeren dramatischen Effekt, da die gleiche Frau, die voll Schrecken vom offenen Grab wegeilt, dann durch den Anruf und durch die Offenbarung des Auferstandenen überwältigt wird.» Aus Fragen existentieller Betrofenheit werden bei solcher Interpretation Stilfragen schriftstellerischer Dramaturgie. Was es für *Maria Magdalena* bedeutet, das Grab leer (geplündert) zu sehen, davon kein Wort.

14 Es ist merkwürdig unlogisch, wenn J. KREMER: Die Osterevangelien – Geschichten um Geschichte, 169, meint, der Evangelist bringe mit den beiden Engeln «zum Ausdruck, daß sie das leere Grab bezeugen». In solchen Wendungen, die aus R. SCHNACKENBURG: Das Johannesevangelium, III 371, übernommen sind, werden ganz einfach die Ebenen der Erfahrung vertauscht: um zu sehen, daß ein Grab in äußerem Sinne leer ist, bedarf es keiner Engel als «Indizien» (so im Ernst R. SCHNACKENBURG, III 372), sondern nur guter Augen; «Engel» selbst aber kann man nur mit den Augen des Herzens sehen, sie sind ganz und gar Teil einer inneren Erfahrung. Genau so aber, als symbolische Beschreibung einer inneren Erfahrung, ist die ganze Erzählung vom Ostermorgen zu lesen. – Zur Gestalt des *Engels* im Grab bei Mk 16,1-8 vgl. E. DREWERMANN: Das Markusevangelium, II 697-722, S. 713-718. – Ganz unglaublich ist es, wenn R. SCHNACKENBURG: Das Johannesevangelium, III 371, darüberhinaus erklärt, die «Engelszene» werde «durch das Sich-Umwenden Marias (V 14)» «abgebrochen und bleibt ohne Bedeutung für den Fortgang»; ja, es ist für ihn überhaupt nur «zufällig» (a. a. O., III 372), daß *Maria Magdalena* die Engel «sieht». Demgegenüber muß man sagen, daß es ohne die Vision und die Frage der Engel niemals einen «Fortgang» in der ganzen Geschichte der Auferstehung geben könnte. Es zeugt von einem fatalen Mißverständnis in der Interpretation symbolischer, traumnaher Erzählungen, wenn R. SCHNACKENBURG an diesem entscheidenden *Wendepunkt* einer ganzen Lebenseinstellung erneut meint, konstatieren zu können: «Erzählerisch kann durch die doppelte Klage Marias eine Steigerung beabsichtigt sein: Der dramatische Effekt in der Anrede Jesu und die Betroffenheit Marias werden verstärkt.» – Zur Interpretation

von *Visionserzählungen* vgl. E. Drewermann: Tiefenpsychologie und Exegese, II 329-346. Zur Gestalt des *«Engels»* vgl. M. Cacciari: Der notwendige Engel, 137-149, der (S. 149) sehr schön sagt: «Der Engel reflektiert in dem reinen Augenblick seines Lobgesanges das Wort, das er gesehen hat und das unseren Blick in übervoller Leere erfüllt, er reflektiert die Erinnerungen, von denen er uns gebeugt gesehen hat, während er uns ins Freie zog.»

15 Die genaue Angabe der Stelle, an welcher die Engel im Grab sich aufhalten, ist nach R. Schnackenburg: Das Johannesevangelium, III 371, «für die erzählerische Steigerung ohne Belang» und soll lediglich bezeugen, daß das Grab leer ist. J. Kremer: Die Osterevangelien – Geschichten um Geschichte, 169, findet die Beschreibung ihres Platzes «umständlich». Doch mit Verlaub: derart respektlos lassen Engel sich nicht zur Bühnendekoration entwerten. Innerhalb einer Vision, in welcher allein sich «Engel» auf Erden zu «sehen» geben, ist es keinesfalls egal, an welcher Stelle sie sich aufhalten, und gerade der Ort zu Häupten und zu Füßen eines Toten ist, wie wir sahen (S. 143), das klassische Bild des ägyptischen Totenbuches, wie *Isis* und *Nephthys* am Katafalk des Verstorbenen knien. Es ist dieses Bild, das hier zugleich beschworen und überwunden wird: wir leben nicht (erst) in den Gräbern, wir dürfen und müssen von dem leeren Grab uns zurück ins Leben wenden.

16 Sehr schön spricht J. Kremer: Die Osterevangelien – Geschichten um Geschichte, 182: «Es ist das Weinen (sc. Mariens, d. V.) der Braut, die ihren Bräutigam verloren hat und sucht (vgl. Hld 3,1-3; 6,1). Ihr Kummer macht sie blind ... auf die Frage der Engel nach dem Grund ihres Leides wiederholt sie nur ihre Erklärung für das Fehlen des Leichnams. Sie vermißt schmerzlich den, der ihrem Leben einen neuen Inhalt gegeben hat, und ist so von Trauer erfüllt, daß sie keine Auskunft von den beiden himmlischen Boten erwartet und vernimmt.» Lediglich die letzte Bemerkung trifft ganz und gar nicht zu; denn es sind gerade die Worte der Engel, die jene *«Wende»* einleiten, die auch J. Kremer (a. a. O., 182) für ganz entscheidend hält. Der Irrtum geht schon auf R. Bultmann: Das Evangelium des Johannes, 531, zurück, der meinte, der Dialog zwischen den Engeln und Maria werde «abgebrochen durch die Erscheinung des Auferstandenen selbst (V. 14), den Maria, plötzlich rückwärts gewendet, draußen vor dem Grabe stehen sieht». In dieser Auffassung bleibt konsequent alles äußerlich und erscheint mithin im Grunde als eine Folge unverständlicher, willkürlicher Einzelszenen; durchaus inkonsequent aber ist es, mit J. Kremer die Rückwendung *Mariens* einerseits ganz richtig als eine *symbolische* Bewegung zu deuten und trotzdem auf der anderen Seite nach Bultmanns bzw. Schnackenburgs Vorbild das Gespräch mit den Engeln für folgenlos zu erklären. Schnackenburg (III 373) erscheint schließlich das Auftreten der Engel überhaupt nur noch als ein traditionsgeschichtliches Verwirrspiel, indem er meint, man dürfe für *Johannes* «eine Erinnerung an die syn. Darstellung vermuten, und zwar primär für das Gespräch Marias mit Jesus (Motiv des Suchens)» – doch gerade die Engelerscheinung ist in Mk 16,1-8 *primär*, und von einem Gespräch mit dem Auferstandenen ist dort, bei der Überlieferung vom leeren Grab, gerade *nicht* die Rede. Weiter meint Schnackenburg: «Man kann sich die Weiterentwicklung bzw. Abwandlung der Tradition etwa so vorstellen: die joh. Quelle erzählte statt von einer Engelerscheinung sogleich von der Begegnung Jesu mit Maria Magdalena. Sie verband damit traditionelle Motive, übertrug aber die Offenbarung des Ostergeheimnisses auf den Auferstandenen selbst. Der Evangelist übernahm diese

Darstellung und setzte nur stärkere christologische Akzente. Ein Redaktor brachte wieder die Engel ein, die ursprünglich den Frauen die Osterbotschaft verkündigten, aber bei Johannes diese Aufgabe nicht beibehalten können.» Warum aber sollte ein Redaktor die inzwischen derart obsolet gewordenen Engel wieder einführen? In Wahrheit gehört die Engelvision von Anfang an zur Tradition der Ostergeschichten vom leeren Grab, und erst *sekundär* werden die Erzählungen von Begegnungen mit dem Auferstandenen mit ihnen verbunden. Das Entscheidende an den Visionserzählungen aber läßt sich durchaus nicht traditionsgeschichtlich erklären, sondern gehört zu ihrem inneren Wesen: die Schwierigkeit, die Gestalt der Erscheinung mit der Person des Jesus von Nazareth zu identifizieren. Die Erscheinung *der Engel* bei *Johannes* stellt in der jetzigen Form den ersten Schritt im Leben Maria Magdalenas auf dem langen Weg eines langsamen Verstehens dar; sie ist die unerläßliche Anfangsbedingung für alles Weitere.

17 Richtig meint J. KREMER: Die Osterevangelien – Geschichten um Geschichte, 170: «Jesus ist ihr Herr . . ., auf ihn hat sie ihre Hoffnung gesetzt.»

18 Die «Rückwärtswendung» *Mariens* in Joh 20,14 erscheint in historisch-kritischer Sicht einfachhin als störend. Für R. SCHNACKENBURG: Das Johannesevangelium, III 373, «verrät» sich hier lediglich «die künstliche Einfügung der Engelszene, die damit beendet wird. Warum sollte Maria, die doch von den Engeln eine Auskunft erwartet, sich von ihnen abwenden?» Die Antwort kann nur lauten: weil die Frage bzw. die Infragestellung seitens der Engel gerade diese Bewegung «nach rückwärts» in Gang setzt! Das Problem liegt nicht in der vermeintlichen Unausgeglichenheit verschiedener Traditionen, sondern in der Unfähigkeit der historisch-kritischen Betrachtungsweise, die zwar in Joh 20,11-18 die «Gattung» einer «Offenbarungsgeschichte» konstatiert, dann aber das Auftreten von Engeln interpretiert wie das «Erscheinen» eines Auskunftsbeamten im IC-Zug München–Hamburg. Im folgenden Vers Joh 20,16 hilft sich SCHNACKENBURG schließlich einfach mit einer Fehlübersetzung: «Sie (Maria Magdalena) wandte sich um» – daraus wird bei ihm: «Sie wendet sich ihm zu – eine äußere Geste, die zugleich ihre innere Erfüllung und gläubige Offenheit für den auferstandenen Herrn ausdrückt.» Die zweifache Umwendung bedeutet gewiß eine «innere Öffnung», aber eben nicht als «äußere Geste». Zudem ist es ausgeschlossen, dasselbe Wort («sie wandte sich um») an der gleichen Stelle (Joh 20,14.16) einmal rein räumlich, dann wieder halb innerlich, in einem ganz verschiedenen Wortsinn zu interpretieren. Es hilft nichts: es gilt, die räumlichen Gegebenheiten und Bewegungen bei Visionserzählungen *insgesamt* als *symbolische* Chiffren innerer Wahrnehmungen und Prozesse zu deuten, und es ergibt nichts als eine Reihung von Mißverständnissen, Widersprüchen und willkürlichen Setzungen, stets zwischen der äußeren und der inneren Ebene der Realität hin und her zu springen.

19 Symbolisch ist insofern auch das Osterlied aus dem Jahre 1777 zu verstehen: «Das Grab ist leer, der Held erwacht, der Heiland ist erstanden; da sieht man seiner Gottheit Macht, sie macht den Tod zuschanden. Ihm kann kein Siegel, Grab noch Stein, kein Felsen widerstehen; schließt ihn der Unglaub selber ein, er wird ihn siegreich sehen.» *Gottes Lob*, Paderborner Anhang, Nr. 848.

20 Ingeniös war diesbezüglich die Interpretation, die G. W. F. HEGEL: Vorlesungen über die Philosophie der Religion, 2. Bd., Sämtliche Werke, XVI 298-303, dem «leeren Grab» als einem Symbol für die «Tötung des Todes», für die Negation der Negation,

gegeben hat: indem das Christentum die Hohlheit und Leere der bestehenden irdischen Weltherrschaft, «alle Tugend, Recht, Ehrwürdigkeit von Instituten und Verhältnissen, die Majestät von Allem, was für die Welt gilt, in den Koth gezogen» habe, sei der bestehenden Ordnung «nur die ganz äußerliche, kalte Gewalt, der Tod», übriggeblieben, «den das entwürdigte Leben, das sich im Innern unendlich fühlte, nun freilich nicht mehr scheute» (S. 299-300). Es ist HEGEL unbedingt zuzugeben, daß die Botschaft Jesu gerade darin ihre geistige Mitte besaß, dem Individuum, dem einzelnen Bewußtsein, gegenüber aller «Welt» und aller «Macht» eine absolute Bedeutung zuzusprechen, und daß eben dadurch ein absoluter, tödlicher Konflikt aufbrechen mußte. Auf der Ebene der theologischen *Lehre* wird man über den HEGELschen Ansatz gewiß nicht hinausgehen können. Den entscheidenden Punkt der Kritik an HEGEL hat S. KIERKEGAARD formuliert: Person und Existenz sind kein Gegenstand der philosophischen Spekulation! Vgl. E. DREWERMANN: An ihren Früchten sollt ihr sie erkennen, 21-26. – G. W. F. HEGEL: Philosophie der Geschichte, 531, deutete *das Symbol des leeren Grabes* speziell gegenüber der Nichtigkeit der mittelalterlichen Kreuzzüge als die Entdeckung der Ungültigkeit von allem Äußerlichen in der Religion. Die Frage der Engel: «Was sucht ihr den Lebendigen bei den Toten» (Lk 24,5) bedeutete für ihn: «Das Prinzip eurer Religion habt ihr nicht im Sinnlichen, im Grabe bei den Toten zu suchen, sondern im lebendigen Geist bei euch selbst. Die ungeheuere Idee der Verknüpfung des Endlichen und Unendlichen haben wir zum Geistlosen werden sehen, daß das Unendliche als *Dieses* in einem ganz vereinzelten äußerlichen Dinge gesucht worden ist. Die Christenheit hat (sc. bei den Kreuzzügen in Jerusalem, d. V.) das leere Grab, nicht aber die Verknüpfung des Weltlichen und des Ewigen gefunden . . .»

21 Vgl. zu diesem anfänglichen Nicht-Erkennen in Visionserzählungen E. DREWERMANN: Tiefenpsychologie und Exegese, II 316 ff.; 410-411.

22 R. SCHNACKENBURG: Das Johannesevangelium, III 374, meint zu Joh 20,15 richtig, die Frage Jesu konzentriere «das Gespräch auf die Person dessen, der sich dann zu erkennen gibt». Doch statt diese «Konzentration» von dem «Warum» der Traurigkeit in Joh 20,13 weg zu dem «Wen suchst du» in 20,15 innerlich mitzuvollziehen, bleibt SCHNACKENBURG auch hier völlig im Äußeren stecken, wenn er fortfährt: «Darauf (sc. auf die Frage Jesu, d. V.) müßte Maria zunächst ähnlich wie in V 13 b antworten. Das wird hier übergangen und sogleich das Verwechslungsmotiv eingeführt, das die Spannung erhöht.» Als ob es hier um dramaturgische Effekte in Richtung auf den Leser ginge, statt um die Darstellung der schrittweisen Existenzverwandlung von Tod und Verzweiflung zu Leben und Glauben!

23 Hier ist R. SCHNACKENBURG: A. a. O., III 375, sehr zuzustimmen, wenn er an dieser Stelle den Anschluß zu Joh 10,3 f. herstellt und meint: «der Auferstandene erschließt sich einem suchenden und glaubenden Menschen. Jesus kennt die zu ihm Gehörigen und ruft sie mit Namen.»

24 Nur halb richtig meint J. KREMER: Die Osterevangelien – Geschichten um Geschichte, 171: «Welche Wirkung dieser Ruf (sc. Mirjam, d. V.) auslöst, beschreibt der Evangelist, indem er mit wenigen Worten die Reaktion Mariens erzählt: Maria wendet sich zu Jesus. Dies meint mehr ihre innere als ihre äußere Wende; denn äußerlich steht sie bereits Jesus zugekehrt (vgl. V. 14).» So weit, so wahr. Aber statt nun an V 14, an die Wendung «nach rückwärts», wirklich anzuknüpfen und in der neuerlichen «Wen-

dung» eine Umkehr nach vorwärts zu sehen, muß für KREMER die christlich-asketische Allerweltserklärung herhalten: «Jesu Ruf befreit sie demnach (!) von ihrer Ichbezogenheit.» Es geht aber nicht um eine selbstlosere Moral, es geht um eine Veränderung der gesamten Existenzausrichtung von der Vergangenheit weg in die Zukunft, und es sind, wie oft in Träumen, die *räumlichen* Bewegungen als Umkehrungen der *zeitlichen* Ekstasen zu verstehen.

25 Wie extrem persönlich die Anrede Mariens ist, unterstreicht G. DALMAN: Die Worte Jesu, 280, wenn er hervorhebt, «daß die Urgemeinde den zum Throne Gottes erhöhten Jesus niemals ‹unseren Lehrer› zu nennen wagte. Die Bezeichnung . . ., welche das Verhältnis des Schülers zum Lehrer voraussetzte, verschwand aus dem Gebrauch, und nur die Bezeichnung *mari, marana*, worin der Knecht dem Herrn gegenübersteht, blieb übrig.» Es geht also nicht um eine Anrede, die «gleichsam persönlicher gehalten» wäre, wie R. SCHNACKENBURG: A. a. O., III 375, formuliert, sondern es geht um die Einsicht, daß allein die persönliche, individuelle Erfahrung der Person Jesu die Grundlage des späteren Bekenntnisses der Gemeinde zu dem «erhöhten Herrn» darstellt. E. LOHSE: *rabbi, rabbuni,* in: G. Friedrich (Hrsg.): Theologisches Wörterbuch zum Neuen Testament, VI 962-966, Stuttgart 1959, S. 965, weist zwar darauf hin, daß an sich «die Anrede *rabbuni* . . . gegenüber *rabbi* keinen Bedeutungsunterschied» aufweise (vgl. Mk 10,51 und Joh 20,16), doch kommt es gerade an dieser Stelle darauf an, nicht nur mit den Ohren der Philologie zu hören, sondern entsprechend dem Kontext die persönliche Innigkeit dieses ganzen Gespräches insbesondere aus dieser Anrede Jesu durch *Maria von Magdala* in absoluter Steigerung sogar herauszuhören. An dieser Stelle *muß* stehen: *rabbuni,* und hier *muß* es heißen: «*Mein* Meister!»

26 Recht hat R. SCHNACKENBURG: A. a. O., III 375, wenn er von dieser Stelle meint: «In der einfachen ‹narrativen› Struktur dieser Erkennungsszene ist eine ganze Theologie eingebettet, was Glauben an die Auferstehung Jesu, gläubige Begegnung mit dem Auferstandenen bedeutet.» Um so mehr sollte man erwarten, daß in der Exegese der Stelle die entsprechenden «Bewegungen» des Glaubens innerlich mitvollzogen würden, was in den Grenzen der historisch-kritischen Methode allerdings Stelle für Stelle nicht möglich ist.

27 E. MÖRIKE: Werke, hrsg. v. H. Geiger, Wiesbaden o. J., S. 111.

28 F. M. DOSTOJEWSKI: Die Dämonen, 3. Teil, 7. Kap., 3. Abschn., S. 691. Der Satz geht weiter: «Meine Unsterblichkeit ist schon deshalb etwas durchaus Notwendiges, weil Gott kein Unrecht begehen und das einmal in meinem Herzen entbrannte Feuer der Liebe zu Ihm nicht wird ganz auslöschen wollen . . . Wenn es einen Gott gibt, dann bin ich auch unsterblich.»

29 Es ist ins Existentielle übersetzt die korrekte Wiedergabe der ontologischen Definition von Gott als dem *ens necessarium*, dem allernotwendigsten Wesen. Vgl. P. WUST: Ungewißheit und Wagnis, 198-216: Der «homo religiosus» im Halbdunkel der religiösen Gottesgewißheit.

30 Eine solche Auffassung klingt an, wenn R. BULTMANN: Kerygma und Mythos, hrsg. v. H. W. Bartsch, 6 Bde., Hamburg 1948–1963, Bd. 1, S. 46, von der Auferstehung in das Kerygma der urchristlichen Gemeinde spricht; eine solche Theologie, ernsthaft vertreten, müßte auf die Lehre HEGELS von der Wahrheit des «Volksgeistes» gegenüber dem Leben des Einzelnen in der menschlichen Geschichte hinauslaufen, ohne freilich über die systematische Gewißheit hinsichtlich der Ziele und Zwecke der

Weltgeschichte zu verfügen. Zur Diskussion um das Verständnis der Interpretation des Ostergeschehens durch R. Bultmann vgl. die sorgfältige Darstellung bei K. Hollmann: Existenz und Glaube, 146-172, der S. 172-182 zugleich den Nachweis erbringt, wie stark Bultmanns Auffassung trotz aller verbalen Beteuerungen in Wahrheit auch die katholische Exegese heute prägt. B. Jaspert: Sackgassen im Streit um Rudolf Bultmann, 21-32, hat sehr treffend gesagt, worum es bei dem Begriff des «Kerygma» bei Bultmann wirklich geht: «theologische Erkenntnis ist Glaubenserkenntnis als Selbsterkenntnis.» (32) Wer diesen Satz in der Auslegung der Geschichte vom «leeren Grab» beherzigt, der muß den Ort der «Auferstehung» durch die Botschaft Jesu in sich selber suchen, d. h. er muß *symbolisch* lesen, was, als äußerliches Faktum verstanden, von der Eigentlichkeit des Glaubens nur ablenken kann und – den Verdacht muß man haben – offenbar von der Beunruhigung des Osterglaubens wie mutwillig ablenken *soll*.

31 Dieser Ansatz stimmt mit dem Grundanliegen R. Bultmanns vollkommen überein, so, wenn dieser: Kerygma und Mythos, I 47, sagt: «Der christliche Osterglauben ist an der historischen Frage nicht interessiert; für ihn bedeutet das historische Ereignis der Entstehung des Osterglaubens wie für die ersten Jünger die Selbstbekundung des Auferstandenen, die Tat Gottes, in der sich das Heilsgeschehen des Kreuzes vollendet.» Und a. a. O., I 42: «An das Kreuz Christi glauben, heißt nicht, auf einen mythischen Vorgang blicken, der sich außerhalb unser und unserer Welt vollzogen hat, auf ein objektiv anschaubares Ereignis, das Gott als uns zugute anrechnet; sondern an das Kreuz glauben heißt, das Kreuz Christi als das eigene übernehmen, heißt, sich mit Christus kreuzigen lassen.» Man kann über diesen Standpunkt nicht hinauskommen, indem man die berechtigte Kritik an einem historischen Verständnis der Ostergeschichten durch dogmatische Setzungen des «objektiven» Gehaltes der Osterbotschaft zu relativieren sucht; die Osterbotschaft *besitzt* objektive Strukturen; doch diese liegen in den Bildern der menschlichen Psyche begründet, nicht in gewissen historischen Tatsachen, die wir, ähnlich dem «Ding an sich» in der Erkenntniskritik I. Kants, zwar nicht erkennen, aber doch voraussetzen müßten: historische Tatsachen *sind* kein Ding an sich; was wir erkennen können, sind die Mittel unseres Verstandes, etwas als objektiv zu setzen: die Kategorien des Denkens und die Formen der Anschauung. Aus ihnen ergibt sich die Objektivität des Gedachten. Analog ist der Begriff der Objektivität des Psychischen in der Tiefenpsychologie zu verstehen.

32 L. Tolstoi: Anna Karenina, 1. Teil, 1. Kap., S. 5: «Alle glücklichen Familien gleichen einander, jede unglückliche Familie dagegen ist unglücklich auf ihre besondere Art.»

33 Vgl. E. Drewermann: An ihren Früchten sollt ihr sie erkennen, 119-172.

34 Zur Symbolik des Gartens vgl. W. Teichert: Gärten. Paradiesische Kulturen, 15-65: Die Gärten der Liebe; S. 72-76, der (S. 74) sehr zu Recht darauf hinweist, daß der «Gärtner», für den *Maria Magalena* die Gestalt Jesu zunächst hält, nicht eigentlich eine «Verwechslung» darstellt. «Maria muß sich vom Grab wegwenden, um den Gärtner zu sehen. Erst danach kann sie im Hüter des Gartens den göttlichen Menschen Jesu erkennen in seiner lebenszugewandten, dem Grabe fernen Tätigkeit.» W. Teicherts Deutung stellt die erste Interpretation der johanneischen Ostergeschichte dar, die den symbolischen Aufbau der Erzählung konsequent ernstnimmt.

35 Das *«Anrühren»* ist gewiß als «Festhalten» zu verstehen; vgl. R. Schnackenburg:

Das Johannesevangelium, III 376: «Ein Bedenken, den Leib des Auferstandenen zu betasten, gibt es für Joh nicht (vgl. 20,25.27).» Ähnlich J. KREMER: Die Osterevangelien – Geschichten um Geschichte, 172: «Der Evangelist setzt voraus, daß Maria Jesus umfaßt hat (sc. durch die Umfassung der Füße, d. V.) . . . Sie möchte ihn festhalten und nicht mehr verlieren.» Der Sinn dieser Stelle aber ist nicht philologisch zu ermitteln. Recht hat W. TEICHERT: Gärten, 74, wenn er die Szene als ein sakramentales Bild der Heiligen Hochzeit deutet und meint, *Maria Magdalena* dürfe nicht länger in diesem Zwischenbereich zwischen Diesseits und Jenseits verbleiben. Schwieriger wird es, ihm zuzustimmen, wenn er fortfährt: «Die erfahrbare Wirklichkeit hinter diesem dunklen Wort (sc. «rühr mich nicht an», d. V.) hat erst die neuere Todesforschung wieder ans Licht gebracht. Tote nämlich verlieren mit ihrem Tod das, was man menschliche Wärme nennt: ihre Affekte, Emotionen, Begierden . . . Vielleicht sollen die Welt der Lebenden und die der Toten einander nicht zu nahe kommen . . . Es wäre für Maria Magdalena zu gefährlich gewesen, wenn die Hochzeit und Umarmung mit ihrem Meister wirklich im Garten stattgefunden hätte.» Mit solchen Erwägungen wird die symbolische Deutung der Geschichte doch wieder ein Stück weit «objektivistisch» verstanden, so als erscheine Jesus hier als ein blutleeres Gespenst. Zudem ist das Abstreifen aller vergänglichen Äußerlichkeit in der Liebe doch nicht als Entleerung der Emotionen zu verstehen, sondern gerade umgekehrt als Intensivierung der Liebe; vgl. zu Mk 16,1-8 E. DREWERMANN: Das Markusevangelium, II 718-721. Das Ende der Äußerlichkeit des Osterglaubens betont treffend R. BULTMANN: Das Evangelium des Johannes, 532-533.

36 Vgl. THOMAS VON AQUIN: Summa theologica, I a, q 5 a 4 ad 2.

37 Die Worte vom «Aufstieg» Jesu in Joh 20,17 a.c. scheinen vom Evangelisten als Erfüllung von 14,1-3 seiner Quelle hinzugefügt worden zu sein. R. SCHNACKENBURG: Das Johannesevangelium, III 377. Es ist die Zusammenfassung der gesamten Theologie des Johannes, wenn Jesus am Beginn der «Abschiedsreden» den Jüngern sagt: «Glaubt an Gott und glaubt an mich. In meines Vaters Hause sind viele Wohnungen.» Es ist die Erfahrung, die von Jesus, wenn man ihm Glauben schenkt, ausgeht: daß es möglich ist, in Gott sich endgültig heimisch zu fühlen, gerade angesichts des Todes. Es ist dabei wichtig zu sehen, daß für *Johannes* Tod, «Auferstehung» und «Himmelfahrt» Jesu eine unauflösliche Einheit bilden, wie wir sie bereits in der ägyptischen Symbolsprache kennengelernt haben. Darüberhinaus deutet *Johannes* den Begriff der «Auferstehung» an dieser Stelle noch in besonderer Weise. «Johannes spricht . . . noch an anderen Stellen vom Aufsteigen des Menschensohns (3,13; 6,62) und oft vom ‹Gehen zum Vater› (7,33; 13,1-3; 14,1-4.28; 16,17.28; 17,13). Wenn der Auferstandene diese Worte verwendet, so gibt der Evangelist zu verstehen, daß dieses ‹Gehen› zum Vater Ostern noch nicht vollendet . . . Der vierte Evangelist gibt . . . mit diesen Worten die urkirchliche Botschaft ‹er wurde auferweckt› aus seiner theologischen Schau und in seiner Sprache wieder. Von dort fällt auch Licht auf die rätselhafte Abwehr ‹halte mich nicht fest . . .› Das Ziel des Werkes Jesu ist noch nicht ganz erreicht; er ist noch unterwegs, um den Seinen eine Wohnstätte zu bereiten (14,1-4); erst wenn sie dort sind, wo er ist, ist sein Gehen zum Vater vollendet (14,3).» J. KREMER: Die Osterevangelien, 173-174. Man darf aber auch diese Diktion vom «dortsein» nicht außerhalb ihrer eigenen Symbolik verstehen; man muß vielmehr sagen: man kann in Gott sich nur «heimisch» fühlen in der Gemeinsamkeit aller anderen Menschen; die Geschwi-

sterlichkeit der Menschen untereinander ist Ziel wie Ergebnis der «Väterlichkeit» Gottes, die Jesus uns lehren wollte. R. BULTMANN: Das Evangelium des Johannes, 534, meint sehr richtig: «der Vater Jesu ist Gott! Und Gott ist durch ihn zum Vater der Seinen geworden!»

38 Vgl. zur Stelle E. SCHWEIZER: Das Evangelium nach Lukas, 78-79; H. SCHÜRMANN: Das Lukasevangelium, I 331-332. Vgl. die Auslegung bei E. DREWERMANN: Tiefenpsychologie und Exegese, I 450-456; 473-481.

39 S. o. Anm. 1; vgl. J. DE VORAGINE: Die Legenda aurea, 470-482.

40 B. PASTERNAK: Doktor Schiwago, 1. Buch, Ein Mädchen aus anderen Kreisen, 17. Kap., S. 62 f.

41 A. a. O., 63.

b) Der Wettlauf zum Grabe

1 Nach J. KREMER: Die Osterevangelien, 180-182, soll die «Bedeutung für den Leser» in der vorliegenden Erzählung darin bestehen, daß in dieser «erdichteten Szene» dargestellt werde, «daß Petrus und der andere Jünger gemeinsam zum Grab laufen. Beide sind ... ‹Konkurrenten›; die einen berufen sich auf Petrus, die anderen auf den geliebten Jünger. Die beiden Jünger selbst respektieren einander, jeder weiß um den Standort des anderen ... Es gibt verschiedene Gaben und Begabungen in der Kirche.» Zudem werde mit der Inspektion der Leichentücher der «Verdacht eines in Eile abgewickelten Diebstahls abgewehrt» (167). Man muß die Dürftigkeit solcher Auslegungen im Rahmen der historisch-kritischen Exegese sich nur recht klarmachen: die «Historizität» des Auferstehungsglaubens soll apologetisch mit einer «erdichteten Szene» beglaubigt werden – dies die «Bedeutung» für den heutigen Leser! Zudem: der Osterglaube als Ursprung innerkirchlicher Konkurrenz um autoritäre Geltung (und Macht)! So exegesiert man die Botschaft der Auferstehung zu Tode, nicht weil die gefundenen Ergebnisse im Sinne des historisch-kritischen Befundes falsch wären, sondern weil es im Rahmen dieser Auslegungsmethode nicht möglich ist, die zeitbedingten Themenstellungen der frühen Kirche als Widerschein der wesentlich religiösen Fragen der Menschheit zu verstehen. Die Ursache dafür liegt in der Unfähigkeit, symbolisch zu lesen und die entsprechenden archetypischen Strukturen in der produktiven «Erfindungskraft» der urkirchlichen Legendenbildung wiederzuerkennen. Auch für R. SCHNACKENBURG: Das Johannesevangelium, III 366, geht es «höchst bedeutsam» um «Indizien, die auf die Auferstehung Jesu schließen lassen (V 6-7)». Das Problem, wie Erzählungen, die nachweisbar nicht historisches Material enthalten, gleichwohl «Indizien» für historische Tatbestände liefern sollen, wird in dieser Art der Auslegung niemals gestellt; die Konkreta der Erzählung dienen am Ende lediglich der abstrakten These von der historischen Tatsächlichkeit der «Osterereignisse» überhaupt. In Wahrheit geht es darum, gerade den legendären Charakter der Ostererzählungen so zu interpretieren, daß die jeweilige Symbolsprache sich innerlich in ihrer Wahrheit als evident erweist. Recht hat dabei im Ansatz R. BULTMANN: Das Evangelium des Johannes, 531, die Pointe der Erzählung könne nicht darin liegen, daß die beiden Jünger als erste zum Glauben gelangt seien; sie müsse «vielmehr in dem Verhältnis der beiden Jünger zueinander liegen». Aber statt nun historisierende Hypothesen über das Verhältnis des «Juden- und Heidenchristen-

tums» in der frühen Kirche vor 2000 Jahren aufzustellen, geht es vielmehr darum, «Petrus» und den «Lieblingsjünger» als Kräfte und Strebungen *in jedem Menschen* zu verstehen. Erst dann wird der Bezug dieses «Wettlaufs» der beiden Jünger zum Thema der «Auferstehung» wirklich verständlich. Das schließt gewisse Erinnerungen an eine hierarchische Konkurrenz zwischen dem «Lieblingsjünger» und Petrus in der frühen Kirche natürlich nicht aus. Vgl. dazu O. CULLMANN: *Petros,* in: G. Friedrich (Hrsg.): Theologisches Wörterbuch zum Neuen Testament, VI 99-112, S. 102, der ebenfalls Petrus als den «Impulsiven», den «Lieblingsjünger» als den «Sehenden» schildert.

2 R. SCHNACKENBURG: Das Johannesevangelium, III 449-463 sieht in dem «Lieblingsjünger» einen Jerusalemer, der nicht zum Zwölferkreis gehörte und ein «relativ unbekannter Mann im Urchristentum war». (460) Eben deshalb habe die johanneische Gemeinde, die ihn als ihren Traditionsträger verehrte, seiner Autorität zusätzlich Geltung verschaffen müssen; die ursprünglich anonyme Gestalt des geliebten Jüngers war demnach sicher nicht mit dem Apostel Johannes identisch, wurde aber vom 2. Jahrhundert an in der Überlieferung mit diesem gleichgesetzt. Was der «Lieblingsjünger» in der Geschichte vom Wettlauf zum Grabe bedeutet, ist indessen nicht durch solche Hypothesen zu klären, sondern läßt sich am besten aus seinem konkreten Verhalten erkennen: «Dieser Jünger erfaßt gleichsam mit einem Blick den Tatbestand und kommt sogleich zum Glauben.» (368) *Davon* ist in der Interpretation auszugehen und daneben das Verhalten des Petrus in seinem Unterschied herauszuarbeiten. Vgl. dazu auch Joh 21,7; dazu E. DREWERMANN: Tiefenpsychologie und Exegese, II 392-423, S. 411-418. Die *symbolische* Seite dieser Konfiguration ist um so deutlicher, als offenbar erst der Evangelist selber die Gestalt des «Lieblingsjüngers» (13,23; 19,26; 21,20-23.24) in die Erzählung eingefügt hat, die ursprünglich wohl nur (in apologetisch-historisierendem Sinne) von der Inspektion des Grabes durch Petrus berichtete. R. SCHNACKENBURG: A. a. O., III 364. Es ist aber auch dann zu beachten, daß der Sinn der frühchristlichen Apologetik außerhalb der historisierenden Beweisführung in dem zugrunde gelegten Symbolismus der Darstellung liegt: das historische Interpretament der Ostererzählungen ist nicht als Tatsachenbeglaubigung, sondern als Sinndeutung des Geschehenen zu verstehen.

3 Zu der Verbreitung der Erzählung vgl. J. BOLTE – G. POLIVKA: Anmerkungen zu den Kinder- und Hausmärchen der Brüder Grimm, III 339-355. Zur Verknüpfung des *Hasen* mit dem Mond vgl. J. GRIMM: Deutsche Mythologie, II 597. Zur Darstellung von Tag und Nacht als *Tieren* vgl. K. H. STROBL (Bearb.): Jakob Grimm: Deutsche Mythologie, 407. – Zu dem Märchenmotiv des *Wettlaufs* zweier Riesen (um einen Wunschhut bzw. Wunschsattel, d. h. um ein Symbol der Integration des Selbst) vgl. E. DREWERMANN: Die Kristallkugel, 35-38; DERS.: Der Trommler, 38-40.

4 Vgl. zu dem *Motiv der gegensätzlichen Geschwister bzw. Heldenpaare* in der Weltliteratur E. DREWERMANN: Strukturen des Bösen, III 278-299: Das Motiv des Doppelgängers in der Belletristik.

5 Zu dem Gegensatz von Introversion und Extraversion vgl. C. G. JUNG: Psychologische Typen, VI 162-184; DERS.: Zur Frage der psychologischen Typen, VI 541-567.

6 Zu dem *Motiv von Kain und Abel* und seiner Deutung vgl. E. DREWERMANN: Strukturen des Bösen, I 111-147; II 247-294; III 251-263.

7 Vgl. J. W. VON GOETHE: Faust, 1. Teil, Vers 3345-3365, S. 107.

[8] Vgl. z. B. den Kontrast zwischen dem Stil der Renaissance-Päpste im 15. und 16. Jahrhundert und den Entscheidungen des Konzils von Trient mit dem Programm der Gegenreformation. Vgl. H. JEDIN: Kleine Konziliengeschichte, 80-102.
[9] Die beste Darstellung des Kontrastes zwischen der «statischen» (mechanischen) und «dynamischen» (mystischen) Form der Religion findet sich bei H. BERGSON: Die beiden Quellen der Moral und der Religion, 99-206; 207-264, wo er (S. 213) den Gegensatz und die wechselseitige Bedingtheit beider Typen des Religiösen herausarbeitet.
[10] Vgl. dazu E. DREWERMANN: Dein Name ist wie der Geschmack des Lebens, 44-58.

c) Verklärung und Vergebung

1. Vergebung – das erste Geschenk der Auferstehung

[1] S. o. S. 164 ff.
[2] So die entsprechenden Worte von Mt 5,23-26: die Versöhnung mit dem Nächsten angesichts des (göttlichen) Gerichtes; Mt 5,43-48: die Feindesliebe; Mt 7,1-5: das Verbot, einander zu richten.
[3] Vgl. F. NIETZSCHE: Also sprach Zarathustra, 2. Teil, Von den Tugendhaften, S. 72-74: «Und andere sind stolz über ihre Handvoll Gerechtigkeit und begehen um ihrer willen Frevel an allen Dingen: also, daß die Welt in ihrer Ungerechtigkeit ertränkt wird . . . Und wenn sie sagen: ‹ich bin gerecht›, so klingt es immer gleich wie: ‹ich bin gerächt!›»
[4] Zur Auslegung der Stelle vgl. E. LINNEMANN: Gleichnisse Jesu, 111-119; 174-180.
[5] Zur Sintfluterzählung in Gen 6-8 vgl. E. DREWERMANN: Strukturen des Bösen, I 191-229.
[6] Zur Aufnahme des Motivs in der Predigt *Johannes des Täufers* und zu dem Widerspruch in der Botschaft Jesu vgl. E. DREWERMANN: Dein Name ist wie der Geschmack des Lebens, 67-81; DERS.: Das Markusevangelium, I 136-141.
[7] Vgl. E. DREWERMANN: Das Markusevangelium, I 180-202; II 316-329.
[8] A. a. O., II 115-128.
[9] A. a. O., II 86-104.
[10] A. a. O., II 129-147.
[11] A. a. O., II 316-329.
[12] Vgl. zur Stelle E. SCHWEIZER: Das Evangelium nach Matthäus, 245-246.
[13] Vgl. E. DREWERMANN: Strukturen des Bösen, I 149-161; II 316-329, III 299-310.
[14] Vgl. zur Stelle E. SCHWEIZER: Das Evangelium nach Matthäus, 107-108.
[15] Vgl. zur Stelle a. a. O., 81-82.
[16] Dabei scheint es, als hätte Jesus im Abendmahlssaal im Kelchwort von Mk 14,24 ausdrücklich dem negativen Teil des Passahrituals mit der Bitte um die Ausgießung des Zorns (Ps 79,6) widersprechen wollen. Vgl. E. DREWERMANN: Das Markusevangelium, II 469, Anm. 32.
[17] Vgl. dazu die Auslegung der Ostergeschichte von Mk 16,1-8 bei E. DREWERMANN: Das Markusevangelium, II 697-722.
[18] So verspottete F. NIETZSCHE: Menschliches – Allzumenschliches, II, Nr. 57, S. 56,

die Kunst, nach dem Ratschlag des heiligen Paulus glühende Kohlen auf des anderen Haupt zu sammeln (Röm 12,20): der Versuch müsse fehlschlagen, «weil der andere sich ebenfalls im guten Besitze des Rechts weiß und auch seinerseits an das Kohlensammeln gedacht hat.»

19 Vgl. zur Stelle E. SCHWEIZER: Das Evangelium nach Matthäus, 79-80.

20 So die Umschreibungvon *«in meinem Namen»*. Vgl. zur Stelle E. SCHWEIZER: Das Evangelium nach Matthäus, 244-245: «Während das gemeinsame Gebet in der jüdischen Gemeinde mindestens zehn Männer braucht, sind für die Jünger Jesu solche Regeln aufgehoben; schon zwei Menschen ist die Erhörung verheißen.»

21 Ausgestellt im *Nissen-Haus* der Stadt Husum.

2. Wie Vergebung glaubhaft wird

1 «Das Motiv der Furcht vor den Juden (V 19) hat sicherlich der Evangelist zugefügt», ebenso vermutlich die Verdoppelung des Friedensgrußes in V. 21, während die Szene der Erscheinung selbst gemeinsam mit der Erzählung von der Erscheinung Jesu vor *Maria Magdalena* einer vorliegenden Quelle entstammen dürfte. R. SCHNACKENBURG: Das Johannesevangelium, III 381. Um so wichtiger ist es, im Sinne des Evangelisten das Motiv von «Furcht» und «Frieden» als die entscheidende Alternative der Ostererzählungen herauszuarbeiten.

2 In den meisten Kommentaren herrscht der Eindruck, als seien die Erscheinung Jesu, der Friede, der von ihm ausgeht, und die Befähigung zur Vergebung von Schuld drei getrennte Details der Erzählung. So, wenn J. KREMER: Die Osterevangelien, 187, die «Sendung und Geistverleihung» von Joh 20,21-23 überhaupt als einen eigenen Abschnitt von der Erscheinung Jesu abtrennt. Tatsächlich aber *besteht* der «Friede», den Jesus schenkt, in der Überwindung der Angst und des Todes, wie sie sich in seiner *Erscheinung* vor den Jüngern kundtut; die Fähigkeit zur *Vergebung* von Schuld aber gibt wesentlich den Frieden bzw. die seelische Unzerrissenheit und Integriertheit, die den Jüngern in der Vision des Auferstandenen geschenkt wird, an andere weiter.

3 Richtig sagt R. SCHNACKENBURG: Das Johannesevangelium, III 382-383, dazu: «In der Quelle kann dadurch (sc. wie Jesus durch die geschlossenen Türen kommt, d. V.) die Fähigkeit des Auferstandenen, solche Schranken zu überwinden (vgl. das verschlossene Grab), angedeutet sein: Trotz der verschlossenen Türen ‹kam Jesus und trat in die Mitte›. Der Evangelist, der das Motiv der Furcht vor den Juden einträgt (vgl. 7,13; 9,22; 19,38), interpretiert anders: die ängstlichen Jünger werden durch das Erscheinen Jesu in ihrer Mitte von Furcht und Trauer befreit. Der Friedensgruß Jesu und die Gewißheit, daß Er es ist, der Gekreuzigte und Durchbohrte, lassen die Furcht der Freude weichen ... Der Friedensgruß, der gewöhnliche jüdische Gruß ... wird zum österlichen Gruß im besonderen Sinn, wie die Wiederholung in V 21 nahelegt.» Lediglich im Sprechen von den *«Juden»* genügt es nicht, mit R. SCHNACKENBURG: A. a. O., III 468, die krasse Schwarz-Weiß-Zeichnung der Juden als eine nur zeitbedingte «Grenze» des Evangeliums zu interpretieren, es sei denn, man wollte den gesamten Entscheidungsernst aus dem Johannesevangelium herausnehmen; es kommt vielmehr darauf an, die gewiß zeitbedingte und polemisch einseitige Auseinandersetzung der frühen Kirche mit dem zeitgenössischen Judentum als Erscheinungsform einer Pro-

blematik zu verstehen, die zu jeder Zeit und an allen Orten *innerlich* gelöst werden muß. M. a. W.: die Furcht vor den «Juden» ist als ein Symbol jener Menschenfurcht zu verstehen, die immer wieder das Leben einengt und zerstört. Die «Grenze» der johanneischen Theologie (und ebenso bereits der Synoptiker, ja bereits der frühesten Evangelienquellen im Umkreis des *Stephanus*!) liegt nicht in der absoluten Entgegensetzung von Glauben und Unglauben, sondern in der steten Versuchung, innere, psychische Gegensätze der menschlichen Existenz in soziale Gruppierungen nach außen zu projizieren und historisch dingfest zu machen; *nicht* als Symbol gelesen, verwandelt sich die Theologie unvermeidlich in ein ideologisches Programm zur Rechtfertigung der immer gottgewollten Kirche der Glaubenden gegenüber der immer ungläubigen, vom Teufel besessenen Synagoge (bzw. anderer Gemeinschaften).

4 Keinesfalls genügt es, mit R. SCHNACKENBURG: Das Johannesevangelium, III 383, das «Vorzeigen der Wundmale» als bloße «Identifikation» zu verstehen, – als ob man einen Menschen nicht weit besser an seinem Gesicht als an seinen Verletzungen erkennen könnte! Richtig meinte schon R. BULTMANN: Das Evangelium des Johannes, 535: «Daß sich der Auferstandene gleichsam legitimiert, sich als identisch mit dem vor zwei Tagen Gekreuzigten ausweist durch das Vorzeigen seiner Hände ..., überrascht nicht nur in Joh überhaupt, sondern ist auch innerhalb der vorliegenden Erzählung unmotiviert; begründet ist dieser Zug Lk 24,39, weil dort das ratlose Entsetzen der Jünger berichtet wird. Etwas wie Lk 24,37 f. wird auch in der Quelle des Joh gestanden haben; der Evangelist hat es gestrichen und nur V. 20 im Hinblick auf die folgende Thomas-Geschichte beibehalten ... Jedenfalls hat für ihn die Geschichte primär symbolischen Sinn: dargestellt ist die Erfüllung der Verheißung: ... (ich komme zu euch, d. V.) 14,18 ff. ... Die Stunde, da ihnen die Augen für das aufgehen, was sie schon haben, ist eben die Osterstunde; und V. 19-23 ist nichts anderes als das Bild für diesen Vorgang.» Dann aber muß insbesondere das Vorzeigen der Wunden als symbolischer Ausdruck der inneren Erfahrung einer zentralen Verwandlung des Daseins verstanden werden.

5 So im Sinne des hebräischen Wortes *«schalom»*, aber auch im Sinne von Joh 14,27.

6 Die Zeit, 29. 6. 88.

7 Vgl. G. ERMECKE: Zur ethischen Begründung der Todesstrafe heute, 30-36.

8 Der einfache symbolische Zusammenhang geht in der historisch-kritischen Exegese immer wieder verloren, wenn z. B. J. KREMER: Die Osterevangelien, 186-187, dem «Zeigen der Hände» «besondere Aussagekraft» im Sinne eines Identitätsbeweises zuspricht und darüberhinaus in der durchbohrten Seite ein Symbol dafür erblickt, «daß der Gekreuzigte zur Quelle des Geistes geworden ist, der besonders in den Sakramenten von Taufe und Eucharistie vermittelt wird ... Indem der Auferstandene den Jüngern seine Wundmale zeigt, offenbart er sich ihnen als der Spender des Geistes.» Was ein innerlicher Zusammenhang sein muß: die Verwandlung der Wunden und der Geist der Vergebung, wird in solchen Betrachtungen auseinandergerissen in eine realistisch-objektivistische Veräußerlichung und eine mystizistisch-rituelle Verfeierlichung, die ebenfalls äußerlich und daher «ungeistig» bleibt.

9 S. o. Anm. 1.

3. Vergeben können – die Gabe der Vision einer Verklärung

[1] Vgl. die kleine Novelle von G. de Maupassant: Die Verzeihung, in: Gesamtausgabe, II 206-212 – eine wunderbare, wahre Geschichte, die um so überzeugender wirkt, als sie ohne jede aufgesetzte Moral und ohne jeden aufdringlichen Dogmatismus schildert, wie eine Frau über den Schmerz der Untreue ihres Mannes hinwegreift. Solche Wunder der Vergebung gibt es.

[2] Vgl. E. Drewermann: Von Krankheit, Kränkung und Verwandlung, in: Psychoanalyse und Moraltheologie, III 39-56.

[3] Nicht als moralisches Gebot, nur als Folge psychischer Einsicht und Reifung läßt sich «Vergebung» und «Mitgefühl» leben. Wahr ist die Warnung, die F. Nietzsche: Menschliches – Allzumenschliches, 1. Abtlg., Nr. 59, Bd. 2, S. 42, gegenüber einem allzu frühen Mitleid aussprach: «Man heuchelt Mitleid, wenn man über das Gefühl der Feindseligkeit sich erhaben zeigen will: aber gewöhnlich umsonst. Dies bemerkt man nicht ohne *ein starkes Zunehmen* jener feindseligen Empfindung.»

[4] Vgl. Johannes Paul II: Reconciliatio ed Paenitentia, 36-39, wo der vermeintliche «Verlust des Sündenbewußtseins» in großem Stil beklagt wird. – Gerade mit Joh 20,23 wurde immer wieder die Einsetzung des Sakramentes der *Beichte* begründet. Vgl. H. Denzinger – A. Schönmetzer: Enchiridion Symbolorum, Nr. 1543, S. 376. Richtig meint R. Schnackenburg: Das Johannesevangelium, III 388: «Im Sinne des Evangelisten ist eine Beschränkung (sc. der Vergebungsvollmacht, d. V.) auf die ‹elf Apostel› nicht haltbar.» Dann aber sucht er den Amtsbegriff der katholischen Kirche (gegenüber den Kirchen der Reformation) doch wieder aus «einem sich abklärenden Amtsverständnis der Amtsträger» zu verteidigen; derartige «Argumente» zeigen in Wahrheit nur, daß man aus der Geschichte alles beweisen kann und daß die jeweilige Geschichtsauffassung sehr davon abhängt, was man beweisen will; was man zu wollen *hat*, wird jedoch zumeist diktiert von der herrschenden Macht, und diese ist im Prinzip weit weg von der Einfachheit der Botschaft Jesu, gerade in bezug auf die menschliche Fähigkeit, einander zu vergeben.

d) Zwischen Skepsis und Zuversicht

1. «Wenn ich nicht sehe . . .»

[1] R. Schnackenburg: Das Johannesevangelium, III 390-391, meint (gegen R. Bultmann: Das Evangelium des Johannes, 536) wohl zu Recht, daß erst *Johannes* die Thomasgeschichte aus der vorangegangenen Erscheinungsgeschichte heraus entwickelt hat – Joh 20,19-23 setzte gewiß die Anwesenheit *aller* Jünger voraus, und es ist deutlich, daß neben der formalen Gleichheit besonders die Bedingungen, die *Thomas* in 20,25 für seinen Glauben stellt, auf die Szene von 20,20 zurückgehen. Die Absicht dieser Erzählung liegt offensichtlich in der Betonung eines Glaubens, ohne zu sehen, es geht «um die späteren Gläubigen, die im Unterschied zu den ersten Jüngern keine Erscheinung des Auferstandenen mehr erfahren und gleichwohl glauben sollen». Gerade dann aber gilt es, auch das Anliegen des *Thomas*, für das Jesus der Darstellung des *Johannes* nach trotz des kritischen Akzentes von Joh 20,29 großes Verständnis zeigt,

eigens herauszuarbeiten. Dies soll in der zweifachen Betrachtung der Erzählung geschehen.

[2] Keinesfalls dient das «Zusammentreffen des Thomas mit den anderen Jüngern ... nur der Vorbereitung der Szene mit Jesus», wie R. SCHNACKENBURG: A. a. O., III 392, meint; vielmehr geht es auch um die Art des Umgangs mit einem «Ungläubigen» in den Reihen der «Kirche». Zu Recht bezweifelte R. BULTMANN: Das Evangelium des Johannes, 539, die Meinung, die Geschichte wolle lehren: «Glaube an den Auferstandenen ist gefordert aufgrund der Aussage der Augenzeugen», und meinte: «Vielmehr ist der Zweifel des Thomas repräsentativ für die durchschnittliche Haltung der Menschen, die nicht glauben können, ohne Wunder zu sehen (4,48). Wie der Schwachheit des Menschen das Wunder konzediert wird, so wird der Schwachheit der Jünger die Erscheinung des Auferstandenen konzediert. Im Grunde sollte es dessen nicht bedürfen! Im Grunde sollte nicht erst die Schau des Auferstandenen die Jünger bewegen, ‹dem Worte, das Jesus sprach›, zu glauben (2,32), sondern dieses Wort müßte allein die Kraft haben, ihn (sc. Thomas, d. V.) zu überzeugen.» Freilich kommt es in der Auslegung immer wieder darauf an zu bedenken, daß Erzählungen dieser Art, die in historischer Betrachtung auf keinerlei tatsächliche Erfahrung zurückgehen, zu kurz interpretiert sind, wenn man in ihnen lediglich zeitbedingte, theologische «Glaubenszeugnisse» im Sinne reiner Zwecklegenden sieht, die als erfundene Geschichten im Grunde nichts beweisen außer der Absicht ihres Autors. In Wahrheit sind Erzählungen wie die von der Erscheinung Jesu vor *Thomas*, symbolisch betrachtet, durchaus *wahre* Zeugnisse, indem sie bildhaft auf Fragen antworten, die sich angesichts der Todeserfahrung und der Auferstehungshoffnung immer wieder stellen. Auch dies: die Verklärung der Wunden, muß(te) Jesus seinen Jüngern zeigen, damit der Osterglaube nicht nur ein Dogma ist, das aus der Angst vor dem Tode geboren wird.

[3] An einem Mann wie *Thomas* zerbricht die Heilsgewißheit einer Gemeindetheologie, die den «Glauben» stets an die Übereinstimmung mit dem Konsens der Gruppe, statt an die Erfahrung des Einzelnen binden möchte. Die Situation ist in diesem Punkt nicht anders als in Lk 24,13-35 beim Gang der Jünger nach Emmaus. Vgl. dazu E. DREWERMANN: An ihren Früchten sollt ihr sie erkennen, 166-169. Daß gerade *Thomas* als Repräsentant des Zweifels gewählt wird, deckt sich mit den (ebenfalls von Joh stammenden) Stellen in 11,16 und 14,5, wo der Apostel zwar treu zu Jesus steht, seinen Weg aber nicht versteht. Vgl. R. SCHNACKENBURG: Das Johannesevangelium, III 392; vgl. a. a. O., III 235: «Die Jünger (sc. allgemein, d. V.) repräsentieren die späteren Gläubigen auch in ihrer Angefochtenheit und unzulänglichen Glaubenshaltung.»

[4] Es ist der Wille zur Ehrlichkeit und der Verzicht auf jede Form bloßen Wunschdenkens, die z. B. S. FREUD: Ein religiöses Erlebnis, XIV 393-396, sich «bis zum Ende» als *an infidel jew* bezeichnen ließ.

[5] Vorausgesetzt ist bei dieser Aktualisierung der Thomas-Frage, daß man den Zweifel des Apostels und seine «Bedingungen» an den Glauben erneut nicht äußerlich, sondern symbolisch liest. Man kann dann nicht gut sagen, wie J. KREMER: Die Osterevangelien, 191: «Er verlangt Beweise ... hier versteift sich jemand auf Erfüllung seiner Bedingungen ... Das Verhalten des Tomas ist verwandt mit der Zeichenforderung der Juden» (Joh 6,30). Und weiter (S. 200): «Das hier geschilderte Verhalten des Tomas ist charakteristisch für das menschliche Verhalten gegenüber Gott und seinen Gesandten. Man will glauben, so behauptet man, macht aber diesen Glauben von

Bedingungen abhängig und tritt Gott als mißtrauischer, sozusagen gleichberechtigter Partner gegenüber ... Eine solche Fehleinschätzung des Verhältnisses zwischen Gott und Mensch schließt das Vertrauen aus und macht den Glauben unmöglich.» Eine derartige Interpretation nimmt als Willkür und Anmaßung, was in Wirklichkeit ein verzweifeltes Suchen nach Wahrheit ist, und sie tut außerdem so, als wenn es bei dem Berühren der Wunden Jesu immer noch um einen rein äußeren «Identitätsbeweis» des Auferstandenen ginge. «Den Finger in die Wunden legen» ist etwas ganz anderes, als Jesus in einem «Indizienprozeß» zur Autopsie vorgeführt bekommen zu wollen. Jede Konkretion im Äußeren, jedes nicht-symbolische Verständnis führt Texte dieser Art unweigerlich ad absurdum.

6 Erst so versteht man, warum das «Zeugnis» der Jünger die Frage des *Thomas* wirklich nicht beantworten *kann*.

7 Vgl. dazu E. Drewermann: Von Krankheit, Kränkung und Verwandlung, in: Psychoanalyse und Moraltheologie, III 39-56.

8 Das zweimalige *«mein»* zeigt deutlich den ganz und gar persönlichen Charakter dieses Bekenntnisses, das die Reihe der Bekenntnisse des *Johannes*evangeliums (1,49; 4,42; 6,69; 9,37 f.; 11,27; 16,30; 20,16) abschließt und zusammenfaßt. «Herr» wird jetzt «zum Bekenntnis, das dem Auferstandenen gilt ... Das Gottesprädikat aber setzt er hinzu, um über die Höhe seines Glaubens keinen Zweifel zu lassen ... Jesus ist göttlichen Wesens, in ihm begegnet ihm Gott selbst, er ist für ihn Gott in seiner Hoheit, Macht und Liebe.» So umschreibt exegetisch richtig R. Schnackenburg: Das Johannesevangelium, III 396-397, den Sinn der Stelle. Gleichwohl müssen die Bekenntnisformeln selber übersetzt werden, um verständlich zu sein. Es hilft nicht, mit J. Kremer: Die Osterevangelien, 201, zu erklären: «Die durch den Geist des Herrn ermöglichte Antwort des Tomas ist das Bekenntnis des christlichen Glaubens, in dem der Evangelist seine Leser bestärken will. Er hat sein Buch geschrieben, ‹damit ihr glaubt, daß Jesus der Christus, der Sohn Gottes ist› (20,31). In diesem Sohn steht ... Gott selbst vor Tomas ... Was das heißt, vermögen Menschen niemals zu erklären, noch weniger zu ergründen ... Daß Jesus in Wahrheit Sohn Gottes ist, ja Gott genannt werden darf und mit ihm eins ist, das vermögen wir nur im Eingeständnis der eigenen Grenzen und in der Bereitschaft zur Anbetung zu denken und zu bejahen.» In solchen Wendungen wird aus dem Glauben ein mystisches Tabu, ein Dogma, das die Erfahrungen vergessen macht, denen der Glaube an das *Symbol* der «Gottessohnschaft» Jesu sich verdankt. Um das Bekenntnis des Thomas zu verstehen, muß man es jedoch gerade von den Erfahrungen dieser Szene her zu interpretieren suchen. Tiefenpsychologisch (empirisch) bezeichnet man mit «Gott» das Zentrum der höchsten psychischen Energie, und in diesem Sinne müßte man das Bekenntnis des Thomas zur «Gottessohnschaft» Jesu so wiedergeben, daß er sich fortan ein Leben nicht mehr vorstellen kann, in dessen Mittelpunkt nicht lebendig und gültig die Person und die Botschaft des Jesus von Nazareth stünde. – Recht hat R. Bultmann: Das Evangelium des Johannes, 540, wenn er die Geistsendung Jesu in Joh 20,22 als «Ostern und Pfingsten ... zusammen» bezeichnet (S. 537) und das Thomas-Bekenntnis mit der Bedeutung der Legende von der «Himmelfahrt» Jesu vergleicht. Insgesamt betont er, wie der (heutige) Leser die Ostergeschichten verstehen sollte: «weder als Erzählungen von Ereignissen, wie er sie selbst zu erleben wünschen oder hoffen könnte, noch auch als einen Ersatz für solche eigenen Erlebnisse, so daß die Erlebnisse Anderer ihm gleichsam die

Realität der Auferstehung Jesu garantieren könnten, – vielmehr als verkündigendes Wort, in dem die erzählten Ereignisse zu symbolischen Bildern geworden sind.»

9 Joh 20,29 erlangt seine eigentliche Bedeutung erst, wenn man das «Sehen» nicht, wie z. B. R. SCHNACKENBURG: Das Johannesevangelium, III 398, als eine «sinnliche Wahrnehmung» deutet, sondern als «Einsicht» aufgrund der inneren Erfahrung jener Verwandlung des Leids in «Freude» (Joh 20,20) versteht, für welche das Wort «Auferstehung» das umfassendste Symbol darstellt. J. KREMER: Die Osterevangelien, 201, sieht richtig, daß es beim Berühren der Wundmale eigentlich um einen geistigen Vorgang geht, aber er möchte doch trotz allem die «historische» Außenseite retten, indem er einen «Doppelsinn der Worte» Jesu annimmt: einerseits ein «bloßes Betasten» und dann die mystisch-sakramentale Überhöhung: der Kontakt mit dem durchbohrten Herzen Jesu, welches den Geist vermittele.

10 So bleibt es im Grunde bei dieser Paradoxie, daß wir an etwas glauben müssen, das zu sehen wir eigentlich bestimmt sind, und das wir dennoch nicht selber gesehen haben müssen, um glauben zu können, daß es wirklich sichtbar ist.

2. «Selig, die nicht sehen . . .»

1 Joh 20,30-31 gibt deutlich den Zweck des ganzen Evangeliums, insbesondere der Ostergeschichten, an; «es ist der: den Glauben zu wecken, daß Jesus der Messias, der Sohn Gottes ist. Im Sinne des Evangelisten ist es dabei gleichgültig, ob die etwaigen Leser schon ‹Christen› sind oder nicht; denn der Glaube der ‹Christen› ist ja für ihn nicht eine ein für allemal vorhandene Überzeugung, sondern muß ständig seiner selbst aufs neue sicher werden und muß deshalb stets das Wort neu hören.» R. BULTMANN: Das Evangelium des Johannes, 541.

2 Recht hat J. KREMER: Die Osterevangelien, 201, wenn er meint: «Die Seligpreisung aller, die nicht ‹sehen› . . ., sondern auf das Zeugnis der Apostel angewiesen sind, gilt uns.» Dann aber vertut er die Härte seiner richtigen Feststellung, indem er fortfährt: «Wer glauben darf, ist glücklich zu nennen. Sein Leben ist nicht ein Dasein auf den Tod hin und beklagenswert, mag auch das Kreuz den Alltag nur zu oft prägen.» Das Problem ist nicht, daß wir glauben *dürfen*, sondern daß wir glauben *müssen*, selbst wenn das Leiden und der Schmerz die Augen fast blind macht. Es geht daher auch nicht um eine «hohe Glaubensstufe» (so R. SCHNACKENBURG: Das Johannesevangelium, III 398), sondern um die oft (oder zumeist!) einzige Form von Glauben, die uns übrig bleibt. – Es ist ein tiefgreifender Mangel in der Interpretation religiöser Erzählungen allgemein, das Berichtete gewissermaßen aus der Perspektive Gottes oder, im Falle der Ostergeschichten, aus der Perspektive Jesu als des Auferstandenen lesen zu wollen, so als bestehe die «Offenbarung» der Bibel darin, daß wir nunmehr in die Pläne und Absichten des Allmächtigen vollkommen eingeweiht würden. Die Ostergeschichten wollen und können uns nicht Gott erklären, wie er an und für sich ist und wirkt, sie schildern lediglich, wie gebrochen wir Menschen in der Nähe Jesu etwas von Gott in unserem Leben angesichts des Todes erfahren können. So schildert die Szene der Erscheinung Jesu nicht, was Jesus alles machen kann, um einen ungläubigen Jünger am Ende mit einem «überwältigenden Eindruck», z. B. durch «das Erscheinen Jesu bei verschlossenen Türen», doch noch zu überzeugen, wie R. SCHNACKENBURG: A. a. O.,

III 396, meint; stünde es so, dann wäre es in Anbetracht der menschlichen Verzweiflung geradewegs die Pflicht dieses «eschatologischen Heilbringers» Gottes, seine Macht zum Vorteil aller Menschen auch zu nutzen. Tatsächlich aber erzählt Joh 20,24-29 nicht von den großartigen und überwältigenden Möglichkeiten des Auferstandenen, es spricht ganz einfach von den Möglichkeiten, die wir Menschen haben, von der Wirklichkeit Gottes im Vertrauen auf die Person und die Botschaft Jesu in diesem unserem Leben etwas mitzubekommen.

[3] Vgl. G. W. F. HEGEL: Philosophie der Geschichte, 128: «Die Weltgeschichte ... ist ... überhaupt die Auslegung des Geistes in der Zeit, wie die Idee als Natur sich im Raume auslegt.» Freilich wußte HEGEL auch (S. 70-71): «Die Weltgeschichte ist nicht der Boden des Glücks. Die Perioden des Glücks sind leere Blätter in ihr; denn sie sind die Perioden der Zusammenstimmung, des fehlenden Gegensatzes.»

[4] W. BORCHERT: Draußen vor der Tür, 5. Szene, in: Das Gesamtwerk, S. 138-149.

[5] Insofern ist die von Johannes geschaffene *Thomas*-Szene der Versuch, auf den ewigen Zweifel des Leids mit einem ewig gültigen Bild zu antworten: wir dürfen hoffen, wie *Thomas* zu «sehen», aber wir sollten unseren Glauben davon nicht abhängig machen.

[6] Es ist eine Seligpreisung ähnlich der von Lk 6,21: «Selig seid ihr, die ihr jetzt weint; denn ihr werdet lachen.»

e) Nachträgliche Gesichte

1. Zwischen Diesseits und Jenseits

[1] Die vorliegende Deutung geht zurück auf die ausführliche Interpretation der Stelle in: E. DREWERMANN: Tiefenpsychologie und Exegese, II 392-423.

2. «Liebst du mich?»

[1] Zur Religionspsychologie der *Visionen* als Formen der Gottesoffenbarung vgl. E. DREWERMANN: Tiefenpsychologie und Exegese, II 311-355.

[2] So die «Definition» des Gottesbegriffs bei P. TILLICH: Systematische Theologie, I 247: «Gott ist die Antwort auf die Frage, die in der Endlichkeit des Menschen liegt, er ist der Name für das, was den Menschen unbedingt angeht. Das heißt nicht, daß es zunächst ein Wesen gibt, das Gott genannt wird, und dann die Forderung, daß es den Menschen unbedingt angehen soll. Es heißt, daß das, was einen Menschen unbedingt angeht, für ihn zum Gott (oder Götzen) wird, und es heißt, daß nur das ihn unbedingt angehen kann, was für ihn Gott (oder Götze) ist.»

[3] Vgl. zu Joh 21,1-14 die Auslegung bei E. DREWERMANN: Tiefenpsychologie und Exegese, II 392-423, S. 421-423. R. SCHNACKENBURG: Das Johannesevangelium, III 413-415; 429-430 meint wohl zu Recht, daß der Abschnitt Joh 21,15-19 nur lose mit der vorangegangenen Erzählung verbunden und traditionsgeschichtlich davon unabhängig sei. Es besteht gewiß ein Zusammenhang zwischen Joh 21,15-17 und dem «Primatswort» von Mt 16,18 f. und Lk 22,31 f., doch ist dieser Zusammenhang nicht unmittelbarer traditionsgeschichtlicher Art; vielmehr scheint es, daß all diese Stellen aus der Erscheinung des Auferstandenen vor Petrus in 1 Kor 15,3-5 entwickelt

wurden. Eine Verbindung zu der Berufungsgeschichte in Lk 5,1-11, bes. zu Lk 5,8 («ich bin ein sündiger Mensch») würde eine engere Beziehung zu der vorhergehenden Fischfanggeschichte voraussetzen – ist also unwahrscheinlich. Wohl wird man in der dreimaligen Frage Jesu eine gewisse Tendenz zur Aufarbeitung der dreimaligen Verleugnung erkennen können, wichtiger aber ist die Frage nach der Liebe und die Beauftragung des Petrus. Die dreifache Formel ist ein vor allem in der Volksliteratur beliebtes Aufbauschema von Erzählungen; an das Muster eines orientalischen Rechtsaktes zu denken, ist ebenso unnötig wie unwahrscheinlich.

4 Entschieden sollte man in der Auslegung der Stelle weit mehr als die Berufung des Petrus selbst *den Grund* und *die Bedingung* seiner Berufung herausstellen: *die Liebe*, da sonst leichthin das fertige «Petrusamt», gewissermaßen personenunabhängig, als rein institutionelle Größe aus dem Text «bewiesen» zu werden pflegt. Recht hat R. Schnackenburg: A. a. O., III 436-437, wenn er meint: «Die in der Väterexegese und später von katholischen Theologen vertretene Interpretation, daß an dieser Stelle nicht nur die Gläubigen insgesamt, sondern speziell auch die anderen Jünger Petrus unterstellt werden, ist aus dem Text ... nicht herauszulesen.» Zentral geht es weniger um die Person des Petrus als um die Art, wie die Gemeinde Jesu, die «Herde», zu «leiten» ist. J. Jeremias: *poimnä,* in: G. Friedrich (Hrsg.): Theologisches Wörterbuch zum Neuen Testament, VI 484-501, S. 501, meint, daß in dem Begriff der «Herde» bei *Johannes* die «Begrenzung auf Israel» endgültig gefallen sei; insbesondere gehe es nicht um eine Sammlung von Erwählten im Sinne des gnostischen Erlösermythos, sondern darum, daß die «verstreuten Gotteskinder» (Joh 11,52) aus den Völkern «zur eschatologischen Gottesherde versammelt» würden. Bei dem Primat der Liebe, der wichtiger ist als der Primat des Petrus, ist an Mk 10,32-45 zu denken. Vgl. dazu E. Drewermann: Das Markusevangelium, II 129-147.

5 Zu der immanenten *Gewalt* als Form des verinnerlichten Mangels vgl. bes. die sozialphilosophische Betrachtung bei J. P. Sartre: Kritik der dialektischen Vernunft, 458 ff.; vgl. die Darstellung bei E. Drewermann: Strukturen des Bösen, III 331-352, S. 335-336: Mangel und Unmenschlichkeit; S. 345-346: Die Terrorbrüderlichkeit.

6 Zu Recht stellt R. Schnackenburg: Das Johannesevangelium, III 431, fest: «Die Frage selbst wirkt, für sich betrachtet, befremdlich, weil Jesus bei den Synoptikern keine Rivalität zwischen den Jüngern duldet (vgl. Mk 9,34 f.; 10,42 ff. par).» Dann aber nivelliert er das Problem, das wesentlich psychologisch besteht, indem er es «literarisch» zu lösen versucht: das *«mehr als diese»* beziehe sich lediglich auf Joh 13,37, auf die Bereitschaft des Petrus, sein Leben hinzugeben. Weit näher liegt es und weit wichtiger ist es, *die Überwindung* des Größerseinwollens *von innen heraus* mitzuvollziehen, die Jesus in der Frage der Liebe hier Zug um Zug vornimmt. Es ist eine Läuterung der Motive, wie wir sie auch in manchen Gleichnisreden Jesu antreffen, in denen eine bestimmte Haltung, wie Besitzstreben, Ruhebedürfnis oder Sicherheitsverlangen, so ins Extrem getrieben wird, daß am Ende sich das Gegenteil von dem ergibt, was am Anfang wünschenswert erschien. Vgl. E. Drewermann: Tiefenpsychologie und Exegese, II 725-734: Das Gleichnis als Verbalisationsform von Gefühlen und als Sublimationsform der Antriebe ins Unendliche.

7 Vgl. zu beiden Begriffen E. Stauffer: *agapao,* in: G. Kittel (Hrsg.): Theologisches Wörterbuch zum Neuen Testament, I 20-55; G. Stählin: *phileo,* in: G. Friedrich (Hrsg.): Theologisches Wörterbuch, IX 128-134. Während Stauffer in dem Begriff

der *agapä*, der Caritas, den Grundbegriff christlicher Frömmigkeit sieht (S. 54), den er dann dem *Eros* der antiken Welt mit dem «Halbdunkel der sinnlich-übersinnlichen Mysterienkulte» meint gegenüberstellen zu müssen, erklärt STÄHLIN die beiden Begriffe *philein* und *agapan* überhaupt für synonym. Dieser Meinung schließt sich auch R. SCHNACKENBURG: Das Johannesevangelium, III 432-433, an, wenngleich er einräumt, daß «*philein* in Joh 11,3.36 für die Freundesliebe Jesu zu Lazarus gebraucht» werde und daß darin das Sprachgefühl für «emotionale Liebe» mitschwingen könne. So kommt er dazu, die Trauer des Petrus in Joh 21,17 als bloße Erinnerung an «das eigene Versagen» beim Verrat Jesu zu deuten (a. a. O., III 434-435). Ebenso J. KREMER: Die Osterevangelien, 214. Die dreimalige Frage Jesu und der dreimalige Verrat aber müssen an sich überhaupt nichts miteinander zu tun haben; es folgen vielmehr beide Erzählungen dem Gesetz der dreifachen Steigerung. Zu dem Verrat des Petrus in Mk 14,66-72, vgl. E. DREWERMANN: Das Markusevangelium, II 545-559. In jedem Falle scheint es richtiger, die Trauer des Petrus aus der immanenten Steigerung der Erzählung selbst zu verstehen und sie nicht aus einem ganz anderen Zusammenhang zu entwickeln. Dann aber dürfte gerade der Wechsel von *agapan* zu *philein* in der dritten Frage Jesu auf eine noch weit persönlichere Infragestellung des Petrus hinauslaufen als in den ersten beiden Fragen. Erst von dieser *persönlichen* Erschütterung her wird dann der Rückbezug zu Joh 13,36-38, zu dem Motiv des persönlichen Versagens des Petrus, überhaupt erst wirklich verständlich. Nicht die Tatsache des dreimaligen Verleugnens des Petrus (Joh 18,15-18.25-27), sondern *das Motiv des Verleugnens: die* (hochkompensierte) *Selbstsicherheit* (aus Angst) wird hier aufgegriffen und durchgearbeitet; um den Wechsel von naivem Selbstvertrauen in ein unbedingtes Vertrauen zu der Person Jesu geht es, nicht um peinigende Beschämung und gnädige Vergebung – Themen, die an dieser Stelle gar nicht auftauchen und nach Joh 20,19-23 auch gar nicht mehr auftauchen können. Recht hat nach wie vor R. BULTMANN: Das Evangelium des Johannes, 551, wenn er meinte: «Meist versteht man V. 15-17 als die Rehabilitation des Petrus nach seiner Verleugnung. Das ist indessen sehr fraglich . . . Die Verleugnung, die Reue des Petrus, müßten doch erwähnt sein! Und so etwas wie eine Absolution wird in den Worten Jesu nicht ausgesprochen.» Vor allem sollte der Sinn einer Frage sich doch am besten aus ihrer Wirkung erschließen lassen, und was die Fragen Jesu in Petrus bewirken, ist deutlich, wenn er (Joh 21,15.16.17) dreimal sagt: «Du weißt, Herr.» Wenn darin eine Erinnerung an Joh 13,36-38 liegt, dann in *dieser* Richtung: daß das selbstbewußte und selbstgewisse Vertrauen in die eigene Person endgültig überwunden wird, und dazu gehört schließlich sogar der Zweifel an den persönlichen Gefühlen, an der *philia*, an der persönlichen Freundschaft. – Den Ansatz zu der vorstehenden Deutung verdanke ich einem Vortrag, den Dr. FRITZ NORMANN im Jahre 1964 im Theologenkonvikt zu Paderborn hielt; seiner Person und Persönlichkeit gedenke ich an dieser Stelle mit besonderer Dankbarkeit.

8 Noch einmal: es geht nicht, wie J. KREMER: Die Osterevangelien, 214 meint, um das Vertrauen, das Jesus in seinen Jünger setzt, indem er ihm «trotz des Versagens» «seine Herde anvertraut», es geht ganz entschieden um das Vertrauen, das Petrus selber lernen muß, ehe er sich zum «Hirten» der «Herde» Christi eignet. Man verfehlt immer wieder den zentralen Punkt der inneren Spannung der Ostergeschichten, wenn man sie aus der Perspektive Gottes oder Christi statt aus der Perspektive des betreffenden und betroffenen Menschen zu lesen versucht.

9 Es ist eine alte asketische Weisheit, daß «Gehorsam» gelernt haben müsse, wer

anderen befehlen wolle; aber es geht nicht um «gehorchen» im Sinne bürokratischer Verwaltung, es geht um ein inneres Horchen auf die eigene Wahrheit. Wie beherzigenswert sind die Worte des DSCHUANG DSI: Südliches Blütenland, XII 5, S. 131-132: Untauglich zur Weltherrschaft: «Kann man den Lückenbeißer zum Herrscher der Welt machen?», lautet die Frage. Und die Antwort: «Gefahr würde dann der Welt drohen. Lückenbeißer ist ein Mensch von scharfem Verstand, der sich auf sein Wissen verläßt, energisch allen Anforderungen zu entsprechen. Sein Wesen ist dem der andern überlegen, aber er sucht durch Kunst die Natur zu erreichen. Durch strenges Richten sucht er die Mißstände zu verhindern, aber er sieht nicht die Quellen, aus denen diese Mißstände entspringen. Würde man ihn zum Herrscher der Welt machen, so würde er sich nur der Wirkungen der Kunst bedienen und nicht die Natur zu ihrem Recht kommen lassen. Bald würde er im Vertrauen auf sein Ich sich der Körperwelt entgegenwerfen; bald würde er sich verlassen auf seine Erkenntnis und mit feuriger Hast zu wirken suchen. Bald würde er sich aufbrauchen in Kleinlichkeiten; bald würde er sich verstricken lassen in die Außenwelt. Bald würde er von allen Seiten das Entgegenkommen der Außenwelt erwarten; bald würde er allen Verpflichtungen entgegenzukommen suchen. Bald würde er dem umgestaltenden Einfluß in der Außenwelt unterworfen sein, ohne beständige Grundsätze zu haben. Wie wäre er fähig, zum Herrscher der Welt gemacht zu werden? Immerhin – es gibt ja auch Stämme und Familien. Man kann ihn zum Vater Vieler machen, aber nicht zum Vater der Väter. Mag einer brauchbar sein zur Unterdrückung von Unruhen: als Ratgeber ist er ein Unglück, als Herrscher ein Räuber.» Vor dem Hintergrund solcher Gedanken erscheint die vorliegende Stelle als die wichtigste im ganzen Neuen Testament, um zu verhindern, daß immer wieder die «Lückenbeißer» in der Kirche die Leitungs-«Vollmacht» übertragen bekommen. Aber es gibt, so weit zu sehen, keinen einzigen Kommentar, der diese Stelle innerlich genug verstünde, um das entscheidende Problem aller Menschenführung psychologisch richtig zu zentrieren.

10 Aus der Sicht des Petrus gelesen, ist es, wie bei der Berufung des Moses, natürlich die entscheidende Frage, worauf überhaupt Verlaß sein soll. Zu Ex 3; 4 vgl. E. DREWERMANN: Tiefenpsychologie und Exegese, II 379-392.

11 Im Gegenteil ist psychoanalytisch gerade diese Mischung aus persönlicher Kleinformatigkeit und Ichschwäche zusammen mit einem um so strengeren und despotischerem Überich am meisten «verdächtig», in dem Narzißmus einer rigorosen Überichbefriedigung befangen zu bleiben: graue Eminenzen, die sich selbst persönlich angegriffen fühlen, sobald man das Gebäude ihrer Gedanken infrage stellt!

12 Es ist die Kategorie, die S. KIERKEGAARD: Tagebücher, IV 296, als die einzig verbindliche in Fragen des Glaubens anerkannte, indem er seine «psychologische Taktik» verriet: «Niemals bestreite ich unmittelbar, was ein Mann von sich sagt. – Das ist das Gewöhnliche. Gesetzt, jemand sagt etwas Großes von sich selbst, dann antwortet man: das ist Lüge, Einbildung – und dann fangen sie an, sich zu streiten . . . – Nicht ebenso ich. Nein, wenn ein Mann etwas Derartiges sagt, so antworte ich: ‹Wenn Sie das selbst sagen, so glaube ich es.› – Darauf nehme ich dann die Aussage, und durchdenke dann alle existentiellen Folgen einer solchen Aussage. Diese zwinge ich ihm dann auf. Eines von beiden, entweder löst er diese doch irgendwie ein, und dann war auch Wahrheit in ihm. Oder auch er löst sie nicht ein – und dann hat er sich selbst gerichtet. Ich richte niemanden, sondern dies heißt: offenbar machen.» Also: was sagt jemand,

wenn er sagt: «Ich bin ein Christ»? Und was sagt ein Christ, wenn er sagen will: «Ich bin (ein) Petrus»? Es gibt keine Wahrheit außer – *für mich*.

[13] Es war der Irrtum in der «romantischen» Dichtung des HEINRICH VON KLEIST, angesichts der Erschütterung der Erkenntniskritik I. KANTS wenigstens *das Gefühl* für unfehlbar zu setzen. Im Gegenteil zeigt gerade die Psychoanalyse, daß insbesondere diejenigen Gefühle, die subjektiv am stärksten und deren Inhalt als am meisten evident erlebt werden, objektiv irrig sein können, indem sie sich aus Wiederholungszwängen und mechanisierten Ängsten aller Art ergeben.

[14] Der Wechsel zwischen *«weiden»* (mit Nahrung versorgen) und *«hüten»* (führen) sowie zwischen *Lämmern* und *Schafen* ist sicher nicht als Klimax zu lesen. «Alle ... Ausdrücke bezeichnen die Jesus vom Vater anvertrauten Menschen, und der Auferstandene, der sein Besitzrecht an den ‹Schafen› behält (‹meine Schafe›), übergibt sie jetzt zu treuer Sorge Simon-Petrus.» R. SCHNACKENBURG: Das Johannesevangelium, III 433.

[15] Das Ausstrecken der Hände in Joh 21,18 hat R. BULTMANN: Das Evangelium des Johannes, 552, wohl zu Recht als ein Bildwort für das Greisenalter gedeutet, «dem ein Sprichwort zugrunde liegt: ‹In der Jugend geht man frei, wohin man will; im Alter muß man sich führen lassen, wohin man nicht will.›» In dem Ausstrecken der Hände ein Bild für die «Fesselung» oder gar «Kreuzigung» zu erblicken, heißt, die Einfachheit des Kontrastes zu dem jugendlichen Verhalten zu überfordern. Zudem ist gerade der Unterschied zwischen Jugend und Alter ein erneuter Hinweis darauf, daß die drei Fragen Jesu als *Phasen* einer inneren Entwicklung und Reifung zu lesen sind. Für die Bemerkung von Joh 21,19, für den Hinweis auf die Todesart des Petrus, genügt die Wendung: *«... und führen, wohin du nicht willst»:* es wird am Ende der Nachfolge Jesu das Martyrium stehen. – Von daher wird man in Joh 21,20 das Wort vom *«folgen»* des «Lieblingsjüngers» gewiß nicht räumlich verstehen dürfen, sondern es (gegen R. SCHNACKENBURG: Das Johannesevangelium, III 439) innerlich verstehen müssen: der Lieblingsjünger selber ist «in der Nachfolge»; so richtig R. BULTMANN: A. a. O., 553. Es ist eine Feststellung, die sich gerade treffen läßt «im Rückblick» vom Martyrium des Petrus her (das inzwischen vermutlich wohl schon eingetreten ist). Die Stelle möchte die Vorzugsstellung des Lieblingsjüngers trotz des verliehenen Hirtenamtes (und Martyriums) des Petrus herausstellen, obwohl der Lieblingsjünger den Weg ins Martyrium nicht gegangen ist; er lebt gleichwohl in der Erwartung des «Kommens» des Herrn, d. h. er lebt so, wie es Joh 11,25-26 heißt: «Wer an mich glaubt, wird leben, auch wenn er stirbt, und jeder der lebt und an mich glaubt, wird in Ewigkeit nicht sterben.» Da der Tod innerlich im Glauben überwunden ist, gilt selbst das Martyrium gewissermaßen nur noch als etwas Äußeres, das sich ergeben kann oder auch nicht – Fragen dieser Art sind nicht (mehr) das Wesentliche. Joh 21,23, wo die Weissagung über den «Lieblingsjünger» als ein bloß hypothetischer Satz gedeutet wird, ist gewiß «eine nachträgliche Korrektur ..., die notwendig wurde, als der Lieblingsjünger nun doch gestorben war». R. BULTMANN: Das Evangelium des Johannes, 554. Aber derlei Diskussionen sind doch überhaupt nur möglich, wo der physische Tod noch als etwas letzthin Bedeutsames am menschlichen Leben verstanden wird. Entscheidend ist in dieser «Korrektur» daher nicht nur die Relativierung des äußeren Todesschicksals, sondern des «Konkurrenzkampfes» in Fragen von Tod und Martyrium überhaupt. Die Szene erinnert stark an Mk 10,35-40, an den Rangstreit der Jünger angesichts der Frage des Martyriums. Vgl. dazu E. DREWERMANN: Das Markusevangelium, II 129-147. Der ganze Abschnitt ist mithin

zentral von dem zweifachen: *«was gehts dich an»* (Joh 21,22.23) her zu interpretieren. Das schließt das Urteil R. BULTMANNS: A. a. O., 555, nicht aus: «Die kirchliche Autorität des Evangeliums zu begründen, ist der Zweck von V. 15-23 und damit letztlich von Kap. 21 überhaupt.» J. KREMER: Die Osterevangelien, 221, verweist insbesondere auf die gemeinsame Struktur von 21,15-19 und 21,20-23 und folgert, «daß dem Verfasser an diesem Gespräch und besonders an den darin zum Ausdruck gebrachten Parallelen im Lebensweg von Petrus und dem geliebten Jünger sehr gelegen ist».

16 G. BERNANOS: Tagebuch eines Landpfarrers, 178.

V. Nachtrag: Hoffnung für die leidende Kreatur

1 Vgl. zu der Gesamtthematik E. DREWERMANN: Der tödliche Fortschritt, 62-111. Die dortigen Ausführungen müssen hier vorausgesetzt werden.

2 A. a. O., 4. erw. Aufl., S. 207-208.

3 Neue Westfälische, 17. Aug. 1988, nach Index Funk 3186.

4 M. SEGBERS: Kurzes Leben in der Mastfabrik, in: Neue Westfälische, 17. Aug. 1988.

5 G. GRÄFIN ZU SOHNS-WILDENFELS: Der Verbraucher hat das Wort, in: Animal 2000. Tierversuchsgegner Bayern e. V., 8000 München 21, Hauzenbergerstr. 8; Tel.: 089-52 71 61.

6 Vgl. E. DREWERMANN: Der tödliche Fortschritt, 67-78.

7 Vgl. E. DREWERMANN: A. a. O., 57; 91; 96.

8 Vgl. M. BRÜGGEMANN: Das neue Tierschutzgesetz – Ein großer Bluff?, Neue Westfälische, 2. 3. 88.

9 Wie schwer sich die christliche Dogmatik tut, die Evolutionstheorie zu akzeptieren, demonstrierte ungewollt J. BRINKTRINE: Die Lehre von der Schöpfung, 206-208. Man muß sich nur klarmachen, daß die päpstliche Bibelkommission vom 30. 6. 1909 über den *historischen* Charakter der ersten drei Kapitel der Genesis entschied, daß die besondere Erschaffung des Menschen durch ein spezielles Eingreifen Gottes, ja sogar die Bildung der ersten Frau aus dem ersten Manne in literar-historischem Sinne geglaubt werden müsse. A. a. O., 257-260. Wie radikal die Kenntnis der natürlichen Zusammenhänge (freilich schon längst nicht mehr die evolutive Weltbetrachtung selbst!) in den Naturwissenschaften bei der Frage der Entstehung des Lebens über die theologische Debatte hinausgelangt ist, zeigen die Untersuchungen des belgischen Physikochemikers ILYA PRIGOGINE über «dissipative Strukturen» – dynamische Ordnungszustände, die nur durch ständige Energiedissipation unterhalten werden können und «in Form räumlicher Muster – ähnlich wie stehende Wellen – aus der Überlagerung von Materietransport und synchronisierter, periodischer Umwandlung» resultieren. «Die dissipative Form ist im Gegensatz zum konservativen Modell nicht allein durch die zwischen den materiellen Trägern wirksamen Wechselbeziehungen bestimmt, sondern wird entscheidend von den Randbedingungen und Begrenzungen des Systems beeinflußt.» M. EIGEN – R. WINKLER: Das Spiel, 118; 119. So wurde ein Konzept möglich, durch welches das Zustandekommen selbstorganisierender Systeme verstehbar scheint und die Grenze zwischen belebter und unbelebter Materie durchlässig wird. Bereits diese Ansicht widerspricht dem «Kreatianismus» der christlichen Dogmatik vollkommen. Vor allem aber steht das Spiel aus Zufall und Notwen-

digkeit, das in solchen Theorien als «Motor» der Evolution betrachtet wird, in logischem Gegensatz zu dem Finalismus des Vorsehungsgedankens. Selbst TEILHARD DE CHARDIN: Der Mensch im Kosmos, 132-138, beschrieb die Evolution als eine gewaltige Zusammenfaltung von Materie und Energie speziell auf den Menschen hin – eine «Orthogenese», die in direkter Linie auf den Menschen zulaufe. Vgl. E. DREWERMANN: Der tödliche Fortschritt, 78. Es fällt der christlichen Theologie nach ihrem fünfhundertjährigen Widerstand gegen das neuzeitliche Denken auch heute nichts schwerer, als den ideologischen Anthropozentrismus ihrer Kosmologie und Daseinsdeutung aufzugeben.

10 H. KESSLER: Sucht den Lebenden nicht bei den Toten, Düsseldorf 1985, 408. Zusätzlich zu Röm 8,19-22 ist insbesondere der gnostisch beeinflußte Passus in Kol 1,15-23 ein Unterpfand christologischer Anthropozentrik.

11 Bes. J. MONOD: Zufall und Notwendigkeit, 208-218, hat zu Recht auf die animistische Grundstruktur der christlichen Weltdeutung hingewiesen und gemeint: «Die animistischen Systeme haben . . . alle mehr oder weniger den biologischen Menschen nicht zur Kenntnis nehmen wollen, sie haben ihn erniedrigt und ihm Gewalt angetan; sie haben ihn dahin bringen wollen, gewisse Merkmale, die seiner tierischen Beschaffenheit innewohnen, mit Schrecken und Abscheu an sich wahrzunehmen. Die Ethik der Erkenntnis dagegen ermutigt den Menschen, dieses Erbe zu achten.» (217) Man wird J. MONOD zustimmen müssen, daß es gilt, zugunsten einer Ethik der Wahrhaftigkeit objektiven Erkennens alle mythischen Projektionen aus der Weltdeutung herauszunehmen; daraus folgt jedoch keinesfalls, wie der französische Nobelpreisträger meint, daß damit die mythischen Inhalte selbst als unwahr oder als geschichtlich überholt zu betrachten seien; sie sind im Gegenteil der Ausweis der emotionalen und geistigen Bedingungen einer sinnvollen menschlichen Existenz. Gerade in Kenntnis der radikalen Andersartigkeit des Menschen gegenüber der Natur ist es notwendig, die Bilder, welche die Evolution in die Psyche des Menschen gelegt hat (und zu denen auch die Strukturen des menschlichen Erkenntnisvermögens zählen!), in ihrer subjektiven Bedeutung für die Existenz des Menschen zu würdigen und ihren sinnstiftenden Symbolismus in Antwort auf die Fragen, die der Mensch *geistig* an die Natur richtet, religiös zu würdigen.

12 So z. B. W. PANNENBERG: Was ist der Mensch? Die Anthropologie der Gegenwart im Lichte der Theologie, Göttingen [6]1981, S. 35 f., der entschieden erklärt: «Es gibt keine, dem Leibe gegenüber selbständige Wirklichkeit ‹Seele› im Menschen, ebensowenig aber auch einen bloß mechanischen oder bewußtlos bewegten Körper. Beides sind Abstraktionen. Wirklich ist nur die Einheit des sich bewegenden, zur Welt verhaltenden Lebewesens Mensch.» Man kann nur sagen: aber keinesfalls! Unter «Seele» ist zwar im Sinne des PLATON und DESCARTES in der abendländischen *Metaphysik* stets eine in sich unzerstörbare Substanz inmitten des vergänglichen «Körpers» vorgestellt worden, doch ist die ursprünglich *mythische* Evidenz des Symbols «Seele» durchaus nicht auf seine gewiß zu enge philosophische Interpretation mit Hilfe der griechischen Kategorien der «Substanz» einzuschränken. «Seele» – das war für den Alten Ägypter, wie wir sahen, vor allem die unendliche Weite und sternenüberhobene Freiheit der menschlichen Existenz, wie sie im Bilde des *Ba*-Vogels sichtbar wurde, das war (und ist) die unzerstörbare Gottunmittelbarkeit des individuellen Daseins, das ist das natürliche Korrelat des Glaubens, daß das Leben ewig ist. Im übrigen hat W.

PANNENBERG die Argumente und das Lebenswerk eines Mannes gar nicht erst diskutiert, der als 18jähriger auszog und Hirnphysiologie studierte, um der Frage nachzugehen, ob es im Menschen so etwas gebe wie eine unsterbliche Seele: des australischen Nobelpreisträgers J. C. ECCLES. Vgl. K. R. POPPER – J. C. ECCLES: Das Ich und sein Gehirn, S. 431-433: «Der selbstbewußte Geist und das Gehirn», mit der Kernthese von der aktiven «Rolle des selbstbewußten Geistes in seinem Einfluß auf die neuronale Maschinerie des Liaison-Hirns». (438) Vgl. DERS.: Wahrheit und Wirklichkeit, 108-113: «. . . so kommen wir zu dem religiösen Konzept der Seele und ihrer Erschaffung durch Gott . . . Ich glaube, daß in meiner Existenz ein fundamentales Geheimnis liegt, das jede biologische Erklärung über die Entstehung meines Körpers (einschließlich meines Gehirns) mit seiner genetischen Vererbung und seinem entwicklungsgeschichtlichen Ursprung übertrifft . . . ich erwachte sozusagen zum Leben und fand mich existierend als ein verkörpertes Selbst mit diesem Körper und Gehirn – so kann ich nicht glauben, daß dieses wunderbare göttliche Geschenk einer bewußten Existenz keine weitere Zukunft hat, keine Möglichkeit einer anderen Existenz unter anderen nicht vorstellbaren Bedingungen.» (112-113) Vgl. A. a. O., 241-244.

13 THOMAS VON AQUIN: Summa contra gentiles, II 82.

14 Vgl. G. RIECKEN: Die Flutkatastrophe vom 11. Okt. 1634, in: B. Hinrichs – A. Panten – G. Riecken: Flutkatastrophe 1634, S. 11-63, S. 19.

15 Vgl. H. v. DITFURTH: Der Geist fiel nicht vom Himmel, 266-272: «Der Prozeß des Erwachens zum Bewußtsein vollzieht sich mit quälender Langsamkeit. Er beansprucht Jahrhunderttausende.» (272) Zur Entstehungsgeschichte des Menschen in paläontologischer Sicht vgl. E. PROBST: Deutschland in der Urzeit, 331-380.

16 Vgl. B. GRZIMEK: Der verkannte Gorilla, in: B. Grzimek (Hrsg.): Tierleben, Band X: Säugetiere, 1. Bd., 531-538, S. 535. Zum Werkzeuggebrauch und zur Intelligenz bei *Schimpansen* vgl. A. KORTLANDT: Gattung Schimpansen, in: B. Grzimek (Hrsg.): Tierleben, XI: Säugetiere, Bd. 2, 19-49, S. 23; 37. Es scheint, als bilde der von JANE VON LAWICK-GOODALL beobachtete «Regentanz» der Schimpansenmännchen einen ersten Vorläufer religiöser Rituale beim Menschen (S. 39-40).

17 W. FIEDLER: Teilordnung Schmalnasen, in: B. Grzimek (Hrsg.): Tierleben, X: Säugetiere, 1. Bd., 379-400, S. 399.

18 Vgl. dagg. die sehr berechtigten Einwände von H. VON DITFURTH: Wir sind nicht nur von dieser Welt, 19-23: «Ich sehe nicht, wie sich der Widerspruch (sc. zwischen Theologie und Biologie, d. V.) anders beseitigen ließe als durch das Zugeständnis einer grundsätzlichen historischen Relativierbarkeit auch der Person Jesus Christus.»

19 B. GRZIMEK schrieb diesen Satz als Spiegel der Selbstbetrachtung an die Wand des Primatenhauses im Zoo zu Frankfurt.

20 Zur indischen Lehre von den Avataras (Erscheinungsformen) *Vishnus* vgl. H. ZIMMER: Indische Mythen und Symbole, 21-24. Es handelt sich um ein Vertrauen in den immerwährenden Beistand des Göttlichen auf allen Stufen der Entfaltung der Wirklichkeit: «Immer wenn ich diesen Weg Dich trage . . .» «Für den Westen, der an einzige, epochemachende, geschichtliche Ereignisse glaubt (wie z. B. die Erscheinung Christi . . .) hat diese beiläufige Bemerkung des alterslosen Gottes (sc. Vishnu, d. V.) einen sanft nihilistischen Zug. Wertbegriffe, die mit unserer Einschätzung des Menschen, seines Lebens, seiner Bestimmung und Aufgabe untrennbar verbunden sind, werden dadurch verneint.» (S. 24)

[21] G. BATESON: Krankheiten der Erkenntnistheorie, in: Ökologie des Geistes, 614-626, S. 619, wo BATESON als vier Minimalcharakteristika des Geistes die folgenen Merkmale aufstellt: «Geist» sei ein System, das auf der Grundlage von Unterschieden arbeitet und aus geschlossenen Schleifen oder Netzen von Bahnen besteht, auf denen Unterschiede und Umwandlungen von Unterschieden übertragen werden, wobei viele Ereignisse innerhalb dieses Systems eher durch den reagierenden als durch den Einfluß des auslösenden Teils mit Energie gespeist werden; das System als ganzes soll Selbstregulation in Richtung auf Homöostase und/oder in Richtung auf ein Durchdrehen zeigen. «Selbstregulation umschließt Versuch und Irrtum.» Die Folgerung aus dieser Definition lautet: «Der Geist ist eine notwendige und unvermeidliche Funktion der angemessenen Komplexität, wo immer es zu dieser Komplexität kommt.»

[22] Vgl. die hervorragenden Ausführungen bei W. MÜLLER: Glauben und Denken der Sioux, 235-246, über die Naturverehrung nordamerikanischer Indianer. Vgl. auch B. JOHNSTON: Und Manitu erschuf die Welt, 123-133: Über den Zyklus und die Fortdauer des Lebens; und S. 134-141: Über den Tod und das Nachleben oder: wie man den Pfad der Seelen beschreitet und unter den Sternen die Geliebte wiederfindet.

[23] I. KANT: Kritik der praktischen Vernunft, VII 252-254. Vgl. zu den drei Postulaten E. DREWERMANN: Strukturen des Bösen, III 7-8.

[24] Vgl. E. BRUNNER-TRAUT: Die Alten Ägypter, 34-49: Mit den Tieren ins Himmelreich, S. 48. – Gewisse Anklänge an eine Art «Erbsündenvorstellung» finden sich allerdings auch in der ägyptischen Religion, wie bes. E. HORNUNG: Der ägyptische Mythos von der Himmelskuh, 76-81, gezeigt hat.

[25] Vgl. E. BRUNNER-TRAUT: Die Alten Ägypter, 46, zu der Rücksichtslosigkeit der Assyrer gegenüber den Tieren.

[26] A. a. O., 42. Zu dem sog. *«Tiertöterskrupulantismus»* vgl. E. DREWERMANN: Strukturen des Bösen, II 198-202; DERS.: Der tödliche Fortschritt, 94.

[27] E. BRUNNER-TRAUT: Die Alten Ägypter, 42.

[28] Vgl. J. BERNHART: Die unbeweinte Kreatur, 207; 210.

[29] F. JAMMES: Das Paradies der Tiere, 120-124.

[30] F. WERFEL: Das lyrische Werk, 476.

[31] Zur Flut von 1362, der sog. Rungholt-Flut, vgl. J. HAGEMEISTER: Rungholt. Sage und Wirklichkeit, St. Peter-Ording 1979; M. PETERSEN – H. ROHDE: Sturmflut, 38-40.

[32] Zur Flut von 1634 vgl. G. RIECKEN: Die Flutkatastrophe am 11. Okt. 1634, in: B. Hinrichs – A. Panten – G. Riecken: Flutkatastrophe 1634, 11-63, S. 33-60. In dieser Flut ging vor allem der biblische Vorsehungsglaube zugrunde, den Pastor MATTHIAS LOBEDANTZ in seiner ergreifenden Predigt zur Deutung der Flut als eines Strafgerichts Gottes zu verteidigen und zu erneuern suchte. Nicht die «Sünden» der Bewohner der «Utlande» Nordfrieslands, ihre vermeintliche Eitelkeit und mangelnde Gehorsamszucht haben die Katastrophe heraufbeschworen, sondern ihre ungenügende Stackdeich-Technik, ihre Unkenntnis des allmählichen Meeresanstiegs, die Absenkung des eingedeichten Landes durch Entwässerung und Salzgewinnung sowie der völlige Ausfall einer umfassenden Wetterbeobachtung und Frühwarnung. M. a. W.: nicht beim Propheten Ezechiel, sondern bei R. DESCARTES lag und liegt die Antwort auf die Schrecken der Natur. Vgl. B. HINRICHS: Die Landverderbliche Sündenflut. Erlebnis und Darstellung einer Katastrophe, in: A. a. O., 81-105, bes. 82-93.

[33] K. HUMMEL – U. BÜHLER: Wir leben weiter. Altmexikanische Gesichter, 13.

Verzeichnis der zitierten Literatur

(zitiert stets nach der letzten Ausgabe)

I. Philosophie und Theologie

(Exegese, Dogmatik, Mystik und Vätertexte)

L. Baur: Das Licht in der Naturphilosophie des Robert Grosseteste. Festgabe für G. v. Hertling, Freiburg 1913, 41-55

Sch. Ben-Chorin: Bruder Jesus. Der Nazarener in jüdischer Sicht, München 1967; Neudruck: München (dtv 1253) 1977

H. Bergson: Les deux sources de la morale et la religion, 1932; dt: Die beiden Quellen der Moral und der Religion, übers. von E. Lerch, Jena 1935; Neudruck: Olten 1980

J. Bernhart: Die unbeweinte Kreatur. Reflexionen über das Tier, München 1961

L. Boros: Mysterium Mortis. Der Mensch in der letzten Entscheidung, Olten–Freiburg 1962

L. Boros: Erlöstes Dasein. Theologische Betrachtungen, Mainz 1965

J. Brinktrine: Die Lehre von der Schöpfung, Paderborn 1956

J. Brinktrine: Die Lehre von der Mutter des Erlösers, Paderborn 1959

J. Brinktrine: Die Lehre von den letzten Dingen, Paderborn 1963

R. Bultmann: Kerygma und Mythos, hrsg. v. H. W. Bartsch, 6 Bde., Hamburg 1948-1963, Bd. 1

R. Bultmann: Theologie des Neuen Testamentes, Tübingen [3](durchges. u. erg.) 1958

R. Bultmann: Das Evangelium des Johannes, Göttingen (Kritischer-exegetischer Kommentar über das Neue Testament) 1941; [17]1962

A. Camus: L'Homme révolté, Paris 1951; dt.: Der Mensch in der Revolte. Essays; übers. v. J. Streller; neubearb. v. G. Schlocker unter Mitarbeit von F. Bondy, Hamburg 1953

E. Canetti: Masse und Macht, Düsseldorf 1960, Neudruck: Frankfurt (Fischer Tb. 6544) 1980

M. T. Cicero: Tusculanae disputationes, hrsg. v. M. Pohlenz, 1967; dt.: Gespräche in Tusculum, übers. von O. Gigon, Stuttgart (reclam 5027-31) 1973

O. Cullmann: Petros, in: G. Friedrich (Hrsg.): Theologisches Wörterbuch zum Neuen Testament, VI 99-112, Stuttgart 1959

Cyprian: Über die Sterblichkeit, in: Des hl. Kirchenvaters Cyprianus Traktate, aus dem Lat. übers. v. J. Baer, 2 Bde., Kempten–München (BKV 34; 60) 1918; 1928, I 228-254

G. Dalman: Die Worte Jesu. Mit Berücksichtigung des nachkanonischen jüdischen Schrifttums und der aramäischen Sprache. Bd. 1: Einleitung und wichtige Begriffe. Mit Anhang: Das Vaterunser. Nachträge und Berichtigungen. Leipzig [2]1930 (Reprint: Darmstadt 1965)

H. Denzinger – A. Schönmetzer: Enchiridion Symbolorum, Definitionum et Declarationum de rebus Fidei et Morum, Freiburg ^{32}1963
H. Diels: Die Fragmente der Vorsokratiker; nach der von W. Kranz hrsg. 8. Aufl.; eingel. v. G. Plamböck; Reinbek (Rowohlts Klassiker 10) 1957
E. Drewermann: Gott der Natur – Gott der Offenbarung – Gegensätze? Zwischen Shiva und Christus, in: Theologie und Glaube, 1971, Heft 2, 320-335
E. Drewermann: Strukturen des Bösen. Die jahwistische Urgeschichte in exegetischer, psychoanalytischer und philosophischer Sicht.
1. Bd.: Die jahwistische Urgeschichte in exegetischer Sicht, Paderborn ^{1}1977; ^{2}1979 erw. durch ein Vorwort: Zur Ergänzungsbedürftigkeit der historisch-kritischen Exegese; ^{3}1981: erg. durch ein Nachwort: Von dem Geschenk des Lebens oder: das Welt- und Menschenbild der Paradieserzählung des Jahwisten (Gn 2,4 b-25), S. 356-413; 6. Aufl. 1987
2. Bd.: Die jahwistische Urgeschichte in psychoanalytischer Sicht, ^{1}1977; ^{2}1980 erw. durch ein Vorw.: Tiefenpsychologie als anthropologische Wissenschaft; 6. Aufl. 1987
3. Bd.: Die jahwistische Urgeschichte in philosophischer Sicht, Paderborn ^{1}1978; ^{2}1980 erw. durch ein Vorw.: Das Ende des ethischen Optimismus; 6. Aufl. 1987
E. Drewermann: Der tödliche Fortschritt. Von der Zerstörung der Erde und des Menschen im Erbe des Christentums, Regensburg ^{3}(erw.) 1981
E. Drewermann: Der Krieg und das Christentum. Von der Ohnmacht und Notwendigkeit des Religiösen, Regensburg 1982
E. Drewermann: Von Krankheit, Kränkung und Verwandlung, in: Psychoanalyse und Moraltheologie, 3 Bde., Mainz 1982-1984, III 39-56
E. Drewermann: Vom Problem des Selbstmords oder von einer letzten Gnade der Natur, in: Psychologie und Moraltheologie, 3 Bde., Mainz 1982-1984, 3. Bd.: An den Grenzen des Lebens, 98-173
E. Drewermann: Von der Zerstörung der religiösen Rede. Ein Rascheln ist und ein Zusammenraffen, in: Psychoanalyse und Moraltheologie, 3 Bde., Mainz 1982-1984, 3. Bd.: An den Grenzen des Lebens, 174-198.
E. Drewermann: Dein Name ist wie der Geschmack des Lebens. Tiefenpsychologische Deutung der Kindheitsgeschichte nach dem Lukasevangelium, Freiburg–Basel–Wien ^{4}1988
E. Drewermann: Tiefenpsychologie und Exegese. 2 Bde., 1. Bd.: Die Wahrheit der Formen. Von Traum, Mythos, Märchen, Sage und Legende, Olten–Freiburg 1984, ^{6}1988; 2. Bd.: Die Wahrheit der Werke und der Worte. Wunder, Vision, Weissagung, Apokalypse, Geschichte, Gleichnis, Olten–Freiburg 1985, ^{4}1988
E. Drewermann: An ihren Früchten sollt ihr sie erkennen. Antwort auf Rudolf Peschs und Gerhard Lohfinks «Tiefenpsychologie und keine Exegese», Olten–Freiburg ^{2}1988
E. Drewermann: Das Markusevangelium. Bilder von Erlösung, 1. Bd., Olten ^{2}1988; 2. Bd., 1988
Epikur: Von der Überwindung der Furcht. Katechismus. Lehrbriefe. Spruchsammlung. Fragmente, übers. u. eingel. v. O. Gigon, Zürich 1949; Neudruck: München (dtv 2164) 1983
G. Ermecke: Zur ethischen Begründung der Todesstrafe heute. Vortrag beim Antritt des Rektorats am 17. Okt. 1958, Paderborn 1959

Eusebius: Kirchengeschichte, aus dem Griech. übers. v. P. Haeuser, in: Des Eusebius von Cäsarea ausgewählte Schriften, Bd. 2, München–Kempten (BKV) 1932
A. Ganoczy: Sakrament, in: P. Eicher (Hrsg.); Neues Handbuch theologischer Grundbegriffe, 4 Bde., München 1984-85, IV 94-104
Gregor von Nyssa: Große Katechese, in: Schriften, aus dem Griech. übers. v. K. Weiss, München (BKV 56) 1927, 1-85
G. W. F. Hegel: Philosophie der Geschichte, nach der Ausg. v. F. Brunstäd; eingef. v. T. Litt; Stuttgart (Reclam 4881-85) 1961
G. W. F. Hegel: Vorlesungen über die Philosophie der Religion (Vorlesungen von 1821, 1824, 1827 und 1831), Einf. v. Ph. Marheineke; hrsg. v. H. Glockner, in: Sämtliche Werke in zwanzig Bden.; Bd. 15-16, Stuttgart-Bad Cannstatt [4]1965
M. Heidegger: Sein und Zeit (1926), Tübingen 1963
B. Hinrichs: Die landverderbliche Sündenflut. Erlebnisse und Darstellung einer Katastrophe, in: B. Hinrichs – A. Panten – G. Riecken: Flutkatastrophe 1634, Neumünster 1985, 81-105
E. Hofmann: Unser jenseitiger Leib. Zuversicht aus dem Apostolischen Glaubensbekenntnis, Leutesdorf [2](erw.) 1988
K. Hollmann: Existenz und Glaube. Entwicklung und Ergebnisse der Bultmann-Diskussion in der katholischen Theologie, Paderborn 1972
Ignatius: An die Epheser, in: Apostolische Väter, aus dem Griech. übers. v. F. Zeller, Kempten–München (BKV 35) 1918, 117-126
Irenäus: Fünf Bücher gegen die Häresien (ca. 180-192 n. Chr.), übers. v. E. Klebba, 2 Bde., Kempten–München 1912
B. Jaspert: Sackgassen im Streit mit Bultmann. Hermeneutische Probleme der Bultmannrezeption in Theologie und Kirche, Ottilien 1985
H. Jedin: Kleine Konziliengeschichte. Die 20 ökumenischen Konzilien im Rahmen der Kirchengeschichte. Freiburg–Basel–Wien (Herder Tb. 51) 1959
J. Jeremias: poimnä, in: G. Friedrich (Hrsg.): Theologisches Wörterbuch zum Neuen Testament, VI 484-501, Stuttgart 1959
Johannes Paul II: Reconciliatio et Paenitentia: Apostolisches Schreiben im Anschluß an die Bischofssynode an die Bischöfe, die Priester und Diakone und an alle Gläubigen über Versöhnung und Buße in der Sendung der Kirche heute, Bonn 1984, Verlautbarungen des Apostolischen Stuhls Nr. 60
I. Kant: Kritik der praktischen Vernunft, Riga 1788, in: Werke in zwölf Bänden, hrsg. v. W. Weischedel, Frankfurt 1968, Bd. VII 103-302
H. Kessler: Auferstehung, in: P. Eicher (Hrsg.): Neues Handbuch theologischer Grundbegriffe, München 1984-1985, I 78-96
H. Kessler: Sucht den Lebenden nicht bei den Toten, Düsseldorf 1985
S. Kierkegaard: Die Tagebücher. Ausgew., neugeordnet und übers. v. H. Gerdes, 5 Bde., Düsseldorf–Köln, 1. Bd.: 1962; 2. Bd.: 1963; 3. Bd.: 1968; 4. Bd.: 1970; 5. Bd.: 1974
L. Klages: Der Geist als Widersacher der Seele, 3 Bde., [3]1953; Neudruck in: L. Klages, Sämtliche Werke, hrsg. v. E. Frauchiger, G. Funke, K. J. Groffmann, R. Heiss, H. E. Schröder, 1. Abteilung: Philosophie, Bd. 1-2, Bonn: 1. Bd. (Buch 1-4) [2]1981; 2. Bd. (Buch 5) [2]1983
W. Koch (Hrsg.): Vom Tod. Ein Lesebuch für Jedermann, Mainz (it 1037) 1987

J. Kremer: Die Osterevangelien – Geschichten um Geschichte, Stuttgart–Klosterneuburg 1977
J. Kremer: Das Evangelium von Jesu Tod und Auferstehung, Leipzig 1983; Stuttgart 1985
H. Küng: Ewiges Leben?, München 1982 (Serie Piper 364)
X. Léon-Dufour: Face à la mort Jésus et Paul, Paris 1979; dt.: Als der Tod seinen Schrecken verlor. Die Auseinandersetzung Jesu mit dem Tod und die Deutung des Paulus. Ein Befund, übers. v. H. W. Eichelberger, Olten 1981
E. Linnemann: Gleichnisse Jesu. Einführung und Auslegung, Göttingen 1961
E. Lohse: rabbi, rabbuni, in: G. Friedrich (Hrsg.): Theologisches Wörterbuch zum Neuen Testament, VI 962-966, Stuttgart 1959
W. Marxsen: Die Auferstehung Jesu als historisches und theologisches Problem, in: W. Marxsen, U. Wilckens, G. Delling, H.-G. Geyer: Die Bedeutung der Auferstehungsbotschaft für den Glauben an Jesus Christus, Gütersloh [5]1967, 11-39
W. Marxsen: Die Auferstehung Jesu von Nazareth, Gütersloh 1968
Mechthild von Magdeburg: Das fließende Licht der Gottheit, eingef. v. M. Schmidt, Nachw. v. H. U. von Balthasar, Einsiedeln–Zürich–Köln 1955
J. Moltmann: Theologie der Hoffnung. Untersuchungen zur Begründung und zu den Konsequenzen einer christlichen Eschatologie, München (Beiträge zur evangelischen Theologie, Bd. 38) 1966
F. Mußner: Die Auferstehung Jesu, München (Biblische Handbibliothek, Bd. VII) 1969
F. Nietzsche: Also sprach Zarathustra. Ein Buch für alle und keinen (1883-1884: Teil I-III; 1885: Teil IV) München (GGTb. 403) 1960
F. Nietzsche: Menschliches – Allzumenschliches. Ein Buch für freie Geister, Chemnitz 1878; 2 Nachtr. 1879-1880; Neudruck: hrsg. v. L. Winter, München (Goldmann Tb. 676-677; 741-742), 2 Bde., 1962
W. Pannenberg: Was ist der Mensch? Die Anthropologie der Gegenwart im Lichte der Theologie, Göttingen [6]1981
Platon: Phaidon, in: Sämtliche Werke, 3. Bd.: Phaidon. Politeia, in der Übers. v. F. Schleiermacher, hrsg. v. W. F. Otto, E. Grassi, G. Plamböck, Hamburg (rk 27, 27 a) 1958, 7-66
Platon: Politeia (Staat), in: Sämtliche Werke in 6 Bdn., in der Übers. v. F. Schleiermacher mit der Stephanusnumerierung, hrsg. v. W. F. Otto, E. Grassi, G. Plamböck, Reinbek (rk 1; 14; 27; 39; 47; 54) 1957-1959; Bd. 3, 1958, 67-310
Platon: Phaidros, in: Sämtliche Werke, 4 Bd., in der Übers. v. F. Schleiermacher, hrsg. v. W. F. Otto, E. Grassi, G. Plamböck, Hamburg (rk 39) 1958
K. Rahner: Zur Theologie des Todes. Mit einem Exkurs über das Martyrium, Freiburg–Basel–Wien (Quaestiones disputatae 2) 1958
K. Rahner: Bemerkungen zum dogmatischen Traktat «De Trinitate», in: Schriften zur Theologie, Einsiedeln–Zürich–Köln 1962, IV 103-133
Ph. Rech: Inbild des Kosmos. Eine Symbolik der Schöpfung, 2 Bde., Salzburg–Freilassing 1966
J. P. Sartre: Critique de la raison dialectique, précédé de Question de méthode. Tome 1.: Théorie des ensembles pratiques, Paris 1960; dt.: Kritik der dialektischen Vernunft. 1. Bd.: Theorie der gesellschaftlichen Praxis, übers. v. T. König, Reinbek 1967
H. R. Schlette: Epiphanie als Geschichte, München 1966

R. Schnackenburg: Das Johannesevangelium, 3 Teile, Freiburg–Basel–Wien (Herders Theologischer Kommentar zum Neuen Testament Bd. IV) 1972-1975

A. Schopenhauer: Die Welt als Wille und Vorstellung (^{1}1818; ^{2}1844; ^{3}1859); in: A. Schopenhauer: Sämtliche Werke in 7 Bänden, nach der ersten von J. Frauenstädt besorgten Gesamtausgabe bearb. u. hrsg. v. A. Hübscher, Bd. 2 u. 3; Wiesbaden 1965

E. Schweizer: Das Evangelium nach Lukas, Göttingen (NTD 3) 1982

E. Schweizer: Das Evangelium nach Matthäus, Göttingen–Zürich (NTD 2) 1986

L. A. Seneca: Ad Marciam de consolatione, dt.: Trostschrift an Marcia, in: M. Rosenbach (Übers.): Seneca, Philosophische Schriften, lateinisch–deutsch, 1. Bd., Darmstadt 1980, 313-395

G. Stählin: phileo, in: G. Friedrich (Hrsg.): Theologisches Wörterbuch zum Neuen Testament, IX 128-134, Stuttgart 1967

E. Stauffer:: agapao, in: G. Kittel (Hrsg.): Theologisches Wörterbuch zum Neuen Testament, I 20-55, Stuttgart 1933

H. L. Strack – P. Billerbeck: Kommentar zum Neuen Testament aus Talmud und Midrasch, München, I 1922, II 1924, III 1926, IV 1 1928, IV 2 1928, V (hrsg. v. J. Jeremias, bearb. v. K. Adolph) 1956, VI (hrsg. v. J. Jeremias in Verbindung mit K. Adolph) 1961

Theresia von Jesu: Castillo Interior, Avila 1577; dt.: Die Seelenburg, übers. v. A. Alkofer; 5 Bd. der sämtlichen Schriften, München–Kempten ^{3}1960

Thomas von Aquin: Summa theologica, Straßburg 1466 (Secunda secundae partis); Mainz 1471 (Prima secundae partis); Venedig 1473 (Pars I); Venedig 1478 (Pars III); Basel 1485 (Partes I-III); Rom 1888-1906 (in: Opera omnia, Bd. 4-5, 9-12; Editio Leonina).

Thomas von Aquin: Summa contra gentiles (1259-1267), Turin 1961, hrsg. v. P. A. L. Marc u. a., 3 Bde.; dt.: Die Summe wider die Heiden, übers. v. H. Nachod u. P. Stern, 5 Bde., Leipzig 1935-1937; Summa contra gentiles oder Die Verteidigung der höchsten Wahrheiten, übers. v. R. Fahsel, 6 Bde., Zürich 1942-49

P. Teilhard de Chardin: Le Phénomène humain, Paris; dt.: Der Mensch im Kosmos, übers. und für die 2. Aufl. durchges. u. verb. v. O. Marbach, München ^{3}1959

P. Tillich: The Dynamics of Faith. 1961, dt.: Wesen und Wandel des Glaubens, vom Verf. durchges. u. bearb. Übers., Frankfurt–Berlin (Ullstein 318) 1969

P. Tillich: Systematic Theology, 3 Bde., Illinois 1951; 1957; 1963; dt.: Systematische Theologie, übers. v. R. Albrecht, M. Rhine, G. Siemsen, G. Stöber, Dr. Schrey, hrsg. v. A. Rathmann; 1.-2. Bd., Berlin–New York ^{8}1987; 3. Bd.: Das Leben und der Geist. Die Geschichte und das Reich Gottes, Stuttgart 1966

F. Überweg: Grundriß der Geschichte der Philosophie. 2. Teil: Die patristische und die scholastische Zeit, 1. neu bearb. Aufl., hrsg. v. U. Baumgartner, Berlin 1915

J. de Voragine: Die Legenda aurea (1263-1273), aus dem Lat. übers. v. R. Benz, Heidelberg ^{8}1975

K. Vorländer: Geschichte der Philosophie. Mit Quellentexten, 5 Bände; gek. Ausg., Hamburg (rde 183; 193; 242; 261; 281) 1963-1967; bearb. v. E. Metzke u. H. Knittermeyer

A. Weiser: Die Psalmen, 2 Bde., Göttingen (ATD 14: Ps 1-60; 15: Ps 61-150) 1950

P. Wust: Ungewißheit und Wagnis, Salzburg 1937; ^{5}München–Kempten 1950

II. Religionsgeschichte und Kulturgeschichte, Ethnologie und Mythologie

(Altes Ägypten, Alter Orient, Indien, China, Griechenland und Rom; Indianerkulturen)

J. Assmann: Liturgische Lieder an den Sonnengott. Untersuchungen zur altägyptischen Hymnik, I, Münchner Ägyptologische Studien 19, Berlin 1969

J. Assmann: Der König als Sonnenpriester. Ein kosmographischer Begleittext zur kultischen Sonnenhymnik in thebanischen Tempeln und Gräbern, Glückstadt (Abhandlungen des Deutschen Archäologischen Instituts Kairo, Ägyptische Reihe, Bd. 7) 1970

J. Assmann: Ägyptische Hymnen und Gebete, eingel., übers. u. erl. v. J. Assmann, Zürich–München 1975

J. Assmann: Zeit und Ewigkeit im Alten Ägypten. Ein Beitrag zur Geschichte der Ewigkeit, Heidelberg (Abhandlungen der Heidelberger Akad. d. Wiss.) 1975

J. Assmann: Ägypten – Theologie und Frömmigkeit einer frühen Hochkultur, Berlin–Köln–Mainz (Urban Tb. 366) 1984

J. v. Beckerath: Handbuch der ägyptischen Königsnamen, Münchner Ägyptologische Studien 20, Berlin 1984

J. Bolte – G. Polivka: Anmerkungen zu den Kinder- und Hausmärchen der Brüder Grimm, 5 Bde., Leipzig 1913-1932

R. Brier: Ancient Egyptian Magic, 1980; dt.: Zauber und Magie im Alten Ägypten. Das geheime Wissen und die geheimnisvollen Praktiken, die das Leben im Pharaonenreich beherrschten, übers. v. H. Drube, Bern–München 1981

E. Brunner-Traut: Pharao und Jesus als Söhne Gottes (1961), in: Gelebte Mythen. Beiträge zum altägyptischen Mythos, Darmstadt 1981, 34-54

E. Brunner-Traut: Altägyptische und mittelalterlich-christliche Vorstellungen von Himmel und Hölle, Gericht und Auferstehung, in: Gelebte Mythen. Beiträge zum altägyptischen Mythos, Darmstadt 1981, 55-95

E. Brunner-Traut: Altägyptische Märchen, übertr. u. bearb., Düsseldorf–Köln 1963

E. Brunner-Traut: Die Alten Ägypter. Verborgenes Leben unter Pharaonen, Stuttgart, Berlin, Köln, Mainz [2](durchges.) 1976

B. Bucher: Die Phantasien der Eroberer, in: Mythen der Neuen Welt. Zur Entdeckungsgeschichte Lateinamerikas, hrsg. v. K. Kohl, Berlin 1982, 75-91: Zur graphischen Repräsentation des Kannibalismus in de Brys «America»

A. Champdor: Le Livre des Morts; dt.: Das ägyptische Totenbuch in Bild und Deutung, übers. v. H. Fließbach, bearb. u. hrsg. v. M. Lurker, Bern–München–Wien 1977

I. Clarus: Du stirbst, damit du lebst. Ägyptische Mythologie in tiefenpsychologischer Sicht, Fellbach 1979

P. Dahlke (Übers.): Buddha. Die Lehre des Erhabenen, aus dem Palikanon ausgew. u. übertr., Berlin 1920; Nachdruck: München (Goldmann Tb. 622-623) 1960

W. A. Daszewski: Dionysos der Erlöser. Griechische Mythen im spätantiken Zypern, Mainz 1985 (Trierer Beiträge zur Altertumskunde, hrsg. v. G. Grimm, Bd. 2)

C. Desroches Noblecourt – M. Duc – E. Eggebrecht – F. Hassanein – M. Kurz – M. Nelson: Sen-nefer. Die Grabkammer des Bürgermeisters von Theben, Mainz 1986

E. Dondelinger: Der Jenseitsweg der Nofretari. Bilder aus dem Grab einer ägyptischen Königin, Graz ²(verb.) 1977
E. Dondelinger: Papyrus Ani. BM 10.470. Kommentar, Graz (Codices Selecti, Vol. LXII) 1978; Nachdruck: Das Totenbuch des Schreibers Ani, Graz 1987
E. Dönt (Übers. u. Hrsg.): Pindar: Oden. Griechisch–Deutsch, Stuttgart (reclam 8314) 1986
Dschuang Dsi: Südliches Blütenland, übers. v. R. Wilhelm (1912), Düsseldorf–Köln 1972
M. Eliade: Le chamanisme et les techniques archaiques de l'extase, Paris 1951; dt.: Schamanismus und archaische Ekstasetechnik, übers. v. I. Köck, Zürich 1957; Neudruck: Frankfurt (stw 126) 1975
M. Eliade: Histoires des croyances et des idées religieuses. I: De l'âge de la pierre aux mystères d'Éleusis, Paris 1976; dt.: Geschichte der religiösen Ideen. 1. Bd.: Von der Steinzeit bis zu den Mysterien von Eleusis, übers. v. E. Darlap, Freiburg–Basel–Wien 1978
M. Eliade: Forgerons et Alchémistes, Paris 1956; dt.: Schmiede und Alchemisten, übers. v. E. von Pelet, bearb. u. erg. v. R. Homann, Stuttgart ²1980
A. Erman: Ägypten und ägyptisches Leben im Altertum (1923), neu bearb. v. H. Ranke, Vorw. zur Sonderausgabe v. A. Eggebrecht, Hildesheim 1981
A. Erman: Die Literatur der Ägypter. Gedichte, Erzählungen und Lehrbücher aus dem 3. und 2. Jahrtausend vor Christus, Leipzig 1923
A. Erman: Die Religion der Ägypter. Ihr Werden und Vergehen in vier Jahrtausenden, Berlin–Leipzig 1934
A. Erman – H. Grapow: Ägyptisches Handwörterbuch, Berlin 1921; Neudruck: Darmstadt 1981
A. Fol – I. Marazov: Goldene Fährte Thrakien, Porträt einer schriftlosen Hochkultur, Wort und Welt Verl., o. J.
J. G. Frazer: The Golden Bough, 3 Bde., London 1890; 10 Bde., London ³1911-1935; abgek. Ausg. 1922; danach dt.: Der goldene Zweig. Das Geheimnis von Glauben und Sitten der Völker, übers. v. H. v. Bauer, Leipzig 1928
L. Frobenius: Das Zeitalter des Sonnengottes, 1. Bd., Berlin 1904 (2. Bd.: nicht erschienen)
M. Gandhi: The Words of Gandhi, ed. by R. Attenborough, New York 1982; dt.: M. Gandhi: Ausgewählte Texte, übers. v. R. u. H. Soellner, München (Goldmann 6577) 1983
A. Gardiner: Egyptian Grammar being an introduction to the study of hieroglyphs, Oxford ³(revised) 1957
H. Gese: Die Religionen Altsyriens, in: H. Gese, M. Höfner, K. Rudolph: Die Religionen Altsyriens, Altarabiens und der Mandäer (Die Religionen der Menschheit, hrsg. v. Ch. M. Schröder, Bd. 10,2); Stuttgart–Berlin–Köln–Mainz 1970, 3-232
J. Gray: Near Eastern Mythology, London 1969; dt.: Mythologie des Nahen Ostens; übers. v. J. Schlechta; Wiesbaden o. J.
J. Grimm: Deutsche Mythologie (1835), 2 Bde., Frankfurt–Berlin–Wien (Ullstein Tb 35107-08) 1981
J. Grimm: Deutsche Mythologie, bearb. u. eingel. v. K. H. Strobl, Wien–Leipzig 1943
Brüder (J. u. W.) Grimm: Kinder- und Hausmärchen, mit einer Einl. v. H. Grimm und der Vorrede der Brüder Grimm zur ersten Gesamtausgabe von 1819, Zürich (Transitbooks) 1975

W. Helck: Ägypten. Die Mythologie der Alten Ägypter, in: H. W. Haussig (Hrsg.): Wörterbuch der Mythologie, 2 Bde., Stuttgart 1965, 1. Bd.: Götter und Mythen im Vorderen Orient, 313-406

Homer: Ilias; neue Übertragung von W. Schadewaldt. Mit antiken Vasenbildern, Frankfurt (it 153) 1975

Homer: Ilias; übers. v. R. Hampe, Stuttgart 1979

E. Hornung: Der Eine und die Vielen. Ägyptische Gottesvorstellungen, Darmstadt 1971

E. Hornung: Das Grab des Haremhab im Tal der Könige, Bern 1971 (unter Mitarbeit von F. Teichmann)

E. Hornung: Ägyptische Unterweltsbücher, eingel., übers. u. erl. v. E. Hornung, Zürich–München 1972

E. Hornung: Zeitliches Jenseits im Alten Ägypten, in: Eranos-Jahrbuch 47, 1978, 269-307

E. Hornung: Das Totenbuch der Ägypter, eingel., übers. u. erl. v. E. Hornung, Zürich–München 1979

E. Hornung: Tal der Könige. Die Ruhestätte der Pharaonen, Zürich–München 1982

E. Hornung: Der ägyptische Mythos von der Himmelskuh. Eine Ätiologie des Unvollkommenen, unter Mitarbeit von A. Brodbeck, H. Schlögl u. E. Staehelin und einem Beitrag von G. Fecht, Göttingen (Orbis Biblicus et Orientalis 46) 1982

J. Huizinga: Herbst des Mittelalters. Studien über Lebens- und Geistesformen des 14. und 15. Jahrhunderts in Frankreich und in den Niederlanden, Stuttgart 1938

K. Hummel – U. Bühler: Wir leben weiter. Altmexikanische Gesichter. Mit 25 aztekischen Gesängen, Freiburg–Basel–Wien 1986

V. Ions: Egyptian Mythology, London; dt.: Ägyptische Mythologie, übers. v. J. Schlechta, Wiesbaden 1968

N. Jenkins: The Boat beneath the Pyramid. King Cheops' Royal Ship, London 1980; dt.: Das Schiff in der Wüste. Ägypten zur Zeit König Cheops, übers. v. V. Bradke, Frankfurt 1980

A. E. Jensen: Die getötete Gottheit. Weltbild einer frühen Kultur, Stuttgart–Berlin–Köln–Mainz (ub 90) 1966

B. Johnston: Ojibway Heritage, Toronto 1976; dt.: Und Manitu erschuf die Welt, übers. v. J. Eggert, Düsseldorf–Köln 1979

Kalevala: Das finnische Epos des Elias Lönnrot, aus dem Finn. übertr. v. L. u. H. Fromm, Nachw. v. H. Fromm, München–Wien 1967; Neudruck: Stuttgart 1985

H. Kees: Der Götterglaube im Alten Ägypten, Leipzig 1956

H. Kees: Totenglauben und Jenseitsvorstellungen der alten Ägypter. Grundlagen und Entwicklung bis zum Ende des Mittleren Reiches, Berlin ^{3}1977

K. Kerényi, C. G. Jung: Das göttliche Kind in mythologischer und psychologischer Beleuchtung, Amsterdam–Leipzig (Albae Vigiliae VI-VII) 1940

K. Kerényi, C. G. Jung: Das göttliche Mädchen. Die Hauptgestalt der Mysterien von Eleusis in mythologischer und psychologischer Beleuchtung, Amsterdam–Leipzig 1941; Albae Vigiliae VIII-IX

K. Kerényi: Pythagoras und Orpheus (1934-1937), in: Humanistische Seelenforschung, München–Wien (Werke, hrsg. v. K. Kerényi, Bd. I) 1966, 15-51

K. Kerényi: Dionysos: Urbild des unzerstörbaren Lebens, Werke VIII, hrsg. v. M. Kerényi, München–Wien 1976

G. Kolpaktchy: Livre des morts des Anciens Égyptiens, Paris 1954; dt.: Ägyptisches Totenbuch, übers. u. komm., Bern–München 1970
D. C. Kurtz – J. Boardman: Greek Burial Customs, London 1971; dt.: Thanatos. Tod und Jenseits bei den Griechen, übers. v. M. Buchholz, red. v. H. Buchholz, Mainz (Kulturgeschichte der Antiken Welt 23) 1985
C. Lévi-Strauss: Mythologiques, I: Le cru et le cruit, Paris 1964; dt.: Mythologica, I: Das Rohe und das Gekochte, übers. v. E. Moldenhauer, Frankfurt 1971; Neudruck: Frankfurt (stw 167) 1976
C. Lévi-Strauss: Mythologiques, II: Du miel aux cendres, Paris 1966; dt.: Mythologica, II: Vom Honig zur Asche, übers. v. E. Moldenhauer, Frankfurt 1971; Neudruck: Frankfurt (stw 168) 1976
M. Lurker: Götter und Symbole der Alten Ägypter, Bern–München 1974; Neudruck: München (Goldmann Tb. 11276) 1980
R. Makram: Kulturgeist und Kulturleib. Kulturpsychologie des Alten Ägypten, mit einem Vorw. v. I. A. Caruso, Tübingen ²1970, im Selbstverlag: R. Makram, 74 Tübingen, Pf-2306
K. Mendelssohn: The Riddle of the Pyramids, London 1974; dt.: Das Rätsel der Pyramiden, übers. v. J. Rehork, Bergisch-Gladbach 1974; Neudruck: Frankfurt (Fischer Tb. 1764) 1976
S. Morenz: Die Begegnung Europas mit Ägypten. Mit einem Beitrag von M. Kaiser über Herodots Begegnung mit Ägypten, Zürich–Stuttgart 1969
W. Müller: Glauben und Denken der Sioux. Zur Gestalt archaischer Weltbilder, Berlin 1970
A. R. Myers: Europa im 14. Jahrhundert, in: G. Mann (Hrsg.): Weltgeschichte. Eine Universalgeschichte in 10 Bden (1960-1964); Berlin–Frankfurt 1986, V 563-618
E. Naville: Das ägyptische Totenbuch der XVIII. bis XX. Dynastie aus verschiedenen Urkunden zusammengestellt und herausgegeben, 3 Bde., Berlin 1886; Neudruck: Graz 1971
H. Oldenberg: Buddha. Sein Leben, seine Lehre, seine Gemeinde (1881), hrsg. u. komm. v. H. v. Glasenapp, München (GGTb. 708-709) 1961
E. Otto: Das ägyptische Mundöffnungsritual, 2 Bde., Wiesbaden 1960
W. F. Otto: Die Manen oder von den Urformen des Totenglaubens. Eine Untersuchung zur Religion der Griechen, Römer und Semiten und zum Volksglauben überhaupt, Darmstadt ²1958
E. Paszthory: Laboratorien in ptolemäischen Tempelanlagen. Eine naturwissenschaftliche Analyse, in: Antike Welt, 19. Jg. 1988, Heft 2, 2-20
H. G. Pflaum: Das Römische Kaiserreich, in: G. Mann (Hrsg.): Weltgeschichte. Eine Universalgeschichte in 10 Bden. (1960-64); Berlin–Frankfurt 1986, IV 317-428
J. O. Plassmann (Übers.): Orpheus. Altgriechische Mysterien. Mit einem Nachwort v. F. Graf, Köln 1982
Plutarch: De Iside et Osiride, in: G. Roeder (Hrsg.): Urkunden zur Religion des Alten Ägypten, Leipzig (Religiöse Stimmen der Völker, hrsg. v. W. Otto) 1915; Nachdruck: Düsseldorf–Köln 1978, 15-21
S. Radhakrishnan: A Hindu View of Life, London; dt.: Weltanschauung der Hindu, übers. v. R. Jockel, Baden-Baden 1961

G. Roeder (Hrsg.): Urkunden zur Religion des Alten Ägyptens, Jena 1915; Nachdruck: Düsseldorf–Köln 1978
G. Roeder: Kulte, Orakel und Naturverehrung im Alten Ägypten, Zürich–Stuttgart 1960 (Die ägyptische Religion in Texten und Bildern, 3. Bd.)
G. Roeder (Übers.): Zauberei und Jenseitsglauben im Alten Ägypten. Der Ausklang der ägyptischen Religion mit Reformation, Zauberei und Jenseitsglauben, Zürich–Stuttgart (Die ägyptische Religion in Text und Bild, Bd. 4) 1961
K. H. Roloff: Attis, in: dtv-Lexikon der Antike, Zürich–Stuttgart 1965: Lexikon der Alten Welt; Neudruck: München (dtv 3075-76), 2 Bde., 1970; I 137-138
E. Rossiter: Die ägyptischen Totenbücher, übers. v. P. Aschner, Fribourg–Genève 1979/1984
S. Sauneron: Isis, in: G. Posener (Hrsg.): Dictionnaire de la Civilisation Égyptienne; dt.: Lexikon der ägyptischen Kultur, übers. v. J. u. I. von Beckerath, Wiesbaden (Löwit-V.) (o. J.) (1960), 112-113
S. Sauneron – H. Stierlin: Die letzten Tempel Ägyptens. Edfu und Philae (Paris 1975); aus dem Franz. übers. v. C. Wild, Freiburg 1978
W. Schadewaldt: Die Sternsagen der Griechen, Frankfurt–Hamburg (Fischer Tb. 129) 1956
S. Schott: Altägyptische Liebeslieder. Mit Märchen und Liebesgeschichten, Zürich 1950
P. H. Schulze: Auf den Schwingen des Horusfalken. Die Geburt der ägyptischen Hochkultur, Bergisch Gladbach 1980; Neudruck 1986
P. H. Schulze: Frauen im Alten Ägypten. Selbständigkeit und Gleichberechtigung im häuslichen und öffentlichen Leben, Bergisch Gladbach 1987
Ch. Seeber: Untersuchungen zur Darstellung des Totengerichts im Alten Ägypten, München–Berlin (Münchner Ägyptologische Studien, hrsg. v. H. W. Müller, Heft 35) 1976
K. Sethe: Asklepios der Ägypter, Leipzig 1902
J. Spiegel: Das Werden der altägyptischen Hochkultur, Heidelberg 1953
U. Steffen: Jona und der Fisch. Der Mythos von Tod und Wiedergeburt, Stuttgart–Berlin 1982
J. Thorwald: Macht und Geheimnis der frühen Ärzte. Ägypten, Babylonien, Indien, China, Mexiko, Peru, vom Autor bearb. Tb-Ausg., München–Zürich (Knaur 138) 1967
Thukydides: Geschichte des Peloponnesischen Krieges (ca. 410 v. Chr.); übers. v. G. P. Landmann; Hamburg (rk 100-102) 1962
W. Westendorf: Altägyptische Darstellungen des Sonnenlaufes auf der abschüssigen Himmelsbahn, Münchner Ägyptologische Studien Nr. 10, München–Berlin 1966
W. Westendorf: Das Alte Ägypten. Kunst im Bild, Baden-Baden 1968; ^{2}1982
D. Wildung: Imhotep und Amenhotep. Gottwerdung im Alten Ägypten, München–Berlin (Münchner Ägyptologische Studien, hrsg. v. H. W. Müller, Heft 36) 1977
D. Wildung: Ni–user–Re. Sonnenkönig – Sonnengott, München (Staatl. Samml. äg. Kunst) 1984; Heft 1 der Schriften aus der ägyptischen Sammlung (SAS), München 1985
W. Wolf: Kulturgeschichte des Alten Ägypten, Stuttgart (Kröner Tb. 321) 1977
J. Yogotte: Nil, in: G. Posener (Hrsg.): Dictionnaire de la Civilisation Égyptienne; dt.:

Lexikon der ägyptischen Kultur, übers. v. J. u. I. von Beckerath, Wiesbaden (Löwit-V.) o. J. (1960), 181-184
H. Zimmer: Die indische Weltmutter, in: O. Fröbe-Kapteyn (Hrsg.): Eranos-Jahrbuch 1938, Bd. VI: Gestalt und Kult der «Großen Mutter», Zürich 1939, 175-220
H. Zimmer: Myths and Symbols in Indian Art and Civilization, New York (1946); dt.: Indische Mythen und Symbole, übers. v. E. W. Eschmann, Köln–Düsseldorf (Neuausgabe) 1972
H. Zimmer: Philosophies of India, hrsg. v. J. Campbell, New York 1951; dt.: Philosophie und Religion Indiens, übers. u. hrsg. v. L. Heyer-Grote, Zürich 1961; Neudruck: Frankfurt (stw 26) 1976

III. Tiefenpsychologie, Biologie, Verhaltensforschung und Kosmologie

A. Bastian: Zur naturwissenschaftlichen Behandlungsweise der Psychologie durch und für die Völkerkunde, Berlin 1883
G. Bateson: Krankheiten der Erkenntnistheorie, in: Steps to an Ecology of Mind. Collected Essays in Anthropology, Pschiatry, Evolution and Epistemology, 1972; dt.: Ökologie des Geistes. Anthropologische, psychologische, biologische und epistemologische Perspektiven, übers. v. H. G. Holl, Frankfurt 1981, 614-626
E. Bleuler: Lehrbuch der Psychiatrie, Berlin–Heidelberg–New York [11](umgearb. v. M. Bleuler) 1969
C. Bresch: Zwischenstufe Leben. Evolution ohne Ziel?, München–Zürich 1977
M. Brüggemann: Das neue Tierschutzgesetz – ein großer Bluff?, Neue Westfälische, 2. 3. 88
G. Czihak – H. Langer – H. Ziegler (Hrsg.): Biologie. Ein Lehrbuch, 2. verb. u. erw. Auflage, Berlin–Heidelberg–New York 1978
C. R. Darwin: On the origin of species, London 1859; dt.: Die Entstehung der Arten durch natürliche Zuchtwahl, übers. v. C. W. Neumann, Nachw. v. G. Heberer, Stuttgart (reclam 3071-80) 1974
H. von Ditfurth: Kinder des Weltalls. Der Roman unserer Existenz, Hamburg 1970
H. von Ditfurth: Der Geist fiel nicht vom Himmel. Die Evolution unseres Bewußtseins, Hamburg 1976; Neudruck: München (dtv 1587) 1980
H. v. Ditfurth: Wir sind nicht nur von dieser Welt. Naturwissenschaft, Religion und die Zukunft des Menschen, Hamburg 1981; Neudruck: München (dtv 10290) 1984
E. Drewermann – I. Neuhaus: Das Eigentliche ist unsichtbar. Der Kleine Prinz tiefenpsychologisch gedeutet, Freiburg–Basel–Wien 1984; [10]1987
E. Drewermann – I. Neuhaus: Die Kristallkugel. Grimms Märchen tiefenpsychologisch gedeutet, Bd. 6, Olten–Freiburg 1985, [3]1988
E. Drewermann: Der Trommler. Grimms Märchen tiefenpsychologisch gedeutet, Bd. 8, Olten–Freiburg 1987
J. C. Eccles: Facing Reality. Philosophical Adventures by a Brain Scientist, Berlin–Heidelberg–New York 1970; dt.: Wahrheit und Wirklichkeit. Mensch und Wissenschaft, übers. v. R. Liske, Berlin–Heidelberg–New York 1975
(K. R. Popper –) J. C. Eccles: The Self and Its Brain – An Argument for Interac-

tionism, London–New York–Berlin 1977; dt.: Das Ich und sein Gehirn, übers. v. A. Hartung u. W. Hochkeppel, München 1982
I. Eibl-Eibesfeldt: Zum Verhalten des Menschen, in: B. Grzimek (Hrsg.): Tierleben. Enzyklopädie in 13 Bdn., Bd. X: Säugetiere, 2. Bd., 59-79, Zürich 1970; München (dtv) 1979
M. Eigen – R. Winkler: Das Spiel. Naturgesetze steuern den Zufall, München–Zürich, 1975
W. Fiedler: Teilordnung Schmalnasen, in: B. Grzimek (Hrsg.): Tierleben. Enzyklopädie in 13 Bden., Bd. X: Säugetiere, 1. Bd., 379-400, Zürich 1970; München (dtv) 1979
J. Fischer: Ökosystem Mensch, in: Geo-Wissen, Nr. 1/1988: Abwehr – Aids – Allergie, 25-31
S. Freud: Die Traumdeutung (1900-1901); Ges. Werke II/III, London 1942, 1-642
S. Freud: Vorlesungen zur Einführung in die Psychoanalyse (1917), in: Werke XI, London 1944
S. Freud: Das Ich und das Es (1923); Ges. Werke XIII, London 1940, 235-289
S. Freud: Ein religiöses Erlebnis (1928), in: Ges. Werke XIV, London 1948, 391-396
S. Freud: Dostojewski und die Vatertötung (1928), Ges. Werke XIV, London 1948, 397-418
S. Freud: Das Unbehagen in der Kultur (1930), in: Ges. Werke XIV, London 1948, 419-509
G. Groddeck: Vier Lehrbücher der Psychoanalyse (1927), in: Psychoanalytische Schriften zur Literatur und Kunst, Wiesbaden 1964; Neudruck: Frankfurt (Fischer Tb 6362) 1978, neu ausgew. u. hrsg. v. H. Siefert
St. u. Ch. Grof: Beyond Death. The Gates of Consciousness, London 1980; dt.: Jenseits des Todes. An den Toren des Bewußtseins, übers. v. S. Schaup, München 1984
St. Grof: Beyond the Brain. Birth, Death and Transcendence in Psychiatry, New York 1985; dt.: Geburt, Tod und Transzendenz. Neue Dimensionen der Psychologie, übers. v. W. Stifter, München 1985
B. Grzimek: Der verkannte Gorilla, in: B. Grzimek (Hrsg.): Tierleben. Enzyklopädie in 13 Bden., Bd. X: Säugetiere, 1. Bd., 531-538, Zürich 1970; München (dtv) 1979
H. Haber: Die Zeit. Geheimnis des Lebens, München–Wien 1987
J. Hagemeister: Rungholt. Sage und Wirklichkeit, St. Peter–Ording 1979
B. Harrisson: Der Orang Utan, in: B. Grzimek (Hrsg.): Tierleben. Enzyklopädie in 13 Bänden, Bd. X: Säugetiere, 1. Bd., 500-516, Zürich 1970; München (dtv) 1979
K. Horney: Neurosis and Human Growth, New York 1950; dt.: Neurose und menschliches Wachstum. Das Ringen um Selbstverwirklichung, übers. v. U. Joel, München (Kindler Tb. Geist und Psyche 2143) 1975
C. G. Jung: Psychologische Typen (1921), in: Ges. Werke, Bd. VI, Olten–Freiburg 1960, [15]1986, 1-537
C. G. Jung: Zur Frage der psychologischen Typen (1913), in: Ges. Werke, Bd. 6: Psychologische Typen, Olten–Freiburg [9](rev.) 1971, [15]1986, 541-567
C. G. Jung: Über die Psychologie des Unbewußten (1943), in: Ges. Werke, Bd. 7, Olten–Freiburg 1971, [3]1981, 1-130
C. G. Jung: Kommentar zu: Das Tibetische Buch der Großen Befreiung (1939), Ges. Werke, Bd. 11, Olten–Freiburg 1971, 511-549; [5](vollst. rev.) 1988, 477-511
C. G. Jung: Geleitwort und psychologischer Kommentar zum Bardo Thödol, in: W. Y.

Evans-Wentz: Das tibetanische Totenbuch (The Tibetan Book of the Dead, London 1960), übers. v. L. Göpfert-March, Olten–Freiburg 1971, [18]1986, 41-56; Ges. Werke 11, Olten–Freiburg 1971, 550-567, [5](vollst. rev.) 1988, 512-527
A. Kortlandt: Gattung Schimpansen, in: B. Grzimek (Hrsg.): Tierleben. Enzyklopädie in 13 Bden., Bd. XI: Säugetiere, 2. Bd., 19-49, Zürich 1970; München (dtv) 1979
R. D. Laing: The Divided Self. An existential study in sanity and madness, London 1960; dt.: Das geteilte Selbst. Eine existentielle Studie über geistige Gesundheit und Wahnsinn, übers. v. C. Tansella-Zimmermann, Köln 1972
J. Lawick-Goodall: In the Shadow of Man, London 1971; dt.: Wilde Schimpansen. 10 Jahre Verhaltensforschung am Gombe-Strom, übers. v. M. W. Rien, Hamburg (rororo 6920) 1971
J. Monod: Le hasard et la nécessité, Paris 1970; dt.: Zufall und Notwendigkeit. Philosophische Fragen der modernen Biologie, übers. v. F. Griese, Vorw. v. M. Eigen, München 1971
H. Müller-Karpe: Geschichte der Steinzeit, München [2](erg.) 1976
E. Neumann: Die Große Mutter. Eine Phänomenologie der weiblichen Gestaltungen des Unbewußten, Zürich 1956; Neudruck: Olten–Freiburg [18]1986
M. Petersen – H. Rohde: Sturmflut. Die großen Fluten an den Küsten Schleswig-Holsteins und in der Elbe, Neumünster 1979
M. Pietschmann: Allergie – Der Amoklauf der Antikörper, in: Geo-Wissen, Nr. 1/1988: Abwehr – Aids – Allergie, 42-54
F.-A. Popp: Biologie des Lichts. Grundlagen der ultraschwachen Zellstrahlung, Berlin–Hamburg 1984
I. Prigogine: Time, Irreversibility and Structure, in: The Physicists Conception of Nature. Vorträge zum 70. Geburtstag von Paul Dirac, hrsg. v. J. Mehra, Dordrecht–Boston 1973
I. Prigogine: Vom Sein zum Werden. Zeit und Komplexität in den Naturwissenschaften, München–Zürich 1979
E. Probst: Deutschland in der Urzeit. Von der Entstehung des Lebens bis zum Ende der Eiszeit. Vorw. v. W. Ziegler, München 1986
Th. Reik: Curiosities of the Self: Illusions we have about Ourselves, New York 1965; dt.: In Gedanken töten. Bewußte und unbewußte Todeswünsche in psychoanalytischer Sicht, übers. v. D. Dörr, München (Kindler Tb. 2235) 1981
B. Rensch: Das universale Weltbild. Evolution und Naturphilosophie, Frankfurt (Fischer Tb. 6340) 1977
G. Riecken: Die Flutkatastrophe am 11. Oktober 1634, in: B. Hinrichs – A. Panten – G. Riecken: Flutkatastrophe 1634. Natur, Geschichte, Dichtung, Neumünster 1985, 11-63
R. Riedl: Biologie der Erkenntnis. Die stammesgeschichtlichen Grundlagen der Vernunft, Berlin–Hamburg [3](durchges.) 1981
B. Ritzert: Tarnen und Täuschen. Viren narren unser Immunsystem, in: Bild der Wissenschaft 11/1987, 48-60
C. Sagan: The Dragons of Eden, New York 1977; dt.: Die Drachen von Eden. Das Wunder der menschlichen Intelligenz, übers. v. E. v. Scheidt, München–Zürich 1978
M. Segbers: Kurzes Leben in der Mastfabrik, in: Neue Westfälische, 17. Aug. 1988
G. Gräfin zu Sohns-Wildenfels: Der Verbraucher hat das Wort, in: Animal 2000. Tier-

versuchsgegner in Bayern e. V., 8 München 21, Hauzenberger Str. 8, Tel. 089-52 71 61
W. Teichert: Gärten. Paradiesische Kulturen, Stuttgart 1986
P. Watzlawick: Wesen und Formen menschlicher Beziehungen, in: H. G. Gadamer – P. Vogler (Hrsg.): Neue Anthropologie, VII: Philosophische Anthropologie, Bd. 2, 103-131, Stuttgart (dtv wr 4148) 1974
I. Weigel: Geparde, in: B. Grzimek (Hrsg.): Tierleben, XII: Säugetiere, Bd. 3, 363-371, Zürich 1970; München (dtv) 1979

IV. Belletristik, Malerei und Film

R. Andree: Arnold Böcklin. Die Gemälde, Basel–München 1977
I. Bergman: Tystnaden; in: Filmberättelser, 1973; dt.: Das Schweigen, in: Wilde Erdbeeren und andere Filmerzählungen, ausgew. u. übers. v. A. Storm, München 1977; Neudruck: München (Heyne 5695) 1980, 175-219
G. Bernanos: Journal d'un Curé de Campagne (1936); dt.: Tagebuch eines Landpfarrers, übers. v. J. Hegner, Zürich 1975
G. Boccaccio: Fiammetta, übers. v. S. Brentana, in: Ges. Werke, 1. Bd., München–Leipzig 1924; Frankfurt 1964
G. Boccaccio: Il Decameron (1348-1353), 2 Bde., hrsg. v. V. Branca, Florenz 1962; dt.: Das Dekameron, übers. v. R. Macchi, mit Nachw. u. Anm., Berlin–Weimar 1978; Neudruck: München (Goldmann Tb. 7599) 1981
W. Borchert: Draußen vor der Tür (1947), in: Das Gesamtwerk, mit einem biogr. Nachw. v. B. Meyer-Marwitz, Hamburg 1949, 99-165
M. Cacciari: L'Angelo necessario, Milano 1986; dt.: Der notwendige Engel, übers. v. R. Kacianka, Klagenfurt 1987
A. Camus: La Peste. Chronique, Paris 1947; dt.: die Pest, übers. v. G. Meister, Boppard 1949; Neudruck: Hamburg (rororo 15) 1950
C. Castaneda: A Separate Reality. Further conversations with Don Juan, 1971; dt.: Eine andere Wirklichkeit. Neue Gespräche mit Don Juan, übers. v. N. Lindquist, Frankfurt (Fischer Tb. 1616) 1975
C. Castaneda: Journey to Ixtlan, New York 1972; dt.: Die Reise nach Ixtlan. Die Lehre des Don Juan, übers. v. N. Lindquist, Frankfurt (Fischer Tb. 1809) 1976
M. de Cervantes: Don Quijote de la Mancha (1650); dt.: Der sinnreiche Junker Don Quijote von der Mancha; übers. v. L. Braunfels, durchges. v. A. Spemann; Nachw. v. F. Martini; die Anm. des Braunfelsschen Übers. durchges. v. J. Steiner, München 1956; Neudruck: München (dtv 2060) 1979, mit 24 Illustrationen v. Grandville
Dante Alighieri: La Divina Commedia (entstanden 1307-1321), Folingno 1472; dt.: Die göttliche Komödie; übers. v. K. Falke, Wiesbaden o. J.
D. Defoe: A Journal of the Plague Year, London 1722; dt.: Die Pest zu London, übers. v. W. Barzel, Frankfurt–Hamburg (Fischer: Exempla Classica 27) 1961, Nachw. v. F. Wölcken
A. Dostojewski: Dostojewski, geschildert von seiner Tochter, übers. nach dem Französ. Manuskript v. G. Oukama Knoop, München 1920
F. M. Dostojewski: Zapiski iz mertvogo doma, 1861; dt.: Aufzeichnungen aus einem Totenhaus, übers. v. G. Jarcho, Hamburg (rk 122-124) 1963

F. M. Dostojewski: Zapiski iz podpolja, 1864; dt.: Aufzeichnungen aus dem Kellerloch, in: Winterliche Aufzeichnungen über sommerliche Eindrücke. Aus dem Tagebuch eines Schriftstellers, übers. v. S. Geier u. A. Eliasberg, Hamburg (rk 111-112) 1962, 69-166
F. M. Dostojewski: Prestuplenie i nakazanie (1866), dt.: Schuld und Sühne. Roman in 6 Teilen und einem Epilog; übers. v. W. Bergengruen; München (Droemer V.) o. J.
F. M. Dostojewski: Idiot (1868); dt.: Der Idiot; übertr. v. K. Brauner, München (GGTb. 361-362) 1958
F. M. Dostojewski: Besy (1872); dt.: Die Dämonen; übers. v. G. Jarcho, München (GGTb. 575-577) 1959
F. M. Dostojewski: Podrostok (1875); dt.: Der Jüngling, übers. v. E. K. Rahsin, München 1957; Neudruck: Frankfurt (Fischer EC 6) 1960, mit einem Nachw. v. A. Naumann
F. M. Dostojewski: Bratja Karamazovy (1880); dt.: Die Brüder Karamasoff; übers. v. K. Noetzel; München (GGTb. 478-479; 480-481) 1958
F. M. Dostojewski: Tagebuch eines Schriftstellers (1873; 1876; 1877; 1888); übers. v. E. K. Rahsin; München 1963
F. M. Dostojewski: Gesammelte Briefe 1833-1881, übers., hrsg. u. komm. v. F. Hitzer unter Benutzung der Übertragung von A. Eliasberg, München 1966
Euripides: Alkestis, in: Tragödien. Alkestis, Medea, Die Troerinnen, Iphigenie auf Tauris, übers. u. erl. v. L. Wolde, München (Goldmann Tb. 536) 1964, 19-66
K. Falke: Wie sollen wir Dante lesen, in: Dante Alighieri: Die göttliche Komödie, übertr. v. K. Falke, Wiesbaden (Löwit-V.) o. J., S. VII-XVI
J. de la Fontaine: Fables, 1668-1694; dt.: Die Fabeln, aus dem Franz. übers. v. E. Dohm. Gesamtausgabe in deutscher und französischer Sprache, mit über 300 Illustrationen v. G. Doré, Wiesbaden (Vollmer-V.) o. J.
Ch. Friebe-Baron: Ferne Schwestern, ihr seid mir nah. Begegnungen mit Frauen aus biblischer Zeit, Stuttgart 1988
E.-O. Gerke: Jedermann, in: Kindler Literatur-Lexikon, hrsg.v. G. Woerner – R. Geisler, Mailand 1964; Zürich 1982; IV 4976-4977
Kh. Gibran: The Prophet, New York 1972; dt.: Der Prophet, übers. v. C. Malignon, Olten–Freiburg [23]1988
J. W. v. Goethe: Hermann und Dorothea, Berlin 1797
J. W. v. Goethe: Faust. Der Tragödie erster und zweiter Teil. Urfaust, hrsg. u. komm. v. E. Trunz, München 1972 (nach: Goethes Werke, Bd. III, Hamburger Ausgabe, textkritisch durchges. v. E. Trunz)
E. Hemingway: The Old Man and the Sea, 1952; dt.: Der alte Mann und das Meer, übers. v. A. Horschitz-Horst, Hamburg (rororo 328) 1959
E. Hemingway: The Snows of Kilimandjaro; dt.: Schnee auf dem Kilimandscharo. Sechs Stories, übers. v. A. Horschitz-Horst, Hamburg (rororo 413) 1961, S. 87-130
H. von Hofmannsthal: Der Tor und der Tod (1893), in: Ges. Werke in Einzelausgaben, hrsg. v. H. Steiner. Gedichte und lyrische Dramen, Frankfurt 1970, 199-220
H. von Hofmannsthal: Jedermann. Das Spiel vom Sterben des reichen Mannes, Berlin 1911
J. Imbach: Dostojewski. Durchlittener Glaube, Freiburg/Schweiz–Hamburg 1979
F. Jammes: Das Paradies der Tiere, übers. v. E. A. Rheinhardt, in: Der Hasenroman

und Das Paradies der Tiere, mit Zeichnungen von R. Seewald, Frankfurt (Ullstein Tb 204) 1958, 91-188
M. L. Kaschnitz: Gedichte, ausgew. v. P. Huchel, Frankfurt 1975
G. Kjetsaa: Fjodor Dostojewskij – et Dikterliv, Oslo 1985; dt.: Dostojewskij. Sträfling – Spieler – Dichterfürst, übers. v. A. Arz, Gernsbach 1986
E. Littmann (Übers.): Die Erzählungen aus den tausendein Nächten. Vollständige deutsche Ausgabe in 12 Bdn., nach dem arabischen Urtext der Calcuttaer Ausgabe aus dem Jahre 1839, Wiesbaden 1953; Neudruck: Frankfurt (Insel Tb 224) 1976
V. Macchi: Nachwort, in: G. Boccaccio: Das Dekameron, aus dem Italien. übers. v. R. Macchi, Berlin–Weimar 1978; Neudruck: München (Goldmann Tb. 7599) 1981
Th. Mann: Der Tod in Venedig (1911), in: Sämtliche Erzählungen, Frankfurt 1963, 353-417
Th. Mann: Joseph und seine Brüder. Roman in 4 Teilen, Stockholm-Amsterdam 1948; Neudruck: Frankfurt–Hamburg (Fischer Tb. 1183-85) 1971
D. Mattalia: Fiammetta, in: Kindlers Literatur-Lexikon, hrsg. v. G. Woerner – R. Geisler, Mailand 1964; Zürich 1982; III 3504
G. de Maupassant: Le Pardon, 1882; dt. Die Verzeihung, in: Gesamtausgabe der Novellen und Romane, 10 Bde., hrsg. v. E. Sander, II 206-212, München (Goldmann Tb. 8561) 1987, übers. v. E. Sander
Th. M. Messer: Edvard Munch; aus dem Engl. übers. v. H. Schuldt; Köln 1976
E. Mörike: Werke, hrsg. v. H. Geiger, Wiesbaden (Vollmer-Verlag) o. J.
Nizami (1141-1202): Die sieben Geschichten der sieben Prinzessinnen, aus dem Persischen übers. v. R. Gelpke, Zürich 1959
B. Pasternak: Dottore Schiwago, Milano 1957; dt.: Doktor Schiwago, aus dem Russ. übers. v. R. von Walter, Frankfurt 1958
A. Philipe: Le Temps d'un soupir, Paris 1963; dt.: Nur einen Seufzer lang, übers. v. M. Bormann, Hamburg (rororo 1121) 1969
E. A. Poe: King Pest, 1835; dt.: König Pest, in: Ges. Werke in 10 Bdn., hrsg. v. K. Schumann – H. D. Müller, Bd. 2, Olten 1966, übers. v. H. Wollschläger – A. Schmidt, S. 584-605
E. A. Poe: The Masque of the Red Death, 1842; dt.: Die Maske des Roten Todes, in: Ges. Werke in 10 Bden., hrsg. v. K. Schumann – H. D. Müller, Bd. 2, Olten 1966, übers. v. H. Wollschläger – A. Schmidt, 689-698
L. Rinser: Mirjam, Frankfurt 1983; Neudruck: Frankfurt (Fischer Tb. 5180) 1987
M. Roncaglia: Alf laila wa-laila, in: Kindlers Literatur-Lexikon, hrsg. v. G. Woerner – R. Geisler, Mailand 1964; Zürich 1982, I 919-920
W. Shakespeare: Sonnets, 1609; dt.: Die Sonette, übers. v. G. Regis, in: Sämtliche Werke, Wiesbaden (Löwit) o. J.
R. L. Stevenson: The strange case of Dr. Jekyll and Mr. Hyde, 1886; dt.: Der seltsame Fall des Dr. Jekyll und Mr. Hyde, in: Erzählungen, Stuttgart 1974, 671-753, übers. v. R. Mummendey
Th. Storm: Der Schimmelreiter (1888), in: Werke in 6 Bden, Wiesbaden o. J. (Edition c. o. l. s.) Bd. 6, S. 2161-2305
J. von Tepl: Der Ackermann aus Böhmen (1401). Originaler Text und Übertragung. Text nach A. Hübner, Leipzig 1937; übers. v. F. Genzmer, Stuttgart (reclam 7666) 1963

L. N. Tolstoi: Anna Karenina, Moskau 1878; dt.: Anna Karenina. Ein Roman in 8 Teilen, übers. v. A. Scholz, München (GGTb. 692-694) 1961
I. S. Turgenjew: Frühlingsfluten (1871), in: Erzählungen 1857-1883. Gedichte in Prosa, München 1967, 471-605
I. F. Walther (Red. d. dt. Ausg.): Salvador Dalí. Retrospektive 1920-1980. Gemälde, Zeichnungen, Grafiken, Objekte, Filme, Schriften (Paris 1979); München 1980
F. Werfel: Das lyrische Werk, hrsg. v. A. D. Klarmann, Frankfurt 1967
Th. Wolfe: Death, the Proud Brother (1933); dt.: Tod der stolze Bruder, übers. v. H. Schiebelhuth, in: Sämtliche Erzählungen, Hamburg 1967, 7-53
St. Zweig: Drei Meister. Balzac, Dickens, Dostojewski, Frankfurt (Fischer Tb. 2289) 1961, 69-166

Eugen Drewermann im dtv

Foto: Klaus Bäulke

Kleriker
Psychogramm eines Ideals
Die schonungslose Analyse des inneren Zustandes der katholischen Kirche deckt deren psychische Strukturen und unbewußte Hintergründe auf.
dtv 30010

Tiefenpsychologie und Exegese 1
Die Wahrheit der Formen
Traum, Mythos, Märchen, Sage und Legende
dtv 30376

Tiefenpsychologie und Exegese 2
Die Wahrheit der Werke und der Worte
Wunder Vision, Weissagung, Apokalypse, Geschichte, Gleichnis
dtv 30377

»Ich steige hinab in die Barke der Sonne«
Meditationen zu Tod und Auferstehung
Quer durch die abendländische Literatur-, Geistes- und Religionsgeschichte spürt Drewermann dem uralten und seit je zentralen Menschheitsthema Tod und Hoffnung auf Unsterblichkeit, auf Auferstehung nach.
dtv 30437

Lieb Schwesterlein, laß mich herein
Grimms Märchen tiefenpsychologisch gedeutet
dtv 35050

Rapunzel, Rapunzel, laß dein Haar herunter
Grimms Märchen tiefenpsychologisch gedeutet
dtv 35056

Dorothee Sölle
im dtv

Foto: Brigitte Friedrich

Gott im Müll
Eine andere Entdeckung
Lateinamerikas

Dorothee Sölle, die engagierte Christin, hielt fest, was sie auf einer Reise durch Lateinamerika sah und erlebte. Es entstanden beeindruckende Miniaturen, die lehren, mit dem Herzen zu sehen und diesen Halbkontinent anders und neu zu entdecken.
dtv 30040

Und ist noch nicht erschienen, was wir sein werden
Stationen feministischer
Theologie

Stationen einer feministischen Theologie der engagierten Theologin Dorothee Sölle, die sich am Lebendigen orientiert und der männlich »verkopften« Theologie den Kampf angesagt hat. Beiträge über Liebe und Unterdrückung, Macht und Ohnmacht.
dtv 10835

Ich will nicht auf tausend Messern gehen
Gedichte

»Wir brauchen freunde
vielleicht haben wir sie schon
viele menschen lassen sich
verlocken zum frieden
mehr als wir denken und sehen
laßt uns dem alten ruf folgen
und menschen fischen«
dtv 10651

Viel Zeit bleibt der Menschheit nicht mehr, sich vor sich selbst zu retten.

Ist die »Zeitbombe Mensch« noch zu entschärfen? Die vielbeachtete Serie der ›Süddeutschen Zeitung‹, in der neben vielen anderen Peter Sartorius, Christian Schütze, Helmut Maier-Mannhart, Martin Urban, Jürgen Busche, Dieter Schröder, Gro Harlem Brundtland, Lilo Berg, Stefan Klein und Rudolph Chimelli das apokalyptische Weltproblem »Überbevölkerung« diskutieren.

dtv 30375